Das Recht der digitalen Filmverwertung

MORITZ STEGMANN

DAS RECHT DER DIGITALEN FILMVERWERTUNG

RECHT, ÖKONOMIE, TECHNIK UND WETTBEWERB VON ON-DEMAND-PORTALEN UND ONLINE-PLATTFORMEN MIT EINER RECHTSVERGLEICHENDEN BETRACHTUNG DES DEUTSCHEN UND ÖSTERREICHISCHEN DATENBANKRECHTS

PL ACADEMIC RESEARCH

Bibliografische Information der Deutschen Nationalbibliothek
Die Deutsche Nationalbibliothek verzeichnet diese Publikation in der Deutschen Nationalbibliografie; detaillierte bibliografische Daten sind im Internet über http://dnb.d-nb.de abrufbar.

Umschlaggestaltung
© Olaf Gloeckler, Atelier Platen, Friedberg

ISBN 978-3-631-62644-3

PL Academic Research ist ein Imprint der Peter Lang GmbH

www.peterlang.de

Meiner Familie

Vorwort und Danksagung

Die vorliegende Arbeit wurde im Wintersemester 2011/2012 von der Wirtschaftsuniversität Wien als Dissertation angenommen. Die Bearbeitung befindet sich auf dem Stand August 2011. Die Arbeit richtet sich an Juristen und Unternehmen aus dem Bereich der Filmverwertung und Filmdistribution sowie Filmproduzenten und Urheber von audiovisuellen Werken. Mir wäre es eine große Freude, wenn diese Arbeit einen Beitrag für weitere Forschungen liefert, die ökonomischen Potentiale der Filmwirtschaft weiterzuentwickeln.

Mein besonderer Dank gilt meinem Doktorvater Herrn Prof. Dr. Andreas Wiebe, LL.M. (Virginia), für die Betreuung und Erstbegutachtung der Arbeit. Herrn Univ.-Prof. Dr. Martin Winner möchte ich herzlich danken für die zügige Anfertigung des Zweitgutachtens.

Herrn Univ.-Prof. Dr. Georg Kodek, LL.M. (Northwestern University), Richter und Hofrat am Obersten Gerichtshof, gilt mein Dank für die Anregungen zum Gebiet der ökonomischen Analyse des Rechts.

Der Universität Hamburg und dem Max-Planck-Institut für Ausländisches und Internationales Privatrecht möchte ich für die Unterstützung bei der Entstehung dieser Arbeit und die hervorragenden Arbeitsbedingungen danken.

Persönlich danke ich Herrn Rechtsanwalt Dr. Gero Brugmann, LLM. (UNSW) für die wertvollen Anregungen bei der Themensuche. Weiter danken möchte ich Herrn Rechtsanwalt Matthies van Eendenburg für den wiederholten Gedankenaustausch bei der aktuellen Rechtsentwicklung des Urheberrechts. Für die wertvolle Zeit sowie moralische Unterstützung für das Gelingen dieser Dissertation danke ich außerdem meinen Freunden in Wien und Hamburg.

Ganz besonders bedanken möchte ich mich in Gedenken an Ute Stegmann für ihr Lektorat und die mühevolle Durchsicht meiner Arbeit, die durch die langjährige journalistische Erfahrung von Ute bei der *Zeit* und die langen Nachmittage und Abende in sprachlicher Hinsicht sehr profitiert hat. Leider erlebst Du Ute das Erscheinen des Buches nicht mehr mit, mir bleibt jedoch die Freude und Erinnerung an diese gemeinsame Zeit mit Dir. Meiner Familie und meinen Eltern danke ich für die großzügige Unterstützung während meines Studiums und der Anfertigung meiner Dissertation, ihnen und Ute ist diese Arbeit gewidmet.

Hamburg, im September 2012   Moritz Stegmann

Inhaltsübersicht

Inhaltsverzeichnis

Abbildungsverzeichnis

Abkürzungsverzeichnis

AEUV .... Vertrag über die Arbeitsweise der Europäischen Union
ASP .... Active Server Pages
AVI .... Audio Video Interleave
AVS .... Altersverifikationssystem
BGB-Info-V......... BGB-Informationspflichten-Verordnung
BVV .... Bundesverband Audiovisuelle Medien e.V.
CD .... Compact Disc
CD-ROM .... Compact Disc Read Only-Memory
DBMS.................. Datenbankmanagementsystem
DRM .... Digital Rights Management
DRMS.................. Digital Rights Management System
DSL .... Digital Subscriber Line
dUrhG.................. Urheberrechtsgesetz (Deutschland)
DVB .... Digital Video Broadcasting
DVD .... DVD™ / Digital Video Disc
Einl. .... Einleitung
EPG .... Electronic Program Guide
EST .... Electronic-sell-through
ETSI .... European Telecommunications Standards Institute
FFA .... Filmförderungsanstalt
FSK .... Freiwillige Selbstkontrolle der Filmwirtschaft
FSM .... Freiwillige Selbstkontrolle der Multimedia-Dienstleister e.V.
GfK .... Gesellschaft für Konsumforschung
GVU .... Gesellschaft zur Verfolgung von Urheberrechtsverletzungen
HansOLG............ Hanseatisches Oberlandesgericht
HbbTV................. Hybrid broadcast broadband TV
HD .... High Definition
HDTV.................. High Definition Television
HS. .... Halbsatz
i.E. .... im Ergebnis
ICRA .... Internet Content Rating Association
IMDb .... Internet Movie Database
IP .... Internet Protocol
IPRG.................... Bundesgesetz vom 15.Juni 1978 über das internationale Privatrecht (Österreich)
IP-TV.................. Internet Protocol Television

iSd. .... im Sinne des
ITU .... International Telecommunication Union
JuSchG................. Jugendschutzgesetz
JVT .... Joint Venture Team
K&R .... Kommunikation und Recht
kB .... Kilobyte
kb .... Kilobit
KJM .... Kommission für Jugendmedienschutz
m.E. .... meines Erachtens
MDStV .... Mediendienste-Staatsvertrag
MedienG B.-W. ... Mediengesetz Baden-Württemberg
MP .... Media Perspektiven
MPEG.................. Movie Picture Experts Group
MPPA .... Motion Picture Association of America
MR .... Medien und Recht
MR-Int. .... Medien und Recht International
NVoD .... Near-Video-on-Demand
NVPR .... Network based Personal Video Recorder
öUrhG.................. Urheberrechtsgesetz (Österreich)
öUWG.................. Bundesgesetz gegen den unlauteren Wettbewerb (Österreich)
PC .... Personalcomputer
PDA .... Personal Digital Assistant
PIN .... Persönliche Identifikationsnummer
PPC .... Pay-per-Channel
PPV .... Pay-per-View
PVR .... Personal Video Recorder
SMS .... Short Message Service
SPIO .... Spitzenorganisation der Filmwirtschaft
SVoD.................. Subscription-Video-on-Demand
TKG .... Telekommunikationsgesetz
TMG .... Telemediengesetz
TV .... Fernsehen / Television
UMTS.................. Universal Mobile Telecommunications System
US .... United States
USB .... Universal Serial Bus
VDSL.................. Very High Speed Digital Subscriber Line
VHS .... Video Home System
VoD .... Video-on-Demand
VZBV .... Bundesverband Verbraucherzentrale e.V.
WCT .... WIPO-Copyright Treaty

WPPT .... WIPO Performances and Phonograms Treaty
XML[1] .... Extensible Markup Language

1 Für verwendete allgemein gebräuchliche juristische Abkürzungen wird verwiesen auf Kirchner/Pannier, Abkürzungsverzeichnis der Rechtssprache, 6.Aufl. (2008), passim.

Einleitung

Die Verwertung von audiovisuellen Inhalten und die gesamte Medienlandschaft befinden sich durch die digitale Technologie seit mehreren Jahren in einer Neuordnung und in einem Strukturwandel. Von Branchenvertretern, aber auch von der deutschen Regierung und beteiligter Juristen wird der Begriff „digitale Revolution" verwendet[1]. Ein Ende dieser Entwicklung ist nicht absehbar. Soviel ist jetzt aber bereits sicher, die Entwicklung speziell der Filmwirtschaft wird ein stetiger Prozess sein. Der groß proklamierte Umbruch und Wandel der Medienlandschaft ist isoliert betrachtet ein konsequenter Fortschritt bei der Entstehung neuer Vertriebswege und Angebote im Filmbereich. Mit der bloßen Bezeichnung „digitale Revolution" ist niemandem geholfen, insbesondere nicht den Filmschaffenden, die für die Schaffung audiovisueller Inhalte sorgen. Nur innovative Lösungsansätze und Antworten auf diese Entwicklung können allen Beteiligten helfen.

Ausgelöst durch technische Innovationen und deren Möglichkeiten, veränderten Nutzungsgewohnheiten der Konsumenten und neuen Geschäftsmodellen vollziehen sich diese Prozesse des Medienkonsums als Zwischenschritt hin zu einem vielfältigen Markt, der sich in der Tendenz mehr und mehr auf unkörperliche – also digitale – Nutzungs- und Verwertungsangebote ausrichten wird. Diese Entwicklung wird seit geraumer Zeit auch unter dem Begriff der Konvergenz der Medien, eine Umschreibung für den Prozess des Zusammenwachsens, diskutiert und beschrieben[2]. Die beteiligten Verwerter haben diese Entwicklung erkannt, viele waren aber bislang unfähig, die entsprechenden Antworten zu liefern, weil sie an traditionellen Geschäfts- und Verwertungsmodellen festhalten. Aber auch gesellschaftliche Veränderungen sind nötig. Die Endkonsumenten müssen sich daran gewöhnen, für urheberrechtlich geschützte Inhalte im Internet zu zahlen.

Der Film als Kultur- und Wirtschaftsgut wird auch diese Entwicklung überleben. Denn das Interesse an audiovisuellen Inhalten zur Information, Unterhaltung, Bildung, Konfrontation und Meinungsbildung, um nur einige Motive zu

1 Siehe u.a. Berliner Rede zum Urheberrecht v. 14.Juni 2010, durch Frau BMJ Leutheusser-Schnarrenberger MdB, abrufbar unter https://www.bmj.de/SharedDocs/Reden/DE/2010/20100614_Berliner_Rede_zum_Urheberrecht.html [Stand 27.4.2011]; *Kreile*, ZUM 2007, 682, 683.

2 *Ring/Gummert*, ZUM 2007, 433; *Schack*, GRUR 2007, 639, 645; *Clement/Becker*, in Albers/Clement/Peters (Hrsg. u.a.), Marketing mit Interaktiven Medien, 3.Aufl. (2001), S.41 (51f.); *Hülsmann/Cordes/Bruchwitz*, in Hülsmann/Grapp (Hrsg.), Strategisches Management für Film- und Fernsehproduktionen, (2009), S.407 (412).

nennen, ist ungebrochen. Solange die Angebots- und Nachfrageseite besteht und bedient werden kann, wird es auch eine kommerzielle Verwertung dieser Inhalte geben[3].

Diese Arbeit unternimmt den Versuch, die neuen Möglichkeiten der Filmverwertung in gegenwärtiger, technischer, rechtlicher und ökonomischer Sicht aus der Perspektive der an der Verwertung von Filmwerken beteiligten Unternehmen und Personen zu untersuchen und zu bewerten. Die Entscheidung, in dieser Arbeit die digitale Filmverwertung in den Mittelpunkt der Betrachtung zu rücken, erfolgte, um deutlich zu machen, dass durch die Digitalisierung[4] die vorhandene Grundordnung der Wertschöpfungskette sich massiv geändert hat.

Ausgangspunkt für die Untersuchung ist die Verwertung eines Filmwerks, welches je nach Produktionsland auf den Märkten in Deutschland und Österreich verwertet werden kann, jedoch unterschiedlichen rechtlichen, ökonomischen und kulturellen Bedingungen unterliegt. Insbesondere der Einfluss durch die *Europäische Union* führt zu einem Umdenken im Handel mit Filmen. Dieser Umstand hat den Autor bewogen, zunächst nach der deutschen Rechtslage die rechtlichen Rahmenbedingungen von Abruf- und Zugriffsdiensten zu klären, um anschließend in einer rechtsvergleichenden Untersuchung die gemeinsamen Schnittmengen sowie Unterschiede der Filmverwertung im Zusammenhang mit Datenbank in den Ländern Deutschland und Österreich festzustellen, und Empfehlungen für eine Vereinfachung und Harmonisierung zu entwickeln.

---

3 In diesem Sinn auch *v.Wolkenstein/Müller*, in Hülsmann/Grapp (Hrsg.), Strategisches Management für Film- und Fernsehproduktionen, S.241 (261).

4 Vgl. *Fechner*, Medienrecht, 11.Aufl., 12.Kap.Rn.3, der die Digitalisierung beschreibt als die Umwandlung jedweder Informationen in einen Binärcode.

Gang und Ziel der Untersuchung

Im Focus der vorliegenden Arbeit steht die Untersuchung der Filmverwertung in den neuen Medien – hier als digitale Verwertungsmöglichkeiten bezeichnet. Wesensmerkmal der digitalen Verwertung ist es, das es nicht mehr zwingend auf eine körperliche Distribution der Inhalte ankommt. Der Begriff digitaler Verwertung soll daher als Oberbegriff für die nicht-physische Verwertung von Filmen dienen.

Im Vordergrund steht die Frage, welche aktuelle Situation auf dem Filmverwertungsmarkt besteht. Dabei wird in einem kurzen Abriss das System der klassischen Filmverwertung vorgestellt, um die Verwertung über digitale Distributionswege richtig einordnen zu können. Ebenfalls wird durch eine ökonomische Analyse das Verhältnis zu den anderen Verwertungsstufen dargestellt. In diesem Zusammenhang spielen auch für die spätere rechtliche Betrachtung die vielfältigen Interessen im Bereich der Filmwirtschaft und Filmverwertung eine Rolle. Die Bedeutung von Datenbanken im Zusammenhang mit der Filmverwertung wird immer mehr durch die digitale Filmverwertung deutlich. Ohne die Existenz und den Schutz von Datenbanken ließe sich das Geschäftsmodell der Filmverwertung über Video-on-Demand-Portalen oder Online-Plattformen nicht realisieren. Die Darstellung der technischen Grundlagen wird die Auswirkungen der digitalen Technik auf die Wertschöpfungskette des Films beleuchten und das Gesamtbild für einen Einstieg in die digitale Filmverwertung abrunden.

Im zweiten Teil dieser Arbeit wird auf die rechtlichen Rahmenbedingungen und die benötigten Nutzungsrechte für Angebote in On-Demand-Portalen und Online-Plattformen eingegangen. Die vielfältigen Berührungspunkte und Schnittstellen zu unterschiedlichen Rechtsgebieten zeigen die Komplexität dieses Wirtschaftsbereiches auf.

Daran anschließend wird als Schwerpunkt dieser Arbeit im dritten Teil der Frage nachgegangen, ob durch die digitalen Verwertungsformen über die Verwendung von Datenbanken eigene Rechte der Verwerter entstehen. Vordergründig werden die Schutzrechte nach der bestehenden Gesetzeslage abstrakt erörtert. Anschließend werden die gegenwärtigen Marktangebote unter die in Betracht zuziehenden Schutzrechte für Datenbanken nach der Rechtslage der Länder Deutschlands und Österreichs subsumiert. Zum Schluss der Betrachtung wird das Ergebnis dieses Schwerpunkts Aufschluss darüber geben, in welchem Kräfteverhältnis Verwerter digitaler Filmangebote zu übrigen Beteiligten stehen. Auch wird kurz auf wettbewerbsrechtliche und kartellrechtliche Spannungen hingewiesen, wenn auch dieses Thema Teil einer eigenen Bearbeitung sein könnte.

Abschließend wird in Bezug auf die Medien- und Wettbewerbspolitik auf die Institution Film eingegangen. Der Film ist – ob auf Zelluloid oder in digitalen Zielformaten – in seiner Wirkungsweise unverändert geblieben, nur die Vertriebswege und Rahmenbedingungen haben sich geändert. Die Erkenntnisse der Arbeit werden diesbezüglich in einer Zusammenfassung und in Schlussthesen zusammengefasst.

Die zentralen Fragestellungen werden nachfolgend zum Überblick aufgeführt.

Teil I: Grundlagen der digitalen Filmverwertung

Einführung in den Bereich der digitalen Filmverwertung aus historischer, ökonomischer und technischer Sicht.

- Entwicklung und aktueller Stand der Filmverwertung.
- Kombination von Filmverwertung und digitaler Distribution über Breitbandnetze.
- Marktsituation und Interessenlage.
- Technische Investitionsvoraussetzungen.
- Geschäfts- und Lizenzmodelle, Risiken und Potentiale.

Teil II: Rechtliche Rahmenbedingungen

Darstellung der rechtlichen Rahmenbedingungen für Unternehmen im Bereich der digitalen Filmverwertung.

- Abgrenzung der Angebote nach rundfunkrechtlicher / medienrechtlicher Regulierung.
- Staatliche Vorgaben und Eingriffe bei digitaler Filmverwertung.
- Vertragslage und Vertragsbeziehungen bei Online-Verträgen.
- Erforderlichkeit urheberrechtlicher Nutzungsreche.
- Streitpunkte im Urhebervertragsrecht und Schrankenregelungen
- Empfehlungen für die Lizenzvertragsgestaltung.

Teil III: Eigene Schutzrechte der Verwerter

Überprüfung eigener Schutzrechte nach Theorie und Praxis nach Urheberrechtsgesetz und wettbewerbsrechtlichen Ansprüchen.

- Schutzrechtsvoraussetzungen und Ansprüche nach deutschem Recht.
- Neue Rechtsprechung zum sui-generis-Recht an Datenbanken.
- Darstellung möglicher Schutzansprüche nach österreichischem Recht.
- Rechtsvergleichendes Zwischenfazit.

Teil IV: Filmverwertung in Ökonomie und Wettbewerb

Abschließende Analyse und Bewertung der Gesamtsituation des neuen Marktes der digitalen Filmverwertung im Lichte der ökonomischen Analyse des sui-generis-Rechts, der Wettbewerbssituation sowie interdisziplinärer Ausrichtung. Gedanken über Spannungsfelder des Wirtschaftsbereichs mit anderen Rechtsbereichen und Überprüfung von Lösungsansätzen nach wettbewerbstheoretischen und –politischen Ansätzen.

Teil I. Grundlagen der digitalen Filmverwertung

A. Der Film

I. Historische Einordnung und Entwicklung

Der Film als Wirtschaftsgut und Kulturgut kann auf eine bewegte Entwicklung im letzten Jahrhundert zurückblicken. Die Faszination Film geht zurück auf die Darstellung von bewegten Bildern. Der Vorläufer des Films basiert auf der Laterna Magica, einem einfachen wie genialen technischen Projektionsprinzip des 18. Jahrhunderts[5]. Mit der Entwicklung des Trägermaterials Celluloseacetat für den (Roh-)Film begann die eigentliche Entwicklung des Films auf Zelluloid bzw. Cellulosenitrat. Von den ersten Apparaten[6] und bewegten Bildern, wie der Filmkamera des Franzosen *Louis Le Prince*, oder dem Bioscop und seinen „lebenden Photographien" von *Max Skladanowsky*[7], dem berühmten Cinématographen der Brüder *Lumière*, über die Stummfilmzeit und die ersten Spielfilme in Farbe bis hin zu Spielfilmen mit computergenerierten Spezialeffekten in Multiplex-Kinos, der Film hat im Laufe der Zeit nie an Faszination verloren. Der Akt des Zeigens und die Wahrnehmung von visuellen und inszenierten Wirklichkeitsfiktionen löst im Kopf des Zuschauers eine Reaktion aus, die bei Spielfilmen als individueller und sogar auch kollektiver Traum wahrgenommen wird und wohl nie ihren Reiz verlieren wird[8]. Die Entwicklung des Films kann seit seiner Entstehung, ob seit dem 01.November 1895[9] oder erst seit dem vermeintlichen Geburtstag am 28.Dezember 1895[10], historisch in acht Phasen eingeteilt werden[11]. Prägend für die Geschichte und Entwicklung des Films waren insbesondere der technische, der ökonomische und der gesellschaftliche Wandel.

Die technischen Verbesserungen haben sich auf die Fortentwicklung des Films und seine Distribution nicht negativ ausgewirkt, ganz im Gegenteil. Der Film hat im Vergleich zu den traditionellen Medien, gerade auch im Hinblick

---

5 *Faulstich*, Filmgeschichte (2005), S.15.

6 *Sadoul*, Geschichte der Filmkunst (1957), S.13ff.

7 *Hanisch*, Auf den Spuren der Filmgeschichte (1991), S.16ff., 36f.

8 Vgl. *Faulstich*, Filmgeschichte, S.7f.

9 Vgl. die Darstellung bei *Hanisch*, Auf den Spuren der Filmgeschichte, S.37; Brockhaus, Enzyklopädie in 30 Bänden, Band 9, 2006, S.215ff.

10 Kritisch *Faulstich*, Filmgeschichte, S.19f.

11 *Faulstich*, Filmgeschichte, S.11.

auf die 1920er Jahre und die Zeit der Weltwirtschaftskrise, zunehmend an Bedeutung gewonnen.

Der Aufstieg des Mediums Fernsehen in der Zeit des Wirtschaftswunders in Deutschland und Österreich ging gleichwohl vorübergehend zu Lasten der Umsätze des klassischen Kinofilms, soweit ein Konkurrenzverhältnis darin erblickt wurde[12]. Aber auch die Videoverwertung hat im Konkurrenzverhältnis zum Kino damals massive Befürchtungen der Filmverleiher und Filmtheaterbetriebe nach sich gezogen[13]. Im Ergebnis muss aber rückblickend festgestellt werden, dass derartige Bewährungsproben und Erneuerungsphasen dem Kino und dem Medium Film mehr geholfen, als geschadet haben.

Die gleiche Entwicklung wird sich nun durch den digitalen Vertrieb eines Filmes fortsetzen, da in jeder Veränderung für die Filmwirtschaft auch seine Chance liegt. Die Online-Angebote, hier noch als undefinierter Oberbegriff für digitalen Medienkonsum verwendet, spielen eine neue entscheidende Rolle. Aber auch das digitale Kino, definiert als die durchgängig digitale Distribution und Projektion eines Kinofilmes[14], wird als Teil des Online-Vertriebs ebenfalls neue Maßstäbe für Unternehmen setzten. Absehbar ist auch, dass die 3D – Technologie das Interesse an Filmen weiter steigern wird, wenn auch für derartige Sonderformen noch die breite Akzeptanz geschaffen werden muss. Im Mittelpunkt bei allen technischen, kulturellen und ökonomischen Veränderungen stand immer der Film.

II. Begriffsdefinition Film

Den Film in eine einheitliche Begriffsdefinition zu pressen, ist wegen seiner unterschiedlich ausgeprägten Natur weder sinnvoll noch möglich.

Die Bezeichnung Film unterliegt in rechtlicher Hinsicht einer Doppelnatur[15]. Auf der einen Seite ist der Film ein immaterielles Gut von besonderer kultureller und wirtschaftlicher Bedeutung, für den u.a. urheberrechtliche Rechtssätze gelten[16]. Darüber hinaus ist der Film auf der anderen Seite aber auch gleichzeitig als belichteter Zelluloidstreifen im Sinne des § 90 BGB eine Sache, und unterliegt damit den sachenrechtlichen Besonderheiten. Ein Film liegt im Sinne des

---

12 *Faulstich*, Filmgeschichte, S.171.

13 Vgl. Hinweise bei *Frank*, Zur Ökonomie der Filmindustrie (1993), S.132.

14 *Sommer*, in Hülsmann/Grapp (Hrsg.), Strategisches Management für Film- und Fernsehproduktionen (2009), S.39 (41).

15 *Ditzen*, Filmverwertungsverträge, Diss.iur. Berlin (1965), § 3,§ 11 B. S.16ff.; 160.

16 Zum verfassungsrechtlichen Filmbegriff i.S.d. Art.5 Abs.1 S.2 GG siehe *Jarass*, in Jarass/Pieroth, Grundgesetz, 10.Aufl. (2010), Art.5 Rn.50.

Urheberrechts vor bei der Aufnahme einer Vielzahl von Lichtbildern, deren Abfolge den Eindruck eines bewegten Bildes beim Betrachter hinterlässt[17]. Rechtlich wird der Begriff Film benutzt für vertonte oder nicht vertonte Filmwerke, audiovisuelle Werke oder Laufbilder[18]. Es dürfte hier jedoch zu kurz greifen, wenn der Begriff Film rein rechtlich dargestellt wird. Neben der rein rechtlichen Betrachtung entspricht der Begriff Film vor allem dem Oberbegriff für die Darstellung von bewegten Bildern. Ursprünglich leitete sich der Name von der englischen Bedeutung als Häutchen oder als dünne Folie ab[19]. Später wurde die Bezeichnung Film nicht nur für das elastische Fotomaterial (Roh-Film) verwendet, sondern auch für die Kunstform Film. In soziologischer Sichtweise entwickelte sich der Film neben Presse und Rundfunk als Informations- und Unterhaltungsmedium. Für die produzierende und partizipierende Filmwirtschaft ist das Wirtschaftsgut Film die Existenzgrundlage[20]. Der Film, als Bestandteil eines Filmwerkes, kann in einer allgemeinen Begriffsdefinition als eine auf einem Medium gespeicherte Bildfolge oder Bild- und Tonfolge bezeichnet werden, bei der der Eindruck eines Bewegtbildes entsteht[21].

Mit dem Fortschreiten des Filmes als Kultur- und nachfolgendem Wirtschaftsgut gewann auch die gesellschaftliche und somit rechtliche Bedeutung an Einfluss. Bereits das Reichsgericht befand in einer frühen Entscheidung aus dem Jahr 1906[22] über die strafrechtlichen Auswirkungen des sog. „Films" bei Vorführungen mit dem Kinematographen. Durch die rasante Entwicklung des Films als Wirtschaftsgut wurde das Verständnis für den Film nach dem Sprachgebrauch immer selbstverständlicher, die rechtliche Position aber auch immer undurchsichtiger.

Der Gesetzgeber in Deutschland verwendet die Bezeichnung Film im deutschen Urheberrechtsgesetz[23] als Oberbegriff für urheberrechtlich geschützte Filmwerke und urheberrechtlich nicht schutzfähige Laufbilder[24]. Im österreichischen Urheberrechtsgesetz[25] wird ebenfalls nach § 4 öUrhG der Begriff Filmwerke als Synonym für Werke der Filmkunst verwendet, welche aus Laufbildwerken bestehen und Vorgänge und Handlungen für Gesicht oder für Gesicht und Gehör darstellen. Auf Inhalt, Aufnahmeverfahren oder eine dauerhafte Auf-

---

17 *Veit*, Filmrechtliche Fragestellungen im digitalen Zeitalter (2003), S.25.
18 Vgl. Art.2 Abs.1 lit.c) der Vermiet- und Verleih-RL, siehe im Anhang (S.315).
19 Brockhaus, Enzyklopädie in 30 Bänden, Band 9, (2006), S.215.
20 Siehe dazu u.a. *Wirtz*, Medien- und Internetmanagement, 6.Aufl., (2009), S.275.
21 Vgl. Gabler, Wirtschaftslexikon, Band F-H, 17.Aufl., (2010), S.1067.
22 RG 2.Strafsenat, Urteil v. 02.10.1906, AZ. II 459/06; RGSt 39, 183.
23 Im Folgenden abgekürzt dUrhG.
24 Siehe Überschrift und Paragraphen Teil 3 dUrhG; vgl. *Schack*, 5.Aufl. (2010), Rn.244.
25 Im Folgenden abgekürzt öUrhG.

zeichnung auf einem Trägermaterial kommt es für die urheberrechtliche Einschätzung allerdings nicht an[26]. Mit Verfilmung i.S.d. UrhG ist die Umsetzung und Herstellung eines geistigen Inhalts in bewegte Bildfolgen zu verstehen, wobei urheberrechtlich geschützte Werke bzw. Werkteile und teils unabhängig vom Film vorbestehende Werke zur Herstellung eines Filmes benutzt werden[27]. Eine Verfilmung liegt auch unabhängig davon vor, ob das Ergebnis selbst einen Werkcharakter besitzt, also ein Filmwerk oder lediglich ein Laufbild ohne eigenen Werkcharakter darstellt[28]. Kulturell lässt sich der Begriff Film weiter nach Genres bzw. Produktgattungen unterscheiden. Unter den Oberbegriff Film, der sämtliche audiovisuellen Inhalte erfasst, fallen neben Kinofilmen und Fernsehspielfilme auch Fernseh-Serien, Tierfilme, oder Animationsfilme. Zum Film gehören weiter auch Kurzfilme oder Sachfilme, Dokumentationen, Reisefilme, wissenschaftliche Filme, oder auch Experimentalfilme[29].

Gegenstand der vorliegenden Untersuchung werden schwerpunktmäßig Unterhaltungsspielfilme sein, weil sie bei der Verwertung die größte Rolle aus rechtlicher, wirtschaftlicher und kultureller Sicht einnehmen und für die Erst- und Zweitverwertung geeignet sind. Rechtlich betrachtet wird im Bereich der Filmförderung beispielsweise auf einen programmfüllenden Filme im Sinne des § 14 a Abs.1 FFG Bezug genommen, womit wenigstens eine Lauflänge von sechzig Minuten vorliegen muss. Aus wirtschaftlicher Perspektive bilden Spielfilme nach ihrem finanziellen Aufwand und Geschäftsrisiko den Hauptteil bei der Filmverwertung. Und auch aus kultureller Sicht werden Unterhaltungsspielfilme am häufigsten nachgefragt. Soweit aber auch andere Filminhalte für die durchgängige Verwertung geeignet sind, soll keine Einschränkung erfolgen.

III. Ökonomie von Film und Filmwirtschaft

Ein Film durchläuft chronologisch die Stufen der Projektentwicklung, der Filmproduktion und der Filmverwertung. Die Verwertung eines Films ist die dritte und letzte Stufe in der Wertschöpfungskette eines Films, in der ein fertiggestellter Film erstmalig Umsätze erzielt. Die Produktion eines Films erfolgt im Hinblick auf die kulturelle und unternehmerische Leistung mit dem Ziel, den größtmöglichen Gewinn an Zuschauern und Einnahmen zu erzielen. Ohne das Ziel der Verwertung eines Films wären die vorgelagerten Bereiche der Projektentwicklung (Stoffentwicklung, Drehbuch, Filmfinanzierung) und Filmproduk-

---

26 *Veit*, S.24; *Katzenberger*, in Schricker, 3.Aufl. (2006), Vor §§ 88 ff. Rn.21.

27 *Manegold*, in Wandtke/Bullinger, UrhG 3. Aufl. (2009), Vor §§ 88 ff. Rn.22.

28 *Manegold*, in Wandtke/Bullinger, UrhG 3.Aufl., Vor §§ 88 ff. Rn.23.

29 Aufzählung nach *Faulstich*, Filmgeschichte, S.7.

tion (Filmherstellung, Schnitt, Bearbeitung) überflüssig. Die Filmwirtschaft erfasst als Oberbegriff den gesamten Wertschöpfungsprozess einzelner Filme. Das Gesamtziel der Filmwirtschaft ist nicht darauf ausgelegt, nur kostendeckend zu arbeiten. Es ist darauf gerichtet, mit einzelnen Filmen auch einen Gewinn zu erzielen, um wieder neue Filme produzieren zu können.

Jeder Film durchläuft eine eigene Wertschöpfungskette. Dabei konkurriert er mit anderen Filmen und Medien auf dem heimischen Markt und gegebenenfalls internationalen Märkten. Entscheidender Unterschied eines Films zu anderen Wirtschaftsgütern ist die Eigenschaft, als immaterielles Gut unverbrauchbar zu sein. Entgegen physischen Ressourcen besitzt ein Film einen erzielbaren hohen Nutzwert.

Die Filmwirtschaft besteht insgesamt aus einer Vielzahl an Wertschöpfungsketten. Neben dem Wettbewerb der Filme untereinander wird auf die Filmwirtschaft Einfluss genommen durch medienrechtliche Regulierungen oder beispielsweise dem Instrument der Filmabgabe nach dem Filmförderungsgesetz (FFG). Sämtliche Bereiche der Filmwirtschaft sind voneinander direkt oder indirekt abhängig. Die vielfältigen Einflussfaktoren auf die Filmwirtschaft und die Wertschöpfung eines Films, insbesondere produktspezifische Unterschiede nach Sprache, Herkunftsländern und Verwertbarkeit, als auch vertikalen und horizontalen Integrationen global agierender Unternehmen lassen keine abschließende Aufzählung zu.

Durch eine Addition sämtlicher einzelner Wertschöpfungsketten ist zu erkennen, dass die Filmwirtschaft ein miteinander verzahntes Gesamtgefüge darstellt, siehe Übersicht 1. Jeder Eingriff und jede vorgenomme Regulierung kann Auswirkungen auf das Gesamtgefüge des Filmwertschöpfungskreislaufs haben.

Übersicht 1: Film-Wertschöpfungskreislauf.

Nicht aus dem Auge verloren werden darf dabei, welches Gesamtziel die Filmwirtschaft und die jeweiligen Beteiligten verfolgen. Bezogen auf einen einzelnen Film geht es objektiv darum, einen bestimmten Wert zu schaffen. Dieser Wert kann rein ideellen und kulturellen Motiven dienen, überwiegend wird es jedoch um ökonomische Motive und die vollständige Ausnutzung des ökonomischen Potentials eines Films gehen. Das durchschnittlich hohe Investitionsvolumen für einen einzelnen Film zwingt zu wirtschaftlichen Erwägungen, die eine Abwägung u.a. mit der Zielgruppe, der Gunst der Zuschauer und Konsumenten sowie den Produktionskosten erfordert. Die Unterstützung der Filmwirtschaft durch Subventionen kann nur ein Hilfsmittel sein und darf nicht zum Hauptbestandteil werden. Die Gesamtziele der Filmwirtschaft festzulegen, ist jedoch unmöglich, da Konflikte zwischen Filmen unterschiedlicher Herkunftsländer und Marktgrößen systemimmanent sind. Die Ziele einzelner Verwerter können zu gegenläufigen Interessen führen. Im Zusammenhang mit dominierenden Filmproduktionen aus dem Ausland besitzen heimische Filmproduktionen und europäische Filmproduktionen nur einen untergeordneten Anteil. Beteiligte des Filmwertschöpfungskreislaufes werden ökonomischen Profit nur erzielen können, wenn Verwertungsbarrieren abgebaut und freier Wettbewerb geschaffen wird.

B. Die Vertriebsmöglichkeiten eines Filmes

Ein Film lässt sich heutzutage auf sehr vielfältige Art und Weise herstellen, verbreiten und betrachten. An dieser Stelle geht es um die Erscheinungsformen bei der Verbreitung eines Filmes, anders ausgedrückt um den Filmvertrieb (logistische und ökonomische Sichtweise) und die Filmverwertung (ökonomische, rechtliche und kulturelle Sichtweise). Hierzu ein kurzer Überblick über die historische Entwicklung, den Status Quo und die zukünftige Entwicklung der Filmverwertung.

I. Historische Entwicklung der Filmverwertung

Ausgehend von der historischen Entwicklung des Films gliedert sich auch die Auswertung eines urheberrechtlich geschützten Filmes auf Basis des bisherigen Verständnisses nach den einzelnen Abspielmöglichkeiten innerhalb der Wertschöpfungskette. In jeder Auswertungsstufe wird versucht, die größtmögliche Anzahl an Interessierten zu erreichen, und dabei gleichzeitig die ökonomischen Interessen der beteiligten Verwerter in einen angemessenen Ausgleich zu bringen. Der technische Fortschritt zwang jedoch seit dem Beginn des Filmzeitalters die Vertragsparteien und die Gesetzgeber, die Abspiel-, Verbreitungs- und Auswertungskette immer wieder anzupassen. Die Auswertung eines Filmwerkes begann am Anfang auf Marktplätzen in Varieté-Theatern und Wanderkinos, und setzte sich später fort in ortsfesten Kinos (Kinematographie, abgeleitete Verkürzung für Lichtspieltheater)[30]. Daran schloss sich mit dem Aufkommen des Fernsehens eine weitere Möglichkeit der Verwertung eines Filmwerkes an. Mit der Entwicklung der Videotechnik, von Speichermedien und Abspielgeräten eröffnete sich ein neuer Markt mit analogen Magnetbändern. Das Video Home System (VHS) herrschte über zwei Jahrzehnte vor. Die vorgestellten Verwertungsmöglichkeiten bildeten die traditionelle Verwertungskette in der nachfolgend dargestellten Auswertungsreihenfolge Filmfestival, Kino-Auswertung, Videoauswertung (Videoverleih und Verkauf von Vervielfältigungsstücken) und der TV – Auswertung im Bezahlfernsehen und im frei empfangbaren Fernsehen[31].

II. Die Filmverwertung nach dem Status Quo

Der Filmvertrieb ist wie die Filmverwertung abhängig von den tatsächlichen Möglichkeiten, die sich beim Filmvertrieb und den Abspielformaten durchgesetzt haben. Gegenwärtig existieren innerhalb der drei Abspielbereiche Kino, Home-Entertainment und Mobile Unterhaltung die Formate Kino, Video und Fernsehen.

Zu unterscheiden sind zunächst die klassischen Erstverwertungsformen des Filmverleihs an Filmtheater und Kino, sowie die Zweitverwertung von körperlichen Vervielfältigungsstücken durch Verkauf und Verleih von Bildträgern wie VHS, DVD oder Blu-ray-Disc. Eine weitere gebräuchliche Zweitverwertungsstufe ist das Fernsehen im Allgemeinen. Innerhalb der traditionellen Auswertung erkennbar ist, dass der Verbraucher aktiv werden muss, sei es durch den Gang ins Kino oder sei es durch den Erwerb oder Ausleihvorgang des Filmes. Lediglich die klassische Verwertungsform des Fernsehens, aufgeteilt in das verschlüsselte Pay-TV und das frei empfangbare Fernsehen, besitzt eine große Reichweite und leichte Bedienung.

Durch die Digitalisierung haben sich weitere Nutzungsformen (u.a. VoD, NVoD, Pay-per-View, EST) entwickelt, die zum Teil Schnittmengen mit bisherigen Abspielformaten aufweisen, teils aber auch auf einem komplett neuen

30 *Faulstich*, Filmgeschichte, S.24f; siehe auch *Hanisch*, Auf den Spuren der Filmgeschichte, u.a. S.44.

31 *Trappel*, Verwertungsperspektiven der Filmindustrie (1997), S.83ff.

Verständnis beruhen[32]. Unter dem Begriff Digitalisierung wird sowohl die Umwandlung analoger Bild- und Tonträger in digitale Dateien[33], als auch der Wertschöpfungsprozess von der digitalen Produktion, Vorführung und Distribution verstanden. Zur digitalen Filmverwertung zählen zum einen das „Digitale Kino", weiter die durchgängig digitale Verbreitung eines Film auf PC, Fernseher, Set-Top-Box oder mobile Endgeräte nach individuellem Abruf, sowie die digitale Ausstrahlung des Programmangebotes von privaten und öffentlich-rechtlichen Sendeanstalten auf Zugriff.

Eine neuere, andere und nutzerfreundliche Alternative zu den klassischen Verwertungsformen stellen aber nur die Abruf- und Zugriffsdienste dar. Charakteristisch ist zum einen der individualisierte Zugang zu dem Filmangebot, der sich durch Internet und moderne Datenwege in den Jahren multipliziert hat. Der Rezipient kann über vielfältige Wege, beispielsweise über Online-Plattformen, On-Demand-Portale oder über einen integrierten Zugang auf ein Triple-Play-Portal Filme individualisiert konsumieren. Ein Zugriffsdienst hält eine Vorauswahl des Anbieters vor, aus der der Nutzer Filme auswählen und technisch bedingt zu festen und zeitversetzten Zeitpunkten betrachten kann. Ein Abrufdienst liegt hingegen vor, wenn ein Rezipient aus einem auswählbaren Gesamtangebot einen Film vollkommen zeitunabhängig abrufen kann[34]. Der Unterschied zwischen Zugriffs- und Abrufdienst liegt in der Push- und Pull-Funktion. Insofern kann in angebotsorientierte und nachfrageorientierte Dienste unterschieden werden[35].

Die neuen Verwertungsformen zählen als Zweitverwertungsformen zu dem Bereich Home-Entertainment und Mobile-Entertainment. Die ökonomischen Vorteile der digitalen Verwertung von audiovisuellen Inhalten liegt in der vereinfachten Verbreitung durch kostengünstigere und identische Kopien, die sich nicht abnutzen und daher unbegrenzt verwendet werden können, solange das Dateiformat von den entsprechenden Abspielgeräten unterstützt wird. Die digitalen Kopien sind viel leichter zu übermitteln, als körperliche Bild- und Tonträger. Bei dem Vertrieb einer 35mm-Kopie zu einem Kino müssen immerhin bei einem 90-minütigen Film vergleichsweise an die 30 Kilogramm bewegt werden. Der Erwerb körperlicher Kopien ist zeitaufwendig und kostet Kraft und Geld. Bei der digitalen Übermittlung reichen ein paar Knopfdrücke und Minuten. Die digitale Filmverwertung führt daher zu einem breiteren Angebot an Filmen, so dass insgesamt ein Trend in der Entwicklung hin zu vielen Nischenmärkten er-

32 Vgl. BVerfGE 114, 371, 388; siehe ausführlich Teil I. F. I. und III. (S.49ff.; 54ff.).

33 Siehe bereits oben in der Einleitung und bei *Fechner*, Medienrecht, 11.Aufl. (2010), 12.Kap. Rn.3.

34 *Schack*, GRUR 2007, 639, 643.

35 Vgl. *Anderson*, The Long Tail (2009), S.264.

kennbar wird[36]. Das einzelne Produkt und der Geschmack der einzelnen Menschen als Rezipienten rücken wieder vermehrt in den Vordergrund der Filmverwertung.

Trotz der Digitalisierung haben sich aber nicht überall erkennbare Veränderungen ergeben. So ist beispielsweise für die Betrachter im Kino unerheblich, ob der Film analog oder digital vorgeführt wird. Die Veränderung beim „Digitalen Kino“ wird nur auf der Ebene des Vertriebs vom Filmhersteller[37] bzw. Filmverleiher zum Kinobetreiber erkennbar. Ebenso stellt im Bereich des Fernsehens die digitale Ausstrahlung, abgesehen von Zusatzdiensten, keinen erheblichen Unterschied zur analogen terrestrischen Ausstrahlung dar.

Eine entscheidende Rolle nimmt die Digitalisierung ein im Bereich des Vertriebs zum Endverbraucher. Innerhalb des Bereichs Home-Entertainment beherrschte neben dem Medium Fernsehen über drei Jahrzehnte der Vertrieb von körperlichen Bild- und Tonträgern die Filmwirtschaft. VHS-Kassetten oder digitale Abspeicherungen auf DVD oder Blu-ray-Disc konnten käuflich erworben oder in Videotheken „ausgeliehen“[38] werden. Inzwischen bleibt dem Rezipienten der Gang in die Videothek oder das Geschäft erspart[39]; die Auswahl-, Erwerbs- und Konsumentscheidung fallen zusammen. Der digitale Vertriebsweg, der gänzlich auf die physische Existenz des Filmes verzichtet, steht zwar erst am Anfang, das Ende des Lagerbestandes zeichnet sich dennoch ab[40]. Durch die digitale Verwertung von Filmen werden bestehende Grenzen überwunden und aufgelöst. Die Zukunft besteht in einer Konvergenz bisheriger Übertragungswege mit Innovationen und Zusatzangeboten. Dadurch entstehen neue und alternative Vertriebswege und zusätzliche Verwertungsstufen und Nutzungsmöglichkeiten. Das die Filme wiederum nur auf dem heimischen Fernseh- oder PC-Bildschirm oder Projektor betrachtet werden, liegt daran, dass das „Rad“ nicht neu erfunden werden muss.

Die Auswirkungen der Digitalisierung der Filme und des Vertriebsweges können zum gegenwärtigen Zeitpunkt mit Sicherheit noch nicht abschließend beurteilt werden. Sämtliche Prognosen können nur die bisherige Entwicklung und die Trends auf dem Entertainment-Markt bewerten. Die Beeinflussung der Auswertungskette wird zumindest weitergehen, und wird Gegenstand weiterer Untersuchungen werden.

---

36 *Anderson*, The Long Tail, S. 21ff., 61.

37 Zum Begriff siehe BGH, GRUR 1993, 472, 473 – Filmhersteller; Peters, Fernseh- und Filmproduktion, (2003), S.347ff. m.w.N.

38 Es wird darauf hingewiesen, dass hier nicht die rechtliche Terminologie im Vordergrund steht, sondern die allgemein gebräuchliche Erwerbsbezeichnung.

39 So bereits Maus, Die digitale Kopie von Audio- und Videoproduktionen (1991), S.43f.

40 *Anderson*, The Long Tail, S.114f.

III. Auswertungskette und Sperrfristen

Um sicherzustellen, dass die einzelnen Verwertungsstufen im Sinn einer optimalen Wertschöpfung genutzt werden, etablierte sich in der nationalen und internationalen Lizenzvertragspraxis, die Auswertungskette durch Sperr- und Schutzfristen abzusichern (sog. Holdbacks)[41]. Auch dient die Vereinbarung von Sperrfristen in einem Lizenzvertrag der Absicherung der Rechte-Exklusivität der Lizenznehmer[42]. Jede einzelne Verwertungsstufe hat ihr eigenes Auswertungsfenster, um das ökonomische Ziel zu erreichen, auf jeder einzelnen Auswertungsstufe die höchstmöglichen Einnahmen zu erzielen. Für mit öffentlichen Mitteln durch staatliche Filmförderung (beispielsweise durch die Filmförderungsanstalt (FFA – Bundesanstalt des öffentlichen Rechts)[43] oder dem Österreichischen Filminstitut entstandene Filmproduktionen sind die zeitlich gestaffelten Verwertungsstufen überdies gesetzlich in Deutschland im Gesetz über Maßnahmen zur Förderung des deutschen Films[44], sowie in Österreich durch das Filmförderungsgesetz 1980[45], geregelt worden, siehe Übersicht 2[46]. Vorrangiger Schutzzweck der gesetzlichen Sperrfristenregelungen ist, den Vorrang der Kinoauswertung vor anderen Verwertungsstufen sicherzustellen[47]. Die aktuellen gesetzlichen Bestimmungen können aufgrund gewohnheitsrechtlicher Übung als allgemein-gültige Orientierungsmaßstäbe angesehen werden[48], da die überwiegende Zahl von Filmproduktionen – teilweise oder ergänzend – öffentlich gefördert wird[49]. Ausgangspunkt der gesetzlichen Fixierung ist jeweils die übliche Sperrfrist.

41 *Manegold*, in Wandtke/Bullinger, UrhG 3.Aufl., Vor §§ 88ff., Rn.35; *Homann*, Filmrecht (2009), S.39 und 322; *Diesbach*, in Berger/Wündisch, (2008), § 21 Rn.164.

42 *Manegold*, in Wandtke/Bullinger, UrhG 3.Aufl., Vor §§ 88ff., Rn.35.

43 *Homann*, Filmrecht, S.256.

44 Siehe § 20 Filmförderungsgesetz, in der Fassung der Bekanntmachung vom 24.August 2004, BGBl. I S.2277, zuletzt geändert am 22.12.2008, BGBl. I. S.3000.

45 Siehe § 11a Filmförderungsgesetz 1980, in der Fassung der Bekanntmachung, BGBl. Nr.557/1980 idF. BGBl. I Nr. 170/2004.

46 Vgl. grundlegend zum FFG a.F. *Radmann*, ZUM 2008, 197.

47 *Radmann*, ZUM 2008, 197, 198.

48 *Manegold*, in Wandtke/Bullinger, UrhG 3.Aufl., Vor §§ 88ff. Rn. 35.

49 *Radmann*, ZUM 2008, 197, Fn.2.

Sperrfristen ab Erstaufführung	Deutschland § 20 FFG	Österreich § 11a FFG	Verkürzung / (Ausnahmen: D; Ö)
1.Kino	—	—	—
2. Bildträgerauswertung	6	6	5(4)
3. Abruf-/Zugriffs-Dienste	9	12	5(4);6(4)
4. Bezahlfernsehen	12	18	9(—);12(6)
5. Freies Fernsehen u. unentgeltlicher Abruf	18	24	12(6);18(6)

Übersicht 2: Sperrfristen: für die Verwertungsstufen nach regulärer Erstaufführung in Monaten; Verkürzung nach § 20 Abs.2 dFFG; § 11a Abs.2 öFFG; (Ausnahmetatbestände nach § 20 Abs.3 dFFG; § 11a Abs.3 öFFG); Stand: 04/2011.

Nach § 3 der Richtlinie D.6 der Filmförderungsanstalt[50] (FFA; Bundesanstalt des öffentlichen Rechts) ist für „entgeltliche Videoabrufdienste („video-on-demand“) und individuelle Zugriffsdienste im Sinne des § 67 Abs.2 FFG („near-video-on-demand“/“pay-per-view“)“ die reguläre Sperrfrist gemäß § 20 Abs.1 Nr.2 FFG auf neun Monate, alternativ bei entsprechender Zustimmung des betroffenen Programmanbieters auf sechs Monate ab Erstaufführung festgelegt. Gemäß § 20 Abs.2 Nr.1 FFG kann jedoch durch mehrheitlichen Beschluss des Präsidiums der FFA die Sperrfrist für die Auswertung bis auf fünf Monate, und gemäß § 20 Abs.3 Nr.1 FFG im Ausnahmefall durch einstimmigen Beschluss bis auf vier Monate nach Erstaufführung verkürzt werden, solange filmwirtschaftliche Belange nicht entgegenstehen.

Weil bisher in tatsächlicher und zeitlicher Hinsicht die Auswertungskette in der Diskussion stand und sich teils stark verändert hat[51], sind auch für die Zukunft weitere Regulierungen zu erwarten[52]. Die Tendenz geht immer mehr dahin, dass die im Wettbewerb stehenden nachfolgenden Auswertungsstufen sich dem Kinostart annähern werden[53]. Auch besteht zwischen der Verwertung internationaler Filme und in Deutschland hergestellter Filme im Geltungsbereich des FFG ein Ungleichgewicht bei der Ausgestaltung der Auswertungsfenster und

50 Vgl. Richtlinie für die Antragstellung auf Verkürzung der Video- bzw. Fernsehsperrfristen, D.6 der FFA, abrufbar unter http://www.ffa.de/downloads/richtlinien/D06.pdf [Stand: 27.04.2011].

51 Siehe u.a. *Negele*, ZUM 2008, 748f.; *Schwarz*, ZUM 2008, 730, 731f.

52 Zu aktuellen Verwertungsfensterdiskussionen und Vorhaben zur Novellierung des FFG siehe FFA, http://www.ffa.de/ [Stand: 27.04.2011]; vgl. Abbildung 5/1 bei *Trappel*, Verwertungsperspektiven der Filmindustrie, S.84

53 In diesem Sinn auch *Schwarz*, ZUM 2008, 730, 731f; *Fößel*, in Hülsmann/Grapp (Hrsg.), Strategisches Management für Film- und Fernsehproduktionen, S.73 (78).

Sperrfristen zum Nachteil deutscher Filmverwerter, das es zu beseitigen gilt[54]. Aus ökonomischer Sicht wird es dennoch sinnvoll sein, an differenzierten Auswertungsstufen festzuhalten. Zwar erscheint auch eine Lösung oder Aufgabe der traditionellen Verwertungskette, die auf dem Prinzip der progressiven Ausschließbarkeit[55] einzelner Publikumssegmente beruht, denkbar[56]. Die Ausschließbarkeit der Verwertungsstufe Kino muss aber auch genutzt werden, solange der Attraktivitätsverlust moderat ausfällt und das Erlöspotential die nachfolgende Verwertungsstufe übersteigt[57]. Die für die Kinoauswertung entscheidende Phase sind weniger die ersten vier Monate ab Erstaufführung, bei den meisten Filmen liegt sie ohnehin zwischen zwei bis maximal drei Monaten, sondern die Laufzeit von dem ersten Einspielwochenende bis zu durchschnittlich sechs bis acht Wochen[58]. Diese ökonomische Phase der Kinoauswertung gilt es durch Sperrfristen grundsätzlich zu schützen, wobei an dieser Stelle dahingestellt wird, ob der gesetzlich fixierte Auswertungszeitraum von mindestens vier Monaten für jeden Film sinnvoll ist[59]. Für die optimale Auswertung steht ohnehin die Bestimmung des Zeitpunkts zwischen dem Ende der Kinoauswertung und der nachfolgenden Verwertungsstufe im Vordergrund. Die Festlegung des Zeitraums lässt sich jedoch nicht abstrakt durch gesetzliche Normierung festlegen, da der Zeitpunkt der Beendigung der Kinoauswertung wesentlich von dem Erfolg des Filmes[60], dem gewählten Erstaufführungsdatum bzw. Quartal und den zeitgleich in den Kinos laufenden Konkurrenzfilmen abhängt[61]. In der Verwertungspraxis haben sich darüber hinaus differenzierte Marktsegmente je nach konkreter Filmproduktion herausgebildet, wie beispielsweise „Made for Cinema actual“, „Made for Cinema recent“, „Made for TV“ oder „Direct to Video“[62], die aus ökonomischen Gründen eine unmittelbare Auswirkung auf die Verwertungsfenster haben.

Ausnahmen von dem Grundsatz des Vorrangs der Kinoauswertung sollten nur für Vorpremieren im Rahmen der Online-Version des Kinos gestattet wer-

54 *Negele*, ZUM 2008, 748f.

55 Siehe später und Erläuterung bei *Frank*, Zur Ökonomie der Filmindustrie, S.13.

56 *Trappel*, Verwertungsperspektiven der Filmindustrie, S.83.

57 *Frank*, Zur Ökonomie der Filmindustrie, S.132ff.

58 Vgl. Österreichisches Filminstitut, Filmwirtschaftsbericht 2009, auf Basis Nielsen EDI, S.29.

59 Siehe zur Verwertungsfensterdiskussion *v.Wolkenstein/Müller*, in Hülsmann/Grapp (Hrsg.), Strategisches Management für Film- und Fernsehproduktionen, S.241 (250).

60 Vgl. *Frick/Daamen/Daamen*, in Hülsmann/Grapp (Hrsg.), Strategisches Management für Film- und Fernsehproduktionen, S.273 (273ff.).

61 *Frank*, Zur Ökonomie der Filmindustrie, S.144.

62 Siehe BVV Business Report 2009, auf Basis des GfK Consumer Panel, S.38.

den, welches vereinzelt auch als Cybercinema bezeichnet wird[63]. Eine Aushöhlung der Sperrfristen ist dadurch nicht zu erwarten, da Online-Vorpremieren sich nur an ein begrenztes Cineasten-Publikum wenden und ökonomisch keine maßgebliche Bedeutung besitzen sollten. Für eine weitere Verkürzung der Videosperrfrist auf vier Monate spricht, dass die Kinoauswertung dadurch nicht maßgeblich beeinträchtigt würde, da bei den überwiegenden Filmen die Verwertungsphase bereits abgeschlossen sein wird[64]. Die anderen Verkürzungs- und Ausnahmetatbestände könnten so gänzlich gestrichen werden. Weiter könnte ein Gleichlauf zwischen der Sperrfrist der Videoauswertung mittels Bildträger und der Videoauswertung mittels Abruf- und Zugriffsdiensten zur Vereinfachung und Rechtssicherheit beitragen[65]. Gegen eine Ungleichbehandlung sprechen aus rechtlicher Sicht bereits der staatsrechtlich garantierte Gleichheitssatz sowie die Wettbewerbsfreiheit[66].

Angesichts der durch die Digitalisierung hervorgerufenen neuen Vertriebswege für Filmwerke, einem sich ändernden Konsumverhalten, welches aufgrund der Demographie bislang nur ansatzweise bei jüngeren Generationen erkennbar ist, und dem generellen Trend zum Heimkino-Konsum wird auch in Zukunft die Verwertung Änderungen unterworfen sein, und bisherige Nutzungsformen in ihrer Bedeutung in Frage gestellt werden müssen[67]. Für die Zukunft kann daher nur eine vage Prognose abgegeben werden, welche Sperrfristen Gültigkeit besitzen. Es kann mit an Sicherheit grenzender Wahrscheinlichkeit aber davon ausgegangen werden, dass auch die Sperrfristenregelungen weiteren massiven Änderungen unterworfen sein wird, weil zukünftig immer mehr der einzelne Konsument individuell entscheiden wird, wann und wie er einen Spielfilm oder andere Beiträge anschauen möchte, unabhängig von dem jeweiligen Vertriebsweg, und damit Einfluss auf den Markt nimmt. Zeitliche Verschiebungen und Annäherungen der Sperrfristenzeiten sind wahrscheinlich. Die Exklusivität der Filmpremiere in einem Filmtheater bzw. Kino wird mit Sicherheit für einen Kinofilm aber erhalten bleiben, da der Erfolg der Auswertungsstufe Kino für die nachfolgenden Verwertungsstufen eine gewisse Erfolgswirkung indiziert[68].

---

63 *Trappel*, Verwertungsperspektiven der Filmindustrie, S.85.

64 *Radmann*, ZUM 2008, 197, 206.

65 Bereits das OLG München, ZUM 1998, 413, 415, betonte die große Ähnlichkeit der Nutzungsformen; a.A. noch *Frohne*, ZUM 2000, 810, 814.

66 *Radmann*, ZUM 2008, 197, 206.

67 *Schack*, GRUR 2007, 639, 640; *Sommer*, in Hülsmann/Grapp (Hrsg.), Strategisches Management für Film- und Fernsehproduktionen, S.39 (41); *v.Wolkenstein/Müller*, in Hülsmann/Grapp (Hrsg.), Strategisches Management für Film- und Fernsehproduktionen, S.241 (243).

68 *Frank*, Zur Ökonomie der Filmindustrie, S.131 m.w.N..

IV. Ökonomische Analyse der Auswertungsstufen

1. Die Anteile der Verwertungsstufen

Die ökonomische Betrachtung der Auswertungskette in Bezug auf die jeweiligen Anteile der kostenpflichtigen Verwertungsformen verdeutlicht das Verhältnis der Nutzungsformen zueinander in der Praxis, und lässt Rückschlüsse auf die zukünftige Entwicklung zu. Innerhalb der Auswertungskette ist zu differenzieren zwischen Erstverwertung und Zweitverwertung eines Filmwerkes. Die Reihenfolge der Verwertungsstufen wird im Wesentlichen vorgegeben und geprägt von wirtschaftlichen Erwägungen. Eine besondere Rolle beim Vertrieb von Filmen nimmt zur Verhinderung von Marktversagen das Kriterium der Ausschließbarkeit ein. Als Ausschließbarkeit wird die Eigenschaft eines wirtschaftlichen Guts bezeichnet, die potentiellen Konsumenten von der Nutzung auszuschließen, die nicht bereit sind, den verlangten Preis zu bezahlen[69]. Eine kostenpflichtige Kinoaufführung besitzt als einfaches Beispiel zu einhundert Prozent Ausschließbarkeit. Der Konsum einer DVD[70] oder von Online-Diensten besitzt hingegen nur eine eingeschränkte Ausschließbarkeit, da nicht verhindert werden kann, dass weitere Personen von dem Konsum – gleichzeitig und ohne Entgeltleistungen – profitieren.

Welchen wirtschaftlichen Stellenwert die einzelne Nutzungsform besitzt, bzw. in welcher Reihenfolge die Verwertung vorgenommen wird, ist somit abhängig von der Marktsituation. Aufschlussreich sind dafür Studien, die die Auswirkungen des Strukturwandels untersuchen, Umsatzzahlen abbilden und den Anteil der jeweiligen Verwertungsstufe ermittelt haben, und damit einen Aufschluss über die Zukunft des Marktes geben[71]. Die Marktgrößen der Länder Deutschland und Österreich unterscheiden sich entsprechend der Größe und Umsatzzahlen, und teilen sich zum Vergleich auf in etwa 10/10 auf Deutschland, und 1/10 auf Österreich.

Zum aktuellen Stand werden ohne Gewähr und Vollständigkeit in der Übersicht 3 und 4 folgende Marktanteile in Zahlen genannt, die sich entsprechend der etablierten Auswertungskette aufschlüsseln lassen. Die nachfolgenden Ausfüh-

---

69 *Frank*, Zur Ökonomie der Filmindustrie, S.13; vgl. *Link*, S.9.

70 Der Datenträger VHS kann seit dem Jahr 2007 weitestgehend als substituiert durch die DVD angesehen werden, vgl. BVV Business Report 2009 auf Basis des GfK Consumer Panel, S.13.

71 Siehe u.a. Übersicht bei *Wirtz*, Medien- und Internetmanagement, S.286; *Hass*, in Hülsmann/Grapp (Hrsg.), Strategisches Management für Film- und Fernsehproduktionen, S. 355 (362); *Fößel*, in Hülsmann/Grapp (Hrsg.), Strategisches Management für Film- und Fernsehproduktionen, S.73 (77).

rungen und Daten basieren für Deutschland auf dem Filmstatistischen Jahrbuch 2009 und 2010 der *SPIO*, dem BVV Business Report 2009 und 2010 des *Bundesverbandes Audiovisuelle Medien e.V.* auf Basis der Schlüsseldaten des GfK Consumer Panel 2009 und 2010 bzw. für Österreich dem Filmwirtschaftsbericht 2009 und 2010 des *Österreichischen Filminstituts* auf Basis der Daten der Statistik Austria, *Nielsen EDI* und des *Fachverbandes der Lichtspieltheater und Audiovisionsveranstalter*.

Der Bereich Filmverwertung innerhalb der Filmwirtschaft, ohne den Bereich Filmverleih, Werbung und Fernsehen, erwirtschaftete im Jahr 2009 in Deutschland ein Umsatzvolumen in Höhe von 2612,1 (2008: 2.344,7) Millionen €[72], in Österreich ca. ein Umsatzvolumen in Höhe von 344,59 Millionen €[73] (192,58 Millionen € ohne Video-Verkauf, der auf 130-180 Millionen € geschätzt wird)[74]. Der Anteil der Filmproduktion an der Filmwirtschaft ist ausgenommen, weil er sich zum einen nicht auf die Verwertung bezieht, und sich andererseits nur nach heimischen Filmproduktionen oder Co-Produktionen mit nationaler Beteiligung beziffern lässt, so dass keine eindeutigen Daten vorliegen. Entsprechend schwierig verhält es sich mit der Abbildung von Umsatzdaten aus dem Bereich der Fernsehverwertung, da die Geschäftstätigkeit der öffentlich-rechtlichen Rundfunkanstalten und privaten Rundfunksender sich nicht nach transparenten Umsatzzahlen bei der Ausstrahlung von Kinofilmen aufschlüsseln lässt. Insofern ließen sich nur kumulierte Umsätze abbilden. Die Vergleichbarkeit der Daten zwischen Deutschland und Österreich kann ebenfalls nicht garantiert werden. Weil die Definition der Filmwirtschaft nicht klar abgegrenzt werden kann, ist auf die Darstellung der Umsatzzahlen der gesamten Filmwirtschaft verzichtet worden.

---

72 *Berauer*, Filmstatistisches Jahrbuch 2010 und 2009, kumuliert in Mio. €, S.31 (Filmtheater: 976,1; 2008: 794,7), S.51 (Video-Gesamt: 1636; 2008: 1555.; Verkauf: 1380; 2008: 1.291; Verleih: 256, 2008: 264; VoD: 13,1; 2008:7,3).

73 Der Verfasser kombiniert die Angaben des BVV Business Report 2009, auf Basis des GfK Consumer Panels, S.47 (Video-Gesamt: 152) für den Videokaufmarkt Österreich mit denen der Filmwirtschaftsberichte aus nachfolgender Fußnote.

74 Österreichisches Filminstitut, Filmwirtschaftsbericht 2010 und 2009, auf Basis der Quelle Statistik Austria, S.15, kumuliert in € (Kino: 142,54; 2008: 119,38 Mio.), (Videotheken-Verleih: 50,04; 2008: 52,07 Mio.), S.46 (2009:S.39) mit Erläuterung.

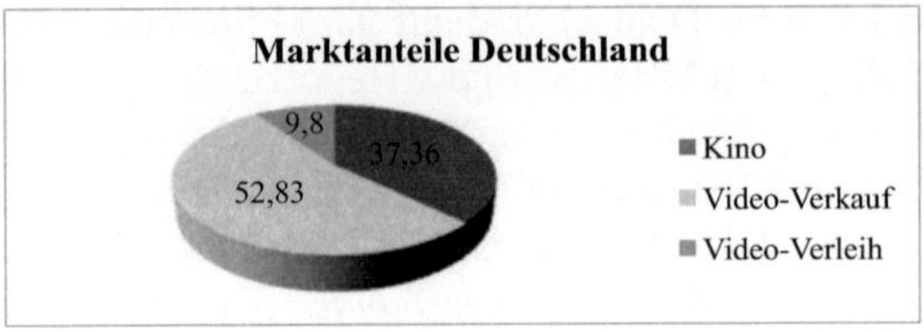

Übersicht 3: Marktanteile Deutschland 2009 nach Umsatz in Prozent, ausgewiesen nach Filmstatistisches Jahrbuch 2010 der SPIO[75].

Der Marktanteil des Home-Entertainment Videomarktes Deutschland im Jahr 2009 lag zusammengenommen bei 62,63% (2008: 66,31 %), wobei von einem Verhältnis von annähernd 2/3 Videomarkt und 1/3 Kinomarkt auszugehen ist. Am Verleihmarkt hielt Video-on-Demand im Jahr 2010 nach Daten des GfK Consumer Panels bereits 8 % vom Umsatz (2009: 5 %)[76].

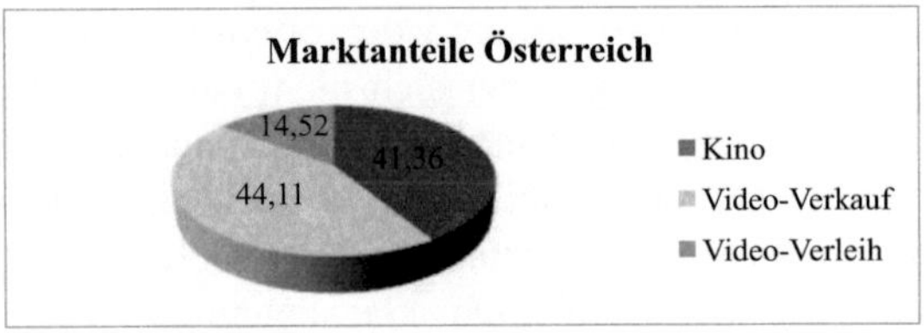

Übersicht 4: Marktanteile Österreich nach Umsatz in Prozent, Quelle: Österreichisches Filminstitut, Filmwirtschaftsbericht 2009, auf Nielsen EDI in Kombination mit BVV Business Report 2009, auf Basis des GfK Consumer Panels, S.47[77].

In Österreich ist der Videomarkt hingegen mit zusammengenommen 58,63 % (Vorjahr: 63,09 %) am Umsatz nicht ganz so stark ausgeprägt, wie er es in Deutschland ist. Es gibt aber auch noch keine eindeutigen Datenerhebungen aus Österreich über den Videomarkt insgesamt. Der Verfasser hat auf die Daten

---

75 *Berauer*, Filmstatistisches Jahrbuch 2010 und 2009, S.22, kumuliert in Mio. € (Filmverleih: 411,3; 2008: 317,5), S.31 (Filmtheater: 976,1; 2008: 794,7), S.51 (Video: 1636; 2008: 1555).

76 BVV Business Report 2010, auf Basis des GfK Consumer Panels, S.51.

77 Österreichisches Filminstitut, Filmwirtschaftsbericht 2010, auf Basis der Quelle Statistik Austria, S.15 und BVV Business Report 2009, auf Basis des GfK Consumer Panels, S.47.

des Filmwirtschaftsberichts zurückgegriffen, wonach der Videoverleih einen Anteil am Umsatz in Höhe von Millionen € 50,04 hatte. Der Umsatz des Videokaufmarktes ergibt sich in Höhe von 152,00 Millionen € aus den Daten des GfK Panels. Für Zugriffs- und Abrufdienste existierten zum Zeitpunkt der Veröffentlichung dieser Arbeit noch keine Daten.

Exemplarisch sind auch Daten über die wirtschaftliche Leistungsfähigkeit der gesamten Filmwirtschaft in Österreich heranzuziehen; danach ergibt sich bei Zugrundelegung kumulierter Umsätze der Filmwirtschaft des Jahres 2008 in Höhe von 690,7 Millionen € auszugsweise ein Anteil des Kino von 20,63 %, der Videotheken von 7,24 % und dem Filmverleih- und –vertrieb in Höhe von 9,86 %[78]. Die Anteile unkörperlicher Verwertungsformen sind statistisch in Österreich noch nicht erfasst.

Die weitere Marktentwicklung wird davon abhängen, wie die Marktbeteiligten der Filmwirtschaft auf die technischen Einflüsse reagieren und sich im Wettbewerb behaupten. Die Notwendigkeit zur produktspezifischen und strategischen Innovationsfähigkeit von Unternehmen aus der Filmwirtschaft wurde bereits mehrfach betont[79]. Eine Studie der GfK über das Wachstumspotential des digitalen Videomarktes verdeutlicht diese Entwicklung[80]. Die Erfindung neuer Distributionsmodelle für Film-, TV- und Videoproduktionen wird damit im Vergleich zur klassischen physischen Verwertung klar in den Vordergrund der Untersuchung gerückt[81]. Die Entwicklung neuer Dienste ist bisher nur im Ansatz erkennbar. Zugriffs- und Abrufdienste werden sich von dem Wachstum her weiter positiv entwickeln, die prozentuale Wachstumskurve wird auf die nächsten Jahre gesehen sich aber deutlich abflachen, und nicht mehr bei dreistelligen Zuwachsraten liegen. Schwer einzuschätzen ist, welche Marktverschiebungen hervortreten. Das Pay-TV konnte zuletzt trotz hinzugewonnener Abonnementen nicht mehr die Umsatzzahlen aus dem Vorjahr halten.

Zusammenfassend sei daher folgende Übersicht 5 als Momentaufnahme über die Anteile am Umsatz der Filmwirtschaft am Beispiel Deutschland für das Referenzjahr 2008 – vergleichend zu den Daten aus Österreich – angezeigt.

---

78 Vgl. Österreichisches Filminstitut im Filmwirtschaftsbericht 2010 nach Angaben der Statistik Austria, S.15.

79 Siehe u.a. *Hülsmann/Cordes/Bruchwitz*, in Hülsmann/Grapp (Hrsg.), Strategisches Management für Film- und Fernsehproduktionen, S.407 (410f. m.w.N.).

80 Vgl. GfK Consumer Panel, Wachstumspotenzial Digitaler Videomarkt, abrufbar http://www.gfkps.com/scope/infopool/chartoftheweek/single_sites/004602/index.de.html [Stand: 27.04.2011].

81 So auch *Hülsmann/Cordes/Bruchwitz*, in Hülsmann/Grapp (Hrsg.), Strategisches Management für Film- und Fernsehproduktionen, S.407 (411).

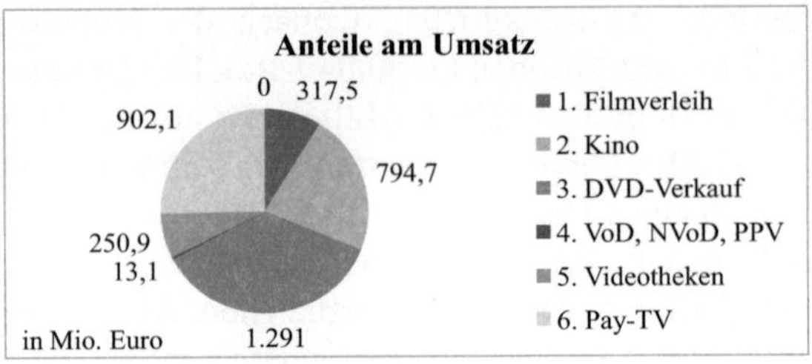

Übersicht 5: Anteile der kostenpflichtigen Erst- bzw. Zweitauswertung eines Filmwerkes nach Umsatz in Millionen €, Quelle: Berauer, Filmstatistisches Jahrbuch 2009; Sky-Deutschland AG[82].

2. Ökonomische Bewertung der Verwertungsstufen

Die ökonomische Analyse und Bewertung der Verwertungsstufen kann und soll vor dem juristischen Hintergrund des Verfassers an dieser Stelle ausschließlich für den Kontext dieser Arbeit im Zusammenhang mit digitalen Verwertungsmöglichkeiten und der grundsätzlichen Einordnung der Filmwirtschaft erfolgen. Für detailliertere Hinweise und Informationen wird hiermit ausdrücklich auf die wirtschaftswissenschaftlichen und volkswirtschaftlichen Veröffentlichungen hingewiesen[83]. Als abstrakte Kriterien für eine ökonomische Betrachtung sind bislang die nutzungsabhängige Erreichbarkeit der Endverbraucher und Zielgruppen, die Vermarktungskosten, das Businessmodell und der Deckungsbeitrag entwickelt worden[84].

Das Kino besitzt ökonomisch betrachtet durch die begrenzte Anzahl der Leinwände und Plätze eine nutzungsabhängige Reichweite von ca. 44 Prozent

82 Siehe Jahresabschlussbericht 2009 Sky Deutschland AG, abrufbar unter http://info.sky.de/inhalt/de/medienzentrum_news_uk_25022010_2.jsp [Stand 27.04.2011].

83 Siehe u.a. *Frank*, Zur Ökonomie der Filmindustrie, passim; *Link*, Video on Demand als Distributionskanal in der Spielfilmauswertung (2007), passim; *Knauth*, in Dreiskämper/Hoffjann/Schicha (Hrsg.), Handbuch Medienmanagement,(2009), S.107; *Dreiskämper*, in Dreiskämper/Hoffjann/Schicha (Hrsg.), Handbuch Medienmanagement, S.115 (115ff.) und S.139 (139ff.); *Wirtz*, Medien- und Internetmanagement, S.273, passim; *Clement/Becker*, in Albers/Clement/Peters (Hrsg. ua.), Marketing mit Interaktiven Medien, 3.Aufl. (2001), S.41 (41ff.).

84 *Klingsporn*, in Hülsmann/Grapp (Hrsg.), Strategisches Management für Film- und Fernsehproduktionen, S.391 (402).

der deutschen Bevölkerung [85]. Die Belastungen für Vermarktung eines Films durch die Filmverleiher sowie die Unterhaltung von rentablen Filmtheatern in zentraler Lage ist ein Nachteil gegenüber anderen Auswertungsstufen. Nachfolgende Verwertungsstufen haben ein geringeres Geschäftsrisiko als die Kinowirtschaft, da sie bereits auf einen bekannten und beworbenen Film zurückgreifen können, und sich insofern die Kinofilmvermarktung zu Nutze machen[86]. Ferner werden die Filmtheater-Unternehmen neben den laufenden Abschreibungen für bisherige Investitionen zusätzlich mit den Kosten für die Digitalisierung der Kinos belastet, die in Deutschland auf insgesamt ca. 221 Millionen € berechnet werden[87].

Der Videomarkt insgesamt weist im Vergleich zum Kino-Markt deutliche Umsatzstärken mit einem Gesamtumsatz im Jahr 2009 in Höhe von 1636 Millionen € (2008: 1555) auf[88]; (Verleih[89]: 256 (2008: 264); Verkauf: 1380 (2008: 1.291) in Millionen €). In Deutschland konnte hinsichtlich der verkauften Stückzahlen in Höhe von 118 (2008:113) Millionen ein neues Rekordergebnis im Jahr 2010 verbucht werden[90]. Klar auszumachen ist jedoch, dass der Kauf einer DVD durch die direkte Vermarktung und eine Vielzahl von Verkaufsstellen im Vergleich zum Leihvertrieb deutlich beliebter ist[91]. In einigen Jahren wird auch der Verleih von Filmen auf DVD vielleicht gänzlich verschwunden sein, da die nutzungsabhängige Reichweite des Verleih zu große Defizite aufweist[92].

Die Auswertung eines Filmes auf Abruf ist bei dem Vertrieb unkörperlicher Vervielfältigungsstücke um ein vielfaches einfacher und kostengünstiger als der bisherige Vertrieb im Videomarkt, weil nur geringfügige bis Null-Kosten[93] für Personal, Geschäftslokal, Lager und etwaige Warensendungen anfallen[94]. Die tatsächliche Nutzung ist im Vergleich zu anderen Verwertungsstufen zwar im Jahr 2009 trotz Wachstumszahlen und -prognosen noch gering gewesen, konnte jedoch mit 109% Umsatzsteigerung zum Vorjahr die größten Steigerungsraten

---

85 Vgl. Der Kinobesucher 2009, Studie auf Basis des GfK Panels im Auftrag der FFA, S.33; für Österreich existieren soweit ersichtlich keine Zahlen.

86 *Klingsporn*, in Hülsmann/Grapp (Hrsg.), Strategisches Management für Film- und Fernsehproduktionen, S.391 (404).

87 Siehe *Negele*, ZUM 2008, 748, 749.

88 *Berauer*, Filmstatistisches Jahrbuch 2010, S.51.

89 Die gebräuchliche Bezeichnung Verleih ist rechtlich betrachtet inkorrekt, da ein Entgelt geleistet wird, und somit ein Mietvertrag vorliegt.

90 Vgl. BVV Business Report 2010, auf Basis des GfK Consumer Panel, S.15.

91 Statistische Daten der SPIO e.V. von 03/2010, abrufbar unter http://www.spio.de/index.asp?SeitID=27 [Stand: 27.04.2011].

92 Vgl. BVV Business Report 2010 auf Basis des GfK Consumer Panel, S.44, 48ff.

93 So *Anderson*, The Long Tail, S.114.

94 *Wirtz*, Medien- und Internetmanagement, S.82.

im Videomarkt aufweisen[95]. Im Verleihmarkt des Jahres 2008 nahm die digitale Distribution unkörperlicher Verwertungsformen bereits einen Anteil von 5 % ein[96]. Ein großes Problem besteht neben dem Umgang frei verfügbarer illegaler Filmangeboten darin, das Bewusstsein der Endverbraucher zu schulen, dass für qualitative Inhalte auch ein Entgelt bezahlt werden muss. Die mangelnde Exklusivität der Lizenzierung von Abrufangeboten, die sich wegen der unklaren Zukunft bei der digitalen Distribution noch nicht durchsetzten konnte, und die unterschiedlichen Marktposition einzelner Anbieter haben dazu geführt, dass sich im Gegensatz zum TV-Geschäft keine festen Lizenzpreise durchgesetzt haben und der Endpreis unterhalb des DVD-Preises variiert[97].

Der Fernsehmarkt ist in Deutschland und Österreich noch überwiegend durch frei empfangbares Fernsehen, und damit kostenlosen Filmkonsum, bestimmt. Auswirkungen durch den digitalen Vertrieb von Filmen ergeben sich nur sekundär durch die Konkurrenz von Zugriffs- und Abrufdiensten und sinkende Werbeeinnahmen. Das Fernsehen wird trotz seiner Reichweite und Effektivität kurz- bis mittelfristig den Status als Leitmedium vermutlich an das Internet im weitesten Sinne verlieren.

3. Zusammenfassung

Die Ökonomie der digitalen Filmverwertung ist geprägt von sinkenden Kosten beim Filmvertrieb, höheren Investitionen in die technische Infrastruktur, mehr Vielseitigkeit und Wettbewerb auf den Märkten und Berücksichtigung der unterschiedlichen Vorlieben der Nutzer. Bemerkenswert sind die enormen Wachstumssteigerungen bei Zugriffs- und Abrufdiensten. Der Videomarkt wird langfristig betrachtet durch den konkurrierenden Online-Vertrieb in Form von Zugriffs- und Abrufdiensten erhebliche Nachteile erleiden, und vermutlich auch weitestgehend substituiert werden. Bei einer seriösen Prognose dürfte es bis dahin aber noch einige Zeit dauern. Mit nachfolgendem Diagramm, Übersicht 6, wird eine Marktübersicht des Bereichs Filmverwertung anhand der vorhandenen und geschätzten Umsatzzahlen im Gesamtkontext der Filmwirtschaft dargestellt.

95 Vgl. *Berauer*, Filmstatistisches Jahrbuch 2010, Tabelle 46, S.58.

96 Vgl. BVV Business Report 2009, auf Basis des GfK Consumer Panel, S.56.

97 *Klingsporn*, in Hülsmann/Grapp (Hrsg.), Strategisches Management für Film- und Fernsehproduktionen, S.391 (405).

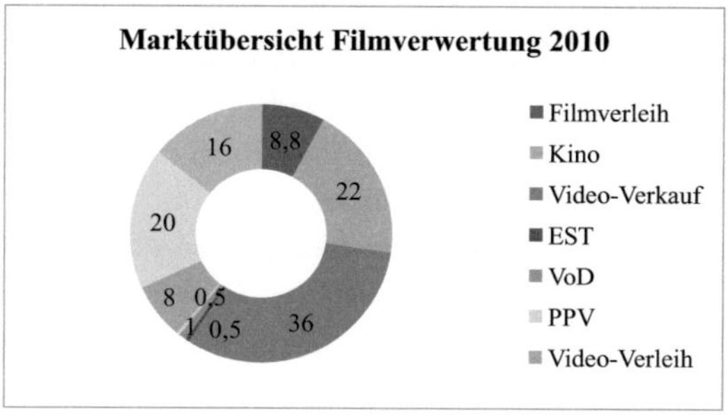

Übersicht 6: Marktübersicht der Filmverwertung, nach Schätzungen auf Angaben der FFA – Bundesanstalt des öffentlichen Rechts und BVV Bundesverband Audiovisuelle Medien e.V[98]*.*

C. Rolle und Interessenlage im Strukturwandel

Die Rolle und die Interessen der beteiligten Unternehmen und Personen an der Wertschöpfungskette der Filmwirtschaft sind beim digitalen Vertrieb eines Filmwerkes und in Zeiten des Strukturwandels sehr vielschichtiger Natur. Zum einen sind an der Wertschöpfungskette Film neben den Urhebern, Filmschaffenden und Filmherstellern auch zahlreiche Filmverwerter beteiligt. Die Individualinteressen der Verwertungsgesellschaften, Filmverleiher, Rechtehändler, Kino- und Videothekenbetreiber oder Fernsehveranstalter sind mit den Interessen der Rezipienten und Allgemeinheit bei der vorliegenden Triporalität der Interessenlage nicht immer angemessen in Ausgleich zu bringen. Zum anderen kommen durch die Abruf- und Online-Dienste zusätzliche Marktakteure mit eigenem Unternehmenshintergrund hinzu, wodurch weitere Überschneidungen in den Unternehmensbeteiligungen und Geschäftsfeldern zu verzeichnen ist und weitere Unternehmensinteressen hervorruft. Der Strukturwandel innerhalb der Wertschöpfungskette der Filmwirtschaft zwingt zu einer Neupositionierung und kann damit nur noch in einer Gesamtbetrachtung sinnvoll untersucht werden. Im Ergebnis geht es den meisten Beteiligten um ihre finanzielle Beteiligung an der Wertschöpfungskette Film.

98 Der Kinobesucher 2009, Studie auf Basis des GfK Consumer Panel im Auftrag der FFA, S.11; BVV Business Report, Videomarket 2009, auf Basis des GfK Consumer Panels, S.13, 55 u.74f.

Die Bedeutung der Urheber und Filmschaffenden im Rahmen des Strukturwandels der Filmwirtschaft ist besonders hervorzuheben, denn trotz ihrer klassischen Rolle als kreative Köpfe und Inhaltelieferanten werden sie am geringsten an dem wirtschaftlichen Erfolg beteiligt. Die Interessen der filmschaffenden Urheber und der Urheber vorbestehender Werke und filmbestimmt geschaffener Werke[99] kann dennoch divergieren. Das Interesse der Urheber eines Filmwerkes, insbesondere des Regisseurs[100] und möglicher (Mit-)Urheber[101] (Kameramann, Tonmeister, Cutter, oder Filmmaskenbildner mit eigenem schöpferischen Beitrag) ist zumindest auf eine urheberfreundlichen Auswertung des Filmwerkes unter Wahrung des Persönlichkeitsschutzes mit dem größtmöglichen finanziellen Nutzen gerichtet. Aus Sicht der Filmurheber und Filmschaffenden bestehen daher keine Einwände gegen eine umfassende Verwertung eines Filmes in möglichst allen und auch neuen Verwertungsarten[102], solange die Urheber an dem kommerziellen Erfolg auch angemessen beteiligt werden und ihre Vergütungsansprüche in der Verwertungspraxis nicht nur ins Leere gehen. Vielmehr dürfte der Strukturwandel im digitalen Zeitalter für die Urheber sogar eine große Chance darstellen, wenn ihre Werke auf vielfältige Art und Weise präsentiert und verwertet werden können.

Filmhersteller[103], oder berufsspezifisch auch Filmproduzenten benannt, besitzen nach deutschem Rechtsverständnis keine eigenen Urheberrechte, sondern nur abgeleitete (ausschließliche) Nutzungsrechte; nach österreichischer Rechtslage gehen die Verwertungsrechte an dem Filmwerk gemäß § 38 Abs.1 öUrhG unmittelbar in die Hand des Filmproduzenten über. Die Stellung und Bedeutung der Filmhersteller ist für die Herstellung eines Filmes hervorzuheben, da sie über das Thema und die Herstellung eines Filmes organisatorisch entscheiden und das wirtschaftliche und persönliche Risiko verantworten[104]. Daher steht Filmproduzenten auch ein eigenes Leistungsschutzrecht zu[105]. Die Digitalisierung der Vertriebswege eines Filmes, insbesondere durch die zusätzlichen Zugriffs- und Abrufdienste, haben die Interessen der Filmproduzenten nicht verän-

---

99 Zur Unterscheidung *Schulze*, in Dreier/Schulze, UrhG, 3.Aufl. (2008), Vor§§ 88ff. Rn.8.

100 *Dobberstein/Schwarz*, in v.Hartlieb/Schwarz, 4.Aufl. (2004) 37.Kap., Rn.5.

101 Ausführlich *Dobberstein/Schwarz*, in v.Hartlieb/Schwarz, 37.Kap., Rn.4ff.

102 Vgl. u.a. die Sichtweise des Verband Deutscher Drehbuchautoren e.V., Interview Dr. Merle, abrufbar unter http://www.drehbuchautoren.de/files/filmpolitik/national/Interview_Dr._Henner_Merle.pdf [Stand: 27.04.2011].

103 Siehe *Katzenberger*, in Schricker, UrhG, 3.Aufl. (2006), Vor.§§ 88ff. Rn.31; *Schulze*, in Dreier/Schulze, UrhG, 3.Aufl., § 94 Rn.1; *Homann*, Filmrecht, S.164.

104 *Schulze*, in Dreier/Schulze, UrhG, 3.Aufl., § 94 Rn.1.

105 Geregelt in Deutschland in § 94 Abs.1 dUrhG und in Österreich in § 38 Abs.1 öUrhG.

dert, es sind zusätzliche Verwertungsmöglichkeiten hinzugetreten, die neue Absatzmärkte eröffnen und neue Marktakteure hervorbringen.

Die Verwerterinteressen sind aufgrund der Vielzahl Beteiligter an der Wertschöpfungskette sehr differenziert, da sie sich auch als finanzieller Förderer von Filmproduktionen und als Mittler betätigen. Aufgrund von Unternehmensbeteiligungen innerhalb der Wertschöpfungskette ist es auch schwierig, Verwertern nur eine Rolle zuzuweisen. Verallgemeinernd sind Verwerter aber am größtmöglichen wirtschaftlichen Erfolg und Beteiligung interessiert. Die Bedeutung und Position einzelner Verwerter hat sich durch den Wandel von analoger zu digitaler Verbreitung von Filmen bereits massiv verändert. Dadurch hat sich ein regelrechter Kampf der klassischen Verwerter um althergebrachte Monopole entwickelt, der von Besitzstanddenken und der Unfähigkeit zu Veränderungen geprägt ist[106]. Es verwundert daher nicht, dass je nach Interessenlage einzelne Verwerter gegenüber neuen konkurrierenden Verwertungsformen sich zur Wehr setzen.

Die Interessenlage der einzelnen Verbraucher bzw. Konsumenten[107] ist ebenso vielfältig und objektiv nur schwer zu beurteilen[108]. In der Vergangenheit sind die Verbraucherinteressen häufig nur unzureichend gewürdigt worden, denn letztlich ist der Verbraucher derjenige, der maßgeblich über wirtschaftlichen Erfolg oder Misserfolg eines Filmwerkes entscheidet. Aus Sicht der Rezipienten orientiert sich die individuelle Interessenlage objektiv an den Nutzungsfunktionen von Filmen. Diese richten sich nach den Kriterien Unterhaltungsbedürfnis, Informationsbedürfnis, Identifikationsbedürfnis und sozialer Integration und Interaktion[109], werden subjektiv beeinflusst durch Umfeld, Marketing und Zeitgeist. Da ein Filmwerk in den unterschiedlichsten Erscheinungsformen auf den Verbraucher trifft, ist somit auch die subjektive Interessenlage an einem Filmwerk sehr vielfältig, nach Kategorien wie Dokumentation, Kurzfilm oder Spielfilm, als auch Genre. Und auch der Vertriebsweg spielt für die Interessenlage der Verbraucher eine entscheidende Rolle, denn gerade dort entscheidet häufig die Persönlichkeit des Verbrauchers oder seine Moralvorstellung, auf die die Verwerter und Urheber nur schwer Einfluss nehmen können. Das Gros der Rezipienten wird über Form und Ort des Konsums letztlich nach den Kriterien der Gewohnheit, Praktikabilität und des Preises entscheiden. Gerade in Krisen-

106 *v.Wolkenstein/Müller*, in Hülsmann/Grapp (Hrsg.), Strategisches Management für Film- und Fernsehproduktionen, S.241 (243).

107 Die Begrifflichkeiten entsprechen der gesetzlichen Bezeichnung im deutschen BGB bzw. österreichischem KSchG und werden synonym verwendet.

108 Vgl. *Anderson*, The Long Tail, S.2 ff., mit einem Vergleich der Generationen.

109 Vgl. *Hass*, in Hülsmann/Grapp (Hrsg.), Strategisches Management für Film- und Fernsehproduktionen, S.355 (359 m.w.N.).

zeiten werden verstärkt Filme mit Unterhaltungswert nachgefragt. Entgeltliche Abrufdienste müssen aber um Vertrauen und Akzeptanz werben, da Verbraucher sich durch das Fernsehen an einen „kostenlosen" Filmkonsum gewöhnt haben.

In der heutigen Zeit ist der einzelne Verbraucher zu Recht für die Filmwirtschaft immer mehr in den Vordergrund getreten. Durch das Internet haben die Verbraucher eine Plattform gefunden, die ihre Interessen bündelt und mit ausreichendem Druck auf die Filmwirtschaft ausübt. Bereits in der Vergangenheit kam es zu bemerkenswerten Aufständen einzelner Fangruppen und Verbraucher, als über die Gunst eines Regisseurs für die „Herr der Ringe" Fortsetzungsverfilmung oder eines Hauptdarstellers für die neueste Batman-Verfilmung zu entscheiden war. Wagt man daher für die Zukunft eine Prognose, so werden die Verbraucher entscheidenden Einfluss auf die Filmwirtschaft gewinnen, und das nicht nur vor der Filmherstellung, sondern auch bei der Filmverwertung.

Für die Allgemeinheit unterscheidet sich ihre Interessenlage gegenüber der der Verbraucher dadurch, dass sie zunächst unabhängig ist von individuellen Motiven. Im Kern bilden die Interessen der Allgemeinheit eine Bündelung sämtlicher Individualinteressen ab, die bei dem Bezug und dem Konsum eines Filmes eine Mehrheitsfähigkeit erreichen. Relevant für die Interessen der Allgemeinheit sind Gesichtspunkte wie die Kultur, die Gemeinfreiheit oder der Zugang. Auch der Zeitgeist sowie nationale, internationale und globale Entwicklungen können Bedeutung gewinnen. Über die Jahrhunderte hat sich je nach Region eine kulturelle Identität herausgebildet, die das Schaffen und Wirken vieler Generationen beeinflusst hat. Häufig spiegeln die Interessen der Allgemeinheit damit ein Motiv für ein gesetzgeberisches Handeln wieder. Die Interessen der Allgemeinheit sind jedoch in den Mitgliedstaaten der *Europäischen Union* durchaus unterschiedlich vorgeprägt und ausgestaltet, da in Ländern ohne staatlich finanzierten Rundfunk eine höhere Zahlungsbereitschaft für den Konsum von Filmen vorherrscht. Es verwundert daher nicht, dass allgemein eine Position von Verbraucherinteressenverbänden eingenommen wird, die kritisch kommerziellen Diensten gegenüberstehen[110], die gegen zusätzliche Entgelte für neue Dienste sind, und die Rechte der Verbraucher in einer „kostenlosen" digitalen Welt stärken wollen[111].

---

110 So u.a. die Position des VZBV, abrufbar unter http://www.vzbv.de/go/themen/8/61/mit/index.html [Stand 27.04.2011].

111 Vgl. u.a. die Position des VZBV, abrufbar unter http://www.surfer-haben-rechte.de/cps/rde/xchg/ls_digitalerechte/hs.xsl/urheberrecht.htm [Stand 27.04.2011].

D. Die Marktlage der digitalen Filmverwertung, Anbieter und Angebotsformen

I. Momentaufnahme der Marktsituation

Seit gut einem Jahrzehnt wird immer wieder in Prognosen und Meldungen festgehalten, dass die digitale Verwertung von Filmen die Zukunft der Filmwirtschaft ist. Seit geraumer Zeit sind nun hierfür konkrete Angebote entstanden, die aus ökonomischer und technischer Sicht marktfähig geworden sind. Weitere Angebote waren zur Zeit der Bearbeitung in der konkreten Entstehung[112]. Innerhalb Europas fällt die Anzahl derzeit existierender Formen an abrufbaren audiovisuellen Mediendiensten je nach Empfangsland und nach Art des Netzes weit auseinander[113]. Es ist daher Zeit für eine Momentaufnahme der Angebote und Anbieter aus der Länderperspektive Deutschlands und Österreichs; andere EU-Länder wie England, Frankreich und Italien sind bereits zahlenmäßig Vorreiter bei neuen Diensten[114]. Es sei aber der Hinweis erlaubt, dass die Marktsituation an audiovisuellen Angeboten über digitale Vertriebswege noch schwer überschaubar ist, und der entgeltpflichtige Bezug von Spielfilmen allgemein als schwieriges Geschäftsfeld[115] angesehen wird.

Der Bereich der digitalen Filmverwertung weist auf der Anbieterseite eine große Vielfalt an beteiligten Unternehmen auf, siehe Übersicht 7, und ist daher sehr variabel und ebenfalls schwer überschaubar.

Erkennbar ist, dass neben den etablierten Marktbeteiligten der Filmwirtschaft sich Telekommunikationsunternehmen und Konsortien aus dem Bereich Telekommunikation, Sendeanstalten, Internet-Service-Providern und Verlagen auf dem Markt installiert haben. Zunehmend drängen auch Gerätehersteller auf den Markt der digitalen Filmverwertung[116]. Ferner ist erkennbar, dass über Unternehmensbeteiligungen Verbindungen mit großen Unternehmenskonzernen entstanden sind, beispielsweise mit großen US-Filmstudios, und insofern keine eindeutige Einordnung mehr vorgenommen werden kann. Die Entwicklung ist insofern bemerkenswert, als das nun große Unternehmen mit erheblicher Wettbewerbsposition auf den Markt der Filmwirtschaft gedrängt sind. Innerhalb der

112 Vgl. u.a. das Projekt von Sony Qriocity, siehe Anhang Anbieterübersicht (S.325ff.).

113 Pressemitteilung der Europäischen Audiovisuellen Informationsstelle, abrufbar http://www.obs.coe.int/about/oea/pr/vod2009.html [Stand 27.04.2011].

114 Siehe die Angaben der Europäischen Audiovisuellen Informationsstelle, abrufbar unter http://www.obs.coe.int/about/oea/pr/vod2009.html [Stand 27.04.2011].

115 Vgl. *Gersdorf*, Der Rundfunkbegriff (2007), S.19 m.w.N.

116 So u.a. neben Apple die Unternehmen Sony oder Samsung.

sehr differenzierten Filmwirtschaft gab es bis jetzt solche Großunternehmen nur durch große Filmverleiher und Einzelhandelsunternehmen.

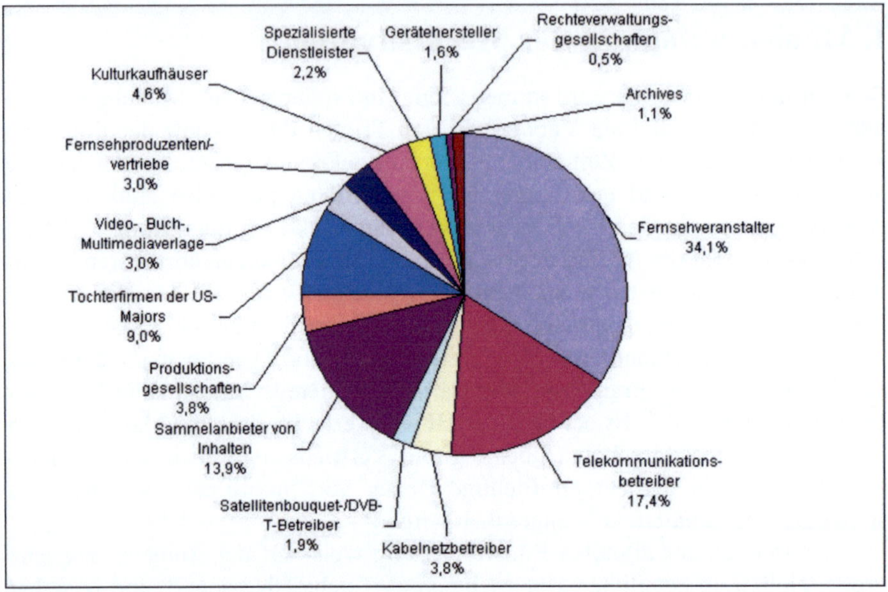

Übersicht 7: Marksituation digitale Filmverwertung, Quelle: Europäische Audiovisuelle Informationsstelle, Pressemitteilung vom 16.10.2009 zu Video-on-Demand-Diensten in Europa[117].

Es werden sich aber auch weiter Nischenanbieter auf dem Markt halten bzw. ansiedeln, die das Segment Arthouse, Dokumentar-[118] oder Independent-Film[119] bedienen. Der Markt für Arthaus-Konzepte könnte wie bei der Kinoverwertung ein Potential von ca. 8-12,5 % erreichen, und weitere Nischenangebote, welche auf die Erstaufführung setzen, könnten einen Marktanteil von 10-12,5 % erreichen[120]. Der Nischenmarkt könnte sich in seiner Gesamtheit auch zum konkurrierenden Hauptmarkt entwickeln, wenn der Verbrauchergeschmack sich in zigfache Richtungen aufspaltet[121].

Als Anbieter von Filmen zu nennen sind weiter die privaten Fernsehveranstalter. Es zeigt sich jedoch, dass überwiegend das aktuelle oder bereits gesende-

117 http://www.obs.coe.int/about/oea/pr/vod2009.html [Stand 27.04.2011].

118 Vgl. die Initiative European Documentary Network (EDN).

119 Vgl. das Plattformangebot unter http://www.indieflix.com [Stand 27.04.2011].

120 Vgl. *Pintzke/Ludolf Koch*, Kinostudie (1998), S.171.

121 Vgl. *Anderson*, The Long Tail, S. 6f., 12, 23ff.

te Spielfilm-/Fernsehspiel-Programm angeboten wird. Insofern stellt das Angebot an Filmen im Vergleich zum Fernsehangebot nur eine zeitversetzte „aufgewärmte“ Darbietung dar. Ein strategischer Vorteil der Fernsehveranstalter sind ihre Film-Archive und Kontakte zu Filmproduzenten.

Öffentlich-rechtliche Rundfunkanstalten besitzen bei der Filmverwertung über digitale Plattformen und Online-Dienste keine tragende Rolle, da sie nur berechtigt sind, programmbegleitende und programmbezogene Inhalte anzubieten. Die digitale Ausstrahlung von Filmen innerhalb des Programmangebotes unterliegt dem klassischen Vertrieb des Fernsehens, ohne dass darin eine wirtschaftliche und rechtliche Veränderung zu sehen ist. Es erscheint für die Zukunft auch unwahrscheinlich, dass öffentlich-rechtliche Rundfunkanstalten ihr Angebot um den Abruf von Unterhaltungsfilmen ergänzen dürfen, die auf anderem „kommerziellen“ Wege verwertet werden können. Bereits diverse Beihilfeverfahren vor der Europäischen Kommission über die Verwendung der Gebührengelder im Kontext zu Art.87 EGV a.F., u.a. auf Initiative des Verbandes der Privaten Rundfunkanbieter, hat Klarheit über die Finanzierung und Geschäftstätigkeit öffentlich-rechtlicher Rundfunkanstalten im Kontext des EG-Gemeinschaftsrechts und EG-Wettbewerbsrechts gebracht[122]. Nicht aus den Augen zu verlieren ist aber, wenn man den öffentlich-rechtlichen-Rundfunkanstalten ein gebührensubventioniertes Plattformangebot versagt, das dann auch die direkte Unterstützung der Filmproduzenten und Filmschaffenden über Auftrags- und Koproduktionen zur Diskussion stehen wird[123].

Hinsichtlich des Absatzes von Filmwerken treten die gezielten Marketingstrategien der Anbieter in den Vordergrund, die häufig für ihre Vermarktungsaktivitäten ein Großteil des Budgets aufwenden, um beispielsweise Werbekampagnen vor dem Starttermin eines Films oder den Verkauf von Merchandisingartikeln voranzutreiben[124], um damit die finanzielle Erfolgswahrscheinlichkeit des Filmes zu erhöhen.

---

122 Siehe für nähere Einzelheiten die Online-Beiträge von *Lange, Andre*, Die finanzielle Lage der Fernsehunternehmen in der Europäischen Union (2005), S.12 f., abrufbar unter http://www.obs.coe.int/online_publication/expert/tv_financial_situation_1999-2004.pdf; *Schellhaaß, Horst M.*, Die Konsequenzen des Rechtsstreits mit der Europäischen Kommission aus wirtschaftswissenschaftlicher Sicht, Arbeitspapiere des Instituts für Rundfunkökonomie (2008), abrufbar unter http://www.rundfunk-institut.uni-koeln.de/institut/pdfs/24208.pdf [Stand 27.04.2011].

123 Vgl. *v. Wolkenstein/Müller*, in Hülsmann/Grapp (Hrsg.), Strategisches Management für Film- und Fernsehproduktionen, S.241 (248).

124 *Hülsmann/Grapp*, in Hülsmann/Grapp (Hrsg.), Strategisches Management für Film- und Fernsehproduktionen, S. XI (XIV).

Die Medienlandschaft, insbesondere im Bereich der digitalen Filmverwertung, wird sich wie bereits im Bereich des Kino[125] in Zukunft mehr und mehr auf einige große Medienunternehmen konzentrieren.

II. Darstellung der digitalen Filmverwertungs-Modelle

Abstrakt lassen sich nach der gegenwärtigen Marktlage die nachfolgenden Geschäftsmodelle für den Zugriff- und Abruf von Filmen verzeichnen. Keine Bedeutung wird hier auf Angebote gelegt, die ausschließlich auf den Bereich des informativen redaktionellen Fernsehens, Nachrichten, Videoclips bzw. Trailer und Erwachseneninhalte fokussiert sind, oder körperliche Bild- und Tonträger, wie DVD und Blu-ray Disc, über das Internet und den Postweg vertreiben. Auch bleibt die digitale Filmverwertung für das digitale Kino unberücksichtigt.

1. Offene Internet-Film-Plattformen

Offene Internet-Film-Plattformen[126] sind über das Internet jedem Interessierten zugänglich. Die Nutzung der Dienste ist meist abhängig von einer einmaligen und kostenlosen Registrierung. Es entsteht damit kein Dauerschuldverhältnis, sondern der Nutzung liegt jeweils ein gesonderter Bestellvertrag zu Grunde. Angeboten werden Sammlungen von verschiedenen kostenpflichtigen Filminhalten, wie u.a. Filme, Serien, Dokumentationen oder Kinderfilme. Der Nutzer kann per Einzelabruf den Inhalt Leihen oder Kaufen. Beim Leihen wird der Film über einen Livestream übertragen, beim Kauf wird der Film als Datei zum Rezipienten übertragen. Auch werden unterschiedliche Bildschärfen-Qualitäten (Standard-Definition / High-Definition) angeboten, und ein Brennen der Datei ermöglicht. Technisch steht die Nutzung über PC oder Set-TOP-Box jedem offen; vereinzelt wird für den Browser aber eine Medien-Manager-Software als Zugangs-Hilfsmittel benötigt.

Die offenen-Internet-Film-Plattformen beinhalten eine Sammlung von Filmen, die in der Regel aus mehreren tausend Titeln besteht. Es werden auch verschiedene Abonnements angeboten, bei denen gegen ein monatliches Entgelt redaktionell vorausgewählte Filme den Nutzern zur wiederholten Betrachtung offen stehen. Ein grundlegender Unterschied zwischen offenen-Internet-Film-Plattformen und Online-Video-Communitys, beispielsweise *YouTube* oder

125 Vgl. *Pintzke/Ludolf Koch*, Kinostudie, S.12, 86ff.; *Ungerböck*, Zur Situation des österreichischen Films auf einem veränderten Kinomarkt (1999), S.2f.

126 Siehe Beispiele ohne Gewähr für Vollständigkeit im Anhang Anbieterübersicht (S.325ff.).

MyVideo, ist bei den angebotenen Inhalten festzustellen, weil letztere Angebote bislang nur User-generated-Content, überwiegend illegale Filmausschnitte und Film-Trailer beinhalten. Weiter bieten offene Internet-Plattformen neben anderen Inhalten auch Filme legal und kostenlos an; sie refinanzieren sich allein durch Werbung[127]. Die Nutzung kostenloser Filme ist meist auch ohne Registrierung[128] möglich, und erfolgt über einen Live-Stream. Die Auswahl an kostenlosen Filmen besteht aber meist aus nur durchschnittlichen oder drittklassigen C-Movies.

Schließlich existieren noch Internet-Plattformen in einem illegalen Bereich bzw. einer rechtlichen Grauzone, die keine eigenen Filme bereithalten, sondern lediglich auf fremde Angebote verlinken[129]. Die urheberrechtliche Zulässigkeit dieser Internet-Portale wird zumindest in den Ländern Deutschland und Österreich gegen geltendes Recht verstoßen.

2. Geschlossene-Internet-Plattformen

Ein alternatives Modell stellen geschlossene-Internet-Plattformen[130] dar. Geschlossen bedeutet, dass es nur solchen Nutzern offensteht, die sich auf den Zugang des Anbieters einlassen. Das Angebot wird erst sichtbar über die installierte Software des Anbieters, über die auch der Zugang und die Abwicklung erfolgen. Die Software ermöglicht dem Anbieter, ein eigenes Dateiformat durchzusetzen; damit werden die Inhalte quasi monopolisiert. Für den Nutzer bietet die Software mehrere Funktionen an, von der Medienbibliothek bis hin zum Portal und zum Player. Durch die Installation der Software und die Registrierung entsteht damit eine stärkere Kundenbindung als bei offenen-Internet-Plattformen.

3. Konsolen-Modelle (Single-Play / Triple-Play)

Sogenannte Konsolen-Modelle[131] zeichnen sich durch ihre verwendete Technik, ihren Zugang und ihre Inhalte aus. Zum Einsatz kommt ein Gerät mit der hier verallgemeinerten Bezeichnung Set-TOP-Box. Die Set-TOP-Box beinhaltet die Funktionen eines Receiver bzw. Tuners in Kombination mit einem Dekoder. Die Geräte enthalten überwiegend auch einen Festplattenspeicher für die Abspeiche-

127 Kostenlose Angebote halten ohne Anspruch auf Vollständigkeit bereit u.a. http://movies.msn.de/, http://free.videoload.de/, http://video.google.com/ [Stand 27.04.2011], siehe weitere Angaben im Anhang Anbieterübersicht (S.325ff.).

128 Eine Registrierung ist erforderlich bei Filmen mit Altersbeschränkung.

129 Vgl. die Angebote unter http://kino.to/, http://www.cine24.tv/ [Stand 27.04.2011].

130 Siehe Beispiele im Anhang Anbieterübersicht (S.325ff.).

131 Siehe nicht abschließende Beispiele im Anhang Anbieterübersicht (S.325ff.).

rung von Inhalten. Die Set-TOP-Box stellt als Hilfsmittel den Zugang zu den Inhalten über eine Verbindung zwischen Breitbandanschluss-Modem und PC-Bildschirm / Fernsehgerät her. Das Angebot enthält von den Inhalten her eine Kombination aus frei empfangbaren Fernsehen, Pay-TV-Inhalten und dem integrierten Zugang zur Online-Videothek für den Abruf von Filmen. Bislang existieren ausschließlich exklusive Konsolen-Modelle, die eine Vertragskundenbeziehung voraussetzen.

Kennzeichnend für dieses Verwertungsmodell ist, dass auf eine langfristige Vertragskundenbeziehung gesetzt wird. Triple-Play-Angebote bieten zusätzlich einen Breitband- und Telefonanschluss an. Single-Play-Angebote verfügen über keine eigenen Netze und technische Infrastruktur.

4. Hybrid-Lösungen

Ein weiteres Modell der digitalen Filmverwertung könnten sogenannte Hybrid-Lösungen bieten. Hybrid, *Hybrida*, bezeichnet eine Mischform. Aktuell entstehen in diesem Zusammenhang Mischformen zwischen Fernsehen und Zugriffs- und Abrufangeboten in Kombination mit Internet und interaktiven Zusatzangeboten. Der Schwerpunkt liegt bei den Hybrid-Modellen auf der Vernetzung von Unterhaltung mit Informationen und Nachrichten. Technisch kann von einer neuen Gerätegeneration gesprochen werden, die den Zugang zum Internet eröffnet. Bislang konnten sich die Gerätehersteller aber durch eigene Standards gegen ihre Konkurrenz zur Wehr setzen, jedoch unter erheblichen Nachteilen für die Inhaltelieferanten und die Angebotsvielfalt. Nun zeigt sich z.B. mit dem Angebot *Hybrid Broadcast Broadband TV*[132] (HbbTV) ein erstes Umdenken, da es den Nutzern weniger um die Geräte geht, als vielmehr um die angebotenen Inhalte. Konkret wurde bei dem HbbTV der Schwerpunkt auf das kostenlose Angebot von öffentlich-rechtlichen und privaten Fernsehveranstalter gelegt, beispielsweise durch einen integrierten Zugang auf die Mediatheken, die Fernsehsendungen auf Abruf bereithalten, und verbesserten Text-Diensten[133]. Bezüglich der Filmverwertung ist das Hybrid-Modell vergleichbar mit den Konsolen-Modellen.

Das besondere an Hybrid-Modellen ist, dass sie sich über bestehende technische Schutzmonopole der Gerätehersteller hinwegsetzen, und auf offene Standards setzen. Bemerkenswert ist auch, dass Hybrid-Lösungen wie das HbbTV

132 Standardisiert von der ETSI, vgl. ETSI-Dokument TS 102 796 V1.1.1 (2010-06-11), abrufbar unter http://pda.etsi.org/pda/home.asp?wki_id=wvGWEd%27vq8KNLOPLz Xegn [Stand 27.04.2011].

133 Siehe Angaben des Instituts für Rundfunktechnik, abrufbar unter http://www.hbbtv.org/pages/about_hbbtv/introduction.php [Stand 27.04.2011].

durch ein paneuropäisches Konsortium entstanden ist, welches sich aus Unternehmen und Sendeanstalten zusammensetzt, die aus verschiedenen Mitgliedstaaten der Europäischen Union stammen, und somit vom Ansatz her eine Lösung verfolgen, die sich über Staatsgrenzen hinweg setzt.

Wollte man die Hybrid-Modelle nach dem gegenwärtigen Stand bewerten, lassen sich in der Tendenz folgende Rückschlüsse ziehen. Zum einen werden Hybrid-Lösungen, als Weiterentwicklung von elektronischen Programmführern und Hintergrundinformationen, vermutlich den Teletext substituieren. Sie werden sich weiter in Konkurrenz mit dem Besitzstanddenken von Geräteherstellern befinden, die nicht auf ihre eigenen Internet-Portale verzichten werden wollen. Die vereinfachte Möglichkeit, vorhandene Fernseher mit Zugangs- und Empfangssystemen für das HbbTV aufzurüsten, spricht allerdings für diesen Fortschritt. Im Ergebnis stellen die bisherigen Hybrid-Modelle aber nur eine Konvergenz von Fernsehen mit dem Internet her, ohne bereits die digitale Filmverwertung zu revolutionieren. Für die digitale Filmverwertung ist dieser Ansatz dennoch wichtig, weil die Überwindung von technischen Hindernissen bei den Dateiformaten und die Bündelung der Angebote bei dem Nutzer eine neue Sichtweise auf die Verwertung von Filmen eröffnet.

III. Wettbewerb der Verwertungsformen

Das vergangene Jahrzehnt zeigte, welchen Veränderungen die Verwertung von Filmwerken ausgesetzt war. Die direkte Konkurrenz zwischen Kinovertrieb und Online- und On-Demand-Diensten hat einen unmittelbaren Wettbewerb zwischen den einzelnen Verwertungsstufen ausgelöst[134]. Verändertes Nutzerverhalten, neue Erlösstrukturen und neue Akteure auf dem Markt haben sich ergeben. Inzwischen besteht Gewissheit, dass die Marktanteile seitens der Rechtehändler und Verleiher rückläufig bzw. substantiell gefährdet sind[135].

Branchenkenner prognostizieren eine starke Verschiebung der Wertschöpfungsanteile hin zu den nicht-physischen Verwertungsstufen des Video-on-Demand, Near-Video-on-Demand, Pay-per-View sowie IP-TV[136]. Es zeichnet sich anhand der neuesten Daten des GfK Consumer Panel ein deutlicher Trend in den Absatzstrukturen weg von den körperlichen (od. auch physischen) hin zu

134 *Trappel*, Verwertungsperspektiven der Filmwirtschaft, S.86.

135 *Trappel*, Verwertungsperspektiven der Filmwirtschaft, S.86; *Wirtz*, Medien- und Internetmanagement, S.290ff.

136 *Wirtz/Kerner J.C./Ullrich*, in Hülsmann/Grapp (Hrsg.), Strategisches Management für Film- und Fernsehproduktionen, S.377 (389).

den unkörperlichen (non-physischen) Vertriebsformen ab[137]. Auch der Direktvertrieb eines Filmwerkes wird weiter moderat steigen und insofern die Marktanteile der Beteiligten neu positionieren. Die Entwicklungen im Bereich der Fernsehverwertung deuten daraufhin, dass der Einfluss von sendezeitabhängigem Filmkonsum bei jüngeren Generationen schwindet[138]. Auch wenn die Free-TV Auswertung das letzte Glied in der Auswertungskette ist, wird auch für das Fernsehen eine Existenzberechtigung bestehen, und sei es nur im Bereich europäischer und nationaler Filmproduktionen zur Vielfaltsicherung und Wahrung der kulturellen Identität[139]. Dennoch wird eine Abkehr von dem mehrstufigen Distributionsweg der Filmindustrie wohl nicht mehr aufzuhalten sein.

Im Ergebnis lässt sich feststellen, dass durch den Markteintritt weiterer Unternehmen im Bereich des Home-Entertainments sowie die zusätzlichen neuen Vertriebswege ein steigender Wettbewerbsdruck auf alle Beteiligten der Wertschöpfungskette Film verzeichnen lässt[140].

IV. Strategische Einflüsse auf die Verwertung

Die unmittelbaren strategischen und wirtschaftlichen Einflüsse auf die Verwertung audiovisueller Inhalte sind differenziert zu betrachten.

Bei einer produktspezifischen Sichtweise lassen sich zunächst keine strategischen Einflüsse auf die Verwertung feststellen. Für Filmwerke, die für das Kino produziert worden sind, hängt der wirtschaftliche Erfolg beim Umsatz an der Kinokasse überwiegend von zugkräftigen Schauspielern ab[141]. Unabhängig von dem Potential des jeweiligen Filmes nehmen das gewählte Genre[142] (eine erfolgsversprechende Genre-Affinität der Nutzer besteht zu Fantasy/Märchen, Abenteuer, Actionfilmen und Komödien, weniger zu Thriller, Drama und kritischen Dokumentationen[143]), der Starttermin bzw. das Quartal, die Marketingstrategie und der kulturelle Zeitgeist und Geschmack eine weitere wichtige Rolle

137 *Hülsmann/Cordes/Bruchwitz*, in Hülsmann/Grapp (Hrsg.), Strategisches Management für Film- und Fernsehproduktionen, S.407 (409).

138 *v.Wolkenstein/Müller*, in Hülsmann/Grapp (Hrsg.), Strategisches Management für Film- und Fernsehproduktionen, S.241 (246).

139 *v.Wolkenstein/Müller*, in Hülsmann/Grapp (Hrsg.), Strategisches Management für Film- und Fernsehproduktionen, S.241 (248).

140 Vgl. *Porter*, in Harvard Business Review, Vol.86, No.1 2008, S.79, 80ff., passim.

141 Siehe dazu den Beitrag von *Gaitanides*, in Hülsmann/Grapp (Hrsg.), Strategisches Management für Film- und Fernsehproduktionen, S.291 (295).

142 Siehe *Pintzke/Ludolf Koch*, Kinostudie, Abbildung 9, S.26.

143 Vgl. *Nörenberg*, Filmgenres (2010) S.12; Der Kinobesucher 2009, Studie auf Basis des GfK Consumer Panels im Auftrag der FFA, S.49.

ein. Die nachrangige Zweitverwertung auf digitalen Plattformen greift genau auf dieses bereits bekannte und beworbene Produkt zurück, so dass allein Unterschiede hinsichtlich des Verwertungszeitpunkts festgestellt werden können. Ein produktspezifischer Einfluss ergibt sich aber maßgeblich durch die kostengünstige Verlängerung des Auswertungszeitraums bis ins unendliche.

Hinzu kommt bei der Verwertung im Home-Entertainment-Bereich, dass zusätzliche Vorlieben der Nutzer nach Art und Qualität, beispielsweise nach Nischenprodukten, einen zunehmenden Einfluss gewinnen. Die digitale unkörperliche Filmverwertung über Zugriffs- und Abrufdienste kann sich strategisch diese Einflüsse zu Nutze machen, weil der digitale Vertrieb die Möglichkeit einer nach Absatz und Vorlieben orientierten Verwertung alter, als auch neuer Filme eröffnet. Weiter hat sich in den Zeiten der Wirtschaftskrise und Rezension auch gezeigt, dass die Verbraucher wieder vermehrt Zeit zu Hause verbracht[144] und auch Filme konsumiert haben, wie beispielsweise der Absatzrekord des Jahres 2009 beim DVD-Verkauf in Deutschland gezeigt hat. Strategisch weisen Zugriffs- und Abrufdienste eine klare Immunität gegen Wirtschaftskrisen auf, und es kann an dieser Stelle sogar behauptet werden, dass gerade in Krisenzeiten der Filmkonsum beliebter wird[145].

Einen weiteren wirtschaftlichen Einfluss auf die Verwertung und den Vertrieb eines Filmes entsteht, wenn der Erwerbsvorgang unmittelbar durch den Nutzer erfolgt, Auswahl und Übertragung direkt von dem Nutzer gesteuert wird, so dass durch den Anbieter beim Vertrieb selbst keine Mitwirkung mehr erforderlich ist. Wichtig bei dem Vertrieb wird die Auswahl der Filme sein. Über Datenbankmanagement-Systeme und Suchmasken wird den Nutzern die Auswahl erleichtert, um bei der Vielzahl an Filmtiteln die Auswahlentscheidung nicht zu behindern. Die konkrete Auswahl an Filmtiteln wird bei Abrufdiensten den Wert des Angebotes und die Wettbewerbsfähigkeit bestimmen. Die Filmförderung wird durch ihre Projekt- und Referenzfilmförderung eine entsprechende strategische Rolle einnehmen, ob, wo und in welcher Weise Filme in Zukunft verwertet werden.

Aus der rein wirtschaftlichen Sichtweise der Unternehmen betrachtet ist die Filmwirtschaft sinkenden Markteintrittsbarrieren und steigendem Wettbewerbsdruck ausgesetzt. Der Zwang zur Profitabilität der Filmwirtschaft wird steigen, einige Marktteilnehmer könnten aufgrund zu hohen Wettbewerbs ihre Geschäftstätigkeit einstellen müssen. Den Tendenzen einer Monopolisierung – insbesondere durch den Markteintritt von Telekommunikationsunternehmen und Geräteherstellern – sollte durch strukturelle Weichenstellungen und Maßnahmen

144 Vgl. BVV Business Report 2009, auf Basis des GfK Consumer Panels, S.6.
145 Vgl. BVV Business Report 2009, auf Basis des GfK Consumer Panels, S.11.

gegengesteuert werden, um Unternehmen der Wertschöpfungskette Filmwirtschaft nicht einseitig zu bevorteilen oder zu belasten.

V. Sonderformen Filmarchive, Kinematheken und Film-Datenbanken

Eine Sonderrolle nehmen die überwiegend staatlichen Filmarchive und Kinematheken ein, die hier nur am Rande angesprochen werden sollen. Zweck und Ziele dieser Einrichtungen sind die Archivierung bestehender Filme und die Erhaltung des Kulturgutes, weniger jedoch die Generierung eigener Umsätze. Eine Sonderrolle nehmen diese Einrichtungen insofern ein, als das sie über die körperlichen und digitalen Sicherungen der Filme verfügen. Ähnlich einer Bibliothek können die Filme aber auch für Einzelbetrachtungen der Besucher zur Verfügung gestellt werden. Denkbar ist m.E. schließlich noch eine Film-Datenbank, bestehend aus gemeinfreien Werken, für Filmwerke, deren Schutzdauer eines Urheberrechts bereits verstrichen ist und daher von jedermann zu eigenen Zwecken genutzt werden können. Weiterhin könnten auch für verwaiste Filmwerke, bei denen die Rechteinhaber nicht mehr ermittelt werden können, Teil einer solchen Film-Datenbank werden, soweit sichergestellt wird, dass erzielte Einnahmen an die Rechteinhaber oder alternativ an die Filmhersteller übermittelt werden. Da die urheberrechtliche Schutzdauerfrist für Filmwerke erst siebzig Jahre nach dem Tod des längstlebenden (Mit-)Urhebers[146] abläuft, ist dieser gedankliche Ansatz noch überwiegend eine Zukunftsvision. Dennoch ist das Reizvolle an dieser Idee, dass die Filmwerke jedermann kostenlos zur Verfügung gestellt werden könnten. Die Kosten für den technischen Unterhalt des Archivs könnten durch Werbung oder eine Abgabe refinanziert werden. Darüber hinaus könnte ein spendenfinanzierter Ansatz oder eine europäische Förderung im Rahmen der *Europeana* dieses Modell tragen und für die Unterstützung neuer Filmwerke beitragen. Integrieren ließe sich dieses Film-Archiv in bekannte Film-Datenbanken wie die *Internet Movie Database* (IMDb)[147] oder in private oder staatliche Filmarchive wie das *Österreichisches Filmmuseum*[148] oder die Filmsammlung des *Bundesarchivs*[149].

146 Nach § 65 Abs.1 dUrhG bzw. nach § 62 öUrhG.

147 Abrufbar unter http://www.imdb.de [Stand 27.04.2011].

148 Einzelheiten zum Österreichischen Filmmuseum, abrufbar unter http://www.filmmuseum.at [Stand 27.04.2011].

149 Einzelheiten zum Bundesarchiv, abrufbar unter http://www.bundesarchiv.de/bundesarchiv/organisation/abteilung_fa/index.html.de [Stand 27.04.2011].

Warum werden diese Einrichtungen hier angesprochen? Zum einen, weil diese Filmarchive eine wichtige Aufgabe bei der digitalen Filmverwertung übernehmen, der Sicherung der Daten. Bislang gibt es soweit ersichtlich keine Regelungen, wer im Rahmen des Lizenzhandels für die Sicherung verantwortlich und kostenpflichtig ist. Zum anderen spielen diese Einrichtungen eine Rolle, wenn der Staat irgendwann selbst über diese Einrichtungen zum Verwerter werden sollte. Aufgrund des zu hohen Aufwandes war diese Möglichkeit bislang für eine flächendeckende Bedarfsdeckung verschlossen. Das Internet und die Digitalisierung könnten eine Veränderung bewirken. Wenn der Staat sich über die Filmfinanzierung direkt an den Filmen selbst beteiligt, könnte dieser Schritt zur Schaffung von Transparenz und Wettbewerb im Markt der Filmverwertung medienpolitisch gerechtfertigt sein. Zumindest wäre für nicht kommerzielle Filme aus dem europäischen Wirtschaftsraum hier ein neues Feld der wiederholten Präsentation denkbar, um nicht gänzlich in den Archiven zu verschwinden.

E. Technische Grundlagen

Für das bessere Verständnis der neuen digitalen Nutzungsformen wird an dieser Stelle ein kurzer Überblick über die Technik und die technischen Rahmenbedingungen für Filmangebote in Online-Plattformen und Video-on-Demand-Plattformen gegeben. Es sei jedoch erneut darauf hingewiesen, dass aufgrund der rasanten technischen Entwicklung wiederum nur eine Momentaufnahme der bislang etablierten Formen dargestellt werden kann.

I. Von der Analog-Technik zur Datenkomprimierung

Die über Jahrzehnte vorherrschende analoge Herstellung und Verbreitung von Filmwerken mittels Kopien des originalen Filmnegativstreifens oder mittels analog elektronischer Distribution ist erweitert bzw. abgelöst worden durch die Verwendung der Digital-Technik und Datenkomprimierung. Auf der Produktionsseite geht der Trend hin zur digitalisierten Herstellung und Nachbearbeitung von Filmen[150], und damit in Folge auch zur digitalen Verbreitung von Filmen[151].

Digital ist ein Film, welcher mit entsprechenden Produktionsmitteln hergestellt oder von einem analogen Werk in einen Binärcode umgewandelt worden

150 *Fößel*, in Hülsmann/Grapp (Hrsg.), Strategisches Management für Film- und Fernsehproduktionen, S.73 (82).

151 *Hülsmann/Grapp*, in Hülsmann/Grapp (Hrsg.), Strategisches Management für Film- und Fernsehproduktionen, S. XI (XIII); vgl. *Anderson*, The Long Tail, S.169.

ist. Die digitale Produktion und Postproduktion eines Films hin zu neuen narrativen Erzählformen eröffnet – ob als Fluch oder Segen empfunden[152] – viele Möglichkeiten[153], wird an dieser Stelle aber nicht Schwerpunkt der Darstellung sein.

Entscheidend für die Verwertung eines Filmwerkes ist derzeit die Digitalisierung im Bereich der Informationstechnologie für die Distributionsmöglichkeiten von urheberrechtlich geschützten Werken und Leistungsschutzobjekten. Gerade auch im Kontext der Globalisierung[154] hat sie den Vertrieb wesentlich erweitert und revolutioniert[155]. Datenkomprimierung steht für ein Verfahren, bei dem das Filmwerk in einzelne Teile zerlegt und verpackt wird (Kompression), um anschließend beim Empfänger wieder zusammengesetzt zu werden (Dekomprimierung)[156], auch Quellcodierung genannt. Diese technischen Schritte ermöglichen durch das so genannte Multiplexing Audio- und Videosignale in Datenpaketen in einfacherer Weise und mit höherer Qualität als bei der analogen Technik zu verbreiten[157]. Am markantesten ist vielleicht die Entwicklung, dass der Genuss von Filmwerken in Zukunft ortsunabhängig erfolgen kann[158]. Die Qualität der Betrachtung und damit das konkrete Angebot werden aber noch sehr stark variieren, da bei einem 90-minütigen Film je nach Qualität und Zielgruppe zwischen 960 MByte und 200 GByte Datenmenge anfallen[159], bei einem kleinen 1-minütigen Videoclip dagegen nur ein paar tausend KB.

II. Technische Standardisierung der Datenkomprimierung

Zu Unterscheiden ist bei der Datenkomprimierung zwischen dem jeweiligen Datenformat, also zwischen dem Audio- oder Videoformat bzw. dem Container-

152 *Dicks, Hans-Günter*, in Kirchner/Prümm/Richling (Hrsg.), Abschied vom Zelluloid?, (2008), S.179 (179ff.).

153 Siehe dazu u.a. die Beiträge von *Coulanges, Rolf*, in Kirchner/Prümm/Richling (Hrsg.), Abschied vom Zelluloid?, S.152 (152ff.); *Missomelius, Petra*, in Kirchner/Prümm/Richling (Hrsg.), Abschied vom Zelluloid?, S.185 (185ff.).

154 Vgl. dazu auch *Faulstich*, Filmgeschichte, S.286.

155 *Heitland*, in Roßnagel (Hrsg.), Losebl. (Stand: Juni 2004), 10. Teil Rn.4 (El.6); *Castendyk*, in v.Hartlieb/Schwarz, 246.Kap. Rn.1.

156 Erläuternde Abbildung bei *Fößel*, in Hülsmann/Grapp (Hrsg.), Strategisches Management für Film- und Fernsehproduktionen, S.73 (83).

157 *Langhoff*, ZUM 2007, 447.

158 *Fößel*, in Hülsmann/Grapp (Hrsg.), Strategisches Management für Film- und Fernsehproduktionen, S.73 (77).

159 *Fößel*, in Hülsmann/Grapp (Hrsg.), Strategisches Management für Film- und Fernsehproduktionen, S.73 (84).

format. Bei der Film- bzw. Videokomprimierung kommen unterschiedliche Verfahrenstandards bzw. Videokomprimierungsalgorithmen zum Einsatz. Die *Moving Picture Experts Group*[160], kurz MPEG, hat sich beispielsweise als Expertengruppe der *International Organization for Standardization*[161] (ISO) mit der Standardisierung von Videokompression und weiteren Daten beschäftigt, und dazu so genannte MPEG-Standards entwickelt[162]. Für das D-Cinema gibt es durch die Digital Cinema Initiative ins Leben gerufene Arbeiten an einer internationale Standardisierung im Rahmen der ISO TC36[163]. Aufgrund einer gemeinsamen Zusammenarbeit zwischen der MPEG und der *International Telecommunication Union*[164] (ITU) im Rahmen des Joint Venture Team (JVT) sind einige Kodierverfahren von der ITU standardisiert worden. Für hoch aufgelöste Bilddaten ist beispielsweise der Standard MPEG-4/AVC Teil 10 zu nennen; dessen Bezeichnung bei der ITU H.264[165] lautet. Das H.264-Videokompressionsverfahren dient unter anderem für das Einsatzgebiet des HDTV, als auch für den Übertragungsstandard DVB-H. Darüber hinaus gibt es zahlreiche andere Codecs, die vereinzelt auf MPEG-Standards aufbauen oder ihnen ähnlich sind. Ein zu H.264 verwandtes Verfahren verwendet beispielsweise das Codec Microsoft Windows Media Video 9. Für das digitale Kino wird das Kompressionsverfahren JPEG2000 verwendet[166]. Weitere Kompressionsverfahren zu nennen ist an dieser Stelle nicht zielführend, denn unterschiedliche Datenkomprimierungen können durch eine Transcodierung in ein unterschiedliches Datenformat umgewandelt werden, so dass sich zumindest in technischer Hinsicht eine Lösung im Umgang mit Dateiformaten entwickelt hat. Am Ende der Postproduktion eines Filmes wird ein digitaler Master als Vorlage für die weitere Verwertung in verschiedenen Zielformaten stehen[167].

---

160 Siehe unter http://www.mpeg.org [Stand 27.04.2011].

161 Siehe unter http:// http://www.iso.org/iso/home.html [Stand 27.04.2011].

162 Eine Übersicht gängiger Codecs findet sich unter http://de.wikipedia.org/wiki/Codec [Stand 27.04.2011].

163 *Fößel*, in Hülsmann/Grapp (Hrsg.), Strategisches Management für Film- und Fernsehproduktionen, S.73 (76).

164 Siehe unter http://www.itu.int/en/pages/default.aspx [Stand 27.04.2011].

165 Vgl. unter http://www.itu.int/itudoc/gs/promo/tsb/87066.pdf [Stand 27.04.2011].

166 *Sommer*, in Hülsmann/Grapp (Hrsg.), Strategisches Management für Film- und Fernsehproduktionen, S.39 (41); *Fößel*, in Hülsmann/Grapp (Hrsg.), Strategisches Management für Film- und Fernsehproduktionen, S.73 (76).

167 Siehe dazu eine Übersicht bei *Fößel*, in Hülsmann/Grapp (Hrsg.), Strategisches Management für Film- und Fernsehproduktionen, S.73 (80).

III. Implementierung von Filmen in Datenbanksysteme

Ein weiterer zentraler Baustein bei der technischen Umsetzung eines Film-Portals ist die Verwendung von Datenbanksystemen bestehend aus Datenbankmanagementsystem (DBMS) zusammen mit der Datenbasis, der Datenbank[168]. Sämtliche Filme werden dafür in ein Datenbanksystem eingebracht, abgespeichert und mit *Meta-Daten* für den Zugriff verknüpft. Das DBMS ist als eingesetztes Softwaresystem zur Informationsverarbeitung für den Zugriff und die Verwaltung der Datenbank verantwortlich und trägt maßgeblich für die Funktionalität und Geschwindigkeit eines Datenbanksystems bei[169]. Das verwendete Datenbankmodell[170], das die Strukturierung der Datenbank vornimmt, wird festgelegt durch das DBMS. Das Datenbankmodell kann die Daten auf der physischen Ebene unterschiedlich anordnen, beispielsweise relational oder objektorientiert; ein netzwerkartiges oder hierarchisches Modell dürfte den heutigen Anforderungen an Mehrnutzerfähigkeit nicht mehr entsprechen[171]. Das DBMS hat neben der Strukturierung der Daten u.a. die Aufgabe, die Verwaltung, Datensicherheit und die Transaktionen zu steuern. Für die Distribution von Filmen ist wichtig, dass die Filmdatei als Mutterdatei vor unberechtigtem Zugriff Dritter geschützt wird und ein gleichzeitiger berechtigter Zugriff mehrerer Nutzer ermöglicht wird. Das Datenbanksystem muss in der Lage sein, neben den reinen Verwaltungsfunktionen gleichzeitig sämtliche Transaktionen und Abfragen zu steuern; darüber hinaus muss es Prozesse umsetzten, wie beispielsweise das Anlegen eines Nutzerprofils in einer *log file* oder den elektronischen Zahlungsverkehr. Die Erstellung eines Dienstes auf *XML* als Datenaustauschformat, der über Breitbandnetze zugänglich ist und mit einem Datenbanksystem interagiert, ist ein aufwendiges Unterfangen und erfordert detaillierte Kenntnisse, deren Erläuterung an dieser Stelle aber der Fachliteratur[172] vorbehalten bleiben sollen.

IV. Die Technik der Datenverbindung

Die technischen Grundvoraussetzungen für die Datenübermittlung hängen einerseits von der zur Verfügung stehenden individuellen Datenverbindung ab, darü-

168 *Kemper/Eickler*, Datenbanksysteme, 7.Aufl. (2009), S.19.

169 *Kemper/Eickler*, 7.Aufl., S.19ff.

170 *Gerhardt*, in Wiebe/Leupold (Hrsg.), Recht der elektronischen Datenbanken, Losebl. (Stand: Mai 2004), I-A. Rn.61ff. (Grundwerk); *Kemper/Eickler*, 7.Aufl., S.23f.

171 *Kemper/Eickler*, 7.Aufl., S.25ff.

172 Grundlegend dazu *Gerhardt*, in Wiebe/Leupold (Hrsg.), Recht der elektronischen Datenbanken, I-A. Rn.17ff.; *Kemper/Eickler*, 7.Aufl., S.573ff., 624ff.

ber hinaus sind sie abhängig von der jeweiligen Nutzung, Bildqualität und dem Geschäftsmodell[173]. Soll das Filmwerk im Rahmen des digitalen Kino verwertet werden, wird aufgrund der höheren Bildqualität und in Folge des hohen Datenvolumens eine Distribution (derzeit nach dem technischen Stand wohl nur über eine Festplatte oder durch Satellitenübermittlung möglich[174]) andere technische Bedürfnisse erfordern, als sie für einen Zugriff- oder Abrufdienst mit niedrigerer Bildauflösung gelten. Die verwendete Technik (Telefonleitung, Kabelnetz, Satellit oder Funk) gibt die maximal erreichbare Bandbreite der Datenübertragung vor.

Um eine Verbindung zum Rezipienten herzustellen, gibt es zwei Übertragungsalternativen. Bei der Übertragung im Wege des Punkt-zu-Mehrpunkt-Verfahrens werden die audiovisuellen Daten nach dem Gießkannenprinzip an jeden angeschlossenen Verbraucher verteilt[175]. Im Gegensatz dazu werden bei einer Punkt-zu-Punkt-Übertragung die Daten im Einzelnen übertragen.

Noch vor wenigen Jahren scheiterte ein ungestörter Filmkonsum überwiegend an der zu geringen Datenübertragungsrate[176]. Ende 2010 erreichten moderne Datenübertragungswege, exemplarisch am Beispiel Deutschlands, bei 40,2 Millionen deutschen Haushalten (Quelle: *Statistisches Bundesamt Deutschland*, 2009) mit 24,2 Mio. Haushalten (davon 21,9 Mio. DSL / 2,3 Mio. Kabel-Internet) über 70 % der Bevölkerung[177]. Die Anteile der Haushalte mit Internetzugang sind in den Ländern Deutschland und Österreich annähernd auf gleicher Höhe[178]. Sinkende Erschließungskosten reduzieren durch eine größere Verfügbarkeit auch mittelfristig die Telefon- und Internetkosten. Lediglich in ländlichen Gebieten wird die Grundversorgung überwiegend noch durch alternative Zugänge, wie beispielsweise über Satellit, hergestellt. Die Übertragungsstandfestigkeit und die technische Ausgereiftheit der Angebote ist inzwischen markt- und konkurrenzfähig[179].

Innerhalb der Verbindungsarten haben sich unterschiedliche Techniken und Bezeichnungen etabliert, die für die digitale Distribution von Filmen geeignet

173 Einführend *Federath*, ZUM 2000, 804, 807.

174 *Fößel*, in Hülsmann/Grapp (Hrsg.), Strategisches Management für Film- und Fernsehproduktionen, S.73 (85).

175 *Gersdorf*, Der Rundfunkbegriff, S.15.

176 Vgl. *Frohne*, ZUM 2000, 810, 811.

177 Quelle: http://www.destatis.de/jetspeed/portal/cms/Sites/destatis/Internet/DE/Grafiken/WirtschaftsrechnungenZeitbudgets/Diagramme/KommunikationPrivateHaushalte.psml [Stand 27.04.2011].

178 Vgl. http://europa.eu/abc/keyfigures/education/informationtechnology/index_de.htm#chart23 [Stand 27.04.2011].

179 Zu den ursprünglichen technischen Barrieren *Frohne*, ZUM 2000, 810, 811.

sind. Ein möglicher Übertragungsweg besteht in einer Breitbandverbindung über das Telefonkabel mittels DSL-Übertragungsstandard[180]. Eine weitere Möglichkeit zur Herstellung einer breitbandigen Datenverbindung zum Internet ist ein leitungsgebundener Zugang über das Fernsehkabelnetz. Das Breitbandkabelnetz besteht überwiegend aus Glasfaserkabel, und ist daher für die Übermittlung von Filmen mit hohen Datenvolumina besonders gut geeignet.

Schließlich lässt sich aber auch über einen geostationären Satelliten ein satellitengestützter Breitband-Internetzugang herstellen. Dieser Übertragungsweg eignet sich vor allem für ländliche Gebiete ohne DSL-Anschlussverfügbarkeit. Bei einem Internetzugang via Satellit ist zwischen zwei Arten der Satellitenverbindung zu unterscheiden. Eine Art ist die Verbindung ausschließlich über Satellit, das so genannte Zwei-Wege-System. Beim Zwei-Wege-System können Daten via Satellit sowohl empfangen als auch gesendet werden. In Empfangsrichtung erreicht dieses System eine Datenübertragungsrate zwischen 64 kbit/s und 5.120 kbit/s. Die Übertragungsrate beim Senden über den satellitengestützen Rückkanal liegt zwischen 64 kbit/s und 1 Mbit/s[181]. Als zweite Verbindungsart existiert noch die Ein-Weg-Satellitenverbindung mit terrestrischem Rückkanal. Für diese asymmetrische Verbindung wird nur für den Empfang (Downstream) eine Verbindung mit dem Satelliten direkt hergestellt, deren Datenübertragungsrate zwischen 256 kbit/s und 24.000 kbit/s (maximal 4.000 kbit/s mit der skyDSL-Box; maximal 36.000 kbit/s bei einem kombinierten DSL-Rückkanal) liegt[182]. Die Datenübertragungsrate beim Senden liegt meist bei maximal 128 kbit/s. Nachteil des Ein-Wege-System ist, dass dadurch zusätzliche Rückkanalkosten anfallen können und die Flexibilität eingeschränkt wird.

Funkübertragungen sind als Technik für die Übermittlung von Filmen in Abruf- und Zugriffsdiensten nur eingeschränkt sinnvoll, soweit kein unmittelbarer Rückkanal für eine Abrechnung mit dem Endverbraucher besteht. Funkverbindungen sind insbesondere bei Punkt-zu-Mehrpunkt-Übertragungen sinnvoll, nicht aber für Punkt-zu-Punkt-Übertragungen[183]. Relevant wird die Funkübertragung zum einen bei der mobilen Nutzung digitaler Filmangebote[184]. Für die mobile Nutzung bieten sich vor allem mobile Endgeräte mit eigener Sendemöglichkeit an. Die individuelle Verteilung und Übertragung von audiovisuellen In-

---

180 Vertiefende Angaben siehe im Anhang Technik (S.317ff.).

181 Siehe unter http://de.wikipedia.org/wiki/Internetzugang_%C3%BCber_Satellit [Stand 27.04.2011].

182 Angaben nach Informationen der skyDSL Deutschland GmbH, abrufbar unter http://de.skydsl.eu/ [Stand 27.04.2011].

183 Vgl. *Gersdorf*, Der Rundfunkbegriff, S.15.

184 Vertiefend *Gersdorf*, Der Rundfunkbegriff, S.16ff.

halten über Mobilfunknetze ist aber technischen Kapazitäts- und Leistungsgrenzen ausgesetzt[185].

Weitere digitale Funkverbindung-Standards, wie sie beim Fernsehen zur Anwendung kommen, sind DVB-T, DVB-H, DMB, DVB-IPI, DVB-C, DVB-S und DVB-SH[186]. Auf Basis von Funkübertragung unter Verwendung des Internet-Protokolls für IP-TV existiert der Standard DVB-IPI[187], der sich auf europäischer Ebene im Rahmen von DVB herausgebildet hat. Er steht für *Digital Video Broadcasting Internet Protocol Infrastructure* und ist ein herstellerunabhängiger ETSI-Standard.

V. Die Technik der Datenverarbeitung

Beim Abruf von Filmen über das Internet auf das eigene Empfangsgerät, wie Fernseher, PC oder Set-Top-Box, kommen verschiedene Verfahren für die elektronische Datenverarbeitung zur Anwendung.

1. Download

Das Herunterladen (Download) von Dateien bezeichnet den technischen Vorgang der Übertragung von Dateien von einem fremden Computer bzw. Server über ein Netzwerk auf das eigene Empfangsgerät (u.a. PC, Set-Top-Box). Erst nach Beendigung des Downloads ist eine Betrachtung der Filme möglich. Aufgrund der hohen Datenmengen eines Filmwerkes und der begrenzten Datenübertragungsraten ist dieses Verfahren nicht geeignet für spontanes Filmvergnügen, anders beim Kauf eines digitalen Films. Bei programmierbaren Set-Top-Boxen ist der Download planbar für den Nutzer.

2. Progressive Download

Beim progressive Download-Verfahren ist, im Vergleich zum einfachen Download, die Betrachtung des Filmes bereits nach Herstellung eines Puffers während des Downloadvorgangs möglich. Die Pufferung dient einem störungsfreien Download und ist üblich nach kurzer Zeit bereits vollendet. Mit der Buchung des Filmes wird dem Rezipienten auf dem Bildschirm angezeigt, wie lange noch für die Pufferung benötigt wird, damit der Filmstart möglich ist. Der weitere Download läuft dann im Hintergrund. Ähnlich dem Nutzungsumfang einer DVD

185 Erläuternd *Gersdorf*, Der Rundfunkbegriff, S.17.

186 Nähere Angaben vertiefend im Anhang Technik (S.317ff.).

187 Siehe dazu unter http://de.wikipedia.org/wiki/DVB-IPTV [Stand 27.04.2011].

kann auch beim progressiven Download bereits die Funktionen Anhalten- und Zurückspulen des Films benutzt werden.

3. Streaming

Im Streaming-Verfahren werden die Daten im Wege der Echtzeitübertragung übermittelt und lediglich zwischengespeichert. Bereits unmittelbar nach Übermittlung in ein geeignetes Programm und der kurzfristigen Herstellung eines Datenpuffers ist eine Betrachtung des Filmes möglich. Das Streaming-Verfahren setzt jedoch eine dauerhafte Internetverbindung voraus. Im Fall der zeitgleichen Übermittlung eines Films zu einer Fernsehausstrahlung im Wege des Streaming-Verfahrens liegt ein Live-Stream vor. Ein Abbruch des Live-Stream könnte geschehen, wenn es zu Schwankungen oder zu Unterbrechungen der Internetverbindung kommt. In diesem Fall müsste der Live-Stream erneut gestartet werden, da keine Daten auf der Festplatte vorhanden sind. Wird hingegen ein Film auf Abruf gestreamt, liegt ein Fall des On-Demand-Streaming vor[188]. Die Bildqualität eines Streams lag vor kurzem noch bei der technisch bedingt häufig geringeren Datenübertragungsrate in etwa auf dem Niveau einer VHS-Betrachtung[189], ist inzwischen aber auf HD-Qualität erhältlich. Letztlich hängt die Qualität der maximalen Bildauflösung des Stream von dem verwendeten Player, den Einstellungen über Qualität und der Datenverbindung ab.

F. Die Merkmale der „digitalen" Filmangebotsmodelle

Nachfolgend werden die nach dem jetzigen Stand vorhandenen Modelle und Möglichkeiten der Verwertung digitaler oder digitalisierter Filme betrachtet, die neben die traditionelle Verwertung von Filmen über Kino, Videowirtschaft und Fernsehen hinzugetreten sind. Es wird aber festzustellen sein, ob darin nur eine alte Nutzungsform in neuem Gewand liegt, oder ob sie neue Möglichkeiten der Nutzung eröffnen. Die Verwertung und Nutzung eines Filmes wird gegenwärtig noch zu stark pauschalisiert, beispielsweise wenn die Nutzung als reines Fernsehen eingestuft wird, ohne auf die Besonderheiten und Überschneidungen der Angebotsformen ausreichend einzugehen.

---

188 Siehe zur technischen Unterscheidung den Beitrag von *Busch*, GRUR 2011, 49, 497f.

189 *Gersdorf*, Der Rundfunkbegriff, S.20.

I. Begriffsdefinitionen und Einordnung der Angebotsformen

1. Internetfernsehen

Das Internetfernsehen oder auch Webcasting[190] bezeichnet eine Möglichkeit der Distribution und Betrachtung von Filmen mittels Internet-Protokoll über das World-Wide-Web. Charakteristisch für das Internetfernsehen ist die nahezu zeitgleiche und inhaltlich unveränderte Übertragung von Fernsehsignalen an eine unbekannte Anzahl von Internetnutzern[191]. In technischer Hinsicht werden die Inhalte in Form von Datenströmen per Live-Streaming versendet[192]. Der Einsatz des Internet ist technisch gesehen eine bloße Transportalternative zum störungsresistenteren Rundfunk und Fernsehen über DVB-T, DVB-S oder DVB-C[193]. Ein wesensmäßiger Unterschied und Vorteil zum Fernsehen ist nicht erkennbar.

2. Mobiles Fernsehen und Entertainment

Die Live-Übertragung von Rundfunksendungen über digitalen Rundfunk oder über Mobilfunknetzte[194] auf mobile Empfangsgeräte wird Mobiles-Fernsehen oder auch Mobile-TV genannt[195]. Als ein Unterfall des Mobile-TV wird auch der sprachlich missglückte[196] Ausdruck Handy-TV verwendet. Letztlich hat sich aber gezeigt, dass kostenpflichtiges Mobile-TV sich in Europa noch nicht durchsetzen konnte[197].

190 *Held*, Online-Angebote öffentlich-rechtlicher Rundfunkanstalten (2008), S.29, differenziert weiter zwischen Webcasting-Vollprogrammen und Webcasting-Spartenprogrammen.

191 *Eberle*, ZUM 2007, 439.

192 Siehe dazu *Schack*, GRUR 2007, 639, 641.

193 *Eberle*, ZUM 2007, 439.

194 *Hoeren*, MMR 2008, 139.

195 *Eberle*, ZUM 2007, 439, 441; vgl. http://www.die-medienanstalten.de/themen/digitale-welt/fernsehen/mobile-tv.html [Stand 27.04.2011].

196 Vgl. auch *Eberle*, ZUM 2007, 439, 441.

197 Vgl. abrufbare Informationen unter http://www.spiegel.de/netzwelt/mobil/0,1518,556783,00.html; http://www.spiegel.de/netzwelt/mobil/0,1518,557258,00.html; http://www.heise.de/mobil/Sendeschluss-fuer-Handy-TV-Watcha--/newsticker/meldung/107242 [Stand 27.04.2011].

3. IP-TV

Der Begriff des IP-TV ist die Abkürzung für die Bezeichnung Internet-Protocol-Television und wird für die digitale Programmübertragung von Breitbandanwendungen verwendet. IP-TV ist allerdings als Begriff unscharf und wird auch nicht einheitlich definiert[198].

Die *International Telecommunication Union* (ITU) hat IP-TV[199] definiert als Multimediadienste, die über IP-basierte Netze übertragen werden und das benötigte Maß an Qualität, Sicherheit, Interaktivität und Zuverlässigkeit bereitstellen. Für die Nutzung des IP-TV ist eine Netzverbindung mittels Internet-Protokoll erforderlich, deren Datenrate abhängig ist von der verwendeten Codierung. Die nötige Datenrate hängt u.a. von Faktoren wie Bildgröße, Bildveränderungen und Farbtiefe ab[200]. Der Unterschied zum Internetfernsehen liegt darin, das IP-TV bislang nur Kunden eines bestimmten Anbieters zur Verfügung steht, und somit als Providerfernsehen anzusehen ist. Die Nutzung des IP-TV steht daher unter der Erlaubnis des Anbieters, der die Netzhoheit besitzt. Für die Nutzung des IP-TV wird üblich ein Fernsehgerät in Verbindung mit einer Set-Top-Box verwendet[201]. Eine Innovation an dem IP-TV ist der integrale Rückkanal[202] für kabelgebundene Verbindungen, auf dessen Basis interaktive Funktionen ermöglicht werden. Das IP-TV bietet zusätzliche Funktionen an, beispielsweise einen digitalen Videorecorder, Video-on-Demand, den Zugriff auf eine elektronische Programmzeitschrift oder auch Funktionen des WEB2.0[203].

Zum Einsatz für IP-TV kommt überwiegend der Standard DVB-IPI, der die Möglichkeit des Einsatzes von Digital Rights Management (DRM) und durch die Datenverschlüsselung[204] individualisierten Filmkonsum ermöglicht. Um einen unberechtigten Zugriff auf die Inhalte während des Datentransports zu verhindern, werden zugleich Licence-Keys übertragen, mit denen die Rechte für die Nutzung erworben und der Umfang der Nutzungsmöglichkeiten festgelegt werden kann[205]. Darüber hinaus wird über das IP eine Authentifizierung des Endnutzers gegenüber dem Serviceprovider vorgenommen, womit im Integrated

---

198 Vgl. *Eberle*, ZUM 2007, 439, 440; *Hoenike/Szodruch*, K&R 2007, 628, 629.

199 Siehe unter http://www.itu.int/md/dologin_md.asp?lang=en&id=T05-FG.IPTV-C-0132!!MSW-E [Stand 27.04.2011].

200 Siehe unter http://de.wikipedia.org/wiki/IPTV#Datenrate [Stand 27.04.2011].

201 Vgl. *Breunig*, MP 2007, 478.

202 Siehe unter http://de.wikipedia.org/wiki/Rückkanal [Stand: 27.04.2011].

203 *Breunig*, MP 2007, 478f.; siehe auch http://de.wikipedia.org/wiki/IPTV#IPTV-Dienste_und_interaktive_Zusatzfunktionen [Stand 27.04.2011].

204 *Flatau*, ZUM 2007, 1, 4 f.

205 *Flatau*, ZUM 2008, 1, 4 f.

Access Device eine territoriale Nutzungsbeschränkung per Geolocation möglich ist[206].

4. Video-on-Demand und verwandte Dienste

Video-on-Demand[207] (VoD) bezeichnet als Oberbegriff die Möglichkeit, über einen Videodienst auf Abruf bzw. Verlangen individuell und zeitunabhängig audiovisuelle Inhalte und Filmwerke zu betrachten, indem die digitalen Videodateien beispielsweise zum Herunterladen oder für einen Video-Stream[208] bereitgehalten werden[209]. Wird VoD per Video-Stream genutzt, erfordert die Betrachtung eine Verbindung mit hoher Datenübertragungsrate. Als Transfervolumen für einen Film mit neunzig Minuten Spieldauer ist ein Richtwert von 1 Gigabyte und höher anzusetzen. Zu unterscheiden sind bei VoD nachfolgende Varianten.

a. Near-Video-on-Demand

Das Near-Video-on-Demand-Verfahren (NVoD) zeichnet sich dadurch aus, dass der Anbieter den Startzeitpunkt des Filmes in engen zeitlichen Abständen vorgibt, und der Rezipient für sich den Beginn des Filmes an einem ihm beliebigen Zeitpunkt innerhalb der zeitlichen Vorgaben setzen kann[210]. Bei dieser Variante des VoD hängt die individuelle Betrachtung des Empfängers somit von vorgegebenen Zeitintervallen ab, auf welche er zugreifen kann. Es handelt sich beim NVoD somit um einen Zugriffsdienst[211]. Der Endverbraucher bucht in der Regel über seinen Digital Receiver bzw. seine Set-Top-Box mittels seiner SMART-Card den jeweiligen Film. Anschließend erhält er einen vierstelligen Entschlüsselungs-Code. Dem Benutzer wird nach der Entschlüsselung dann die noch verbleibende Wartezeit angezeigt, bis der gewünschte Film startet. Je nach Zeitintervall startet das Video aus Anbietersicht zu einem neuen Anfangszeitpunkt, und läuft in einer Wiederholungsschleife[212]. Die Betreiber verwenden insofern zeitversetzt einfach mehrere Kanäle gleichzeitig. Das Filmangebot ist dadurch

---

206 *Flatau*, ZUM 2007, 1, 5.; *Eberle*, ZUM 2007, 439.

207 Vgl. bereits OLG München, ZUM 1998, 413f.

208 Siehe unter http://de.wikipedia.org/wiki/Streaming_Media [Stand: 27.03.2011].

209 *Eberle*, ZUM 2007, 439, 440.

210 BayVGH, AfP 2003, 88, 89; *Holznagel/Kibele*, in Spindler/Schuster, (2008), 8. RStV § 2 Rn.49.

211 *Katzenberger*, in Schricker/Loewenheim, UrhG 4.Aufl. (2010), § 88 Rn.48.

212 *Holznagel/Kibele*, in Spindler/Schuster, 8. RStV § 2 Rn.49.

aber technisch begrenzt auf eine bestimmte Anzahl an Filmen; die Filmanzahl beträgt üblicherweise zwischen fünfzehn und dreißig wechselnden Filmtiteln.

b. True-Video-on-Demand

Ist für den Nutzer der Zeitpunkt der Betrachtung beliebig bestimmbar, liegt das so genannte True-Video-on-Demand vor[213].

c. Push-Video-on-Demand

Der Unterschied des Push-Video-on-Demand lässt sich am einfachsten über den technischen Hintergrund erklären. Ausgewählte digitale Videodateien werden bei diesem Dienst bereits im Vorhinein auf der Festplatte der Set-Top-Box gespeichert und für den Nutzer bereitgehalten. Der Nutzer hat die Möglichkeit, aus etwa bis zu dreißig Videoangeboten auszuwählen. Für die Betrachtung muss der Film per Fernbedienung, Telefon, SMS oder über das Internet freigeschaltet werden. Das Push-Video-on-Demand beruht somit auf einer Kombination von Verteil- und Abrufdienst[214]. Der Vorteil bei dieser Variante liegt in der Technik begründet. Für Push-Video-on-Demand reichen auch Verbindungen mit geringeren Datenübertragungsraten aus, da die Filme meist über Nacht übertragen oder ausgetauscht werden. Es wird auch ein Rückkanal nicht zwingend benötigt, da die Auswahl der Filme bereits durch den Betreiber erfolgte und der Nutzer seine individuelle Auswahl durch eine alternative Freischaltung treffen kann.

d. Subscription-Video-on-Demand

Besteht ein Zugang zu einer bestimmten Sammlung von Inhalten in Form eines Abonnements, ist von Subscription-Video-on-Demand (SVoD) die Rede. Diese Form besitzt als Zugriff- oder Abrufdienst keine eigenständige Bedeutung, da es nur eine Zugangsbedingung darstellt.

e. Free Video-on-Demand

Als Free Video-on-Demand werden die Nutzungsangebote bezeichnet, die direkt keine Kosten für den Konsument verursachen. Anbieter halten als Lockmittel oder Bonus für ihre Vertragskunden kostenfreie Angebote vor, deren Finanzierung meist indirekt durch die Nutzer oder durch Werbung („Ad based Video-on-Demand“) sichergestellt wird. Häufig wird die Nutzung des Free Video-on-

---

213 *Holznagel/Kibele*, in Spindler/Schuster, 8. RStV § 2 Rn.49.

214 Vgl. *Gersdorf*, Der Rundfunkbegriff, S.19.

Demand abhängig gemacht von einer Registrierung, der Buchung einzelner Pakete, oder dem Abschluss eines Abonnement-Vertrages.

5. Hybrid-Modelle

Schließlich existieren sogenannte Hybrid-Lösungen, unter anderem das HbbTV. Hybrid-Modelle kombinieren verschiedene Formen der Betrachtung, indem sie die Hindernisse beim Zugang und bei den Dateiformaten überwinden und diese technisch in einem Gerät vereinen, dem heimischen Endgerät.

II. Geschäftsmodelle der Sublizenzparteien

Hinsichtlich der Distribution und dem Preisbildungsprozess sind für die Anbieter von audiovisuellen Inhalten zwei Geschäftsmodelle hervorzuheben, das Transportmodell und das Vermarktungsmodell[215]. Der Begriff Geschäftsmodell[216] dient dabei der abstrakten Beschreibung, wie Unternehmen der Filmwirtschaft das Produkt Film auf unterschiedliche Art und Weise vermarkten können.

Das Transportmodell findet insbesondere Anwendung bei Rundfunkveranstaltern, die für die Verbreitungsleistungen der Satelliten-, Telekommunikationsunternehmen und Netzbetreiber bezahlen, weil für die Transporteure der Inhalte keine Möglichkeit der Refinanzierung beim Endkunden besteht[217].

Beim Vermarktungsmodell steht hingegen das Verhältnis des Inhaltelieferanten mit dem Endkunden beim Distributions- und Erlösmodell im Vordergrund, bei dem die Endkunden die Investitionen der Netzbetreiber und auch der Inhaltelieferanten refinanzieren sollen[218]. Im Vermarktungsmodell integriert ist das Marktmodell, das das Wettbewerbsmodell und das Nachfragermodell beinhaltet[219]. Im Sublizenzbereich, dem Beschaffungsmodell, vereinbaren die Lizenzgeber mit den Lizenznehmern eine prozentuale Vergütung an den Einnahmen. Charakteristisch für den Vertrieb von Filmen innerhalb des Rezipientenmarktes ist, dass für diese Geschäftsmodelle die tatsächlichen und rechtlichen Gegebenheiten des elektronischen Geschäftsverkehrs gegenüber Endverbrauchern gelten und die Besonderheiten aufgrund der urheberrechtlichen, medienrechtlichen und kartellrechtlichen Ausgangslage zu beachten sind[220].

---

215 *Eberle*, ZUM 2007, 439, 442.

216 Dazu *Wirtz*, Medien- und Internetmanagement, S.74ff.

217 *Eberle*, ZUM 2007, 439, 442.

218 *Eberle*, ZUM 2007, 439, 442.

219 *Wirtz*, Medien- und Internetmanagement, S.75ff.

220 Vgl. zum medienrechtlichen Regulierungsbedarf *Eberle*, ZUM 2007, 439, 442.

III. Lizenz- und Vergütungsmodelle gegenüber Rezipienten

Im Rahmen des Vermarktungsmodells haben sich für bestimmte kostenpflichtige Angebots- und Geschäftsmodelle nachfolgende Bezeichnungen etabliert.

1. Einmalige Filmnutzungsmodelle

a. Pay-per-Channel

Das Modell des Pay-per-Channel (PPC) sieht für die Nutzung der Leistung, einen vollständigen Kanal oder eine Mehrzahl an Kanälen bereitzuhalten, die Entrichtung eines Entgelts durch den Rezipienten vor[221]. Die Entrichtung des Entgelts erfolgt meist pauschal im Rahmen eines Abonnements für das gesamte Programmangebot eines Senders. Das Programmangebot ist üblicherweise ausgerichtet auf spezielle Inhalte und Film-Genre, wie Krimi, Actionfilme oder Erotik. Charakteristisch ist für ein solches Channel-Angebot, dass die Ausstrahlung von einem Anbieter auf eine Vielzahl von Empfängern (Punkt-zu-Mehrpunkt) zeitgleich erfolgt[222].

b. Pay-per-View

Eine Abrechnungsform bei der digitalen Distribution von Filmen und Inhalten im Einzelabrufverfahren ist die Bezahlung pro Betrachtung im Pay-per-View (PPV) Modell. Die Nutzung eines ausgewählten Spielfilms gegen ein gesondertes Entgelt im Pay-per-View Modell kann in zwei Formen der Betrachtungen erfolgen[223], der zeitlich vorgegebenen Betrachtung durch den jeweiligen Inhalt (beispielsweise exklusive Kultur- oder Sportveranstaltung), oder andererseits der freien und unabhängigen Betrachtung eines Films. Technisch gesehen wird die Sendung, ob zu einem vereinbarten und festgelegten Sendetermin oder zeitunabhängig, mittels eines Zugangsberechtigungssystems[224] (z.B. Chipkarte, Smartcard[225], PIN) über einen Digitaldekoder entschlüsselt.

---

221 *Castendyk*, in v.Hartlieb/Schwarz, 247.Kap. Rn.2.

222 *Lütje, Stefan* in FS Wolf Schwarz (1999), S.115 (141).

223 *Castendyk*, in v.Hartlieb/Schwarz, 247.Kap. Rn.3.

224 Vertiefend *Castendyk*, in v.Hartlieb/Schwarz, 246.Kap. Rn.4f.

225 *Castendyk*, in v.Hartlieb/Schwarz, 247.Kap. Rn.4.

2. Kurz- / Langfristige Filmnutzungsmodelle

a. Electronic-sell-through

Die Bezeichnung Electronic-sell-trough (EST; vereinzelt auch Download-to-own oder Digital-sell-trough) beschreibt ein Nutzungsmodell und Erwerbsmodell für die zeitlich uneingeschränkte Nutzungsdauer eines heruntergeladenen Filmes, das als digitale Variante vergleichbar mit dem Kauf einer DVD ist[226]. Der Nutzer erwirbt im Gegensatz zu einem körperlichen Datenträger eine unkörperliche digitale Datenkopie eines Filmwerkes, die er jedoch meist auf eine DVD oder einen vergleichbaren Datenträger brennen kann. Der Nutzungsumfang wird in der Regel aber durch digitales Rechtemanagement per DRMS oder ein Kopierschutzsystem[227] begrenzt, so dass beispielsweise die Datei nur begrenzt vervielfältigt oder nur auf Endgeräte beschränkt verwendet werden darf. Eine kommerzielle Nutzung wird vertraglich über Allgemeine Geschäftsbedingungen in der Regel ausgeschlossen.

b. Download-to-Rent

Das Download-to-Rent Modell bezieht sich auf eine zeitlich eingeschränkte Nutzungsdauer, die vergleichbar ist mit dem Ausleihvorgang in einer Videothek. Marktüblich ist eine Zeitspanne zwischen 24 bis 48 Stunden, in der der Film beliebig oft wiederholt und betrachtet werden kann. Die Zeitspanne beginnt meist erst mit der erstmaligen Betrachtung des Filmes, und nicht etwa dem Beginn des Downloads. Nach Ablauf der Zeitspanne verfällt das Nutzungsrecht, und der Film kann durch technische Sperrvorrichtungen mittels Einsatz von DRMS nicht mehr verwendet werden. Die Daten des Films bleiben auch nach Ablauf der Nutzungszeit auf der Festplatte erhalten, so dass für eine erneute Betrachtung des Filmes lediglich der Neuerwerb einer Lizenz erforderlich ist. Rechtlich wird nach den Allgemeinen Geschäftsbedingungen der Anbieter[228] dem Kunden ein ab Vertragsschluss oder ab Filmstart zeitlich befristetes, nicht ausschließliches, nicht unterlizenzierbares Nutzungsrecht an den Filmen eingeräumt. Räumlich ist das Nutzungsrecht in der Regel noch auf das Gebiet eines Staates festgelegt und beschränkt.

---

226 *Brunner*, in Hülsmann/Grapp (Hrsg.), Strategisches Management für Film- und Fernsehproduktionen, S.53 (61).

227 Vgl. dazu *Brunner*, in Hülsmann/Grapp (Hrsg.), Strategisches Management für Film- und Fernsehproduktionen, S.53 (61).

228 Vgl. als Beispiel für AGB u.a. maxdome, abrufbar unter http://www.maxdome.de/service/agb/abruf [Stand: 27.04.2011].

c. Abonnements-Modelle

Kein gesondertes Filmnutzungsmodell, sondern ein Instrument zur langfristigen Kundenbindung stellen Abonnements dar. Die Rezipienten entrichten bei diesem Vergütungsmodell für die Nutzungsmöglichkeit einer Auswahl an audiovisuellen Inhalten, im Rahmen eines Abonnements, ein pauschales, meist monatliches Entgelt. Die Preise variieren je nach gebuchtem Paket. Überwiegend werden Pakete angeboten nach Genre (u.a. Komödie, Krimi, Action, Thriller, Drama, Horror, Erotik), Art (Dokumentation, Kurzfilm, Spielfilm) oder Zielgruppe (Kinder, Erwachsene, Familie). Die Abonnements sind häufig an eine Mindestvertragslaufzeit gebunden. Die Nutzungsrechte sind in der Regel befristet auf die Dauer des Vertragsverhältnisses, dafür aber ist die Betrachtung beliebig oft und abhängig von dem Angebot unbeschränkt möglich.

IV. Risiken, Schwachstellen und Potentiale

1. Die Risiken der digitalen Werkvermittlung

Die digitalen Verwertungsangebote sind allesamt abhängig von der technischen Machbarkeit und Sicherheit. Die Digitalisierung hat zum einen zur Folge, dass die audiovisuellen Inhalte als kulturelles Erbe der rasanten technischen Entwicklung ausgesetzt sind. Solange gleichbleibende oder einheitliche Standards im Dateiformat gewährleistet sind, müssten prinzipiell nur die Archive gesichert werden. Aufgrund der sehr unterschiedlich ausgeprägten globalen Standards, die bislang auch nicht durch die ITU, die ISO oder andere nationale Normungs-Organisationen, entgegen den subjektiven Unternehmensinteressen, für die Zukunft verbindlich vereinheitlicht werden konnten, besteht daher vielmehr die Gefahr, dass nachfolgende Generationen vor einem Datenfriedhof von Filmen stehen. Die Rechteinhaber und Verwerter sollten sich dieser Gefahr bewusst sein. Die i2010-Initiative der *Europäischen Kommission* hat für Digitale Bibliotheken auf der Ebene der *Europäischen Union* erste Antworten auf dieses Problem geliefert[229].

Die effektivste Lösung zum Schutz gegen Datenverlust ist derzeit noch die Herstellung analoger Datenträger wie Zelluloid und Mikrofilm, die bei richtiger Lagerung eine Haltbarkeit von vierhundert Jahren bis maximal tausendsechshundert Jahren erreichen kann. Der *Fraunhofer*-Verbund (Informations- und

229 Vgl. dazu Empfehlung der Kommission vom 24.08.2006 zur Digitalisierung und Online-Zugänglichkeit kulturellen Materials und dessen digitaler Bewahrung 2006/585/EG, ABl. L 236 vom 31.08.2006, S.28-30.

Kommunikationstechnik, Fraunhofer-Institut für Digitale Medientechnologie und im Rahmen der Fraunhofer-Allianz-Vision des Fraunhofer-Institut für Integrierte Schaltungen IIS) forscht an neuen Verfahren für die optimierte Bildverarbeitung und Speicherung, beispielsweise indem durch Laser-Bestrahlung eines Mikrofilms Daten besser und länger gespeichert werden können[230]. Welche Sicherungsmechanismen für Filme als kulturelles Gut bestehen, kann damit noch nicht abschließend beantwortet werden.

Zur Vollständigkeit sei an dieser Stelle noch auf das Risiko der Online-Filmpiraterie durch illegale Verwertung von Filmen hingewiesen werden, welches durch die Unkörperlichkeit der Filme begünstigt, in Form des Server-Hackings, der Contentpiraterie oder den Peer-to-Peer-Filesharingnetzen sich niederschlagen kann[231]. Eine Bezifferung des Schadens in Zahlen ist kaum möglich, da über die wissenschaftliche Berechnung keine Einigkeit besteht. Nach Angaben des US-Filmverbandes *Motion Picture Association of America* (MPAA) sei der gesamten Filmwirtschaft durch Filmpiraterie in dem Jahr 2009 weltweit ein Schaden in Höhe von 3,5 Milliarden US-Dollar (im Jahr 2005 lagen die Schätzungen noch bei 45 Milliarden US-Dollar) entstanden. In Deutschland wird der Gesamtschaden durch Filmpiraterie auf 350 Millionen € geschätzt[232].

Welche Lösungsansätze gegen die Filmpiraterie die richtigen sind, ist umstritten[233]. Die *Gesellschaft zur Verfolgung von Urheberrechtsverletzungen* (GVU) verfolgt den Ansatz des abgestuften Sanktionismus. Soweit man akzeptiert, dass technisch – für die organisierte Kriminalität oder kollektive Verletzter – immer eine Umgehung von Schutzmechanismen möglich sein wird, ließe sich aus den Fehlern der Musik-Industrie lernen, und mit einem pädagogischen Ansatz der Rezipienten[234] durch schlichte Hinweise auf ihr verbotenes Tun bereits einiges in die richtige Richtung bewegen. Denn wenn man bereits versucht, eine Urheberrechtsverletzung zu vermeiden, erspart man sich die zeitaufwendige Ahndung derartiger Verstöße. Positiv in diesem Zusammenhang hervorzuheben

---

230 Für weitere Informationen vgl. http://www.fraunhofer.de/ [Stand: 27.04.2011].

231 Siehe dazu u.a. die Beiträge *Schutt*, in Hülsmann/Grapp (Hrsg.), Strategisches Management für Film- und Fernsehproduktionen, S.213; *Dördrechter*, Piraterie in der Filmindustrie (2006), S.36; *Wirtz*, Medien- und Internetmanagement, S.291.

232 Angaben der SZ unter http://www.sueddeutsche.de/digital/zahlenkrimi-milliarden-dollar-schaden-1.605039 [Stand: 27.04.2011].

233 Zum technischen Lösungsansatz *Hoeren*, in Kilian/Heussen, CHB, Nr.141 Rn.50 (El.22).

234 Vgl. Initiative unter http://www.respectcopyrights.de/ [Stand: 27.04.2011].

ist, dass das Problem der Filmpiraterie durch technische Schutzmaßnahmen und die unmittelbare Vertragsbeziehung zum Endverbraucher gelöst werden kann[235].

2. Schwachstellen bei digitalen Filmangeboten

Ein großes Problem bei der digitalen Verwertung von Filmen über Breitbandnetze wird entstehen durch die begrenzte Kapazität der Datennetze[236]. Derzeit entsteht eine Diskussion darüber, ob für breitbandige Anwendungen, die bis zu 90 % der Netzkapazität beanspruchen, eine höhere Übermittlungsgebühr als sog. „Extra-Maut" fällig werden soll. Das bisherige Prinzip der Netzneutralität des Internet könnte zugunsten einiger großer Unternehmen aufgegeben werden, mit der Folge, dass ein Zwei-Klassen-Internet entstehen würde[237]. Der digitale Übertragungsweg von Filmen wird daher nur an Einfluss gewinnen, soweit er sich von den Kosten gesehen an die Werte der terrestrischen Verbreitung annähert[238].

Eine weitere Schwachstelle liegt in der Abhängigkeit der Betrachtung von Geräteherstellern. Soweit noch unterschiedliche Dateiformate existieren, wird es für Gerätehersteller ein leichtes sein, ihre individuellen Unternehmensinteressen durchzusetzen. Damit haben sie aber auch unmittelbaren Einfluss auf die Verwertung von Filmen. Die Kundenbindung durch Dateiformate und DRM-Systeme, wie sie beispielsweise die US-Firma *Apple Inc.* bei i-Tunes einsetzt, beschränken dadurch die gesamte Branche und die Endverbraucher.

Neben der technischen Abhängigkeit besteht die größte Schwierigkeit für Anbieter, interessante Inhalte für ihre Nutzer zu erwerben. Die bisherigen Filmangebote sind teils noch zweitklassig. Lediglich jene Anbieter, die mit den bedeutenden Major-Studios aus Hollywood Lizenzverträge abschließen konnten, verfügen über ein Portfolio an rentablen A-Movies und beliebten Unterhaltungsserien. Solange die Nutzer nicht ein vergleichbares oder ein besseres Angebot im Vergleich zu körperlichen Filmangeboten nutzen können, wird der Anreiz für die digitale Nutzung vorerst gering bleiben.

---

235 Dazu *Schack*, 5.Aufl., Rn.841 u. 1283; vgl. BVerfG, GRUR 2007, 1064, 1066 – Kopierschutzumgehung.

236 Dazu bereits *Frohne*, ZUM 2000, 810.

237 Vgl. Artikel des Spiegel, abrufbar unter http://www.spiegel.de/netzwelt/netzpolitik/0,1518,710267,00.html [Stand: 27.04.2011].

238 Vgl. dazu auch die Bewertung von *Hesse*, Rundfunkrecht, 3.Aufl.(2003), S.85f.

3. Potentiale digitaler Filmverwertung

Die Potentiale, die der technische Fortschritt ermöglichte, dürften jedoch um ein Vielfaches die aufgezeichneten Risiken und Schwachstellen ausgleichen[239]. Die Distribution von Filmen wird weniger aufwendig, schneller und einfacher aus Sicht der Verwerter, und aus Sicht der Nutzer sehr viel bequemer mit einem Zusatznutzen und Mehrwert (u.a. Inhaltangaben, Hintergrundinformationen, Filmkritiken, Trailer, Filmplakate, Persönliche Archivierung und digitaler Festplatte)[240]. Auf Seiten der Filmverleiher können bis zu 80 % der Filmkopiekosten eingespart werden, die in Deutschland im Jahr 2006 noch bei geschätzten 55 Millionen Euro lagen[241]. Die gesteigerte Datenkompression, die Qualität der Darstellung und die beliebige Reproduzierbarkeit des Originals verbessern den Vertrieb von Filmen. Es werden zusätzliche Vertriebswege entstehen, sich neue Marktteilnehmer etablieren und den Filmgenuss für die Nutzer nach deren eigenen Vorstellungen ermöglichen. Die Filmauswahl in den Kinos wird durch die digitale Übermittlung dahingehend beeinflusst, dass künftig immer schneller Programmänderungen vorgenommen werden können, auf die individuellen Wünsche der Kinogänger eingegangen werden kann, und die klassischen Filmverleiher eine geringere Rolle spielen werden, soweit sie ihr Geschäftsfeld nicht neu erfinden. Das durch die digitale Distribution der Film als Kulturgut immer mehr Bezug zum Wirtschaftsgut aufweist, ist bei Erhaltung der kulturellen Vielfalt kein Nachteil. Für die Zukunft sollte – anstatt einen Wettbewerb zwischen Kulturgut gegen Wirtschaftsgut heraufzubeschwören[242] – vielmehr die Gemeinsamkeiten hervorgehoben werden, da feststeht, dass ohne das Kulturgut Film das Wirtschaftsgut Film nicht bestehen kann.

---

239 Zu den Entwicklungsperspektiven *Wirtz*, Medien- und Internetmanagement, S.297f; zu den Vorteilen bei der Produktion von Filmen siehe u.a. *Fößel*, in Hülsmann/Grapp (Hrsg.), Strategisches Management für Film- und Fernsehproduktionen, S.73 (78f.).

240 Nähere Erläuterung bei *Castendyk*, in v.Hartlieb/Schwarz, 246.Kap. Rn.6ff..

241 *Fößel*, in Hülsmann/Grapp (Hrsg.), Strategisches Management für Film- und Fernsehproduktionen, S.73 (85).

242 Vgl. *v.Wolkenstein/Müller*, in Hülsmann/Grapp (Hrsg.), Strategisches Management für Film- und Fernsehproduktionen, S.241 (254).

Teil II. Rechtliche Rahmenbedingungen in Deutschland und Österreich

A. Internationale Vorgaben und Europäische-Richtlinien

Der Markt der Zugriffs- und Abrufdienste ist durch den grenzüberschreitenden Filmabsatz stark beeinflusst, durch internationale Übereinkommen, europäische Richtlinien und Marktregulierungen. Ein entscheidendes Ziel aller Bemühungen ist, eine schrittweise Harmonisierung des Marktes und ein Mindeststandard an Rechten zu erreichen[243].

I. Internationale Urheberrechtsabkommen

Auf internationaler Ebene sind u.a. die Revidierte Berner Übereinkunft (RBÜ), das Welturheberrechtsabkommen (WUA), das TRIPS-Abkommen der World Trade Organization (WTO), die WIPO-Copyright Treaty (WCT), das Rom-Abkommen und den WPPT zu beachten[244]. Zweiseitige internationale Verträge auf dem Gebiet des Urheberrechts zwischen den Ländern *Deutschland* und *Österreich* spielen nach der Mitgliedschaft beider Staaten in der *Europäischen Union* und als Vertragsstaaten internationaler Abkommen keine Bedeutung mehr[245].

II. Europäische Verordnungen und Richtlinien

Die Verordnung (EG) Nr. 593/2008 des Europäischen Parlaments und des Rates vom 17. Juni 2008 über das auf vertragliche Schuldverhältnisse anzuwendende Recht (Rom I) ist als Sekundärrecht der Europäischen Union unmittelbar anzuwenden.

Auf europäischer Ebene zu beachtende Richtlinien für digitale Zugriffs- und Abrufdienste, die bereits umgesetzt oder noch in nationales Recht umzusetzen sind, sind u.a. die geänderte Richtlinie über audiovisuelle Mediendienste, die

---

243 Vertiefend *Loewenheim*, in Schricker/Loewenheim, UrhG 4.Aufl., Einl. Rn.77.

244 Ausführlich *Katzenberger*, in Schricker/Loewenheim, UrhG 4.Aufl., Vor §§ 120ff. Rn.41f., 50f.,58f., 75f., 84f.; *Ensthaler*, Gewerblicher Rechtsschutz und Urheberrecht, 3.Aufl. (2009), S.102.

245 *Katzenberger*, in Schricker/Loewenheim, UrhG 4.Aufl., Vor §§ 120ff. Rn.73.

Richtlinie über den elektronischen Geschäftsverkehr, die Informationsgesellschaft-Richtlinie, die Datenbank-Richtlinie sowie die Dienstleistungs-, Durchsetzungs-, Folgerechts-, Datenschutz- und Rahmen-Richtlinie[246].

B. Medienrechtliche Einordnung der Nutzungsformen

Die medienrechtliche Einordnung der Nutzungsformen für Filme ist die rechtliche Einstufung der Angebote unter die Tele-, Medien- und Rundfunkgesetze[247]. Aber auch die Bestimmungen zum Jugendschutz werden durch die Nutzungsformen berührt[248].

Die medienrechtliche Einordnung spielt eine entscheidende Rolle, da die Angebote in rechtlicher Hinsicht viele Bereiche tangieren, staatlichen Regulierungen unterworfen sind und berechtigte Interessen berühren[249]. Insbesondere sind an Mediendiensteanbieter im Sinne des Art.1 Abs.1 lit.d der RL über audiovisuelle Mediendienste (RL 2010/13/EU, nachfolgend AVMD-RL) Grundanforderungen betreffend Werbung, Jugendschutz, Diskriminierungen, Sponsoring, Anbieterkennzeichnung oder auch Quotenregelungen zur Förderung europäischer Werke zu stellen, Art. 5ff. AVMD-RL. Im Folgenden wird daher aus Gründen der Rechtssicherheit für die Anbieter ein kurzer Überblick über den medienrechtlichen Standpunkt am Beispiel Deutschlands gegeben und anschließend der Standpunkt der österreichischen Rechtslage dargestellt.

Die Einstufung der Medien erfolgte ursprünglich anhand des technischen Übertragungsweges und der Ausrichtung des Angebotes auf die Allgemeinheit oder die Individualkommunikation[250]. Inzwischen hat sich ein inhaltsbezogenerer[251], technologieneutralerer Regulierungsansatz[252], und auch eine technologie-

---

246 Siehe dazu näheren Angaben mit Fundstellen im Anhang (S.311ff.).

247 Vgl. bereits die Einordnung der DLM, Drittes Strukturpapier zur Unterscheidung von Rundfunk und Mediendiensten vom 6.11. 2003, Nr.3.3, S.13, abrufbar unter: http://www.die-medienanstalten.de/fileadmin/user_upload/3Strukturpapier.pdf [Stand: 27.4.2011].

248 Siehe dazu später unter Teil II. B. III. (S.76ff.) und zum Überblick *Paschke*, Medienrecht, 3.Aufl. (2009), Rn.1221ff.

249 Zum Zweck der Einordnung siehe auch *Gersdorf*, Der Rundfunkbegriff, S.23; zur Einordnung ausgewählter Dienste der Filmverwertung siehe *Paschke*, Medienrecht, 3.Aufl., Rn.97ff.

250 *Ring/Gummert*, ZUM 2007, 433; *Potthast*, ZUM 2007, 443, 444.

251 Anders noch BVerfG, NJW 1987, 2987, 2993; *Jarass*, AfP, 1998, 133, 134.

neutralere Rechtslage[253] durchgesetzt, die in Bezug auf die Konvergenz der Medien aus wettbewerbsrechtlicher Sicht dringend angezeigt war. Die Grenzen zwischen den zur Verfügung stehenden Übertragungswegen bestehen nicht mehr in der bisherigen Strenge. Nach dem Erlass der EU-Fernseh-Richtlinien[254], den Rundfunkänderungsstaatsverträgen und der Einführung des Telemediengesetzes[255] spielen die technischen Übertragungswege keine entscheidende Bedeutung mehr für die Einordnung als Rundfunk[256].

I. Einordnung als Rundfunk

Der in Deutschland verfassungsrechtlich geprägte Rundfunkbegriff in Art.5 Abs.1 S.2 GG[257] prägt die im Rundfunkstaatsvertrag einfachgesetzlich ausgestalte Definition des Rundfunks[258]. Die Funktionsfähigkeit der jeweiligen Medienordnung untersteht der Fürsorge des Gesetzgebers, weil Art.5 Abs.1 S.2 GG für Massenmedien einen sog. Ausgestaltungsvorbehalt enthält[259]. Der weite verfassungsrechtliche Rundfunkbegriff unterscheidet sich jedoch von dem einfachrechtlichen Rundfunkbegriff und kann daher bei der zu treffenden medienrechtlichen Analyse nicht im Focus stehen[260]. Im Vordergrund steht hier allein die Frage, ob die Zugriff- und Abrufangebote an Filmen, insbesondere in der Nutzungsform des Near-Video-on-Demand oder des Video-on-Demand, als Rundfunk oder als rundfunkähnlich angesehen werden müssen[261], weil für die Veranstaltung von Rundfunk gemäß § 20 RStV[262] eine Zulassungs-

252 Vgl. *Langhoff/Oberndörfer/Jani*, ZUM 2007, 593, 601; *Gersdorf*, Der Rundfunkbegriff, S.35ff., 38.

253 Vgl. § 1 TKG; dazu auch *Gersdorf*, Der Rundfunkbegriff, S.71.

254 Aktuell Richtlinie 2010/13/EU über audiovisuelle Mediendienste, a.a.O.

255 BGBl. I, 2007, S.179; zur Einführung u.a. *Schmitz*, K&R 2007, 135.

256 *Ring/Gummert*, ZUM 2007, 433, 435; *Gersdorf*, Der Rundfunkbegriff, S.72.

257 Vertiefend BVerfG, NJW 1991, 899 f., 901; *Degenhart*, in Bonner Kommentar GG, (Stand: Februar 2011), Art.5 Abs.1 und 2 Rn.667-671 (El.113); *Herzog*, in Maunz/Dürig, Grundgesetz, Losebl. (Stand: Oktober 2010), Art.5, Abs.I, II Rn.195f. (El.28); *Jarass*, in Jarass/Pieroth, Grundgesetz, 10.Aufl., Art.5 Rn.36.

258 *Schulz*, in Hahn/Vesting, Rundfunkrecht, 2.Aufl. (2008), § 2 Rn.10,13.

259 *Hoffmann-Riem*, AfP 1996, 9.

260 Zur Unterscheidung *Jarass*, AfP, 1998, 133, 139.

261 Vgl. bereits *Hoffmann-Riem*, AfP 1996, 9, 13; *Bullinger*, AfP 1996, 1, 7; *Jarass*, AfP 1998, 133; *Potthast*, ZUM 2007, 443, 444; *Paschke*, Medienrecht, 3.Aufl., Rn.102.

262 Text 9. RStV, abgedruckt bei Hahn/Vesting, Rundfunkrecht, Erster Teil A., S.1.

genehmigung erforderlich ist[263], und die Vorgaben und Regulierungen der Landesmedienanstalten u.a. bei Werberestriktionen und Jugendschutz zu beachten sind.

Zunächst gilt es die Unterschiede der einzelnen Angebote nach dem bisherigen Verständnis vergleichend herauszuarbeiten und eine Abgrenzung zum digitalen Fernsehen vorzunehmen[264].

Ein Weg der Übermittlung von Filmen bieten Zugriffsdienste. Zugriffsdienste sind dadurch gekennzeichnet, dass zugriffsbereite Sendungen wiederholt, im turnusmäßigen Abstand ausgestrahlt werden, und damit die Nutzer zu unterschiedlichen Zeitpunkten die Möglichkeit der Betrachtung erhalten[265]; dazu zählen Dienste im Verfahren Near-Video-on-Demand.

Abrufdienste können hingegen in zeitlicher Hinsicht unabhängig, und somit individuell konsumiert werden[266]; darunter fallen Video-on-Demand Dienste.

Verteildienste sind Dienste, bei denen eine Sendung in einer zeitlich feststehenden Programmfolge ausgestrahlt wird, so dass der Zugriff der Rezipienten nur zu den vorgegebenen Zeitpunkten möglich ist[267]; Webcasting und Live-Streaming sind solche Verteildienste.

Die medienrechtliche Einordnung ist als weiterer Schritt zunächst nach der einfachgesetzlichen Normierung im Rundfunkstaatsvertrag[268] vorzunehmen.

Nach ursprünglichem Verständnis galt als Rundfunk im Sinne des § 2 Abs.1 RStV eine Sendung, die die für die Allgemeinheit bestimmte Veranstaltung und Verbreitung von Darbietungen aller Art in Wort, Ton und in Bild unter Benutzung elektromagnetischer Schwingungen ohne Verbindungsleitung oder längs oder mittels eines Leiters überträgt, und die Meinungsbildungsrelevanz besitzt[269]. Beeinflusst durch europäische Richtlinien wird Rundfunk in § 2 Abs.1 S.1 RStV nunmehr als ein linearer Informations- und Kommunikationsdienst definiert, der für die Allgemeinheit und zum zeitgleichen Empfang

---

263 Einzelheiten zu dem dreistufigen Zulassungssystem bei *Holznagel/Kibele*, in Spindler/Schuster, 8. RStV § 20 Rn.1ff.

264 Vgl. zur Einordnung von Multimedia zum Fernsehen die Übersicht und Darstellung von *Kibele*, S.158ff. 170 ff. u.178ff.

265 *Eberle*, ZUM 1994, 530, 531; *Hoffmann-Riem*, AfP 1996, 9, 13; *Beucher/Leyendecker/v.Rosenberg*, Mediengesetze (1999), § 2 RStV Rn.10.

266 *Hoffmann-Riem*, AfP 1996, 9, 13.; zum Vergleich enthält § 14a Abs.6 FFG die gesetzliche Bestimmung „Ein Videoabrufdienst ist ein elektronischer Informations- und Kommunikationsdienst, bei dem einzelne Filme für den Empfang zu einem vom Nutzer oder von der Nutzerin gewählten Zeitpunkt auf dessen oder deren individuellen Abruf hin bereitgestellt werden".

267 *Hoffmann-Riem*, AfP 1996, 9, 13.

268 Aktuelle Fassung abgedruckt in Media Perspektiven 2010, S.2.

269 *Ring/Gummert*, ZUM 2007, 433, 435 m.w.N.

audiovisueller Inhalte bestimmt ist, und von einem Sendeplan abhängt[270]. Das Medienrecht folgt im Allgemeinen dem Ansatz, dass journalistisch-redaktionell gestaltete Angebote dem Rundfunkstaatsvertrag unterfallen[271], gleichgültig, ob ein Rundfunkdienst oder ein Telemediendienst vorliegt[272]. Davon zu differenzieren sind Telemedien im Sinne des § 2 Abs.1 S.3 RStV, die entsprechend der Richtlinienvorgabe in Art.1 Abs.1 lit.g AVMD-RL als non-linearer audiovisueller Mediendienst auf Abruf gelten.

Das erste Tatbestandsmerkmal „*für die Allgemeinheit*" ist bei Zugriffs- und Abrufdiensten in Frage gestellt, da sich der Adressatenkreis (individuell Interessierte) im Vorhinein abstrakt bestimmen lässt[273]. Am Beginn der Diskussion, als sich Zugriffs- und Abrufdienste noch in einem embryonalen Zustand[274] befanden, wurde die Rundfunkzugehörigkeit neuer Dienste von einem großen Teil der Literatur bejaht mit dem Argument, der Unterschied zwischen der Ausrichtung an die Allgemeinheit oder an jeden beliebigen sei nicht bedeutsam, bzw. ändere nichts an der grundsätzlichen Einordnung als Massenmedium[275]. Dieser Sichtweise kann heute nicht mehr uneingeschränkt gefolgt werden. Es wird nicht ausreichend gewürdigt, dass Zugriff- und Abrufdienste auf einer individuellen Auswahlentscheidung[276] beruhen, und damit ein Individualkommunikationsmittel darstellen, welches auch für die breite Bevölkerung zugänglich ist. Bei Zugriffs- und Abrufdiensten werden die Filmangebote an Interessierte adressiert, und nicht an eine unüberschaubare Masse[277]. Zum Vergleich zeichnen sich Verteildienste durch die Einseitigkeit der Übertragung an viele Rezipienten aus. Die Einstufung der Verteildienste als fernsehähnliche Dienste unter Rundfunk ist unstreitig, da die Gefahr des Missbrauchs u.a. für Propagandazwecke, wie die Zeit des Nationalsozialismus zeigte, bei gleichzeitiger Ausstrahlung evident ist. Die einseitige Bestimmung der Anbieter über das „Was" und „Wann" ist bei Zugriffsdiensten jedoch nur eingeschränkt, und bei Abrufdiensten überhaupt

270 Vgl. Art.1 Abs.1 lit.e AVMD-RL; *Fechner*, Medienrecht, 11.Aufl., 10.Kap.Rn.26.

271 Dort geregelt in den §§ 54ff. RStV.

272 Siehe dazu *Schmitz*, K&R 2007, 135, 136.

273 Vgl. zur Auslegung *Lent*, Rundfunk-, Medien-, Teledienste (2001), S.97ff.; *Beucher/Leyendecker/v.Rosenberg*, § 2 RStV Rn.4 m.w.N.

274 So *Hoffmann-Riem*, AfP 1996, 9, 14.

275 U.a. *Hoffmann-Riem*, AfP 1996, 9, 14f.; vgl. *Jarass*, AfP, 1998, 133, 134, 140; a.A. *Bullinger*, AfP 1996, 1,6, *Degenhardt*, ZUM 1998, 333, 340f.; *Beucher/Leyendecker/v.Rosenberg*, § 2 RStV Rn.4.

276 *Degenhart*, MMR 1998, 137, 138 führte aus, dass sich die Auswahlfreiheit der Rezipienten nicht allein auf die zeitliche Auswahl beschränkt, sondern vielmehr eine gezielte Zusammenstellung der Inhalte vorliegt, die auf einer „aktiven Suche und Anforderung" basiert; vgl. auch *Degenhart*, ZUM 1998, 333, 341ff.

277 So bereits *Beucher/Leyendecker/v.Rosenberg*, § 2 RStV Rn.4.

nicht gegeben[278]. Insofern tritt bei Zugriffs- und Abrufdiensten das Wirkungspotential, das in der rundfunkspezifischen Bedeutung für die individuelle und öffentliche Meinungsbildung besteht[279], in den Hintergrund.

Das *Bundesverfassungsgericht* hatte bereits zu Beginn der Diskussion die Bedeutung der neuen Dienste für die Meinungsbildung als gering festgestellt[280]. Das Abgrenzungskriterium der Meinungsbildungsrelevanz hat inzwischen für die Einordnung eines Angebotes gegenüber dem Abgrenzungskriterium der Linearität an Bedeutung verloren[281], und ist deshalb auch kein Bestandteil der einfachgesetzlichen Legaldefinition mehr. Hinzuweisen ist an dieser Stelle, dass nach Auffassung des *Bundesverfassungsgerichts* sich die Meinungsbildung jedenfalls auch durch Hör- und Fernsehspiele oder Unterhaltungssendungen vollzieht[282].

In ständiger Rechtsprechung des *Bundesverfassungsgerichts*[283] werden die Besonderheiten der Wirkungsweise des Rundfunks festgelegt in der Aktualität, der Breitenwirkung und der Suggestivkraft[284]. Eine allgemeingültige Definition des Rundfunkbegriffs ist wegen der verfassungsrechtlichen Ausgestaltung der Rundfunkfreiheit jedoch weder sinnvoll, noch möglich[285], denn der Begriff ist dynamischen Entwicklungen ausgesetzt. Bei audiovisuellen Zugriff- und Abrufdiensten wird die rundfunkmäßige Wirkungsweise[286], wenn überhaupt, bei der Suggestivkraft der bewegten Bilder liegen, da die Aktualität keine oder nur eine untergeordnete Rolle spielt. Eine Breitenwirkung kann lediglich bei gleichzeitig übertragenen Filmen im Near-Video-on-Demand diskutiert werden[287].

Hinsichtlich der bisherigen Diskussion ist auch nicht zu vergessen, dass die Entwicklung neuer Angebote auf dem Online-Markt im letzten Jahrzehnt weiter fortgeschritten ist, und daher wegen des überholten Meinungsstandes auch eine andere Sichtweise für die Zukunft eingenommen werden kann[288]. Die Verände-

---

278 *Lent*, S.105, schlägt in diesem Zusammenhang die Bezeichnung der „relativen Wahlfreiheit" für Zugriffsdienste vor; ergänzend ließe sich für Abrufdienste die Bezeichnung der „absoluten Wahlfreiheit" nennen.

279 Vgl. die Hinweise und Nachweise bei *Lent*, S.117f.

280 BVerfG, NJW 1991, 899, 901, obwohl bereits § 3 Abs.3 S.2 WDR-Gesetz von der Möglichkeit sprach, die Übertragungstechnik von Breitbandnetzen zu nutzen.

281 *Fechner*, Medienrecht, 11.Aufl., 10. Kap.Rn.25.

282 BVerfGE 73, 118, 151.

283 U.a. BVerfG, NJW 1994, 1942, 1943; BVerfGE 114, 371, 387; 119, 181, 214.

284 Weitere Nachweise bei *Ring/Gummert*, ZUM 2007, 433, 436.

285 *Hesse*, Rundfunkrecht, 3.Aufl., S.81.

286 Vgl. u.a. *Lent*, S.91.

287 Vgl. auch DLM, Drittes Strukturpapier zur Unterscheidung von Rundfunk und Mediendiensten vom 6.11. 2003, Nr. 3.3.4, S.15, a.a.O.

288 Siehe auch *Beucher/Leyendecker/v.Rosenberg*, § 2 RStV Rn.4.

rung des Mediensektors entspringt der Natur der Sache. In einer ergebnisoffenen Darstellung muss daher zunächst geklärt werden, ob eine andere Sichtweise und Neubewertung von der Rechtslage gedeckt ist.

Der verfassungsrechtliche Rundfunkbegriff erfasst die einseitig an die Öffentlichkeit gerichtete Ausstrahlung von Programmen in einem vorgegeben zeitlichen Ablauf[289]. Zu den redaktionellen Verteildiensten werden das digitale Fernsehen und das Bezahlfernsehen[290], mit den Nutzungsmöglichkeiten in den Modellen Pay-per-View und Pay-per-Channel[291], gezählt. Als Verteildienst soll aber auch die Ausstrahlung in der Form des Near-Video-On-Demand zählen[292], obwohl es sich um einen Zugriffsdienst handelt. Bei der zeitgleichen Ausstrahlung im Near-Video-on-Demand-Verfahren handelt es sich um für die (begrenzte) Allgemeinheit bestimmte Verbreitung audiovisueller Darbietungen[293]. Bereits *Lent* kritisierte die pauschale Einstufung durch die Direktorenkonferenz der Landesmedienanstalten, da nicht ausreichend gewürdigt wurde, dass die zeitliche Steuerung durch den Veranstalter beim Near-Video-on-Demand gegenüber der Wahloption der Rezipienten zurücktrete[294]. Die Befürworter der rundfunkrechtlichen Einstufung von Near-Video-on-Demand berufen sich u.a. auf die technische Ähnlichkeit mit den Verteildiensten, da eine zeitgleiche Übertragung an eine Mehrzahl von Rezipienten vorliege. Die Technik ist zwar von Bedeutung[295], kann jedoch nicht als ausschlaggebendes Kriterium angeführt werden[296], da auch wirtschaftliche und kulturelle Bedingungen der Dienste von Bedeutung sind. Einzusehen ist, dass die Verschlüsselung des Programms nichts an der Adressierung an die Öffentlichkeit ändert, weil damit allein sichergestellt werde, dass nur zahlende Nutzer in den Genuss des Programms kommen[297]. Der Empfängerkreis ist durch die Bedingung, ein Entgelt zu entrichten, nur eingeengt[298]. Die Bedingung der Angebote, ein Entgelt zu entrichten, ist im Hinblick auf das lineare Pay-TV ebenfalls kein taugliches Abgrenzungskriterium[299], da eine gegen gesondertes Entgelt zu betrachtende Programmsendung sich wesensmäßig

289 Siehe dazu *Lent*, S.116.

290 *Degenhart*, in Bonner Kommentar zum GG, Art.5 Abs.1 und 2 Rn.692b (El.113).

291 *Castendyk*, in v.Hartlieb/Schwarz, 247.Kap. Rn.5.

292 BayVGH, AfP 2003, 88, 90; *Hesse*, Rundfunkrecht, 3.Aufl., S.82; a.A. *Lent*, S. 157; *Beucher/Leyendecker/v.Rosenberg*, § 2 RStV Rn.10; *Paschke*, Medienrecht, 3.Aufl., Rn.102.

293 BayVGH, AfP 2003, 88, 90.

294 *Lent*, S.157 m.w.N.

295 BVerfGE 73, 118, 154.

296 BVerfGE 83, 238, 303; *Lent*, S.161.

297 *Hesse*, Rundfunkrecht, 3.Aufl., S.82.

298 BayVGH, AfP 2003, 88, 90.

299 So aber wohl *Holznagel/Kibele*, in Spindler/Schuster, 8.RStV § 2 Rn.50.

von einer selbstbestimmten Betrachtung eines Filmes unterscheidet; inzwischen ist diese Auffassung in Art.2 Abs.1 S.2 RStV kodifiziert. An dieser Stelle wird daher die Frage gestellt, ob das Near-Video-on-Demand im Einzelfall nicht näher an dem virtuellen Vertrieb eines Videos an einen Einzelnen liegt, als dem zum Rundfunk zählenden Fernsehen. Schließlich ist zum Vergleich bei einem Bezugsvorgang eines einzelnen Filmes aus einer Videothek oder einer Bibliothek auch nicht auf eine rundfunkrechtliche Wirkung zu schließen[300]. Zumindest liegt keine einseitige Übertragung der audiovisuellen Inhalte in Programmform vor[301]. Erwägungsgrund 21 der AVMD-RL spricht jedenfalls dafür, auch Zugriffsdienste wie das Near-Video-on-Demand als zum Abruf für die Allgemeinheit bestimmtes Massenmedium zu qualifizieren. Im Ergebnis ist das Tatbestandsmerkmal „für die Allgemeinheit" bei Diensten gemäß § 2 Abs.3 Ziff.1 RStV zu verneinen, wenn ein gleichzeitiger Empfang des Films für mehr als 500 Nutzer nicht vorliegt. Entgeltpflichtige Filmangebote im Video-on-Demand (Einzelabruf) erfüllen damit per se bereits das Erfordernis „für die Allgemeinheit" nicht und unterfallen damit nicht dem Rundfunk.

Ein grundlegender Unterschied besteht weiter darin, ob ein Film programmbegleitend von einem unter den Rundfunk fallenden Veranstalter linear verbreitet wird, oder ob ein reiner Handel mit Filmen vorliegt. Es ließe sich für den Begriff des Rundfunkveranstalters im Sinne des § 2 Abs.2 Ziff.14 RStV, der auf die eigene inhaltliche Verantwortung abstellt, weiter differenzieren bei den Anbietern digitaler Nutzungsformen in der Rolle als Transporteur, als Veranstalter und als Vermarkter[302], vgl. § 2 Abs.1 S.3 RStV bzw. Erwägungsgrund 26 AVMD-RL. Soweit eigene Inhalte und Informationen vertrieben werden, gilt der Anbieter als Content-Provider. Beschränkt sich das Angebot jedoch allein auf die Zugangsvermittlung, gilt der Anbieter als Access-Provider. Teile der Anbieter gegenständlicher Angebote vereinen die Rollen als Transporteur und als Vermarkter, sämtliche Anbieter können aber als Vermarkter angesehen werden. Inwieweit eine eigene inhaltliche Verantwortung für das Programmangebot besteht, bleibt dem Einzelfall vorbehalten. Auch sind der Marktzugang und die Wirtschaftsmacht der Anbieter untereinander sehr variabel. Unternehmen aus dem Bereich der Telekommunikation, die auf eigene Netze zurückgreifen können, sind nicht zwingend mit reinen „Filmhändlern" gleichzusetzen. Die öffentlich-rechtlichen Rundfunkveranstalter haben schließlich gemäß § 19 RStV auch eine Grundversorgung und einen Programmauftrag zu erfüllen[303], denen

300 Vgl. die Argumentation *Beucher/Leyendecker/v.Rosenberg*, § 2 RStV Rn.4.

301 Vertiefend dazu *Lent*, S.116ff..

302 *Potthast*, ZUM 2007, 443, 446.

303 BVerfGE 73, 118, 158ff.

mit dem zusätzlichen Angebot über Mediatheken und Online-Portalen nachgekommen wird. Diese Umstände gilt es im Einzelfall bei der zu treffenden Einordnung der Angebote, außergerichtlich und in Gerichtsverfahren, zu berücksichtigen. Im Prinzip ist es daher richtig, wenn Annexdienste[304], die zum Programmangebot eines Sendeunternehmens verbreitet werden, ebenfalls unter den Rundfunkbegriff fallen. Damit steht jedoch noch nicht fest, wie andere Angebote von privaten Konkurrenten in dem gleichen technischen Verfahren eingeordnet werden müssen. Das Kriterium der „Gleichzeitigkeit" des Empfangs kann also nicht pauschal verwendet werden[305].

Bei dem Einzelabruf eines Films[306] liegt eben nicht automatisch ein Programmangebot entlang eines Sendeplans im Sinne des § 2 Abs.1 S.1 RStV vor. Nur die zeitlich vorgegebenen Ausstrahlungen mit Zugriffsmöglichkeiten einer beschränkten Öffentlichkeit sind prinzipiell als Programmsendung anzusehen, und können folglich als Rundfunk eingestuft werden. Deutlich wird die Schwierigkeit bei der Auslegung durch einen Blick auf die Vorgabe der Richtlinienbestimmung in Art. 1 Abs.1 lit.a AVMD-RL, die für einen audiovisuellen Mediendiensteanbieter verlangt, dass er eine Dienstleistung anbietet, deren Hauptzweck in der Bereitstellung von Sendungen[307] besteht. Führt der Rechtsanwender sich vor Augen, dass hinsichtlich entgeltpflichtigen Abrufdiensten im Modell Video-on-Demand noch gar keine Sendung vorliegen kann, da die Auswertungsstufe der digitalen Filmverwertung nach der möglichen Erstverwertung im Kino noch vor einer Auswertung im Fernsehen liegt, so dürfte bereits mangels Sendung kein audiovisueller Mediendienst im Sinne des Art. 1 Abs.1 lit.a AVMD-RL vorliegen. Für einen audiovisuellen Mediendienst auf Abruf nach Art. 1 Abs.1 lit.g AVMD-RL ist das Tatbestandsmerkmal Sendung jedoch auch Voraussetzung. Insofern ist das Tatbestandsmerkmal der „Sendung", näher konkretisiert in Art. 1 Abs.1 lit.b AVMD-RL, problematisch. Eine mögliche Lösung stellt die zeitliche Vorverlagerung dar, in dem a priori ein Film als potentieller Bestandteil einer nachgelagerten Sendung im Fernsehen zugeordnet wird. Hinsichtlich Zugriffsangeboten im Near-Video-on-Demand, die nicht parallel zum Programmangebot von Rundfunkveranstaltern angeboten

---

304 Unter die Annexdienste fallen programmbegleitende Informationen; zu Annexdiensten öffentlich-rechtlicher Rundfunkanstalten eingehend *Degenhart*, MMR 1998, 137, 139; *Held*, Online-Angebote öffentlich-rechtlicher Rundfunkanstalten, S.248.

305 Vgl. dazu bereits auch *Degenhart*, MMR 1998, 137, 138.

306 *Bullinger*, AfP 1996, 1, 3 und 4, ordnete Filmabrufdienste hingegen als modernisierter Pressevertrieb unter den Bereich der Pressefreiheit.

307 Siehe dazu den Beitrag von *Kogler*, in Berka/Grabenwarter/Holoubek (Hrsg.), Medien im Web, 2009, S.9, 14ff.

werden, ist das Tatbestandsmerkmal der „Sendung“ aufgrund der vorgegebenen Ausstrahlung zumindest zu bejahen.

Keine rechtliche Bedeutung besitzen nach § 2 Abs.1 S.2 RStV Umstände, wenn Darbietungen verschlüsselt oder nur gegen ein gesondertes Entgelt konsumiert werden können[308], jedoch nicht, wenn ein Einzelentgelt anfällt. Als negative Abgrenzungsmerkmale für den Begriff Rundfunk enthält § 2 Abs.3 RStV einen Auslegungskatalog. Danach wird hinsichtlich entgeltpflichtiger Angebote im Einzelabruf (Einzelentgelt) gemäß § 2 Abs.3 Ziff.5 RStV Rundfunk ausgeschlossen, womit Near-Video-on-Demand-Angebote im Einzelfall nicht als Rundfunk anzusehen wären. Eine rundfunkrechtliche Einordnung gilt wiederum nicht, wenn vor dem technischen Hintergrund der Zugriff tatsächlich nur einer kleinen Nutzerzahl zur Verfügung steht, da dann das Merkmal der Allgemeinheit nicht vorliegt, siehe dazu bereits obige Ausführungen. Dafür spricht die Ausschlussklausel in § 2 Abs.3 Ziff.1 RStV, die Angebote ausgerichtet für weniger als 500 potentiellen Nutzern zum gleichzeitigen Empfang vom Rundfunk ausschließt.

Der *EuGH* hat in seinem Urteil vom 2.Juni 2005 Near-Video-on-Demand zumindest als Fernsehdienst im Sinne der EG-Fernsehrichtlinie eingestuft[309], unter anderem mit der Begründung, dass die Verschlüsselung des Programms unerheblich ist, da die Rezipienten die Sendung zum selben Zeitpunkt empfangen[310]. Im Ergebnis werden audiovisuelle Verteil- und Zugriffsdienste damit der Richtlinie über audiovisuelle Mediendienste zugeordnet[311], und trotz der angeführten Bedenken beim Near-Video-on-Demand nach deutschem Recht noch als Rundfunk bzw. rundfunkähnlicher Dienst einzustufen sein[312].

Abrufdiensten als non-lineare Nutzungsformen, bei denen die Individualkommunikation im Vordergrund steht, fehlt es für eine Einstufung als Rundfunk bereits an den vorstehenden Kriterien, weil sie nicht einer für die Allgemeinheit[313] bestimmte und planvolle Veranstaltung einer Darbietung ähnlich sind,

---

308 *Schmitz*, in Spindler/Schuster, 11.TMG § 1 Rn.31; *Paschke*, Medienrecht, 3.Aufl., Rn.104.

309 EuGH, C-89/04, MMR 2005, 517, 518 – Mediakabel BV./.Commissariaat voor de Media, Tz. 32 u. 33.

310 EuGH, C-89/04, MMR 2005, 517, 518 – Mediakabel BV./.Commissariaat voor de Media, Tz. 32.

311 Siehe auch Erwägungsgrund 27 der AVMD-RL, a.a.O.

312 BayVGH, AfP 2003, 88, 90; a.A. *Lent*, S.157; *Schreier*, Anm. zu EuGH C89/04, in MMR 2005, 519; zu den Widersprüchen zwischen technologiebezogener und technologieneutraler Regulierung im Medienrecht und Telekommunikationsrecht siehe *Gersdorf*, Der Rundfunkbegriff, S.32.

313 Obwohl unterstellt werden kann, dass ein Anbieter keinen absoluten Ausschließungswillen besitzt.

sondern nur auf individuellen Abruf eines Individualnutzer konsumiert werden[314]. Ferner fehlt es bei reinen Abrufdiensten am Tatbestandsmerkmal der „Gleichzeitigkeit" der Übertragung. Weiterhin besitzen die Nutzungsformen keine mehrheitliche Meinungsbildungsrelevanz im verfassungsrechtlichen Sinn[315]. Ein Rundfunkdienst scheidet aus, wenn es den Darbietungen an einer besonderen Meinungsbildungsrelevanz mit der Eignung zur Beeinflussung der Massen fehlt[316]. Ob das Kriterium der redaktionellen Gestaltung nach einer Gesamtbetrachtung im Einzelfall anhand des konkreten Kommunikationsinhalts jedoch zu einer Auslegung als Rundfunk führen kann[317], beispielsweise wenn Presseunternehmen im Kontext zu ihren bisherigen Angeboten redaktionell aufbereitete audiovisuelle Inhalte für den Abruf anbieten, bleibt der weiteren Entwicklung vorbehalten. Die Einstufung von Filmangeboten im Rahmen von On-Demand-Portalen und Online-Plattformen als Rundfunk, welche den zeitunabhängigen Einzelabruf ermöglichen, ist bei einem inhaltsbezogenen Ansatz im Ergebnis abzulehnen[318].

Unter den Kernbereich des Rundfunks fallen damit nur lineare Dienste, die meinungsbildend sind, redaktionell aufbereitet wurden und bei gleichzeitiger technischer Verfügbarkeit einer Vielzahl an Nutzern zugänglich sind[319]. Nicht zum Rundfunk gehören damit auch die auf individuellen Abruf ausgerichteten non-linearen Dienste der öffentlich-rechtlichen Rundfunkanstalten, wie sie in Form der Mediatheken angeboten werden; es handelt sich hier gerade nicht um Internetfernsehen (zeitgleiche Ausstrahlung einer Fernsehsendung über Webcasting), sondern um einen Abrufdienst über Video-on-Demand, mit der Besonderheit, dass die Vorgaben der AVMD-RL an die öffentlich-rechtlichen Rundfunkanstalten betreffend den rundfunkrechtlichen Vorgaben wegen der vollzogenen Erstsendung der Inhalte nach Erwägungsgrund 27 der AVMD-RL als erfüllt gelten. „Soll die Rundfunkfreiheit unter den Bedingungen raschen technischen Wandels ihre normative Kraft bewahren", wie das *Bundesverfas-*

314 Vgl. bereits *Lent*, S.156; *Hesse*, Rundfunkrecht, 3.Aufl., S.80; a.A. wohl *Hoenike/Szodruch*, K&R 2007, 628, 632; *Paschke*, Medienrecht, 3.Aufl., Rn.103f.

315 *Degenhardt*, in Bonner Kommentar GG, Art.5 Abs.1 und 2 Rn.695 (El.123); *Potthast*, ZUM 2007, 443, 445.

316 *Schmitz*, in Spindler/Schuster, 11.TMG § 1 Rn.32.

317 *Schmitz*, in Spindler/Schuster, 11.TMG § 2 Rn.43.

318 *Degenhart*, in Bonner Kommentar GG, Art.5 Abs.1 und 2 Rn.701/702 (El.113); *Fechner*, Medienrecht, 11.Aufl., 10.Kap. Rn.26; a.A. *Hoenike/Szodruch*, K&R 2007, 628, 632.

319 *Ring/Gummert*, ZUM 2007, 433, 435.

sungsgericht feststellte, „dann darf bei der Bestimmung von Rundfunk nicht nur an eine bereits eingeführte Technik angeknüpft werden“[320].

Zusammenfassend ist damit für die deutsche Rechtslage festzuhalten, dass Anbieter keiner rundfunkrechtlichen Zulassung bedürfen, wenn sie Filme nonlinear über Streaming oder Download gegen ein Einzelentgelt zum Abruf bereithalten. Hinzuweisen ist an dieser Stelle außerdem auf das Recht der Anbieter elektronischer Informations- und Kommunikationsdienste, ihr Angebot nach § 20 Abs.2 S.3 RStV von den zuständigen Landesmedienanstalten in einem rundfunkrechtlichen Unbedenklichkeitsverfahren überprüfen zu lassen.

Für die österreichische Rechtslage stellt sich eine zur deutschen Sicht vergleichbare Diskussion zur medienrechtlichen Einordnung neuer audiovisueller Angebote. In Österreich wird die Rundfunkfreiheit unmittelbar aus Art. 10 EMRK hergeleitet, der Verfassungsrang besitzt; die weitere Ausgestaltung des Rundfunks wird nach Art. 1 Abs.2 S.1 BVG-Rundfunk vorgeschrieben[321]. Der *Verfassungsgerichtshof* (VfGH) hat dazu gefordert, dass für die Veranstaltung von Rundfunk die Erlangung eines Gesetzes Voraussetzung ist[322]. Ursprünglich existierte nur das ORF-Gesetz, weil sich Österreich erst im Jahr 2001 (u.a. nach dem Regionalradiogesetz, BGBl. 1993/506 und dem Kabel- und Satelittenrundfunkgesetz, BGBl. I 1997/42) mit dem Erlass des Privatfernseh-Gesetzes (BGBl. I Nr.84/2001) ein umfassendes aus Deutschland bekanntes System einer dualen Rundfunkordnung geschaffen hatte[323].

Durch die zur deutschen Rechtslage annähernd identische Kodifikation des Rundfunkbegriffs in Art. 1 Abs.1 BVG-Rundfunk stellte sich fortan ebenfalls die Frage nach der rundfunkrechtlichen Abgrenzung und Zulassung von audiovisuellen Diensten[324]. Das Privatfernseh-Gesetz ist aufgrund der Umsetzung der Richtlinie über audiovisuelle Mediendienste[325] in Österreich zum Inkrafttreten des Änderungsgesetzes am 01.03.2009 geändert worden in das Audiovisuelle Mediendienste-Gesetz (AMD-Gesetz; BGBl. I Nr.7/2009 idF. BGBl. I Nr.50/2010). Das Ziel der Umsetzung und des Änderungsgesetzes bestand in der Ausweitung des Anwendungsbereiches auf Anbieter von fernsehähnlichen

320 BVerfGE 83, 238, 302.

321 Siehe dazu vertiefend *Holoubek/Damjanovic/Ribarov*, in Holoubek/Potacs (Hrsg.), Handbuch des öffentlichen Wirtschaftsrechts, Band I, 2.Auflage (2007), S.1221ff.

322 VfGH 27.09.1995 G 1256-1264/95, S.2f.

323 Vertiefend *Holoubek/Damjanovic/Ribarov*, in Holoubek/Potacs (Hrsg.), Hdb. öffentlichen Wirtschaftsrechts I, S.1230f.

324 Vertiefend dazu u.a. *Kogler*, Rundfunk und Onlinemedien, JRP 2009, 190, 191ff.

325 Zu Einzelfragen der Umsetzung in Österreich siehe vertiefend den Beitrag von *Kogler*, in Berka/Grabenwarter/Holoubek (Hrsg.), Medien im Web (2009), S.9, 20ff.

Diensten; Zugriffs- und Abrufdienste sind nach § 1 Abs.1 Ziff.1 Var.3 bzw. Ziff.2 AMD-Gesetz vom Anwendungsbereich des Gesetzes erfasst.

Die nach der AVMD-RL vorgeschlagene Unterscheidung nach Art. 1 lit.e in lineare Dienste und nach Art. 1 lit.g in non-lineare Dienste[326] ist inhaltlich in § 2 Ziff.3 und 4 AMD-Gesetz aufgegangen. Nach § 3 Abs.1 S.1 AMD-Gesetz ist für die in Österreich niedergelassenen Veranstalter von terrestrischem und mobilen Fernsehen oder Satellitenfernsehen (linearer audiovisueller Mediendient) eine Zulassung bei der zuständigen Regulierungsbehörde Kommunikationsbehörde Austria (§ 1 Abs.1 KommAustria-Gesetz idF. BGBl. I Nr.50/2010) zu beantragen.

Für die hier maßgeblichen Zugriffs- und Abrufdienste, die Filme ausschließlich über das Breitbandnetz als elektronisches Kommunikationsnetz anbieten, sind damit die Tatbestandsvoraussetzungen des § 3 Abs.1 S.1 AMD-Gesetz bereits nicht erfüllt. Auch das Near-Video-on-Demand, welches nach Erwägungsgrund 27 der AVMD-RL vom Richtliniengeber als zum Fernsehen zugehörig gilt und dessen Sichtweise der *EuGH* wie auch die österreichische Literatur stützt[327], unterfällt damit nicht der Zulassungspflicht nach § 3 Abs.1 S.1 AMD-Gesetz; ob dieses Ergebnis vom österreichischen Gesetzgeber gewollt war, bleibt fraglich. Alle sonstigen in Österreich niedergelassenen Mediendiensteanbieter im Sinne des § 2 Ziff.20 AMD-Gesetz unterfallen nach § 3 Abs.1 S.2 AMD-Gesetz einer bloßen zwei Wochen vor Aufnahme des Dienstes im Voraus zu tätigen Anzeigepflicht gemäß § 9 Abs.1 AMD-Gesetz. Ein Verstoß gegen die Anzeigepflicht gemäß § 9 Abs.1 AMD-Gesetz stellt eine Verwaltungsübertretung nach § 64 Abs.1 Ziff.4 AMD-Gesetz dar und kann mit Geldstrafe bis zu 4.000 € bestraft werden.

Wichtiger für Mediendiensteanbieter von audiovisuellen Abrufangeboten ist der Hinweis auf die abgestufte Regulierung in Form der allgemeinen Grundanforderungen an audiovisuelle Mediendienste nach den §§ 29ff. AMD-Gesetz sowie der speziellen Anforderungen an Abrufdienste an den Schutz von Minderjährigen und an die Förderung europäischer Werke nach den §§ 39, 40 AMD-Gesetz[328].

---

326 Vgl. *Grabenwarter/Griller/Holoubek*, Europäisches und öffentliches Wirtschaftsrecht II, 5.Aufl. (2010), S.23.

327 U.a. *Kohler*, in Berka/Grabenwarter/Holoubek (Hrsg.), Medien im Web, S.9, 22.

328 Grundlegend zur Richtlinienvorgabe in Art.13 Abs.1 AVMD-RL (Art.3 h a.F. RL 2007/65/EG) *Kogler*, in Berka/Grabenwarter/Holoubek (Hrsg.), Medien im Web, S.9, 29f.

Eine darüber hinaus gehende Darstellung der medienrechtlichen Abgrenzung in Österreich kann aufgrund des gemeinsamen Ausgangspunktes mit der AVMD-RL und den Parallelen zum deutschen Rundfunkrecht damit dahingestellt bleiben; im Übrigen kann auf die Ergebnisse zur deutschen Rechtslage Bezug genommen werden.

II. Einordnung unter das Telemediengesetz

Das Telemediengesetz (TMG) gilt nach § 1 Abs.1 TMG in Deutschland für alle Informations- und Kommunikationsdienste, soweit sie nicht Rundfunk, Telekommunikationsdienste oder telekommunikationsgestütze Dienste sind[329]. In Österreich sind sämtliche Regelungen für audiovisuelle Mediendienste bereits im AMD-Gesetz enthalten, so dass ein zum TMG vergleichbares Gesetz entbehrlich ist. Das TMG trägt zur Vereinheitlichung des Rechtsrahmens für bestimmte elektronische Informations- und Kommunikationsdienste bei, die bislang gleichzeitig im Teledienstegesetz und Mediendienste-Staatsvertrag geregelt waren[330]. Dennoch bleibt die Abgrenzung zwischen Telemedien-, Rundfunk- und Telekommunikationsdiensten erforderlich[331].

Telemedien werden nach § 1 Abs.1 S.1 TMG definiert als Oberbegriff für alle elektronischen Informations- und Kommunikationsdienste, soweit sie nicht Telekommunikationsdienste, telekommunikationsgestützte Dienste oder Rundfunkdienste darstellen. Insofern ist eine negative Abgrenzung vorzunehmen[332].

Als ein Informations- und Kommunikationsdienst gilt, wenn ein Dienst die für seine Dienstleistung erforderlichen Inhalte elektronisch mittels Geräten für die elektronische Verbreitung und Speicherung von Daten bereitstellt[333]. Filmangebote, die im Rahmen von Online-Portalen aus elektronischen Datenbanken bereitgestellt werden, erfüllen ohne weiteres diese Voraussetzungen.

Nach § 2 Nr.6 TMG sind audiovisuelle Mediendienste auf Abruf Telemedien mit Inhalten, die nach Form und Inhalt fernsehähnlich sind und die von einem Diensteanbieter zum individuellen Abruf zum einen vom Nutzer gewählten Zeitpunkt und aus einem vom Diensteanbieter festgelegten Inhaltekatalog bereitgestellt werden.

---

329 Zur Negativabgrenzung u.a. *Fechner*, Medienrecht, 11.Aufl., 12.Kap.Rn.26.

330 Vertiefend *Jandt*, MMR 2006, 652; Hintergründe und Nachweise bei *Schmitz*, in Spindler/Schuster, 11.TMG Rn.1ff.

331 *Schmitz*, K&R 2007, 135, 136; *Schmitz*, in Spindler/Schuster, 11.TMG Rn.7.

332 Vgl. dazu *Schmitz*, in Spindler/Schuster, 11.TMG § 1 Rn.16, 22f., 31.

333 *Schmitz*, in Spindler/Schuster, 11.TMG § 1 Rn.8f.

Nach § 2 Nr.4 TMG sind Verteildienste Telemedien, die ohne individuellen Zugriff gleichzeitig von einem Punkt auf eine Mehrzahl an Konsumenten übertragen werden. Kommerzielle Kommunikation im Sinne des § 2 Nr.5 S.1 TMG liegt vor bei jeder Form der Kommunikation, die der unmittelbaren oder mittelbaren Förderung des Absatzes von Waren, Dienstleistungen oder des Erscheinungsbildes eines Unternehmens, einer sonstigen Organisation oder einer natürlichen Person dient. Unter die Verteildienste fallen damit Leistungen von Push-Diensten ohne individuelle Anforderung[334].

Einen Sonderfall bilden nach § 11 Abs.3 TMG Telemedien, die überwiegend in der Übertragung von Signalen über Telekommunikationsnetze bestehen[335]; darunter fallen auch Internetzugangsportale.

Daher hat eine Abgrenzung funktionsorientiert nach den Wesensmerkmalen der Dienste zu erfolgen. Bei Überschneidungen ist auf das jeweilige Angebot abzustellen.

Kennzeichnend für den digitalen Bezug der Filme über Abrufdienste ist, dass die Verbreitung unmittelbar zwischen dem Anbieter und dem Empfänger erfolgt[336]. Es besteht damit eine Punkt-zu-Punkt Verbindung. Der Abruf erfolgt aufgrund einer individuellen und in zeitlicher Hinsicht selbst bestimmten Entscheidung des Endverbrauchers. Filme sind unproblematisch als fernsehähnliche Inhalte aufzufassen. Der Einzelabruf von Filmen, insbesondere solchen Filmen mit Unterhaltungswert, besitzt keine oder nur eine geringe Meinungsbildungsrelevanz.

Abrufdienste können damit nach § 2 Nr.6 TMG als Telemedien, in der Form audiovisueller Mediendienste, eingestuft werden[337]. Es ist dabei unerheblich, ob ein Entgelt verlangt wird oder das Angebot von einem privatrechtlichen Anbieter oder einem öffentlichen Rechtsträger stammt[338]. Die ursprüngliche Einteilung, wonach On-Demand-Dienste als Teledienste oder Mediendienste galten, soweit die Nutzung an eine Kostenpflicht gebunden war, ist damit aufgegeben[339]. Kostenlose On-demand-Angebote waren als Mediendienste i.S.d. § 2 Abs.2 Nr.4 MDStV a.F. eingestuft. Im Ergebnis galt aber schon damals der Grundsatz der Anmelde- und Zulassungsfreiheit, anders hingegen beim Live-

334 *Schmitz*, in Spindler/Schuster, 11.TMG § 2 Rn.9.

335 Vgl. dazu eingehend *Schmitz*, in Spindler/Schuster, 11.TMG § 1 Rn.6.

336 *Langhoff*, ZUM 2007, 447.

337 Eine ausführliche Darstellung der Abgrenzung nach dem Dreistufentest ist zu finden bei *Fechner*, Medienrecht, 11.Aufl., 10.Kap.Rn.159ff.

338 *Fechner*, Medienrecht, 11.Aufl., 12.Kap. Rn.26.

339 *Frohne*, ZUM 2000, 810, 812; zur damaligen Abgrenzung und Überschneidungen siehe *Holznagel/Nolden*, in Hoeren/Sieber, Hdb. MultimediaR, Losebl. (Stand: August 2010), Teil 5. Rn.17f.; 77ff. (El.25).

Webcasting, welches mangels individuellen Abrufs als dem Rundfunk ähnlich eingeschätzt worden war[340].

Neben dem TMG werden audiovisuelle Abrufdienste als Dienste der Informationsgesellschaft der Richtlinie über den elektronischen Geschäftsverkehr[341] zugeordnet, die für Punkt-zu-Punkt-Übertragungsverfahren gilt. Bei einer Punkt-zu-Mehrpunkt Verbindung gilt hingegen die Richtlinie über audiovisuelle Mediendienste[342].

Für die Abruf- und Zugriffsdienste über On-Demand-Portale und Online-Plattformen gilt nach § 3 Abs.1 und 2 TMG das Herkunftslandprinzip. Nach § 4 TMG sind Telemedien zulassungs- und anmeldefrei. Die Vorschriften des Telekommunikationsgesetzes und die Pressegesetze bleiben gemäß § 1 Abs.3 TMG unberührt. Telemedien haben weiter die inhaltlichen Anforderungen nach dem RStV zu beachten, § 1 Abs.4 TMG. Für die Zugriffsdienste, die zugleich Telemedien sind, ist daher die Zulassungspflicht gemäß § 20 Abs.2 RStV zu beachten.

III. Beachtung der Jugendmedienschutzbestimmungen

Der Jugendmedienschutz fasst sämtliche gesetzlichen und freiwilligen Maßnahmen zum Schutz von Kindern und Jugendlichen[343] vor schädlichen Einflüssen durch Medien zusammen[344]. Kinder und Jugendliche haben, abgeleitet aus Art.1 Abs.1 und Art.2 Abs.1 GG, das verfassungsrechtlich verankerte Recht auf Schutz durch den Staat und dessen Hilfe, um innerhalb der sozialen Gemeinschaft zu eigenverantwortlichen und wertorientierten Persönlichkeiten heranzuwachsen[345]. Hinzu tritt das elterliche Erziehungsrecht des Art.6 Abs.1 GG[346]. Jugendschutz ist ein Ziel mit Verfassungsrang[347]. Auf europäischer Ebene gibt die Richtlinie über audiovisuelle Mediendienste[348] in Art.9 Abs.1 lit.g bzw. Art.12 den Mitgliedstaaten Vorgaben zum Jugendmedienschutz für audiovisuel-

340 *Frohne*, ZUM 2000, 810, 812.

341 Richtlinie 2000/31/EG vom 17.7.2000, a.a.O., S.1-16.

342 Ehemals EG-Fernsehrichtlinie, vgl. Teil II A.II. (S.61).

343 Siehe § 3 Abs.1 JMStV.

344 Ausführlich *Altenhain*, in Hoeren/Sieber, Hdb. MultimediaR, Teil 20. Rn.1ff. (El.17); vgl. zum Regelungsbedürfnis *Hesse*, Rundfunkrecht, 3.Aufl., S.86f.

345 BVerfG, NJW 1989, 519, 520 – Voraussetzungen für einen Adoptionspfleger; BVerfG, NJW 1991, 1471, 1472 – Josefine Mutzenbacher.

346 *Fechner*, Medienrecht, 11.Aufl., 6.Kap.Rn.1.

347 BVerfG, NJW 1991, 1471f. – Josefine Mutzenbacher; BVerfG, GRUR 2006, 688, 694 – Sportwetten; *Hesse*, Rundfunkrecht, 3.Aufl., S.88.

348 RL 2010/13/EG, a.a.O., und auch Erwägungsgründe 60 u.61.

le Mediendienste auf Abruf im Sinne des Art.1 Abs.1 g) der Richtlinie[349]. Die gesetzlichen Regelungen Deutschlands sind in verschiedenen Gesetzen enthalten, dem Jugendschutzgesetz (JuSchG), dem Jugendmedienschutz-Staatsvertrag (JMStV)[350] und den Jugendschutzregelungen des Strafgesetzbuches (StGB) in den §§ 86, 130, 130a, 131 und 184 StGB.

Vorrangige Kodifikationen zum Jugendschutz in Deutschland sind im JMStV enthalten[351]. Der JMStV ist ein Staatsvertrag der Länder, und gilt nach seinem Geltungsbereich in § 2 Abs.1 JMStV sowohl für Rundfunk als auch für Telemedien. Die Vorgaben des Jugendmedienschutz-Staatsvertrag für Telemedien sind als *lex specialis* in den §§ 11, 12 JMStV enthalten. Die §§ 4, 5 JMStV bestimmen dabei die unzulässigen bzw. entwicklungshemmenden Angebote[352]. Bei linearen und non-linearen Abrufdiensten gewinnt der technische Systemjugendschutz an Bedeutung[353]. Differenzierte Lösungen zum Zweck des Jugendschutzes in abgestuften Sicherheitsstufen bieten sich an u.a. durch eine Zugangssicherung, ein getrenntes Anbieten gefährdender Inhalte von Kinder- und Jugendangeboten, geschlossene Benutzergruppen als „effektive Barriere“[354], und Registrierungen nach Alter[355]. Für eine effektive Barriere vor jugendgefährdenden Inhalten sind aber meist weitere Maßnahmen erforderlich[356]„ da bisherige Schutzmaßnahmen und Verschlüsselungen, u.a. bei Altersverifikationssystemen (AVS)[357], von Anbietern und Nutzern missachtet bzw. umgangen werden[358]. Das *Hanseatische Oberlandesgericht* stellte klar, dass ein Betreiber einer Internethandelsplattform selbst Normadressat der entsprechenden Jugendschutzbestimmungen im JuSchG und StGB ist, und bei Nichtbeachtung somit nicht nur gegen die gesetzgeberische Wertentscheidung verstößt. Der neue JMStV wird die geschlossenen Benutzergruppen aufgeben, und die Anforderungen an Zugangssys-

349 Siehe des weiteren Erwägungsgrund 60, 62, 103 und 104 der AVMD-RL.

350 Text abgedruckt bei Hahn/Vesting, Rundfunkrecht, Vierter Teil A., S.1333; zur Entstehungsgeschichte *Hesse*, Rundfunkrecht, 3.Aufl., S.89.

351 Grundlegend *Kappenberg*, Der Jugendmedienschutz-Staatsvertrag (2008), S.56; dazu auch *Engels/Jürgens/Fritzsche*, K&R 2007, 57, 68; zum 01.01.2011 wird eine Novelle des JMStV in Kraft treten, dazu *Braml/Hopf*, ZUM 2010, 645, passim.

352 Dazu *Braml/Hopf*, ZUM 2010, 645, 647ff.

353 *Schulz*, in Hahn/Vesting, Rundfunkrecht, § 11 JMStV, Rn.2.

354 LG Saarbrücken, MMR 2006, 250, 251.

355 Vgl. *Schulz*, in Hahn/Vesting, Rundfunkrecht, § 11 JMStV, Rn.3; vertiefend *Braml/Hopf*, ZUM 2010, 645, 650ff.

356 Vgl. zu den Vorgaben bei der Ausstrahlung im Pay-TV BVerwGE, 116, 5, 14ff.

357 Vertiefend BVerwGE 116, 5, 15; LG Saarbrücken, MMR 2006, 250, 251.

358 BGH, GRUR 2009, 845, 849 – Internet-Videorecorder, Tz.43; OLG Hamburg, MMR 2006, 238f.; LG Köln, ZUM 2005, 574, 576; LG Saarbrücken, MMR 2006, 250, 251.

teme im Sinne des § 4 Abs.2 S.2 i.V.m. § 11 Abs.4 S.1 JMStV-E festlegen[359]. Der *Bundesgerichtshof* entschied schließlich, dass die Nichtbeachtung der Bestimmungen des § 5 Abs.1, Abs.3 Nr.1 JMStV ein Wettbewerbsverstoß nach § 3 UWG darstellt, insbesondere bei Zuwiderhandeln gegen eine gesetzliche Vorschrift, die im Sinne des § 4 Nr.11 UWG auch dazu bestimmt ist, im Interesse der Marktteilnehmer das Marktverhalten zu regeln[360].

An der Entscheidung und den Verfahren zum Jugendmedienschutz in Deutschland beteiligt sind die *Bundesprüfstelle für jugendgefährdende Medien*, die *Kommission für Jugendmedienschutz* (KJM)[361] im Auftrag der zuständigen Landesmedienanstalten, und die Organisationen der Freiwilligen Selbstkontrolle[362]. Im Rahmen der Selbstkontrolle bei der Verbreitung von Filmen treten auf die *Freiwillige Selbstkontrolle der Filmwirtschaft* (FSK), die *Freiwillige Selbstkontrolle Multimedia-Dienstleister e.V.* (FSM), sowie die *Internet Content Rating Association* (ICRA).

In den Jugendschutzgesetzen der Länder Deutschland und der Bundesländer Österreichs sind Regelungen über den Verkauf und das Zugänglichmachen von Filmen und Inhalten in der Öffentlichkeit zum Schutz von Kindern und Jugendlichen enthalten.

Das Jugendschutzgesetz Deutschlands ist anwendbar auf Trägermedien und auf Personen, die das achtzehnte Lebensjahr noch nicht vollendet haben, § 1 Abs.1 Nr. 1 und 2 JuSchG. Der Verbreitung von körperlichen Trägermedien steht die elektronische Verbreitung von Trägermedien nach § 1 Abs.2 Satz 2 JuSchG gleich, soweit es sich nicht um Rundfunk im Sinne des § 2 RStV handelt.

Die Beachtung der Jugendschutzbestimmungen steht unter dem unmittelbaren Einfluss der angebotenen Inhalte. Entwicklungsgefährdende Inhalte, insbesondere Darstellungen von Gewalt oder Pornografie, werden üblicherweise nach § 14 Abs.2 JuSchG mit einer Alterskennzeichnung[363] versehen, oder nachrangig in die Liste jugendgefährdender Medien nach § 18 JuSchG aufgenommen.

Hinsichtlich der österreichischen Rechtslage ist zum Schutz von Minderjährigen vordergründig auf die §§ 36,39 Abs.1 AMD-Gesetz hinzuweisen, wonach Minderjährigen weder körperlicher noch seelischer Schaden durch die Dienste zugefügt werden darf sowie geeignete Maßnahmen der Zugangskontrolle zur Vermeidung von Beeinträchtigungen erforderlich sind. Für die Einhaltung der Schutzbestimmungen zuständig ist nach den §§ 60, 63 Abs.1, 64 Abs.5 AMD-

---

359 Eingehend *Braml/Hopf*, ZUM 2010, 645, 650f.

360 BGH, GRUR 2009, 845, 849 – Internet-Videorecorder, Tz.41.

361 Siehe dazu *Ehrlichmann*, S.33.

362 Vgl. § 19 JMStV und näher *Hesse*, Rundfunkrecht, 3.Aufl., S.93.

363 Siehe dazu *Fechner*, Medienrecht, 11.Aufl., 6.Kap. Rn.8ff.

Gesetz die Kommunikationsbehörde Austria. Exemplarisch für die neun Landesgesetze in Österreich ist in § 19 Abs.1 S.1 des Niederösterreichischen Jugendschutzgesetzes ein Verbotstatbestand enthalten, der das Anbieten, Vorführen, Weitergeben oder Zugänglichmachen von Medien (im Sinne des § 1 Abs.1 Nr.1 Mediengesetzes) an junge Menschen verbietet, wenn diese in ihrer Entwicklung gefährdet werden können. Eine Gefährdung ist beispielsweise anzunehmen, wenn in Medien kriminelle Handlungen von menschenverachtender Brutalität oder gewaltverherrlichende Darstellungen gezeigt werden, Menschen wegen ihrer Rasse, Hautfarbe, Herkunft, ihrem religiösen Bekenntnis oder ihrer geistigen oder körperlichen Behinderung diskriminiert werden, oder die Medien Darstellungen einer die Menschenwürde missachtenden Sexualität enthalten. Empfehlungen zur Altersfreigabe eines Filmes werden in Österreich durch die Jugendmedienkommission auf Antrag unverbindlich abgegeben, oder orientieren sich an der Einstufung in Deutschland. Die Verfahren und die zuständigen Gremien sind in Österreich nicht vereinheitlicht, sondern liegen im Verantwortungsbereich der Länder.

Auf *EU*-Ebene sind u.a. durch die Richtlinie über audiovisuelle Mediendienste, und im Rahmen der Safer Internet Programme der *Europäischen Kommission*[364] acht Leitsätze zur Verbesserung des Jugendmedienschutzes Vorgaben an die Mitgliedstaaten erarbeitet worden[365].

C. Zivilrechtliche Vorgaben und Vertragsbeziehungen

I. Vertragsbeziehungen für das Angebot bzw. den Online-Auftritt

Für die Entwicklung einer Online-Plattform und eines On-Demand-Portals sind vielfältige Vertragsbeziehungen im Business-to-Business-Bereich zu berücksichtigen, die an dieser Stelle nur im Überblick wiedergegeben werden können[366]. Zum einen handelt es sich um Arbeitsverträge, Dienstverträge, Werkverträge und Kaufverträge bei der Entwicklung, Beschaffung und Herstellung der

364 Vertiefend: http://ec.europa.eu/information_society/activities/sip/policy/programme/index_en.htm [Stand am 27.03.2011].

365 Grundlegend *Kappenberg*, S.254ff.

366 Ausführlich bereits *Koch*, Internetrecht (1998), Teil I, passim; *Giese*, in Hoeren/Queck Rechtsfragen der Informationsgesellschaft (1999), S.19.

technischen Infrastruktur für ein Online-Angebot. Zum anderen sind für die Nutzung der Filme die erforderlichen Rechte zu beschaffen[367].

II. Vertragsbeziehungen zwischen Verwerter und Endverbraucher

Anbieter haben gegenüber den Rezipienten und Endverbrauchern außerdem zivilrechtliche Vorgaben zu berücksichtigen, die sich überwiegend in Deutschland nach dem Bürgerlichen Gesetzbuch, bzw. in Österreich nach dem Allgemeinen Bürgerlichen Gesetzbuch richten.

Bei der Vertragsbeziehung eines anbietenden Verwerters auf der Stufe der Zugriffs- und Abrufdienste zum Rezipienten finden zunächst die allgemeinen Vorschriften über Unternehmer im Sinne des § 14 Abs.1 BGB und Verbraucher im Sinne des § 13 BGB Anwendung[368]. Zwischen den Vertragsparteien entsteht mit der Registrierung ein Dauerschuldverhältnis mit dem Inhalt, dass die Inanspruchnahme des Angebotes gegen Entgelt oder auch kostenlos ermöglicht wird. Die Zuordnung zu einem bestimmten Vertragstyp ist schwierig und jeweils abhängig von der konkreten Leistung[369], so dass sinnvoll von einem typengemischten Vertrag auszugehen ist.

Die der Registrierung zugrundeliegende Vertragsbeziehung ist schuldrechtlich als Dienstvertrag zu qualifizieren[370]: beispielsweise, wenn ein Film zum Electronic-Sell-through oder auch Download-to-own zur unbegrenzten Nutzung angeboten wird, könnte schuldrechtlich von einem kaufähnlichen Vertrag gesprochen werden[371]. Eine direkte Anwendung des Kaufrechts scheidet jedoch aus, da es an einem Kaufgegenstand mangelt, weil der unkörperliche Film keine Sache im Sinne des § 90 BGB ist, bzw. durch die Übertragung erst mit der Dateikopie eine verbundene „neue Sache“ entsteht. Das Ergebnis ist auch insoweit interessengerecht, als die Gewährleistungsregeln des Kaufrechts für Filme keine Anwendung finden können.

Die Datenbank-Recherche selbst könnte dem Dienstvertragsrecht zuzuordnen sein[372]. Problematisch ist jedoch, dass die überwiegenden Vorgänge technischer Natur sind und von dem Endverbraucher bzw. Konsumenten selbst ge-

367 Siehe dazu ausführlich unten Teil II E. (S.86ff.).

368 Zum Anwendungsbereich der Legaldefinitionen *Hoffmann*, Anbahnung und Abschluss von Verträgen im Internet (2008), S.40f.

369 Vgl. *Koch*, Internet-Recht, S.28ff.

370 Vgl. *Hoenike/Szodruch*, K&R 2007, 628, 630.

371 Vgl. BGH, CR 1990, 24, 26 – Softwarekauf mit Teilzahlungsabrede.

372 *Koch*, Internet-Recht, S.32f.

steuert werden. Allein das Beschaffen, Einrichten und Bereitstellen der Filmangebote dürfte eine persönliche Leistungserbringung des Unternehmers erfordern. Das Herunterladen der Filmdatei könnte aber auch dem Werkvertragsrecht unterfallen, soweit ein individualisierter Erfolg vom Anbieter geschuldet ist[373].

Bei der Abwicklung der Zahlung durch den Rezipienten kann darüber hinaus eine Vertragsbeziehung mit einem Anbieter des Zahlungssystems über einen Rahmenvertrag erforderlich sein[374].

Für Vertragsabschlüsse im elektronischen Geschäftsverkehr sind weiter die allgemeinen Bestimmungen mit Minderjährigen (§§ 104ff. BGB) zu beachten, und auf die damit zusammenhängende Problematik des Anschlussinhabers zu verweisen[375].

Die Einzelheiten der Vertragsbeziehungen im Registrierungsvertrag können für jeden einzelnen Abrufvorgang als bestimmte Art von Rechtsgeschäft gemäß § 305 Abs.3 BGB über das Recht der Allgemeinen Geschäftsbedingungen über § 312e Abs.1 S.1 Nr.4 BGB sinnvoll geregelt werden[376]. Allerdings ist bei der vorzunehmenden Inhaltskontrolle der AGB nach § 307 Abs.1 und Abs.2 BGB Vorsicht vor unangemessenen Benachteiligungen der Rezipienten geboten[377]. Eine Klausel in den AGB eines Downloadportals, die den Weitervertrieb, die Weitergabe, Übergabe oder Unterlizenzierung von im Wege des Downloads erworbenen Dateien verbietet, beinhaltet keine unangemessene Benachteiligung[378].

Zum anderen sind für Anbieter die allgemeinen Verbraucherschutzpflichten im Fernabsatz und im elektronischen Geschäftsverkehr zu beachten, welche insbesondere geregelt sind in den §§ 312b ff. BGB. Die ursprünglich anzuwendende Verordnung über Informations- und Nachweispflichten nach bürgerlichem Recht (BGB-InfoV)[379] besitzt nach Abschaffung des § 1 Abs.1 BGB-InfoV zur Konkretisierung der Informationspflichten eines Unternehmers bei Fernabsatzverträgen mit Verbrauchern hingegen keine Geltung mehr. Spezifische Informa-

---

373 *Koch*, Internet-Recht, S..34f.

374 Dazu *Hoenike/Szodruch*, K&R 2007, 628, 631 mit Hinweis auf Micropayment-Systeme.

375 Vgl. zuletzt AG Frankfurt a.M., GRUR-RR 2010, 171, 172.

376 Siehe dazu u.a. *Hoenike/Szodruch*, K&R 2007, 628, 633; *Acker/Thum*, GRUR 2008, 671, 672; für eine vertiefende Auseinandersetzung wird verwiesen auf *Wendehorst*, in MünchKomm-BGB, 5.Aufl. (2007), § 312c Rn.70ff.; *Hoffmann*, S.177, 191f.

377 Vgl. LG Hamburg, Urteil v. 07.08.2009, Az.: 324 O 650/08, CR 2010, 53.

378 LG Berlin, GRUR-RR 2009, 329, 330 – Musikdownloadportal.

379 Vertiefend *Hoffmann*, S.38f. u.193f; *Fechner*, Medienrecht, 11.Aufl., 12.Kap. Rn.217 ff.

tionspflichten für Diensteanbieter im Sinne des § 2 Nr.1 TMG von geschäftsmäßigen Telemedien sind in den §§ 5 und 6 TMG enthalten.

Bei der Übermittlung von Filmen wird das gesetzlich geregelte Widerrufs- bzw. Rückgaberecht nach § 312 d Abs.1 BGB[380] allerdings ins Leere laufen, da die Online-Lieferung der Ware „Film(-betrachtung)" nach seiner Beschaffenheit nicht zurückgewährt werden kann. Um eine unzumutbare und einseitige Belastung des Unternehmers zu vermeiden, besteht daher nach § 312 d Abs.4 Nr.2 BGB bei der Lieferung von Audio- und Videoaufzeichnungen kein Widerrufsrecht[381].

III. Grenzüberschreitende Vertragsbeziehungen und internationales Privatrecht

Eine besondere Fragestellung mit großer praktischer Bedeutung besteht in dem jeweils anzuwendenden Recht der zugrundeliegenden Vertragsbeziehung. Das Kollisionsrecht findet im Rahmen des internationalen Vertragsrechts Anwendung, wenn beispielsweise ein vertragliches Schuldverhältnis eine Verbindung zum Recht verschiedener Staaten aufweist. Ein Sachverhalt mit Auslandsberührung liegt regelmäßig bei grenzüberschreitenden Vertragsbeziehungen vor, soweit ein Zugriffs- oder Abrufdienst im Internet Filme in mehreren Staaten anbietet oder sich der Anbieter die Rechte für Filme aus unterschiedlichen Herkunftsländern beschafft. Gegenstand einer Vertragsbeziehung kann sowohl ein urheberrechtlicher Nutzungsvertrag zwischen Lizenzgeber und Lizenznehmer sein, als auch ein Lizenzvertrag mit einem Verbraucher. Sobald nicht ein als rein schuldrechtlich zu qualifizierender Vertrag vorliegt, sondern sich der Vertragsgegenstand auch auf eine Verfügung über urheberrechtliche Nutzungsrechte bezieht, ist kollisionsrechtlich sorgfältig zwischen dem Urheberrechtsstatut und dem (Urheber-)Vertragsstatut zu differenzieren[382]. Trotz dem Umstand, dass das Urheberrecht nach der h.M. dem in den §§ 120f. dUrhG niedergelegtem Recht des Schutzlandes zugeordnet wird, findet unter der in Deutschland vorherr-

380 Zum Widerrufsrecht *Wiebe*, Die elektronische Willenserklärung (2002), S.503f.

381 *Schack*, 5.Aufl., Rn.1283 mit Hinweis auf BT-Drucks.14/2658, S.44.

382 Siehe dazu vertiefend *Kitz*, in Hoeren/Sieber, Hdb. MultimediaR, Teil 13.1 Rn.165-169; 186-217 (El.19); *Müller*, in Hoeren/Sieber, Hdb. MultimediaR, Teil 7.5 Rn.69f. (El.20); *Paul*, in Hoeren/Sieber, Hdb. MultimediaR, Teil 7.4 Rn.193ff. (El.21); *Rehbinder*, Urheberrecht, 16.Aufl. (2010), S.369ff.; *Schack*, UrhR 5.Aufl., Rn.1029, 1039ff.; *Stimmel*, GRUR Int. 2010, 783, 789f.; *Walter*, in Loewenheim, Hdb. d. UrhR, 2.Aufl. (2010), § 57 Rn.195ff. und § 58 Rn.6ff., 24ff., 34ff.; *Wiebe*, in Spindler/Schuster, 2.Aufl., Vor §§ 31ff. Rn.8f.

schenden *Einheitstheorie* auch bei Verfügungen, die ausschließliche Nutzungsrechtsübertragungen betreffen, das Vertragsstatut Anwendung. Verfügungen sollen demnach dem Vertragsstatut unterstellt werden, womit im Ergebnis Entstehung, Umfang, Bestand, Erlöschen und Übertragung des Schutzrechtes bestimmt werden. Im internationalen Urhebervertragsrecht werden Verfügungsgeschäfte hingegen nach der *Spaltungstheorie* dem Schutzlandstatut unterstellt, so dass ein Auseinanderfallen des anwendbaren Rechts möglich ist[383].

Mit Inkrafttreten der Rom I-Verordnung (EG) Nr. 593/2008, die nach Art. 27 ab dem 17. Dezember 2009 gilt, ist hinsichtlich des geltenden Kollisionsrechts weiter zwischen Alt- und Neuverträgen zu unterscheiden. Für Verträge, die vor diesem Zeitpunkt geschlossen worden sind, gilt die bisherige Anknüpfung in Deutschland nach den Art. 27ff. EGBGB bzw. in Österreich nach §§ 50 Abs.2, 53 Abs.2 IPRG idF 1999 i.V.m. Art.3ff. EVÜ (vor dem 1.12.1998 entsprechend der speziellen immaterialgüterrechtlichen Anknüpfung nach § 43 IPRG a.F.)[384]. Die Rom I-Verordnung ist nach Art. 28 auf alle Verträge anzuwenden, die nach dem Stichtag des 17. Dezember 2009 geschlossen werden oder bereits geschlossen worden sind. Für Neuverträge sind die Art.27–37 EGBGB a.F. demnach durch die Rom I - Verordnung ersetzt worden. Vorbehaltlich einer innerhalb der Grenzen des dispositiven Rechts vereinbarten wirksamen Rechtswahl, die nach Art.3 Abs.1 S.1 der Rom I -Verordnung Vorrang besitzt, unterliegt das anzuwendende Recht mangels Rechtswahl in objektiver Anknüpfung dem jeweiligen Kollisionsrecht nach Art.4 Rom I-Verordnung.

Vorerst fraglich ist, ob für ein digitales Filmangebot in einem Video-on-Demand-Portal oder einer Online-Plattform eine Anknüpfung aufgrund eines gesondert geregelten Vertragstyps nach Art. 4 Abs.1 lit.a-h Rom I – Verordnung einschlägig ist. Urheberrechtliche Lizenzverträge im B2B-Bereich, die den Hauptbestandteil des Vertragsgegenstandes ausmachen, sind jedoch in Art. 4 Abs.1 lit.a-h Rom I – Verordnung nicht gesondert aufgenommen worden[385]. Allerdings käme nach Art. 4 Abs.1 lit.b Rom I – Verordnung bei Urheberrechtsverträgen eine Anknüpfung an das Recht des Staates in Betracht, in dem der Dienstleister seinen gewöhnlichen Aufenthalt hat. Die Frage, ob Urheberrechtsverträge eine Dienstleistung zum Gegenstand haben, sind nach Erwägungsgrund 17 der Rom I – Verordnung nach Art.5 der Verordnung (EG) Nr.44/2001

---

383 Vertiefend u.a. *Schack*, 5.Aufl., Rn.1290ff.; *Stimmel*, GRUR Int.2010, 783, 790.

384 Siehe dazu *Kitz*, in Hoeren/Sieber, Hdb. MultimediaR, Teil 13.1 Rn.165-169; 186-217 (El.19); *Obergfell*, K&R 2003, 118, 119ff., passim; *Walter*, in Loewenheim, Hdb. d. UrhR, 2.Aufl., § 57 Rn.141ff.

385 Dazu *Stimmel*, GRUR Int. 2010, 783, 784ff.

auszulegen. Der *EuGH* hat diesbezüglich Lizenzverträge zumindest nicht als Dienstleistung qualifiziert[386].

Es verbleibt somit nach Art.4 Abs.2 Rom I – Verordnung anschließend eine mögliche Anknüpfung an das Recht des Staates, indem der gewöhnliche Aufenthalt der Vertragspartei liegt, die die charakteristische Vertragsleistung[387] zu erbringen hat. Beim Vorliegen eines Verbrauchervertrags ist vorrangig an Art.6 anzuknüpfen, der auf den gewöhnlichen Aufenthalt des Verbrauches abstellt. Der gewöhnliche Aufenthalt bestimmt sich nach Art.19 Rom I – Verordnung. Für Verträge mit Verbrauchern über den Bezug von Filmen über das Internet im weitesten Sinn ist daher stets Art. 6 Rom I – Verordnung maßgeblich. Betrifft das Vertragsverhältnis allerdings einen Lizenzvertrag zwischen zwei Unternehmern, kommt Art. 6 Rom I – Verordnung nicht zur Anwendung. Wenn nach Art.4 Abs.2 Rom I – Verordnung keine vertragscharakteristische Leistung ermittelt werden kann, erfolgt eine Anknüpfung an das Vertragsstatut der engsten Verbindung nach Art.4 Abs.4 Rom I – Verordnung. In Art.4 Abs.3 Rom I – Verordnung ist schließlich eine Ausweichklausel normiert, wenn der Vertrag aufgrund der Gesamtheit der Umstände eine offensichtlich engere Verbindung zu dem Recht eines anderen Staates aufweist.

Im Einzelnen können wegen der in Deutschland vorherrschenden *Einheitstheorie* und der Problematik im Zusammenhang mit dem *urheberrechtlichen Abstraktionsprinzips*[388] eine Vielzahl an Einzelfragen aufgeworfen werden. Insbesondere ist auf die nach Art. 9 Abs.1, Abs.3 Rom I – Verordnung zu beachtende Problematik der Eingriffsnormen im Zusammenhang mit § 32b dUrhG sowie die grundsätzliche Geltung des Ordre-Public hinzuweisen[389]. Es ist daher dringend angeraten, innerhalb des dispositiven Rechts eine Rechtswahlvereinbarung zu treffen. Eine Prüfung des anwendbaren Rechts bleibt letztlich dem jeweiligen Einzelfall vorbehalten. Das internationale Zivilverfahrensrecht richtet sich nach der *lex fori*.

---

386 EuGH, C-533/07, GRUR 2009, 753, 755 – Falco Privatstiftung u.a./Gisela Weller-Lindhorst, Tz.28ff.;44.

387 *Pfeiffer/Weller/Nordmeier*, in Spindler/Schuster, 2.Aufl., Rom I Art.4 Rn.16ff., 21ff.; *Stimmel*, GRUR Int.2010, 783, 786f.

388 Siehe dazu u.a. *Pfeiffer/Weller/Nordmeier*, in Spindler/Schuster, 2.Aufl., Rom I Art.4 Rn.23; *Schack*, 5.Aufl., Rn.1039ff.; 1290ff.

389 Ausführlich dazu bereits *Obergfell*, K&R 2003, 118, 123ff.; *Stimmel*, GRUR Int.2010, 783, 790f.

D. Datenschutzbestimmungen und Informationspflichten

Für Zugriffs- und Abrufdienste sind aufgrund des Online-Vertriebs im Fernabsatz bzw. E-Commerce auch die geltenden Datenschutzbestimmungen und Informationspflichten zu beachten[390].

Für Deutschland sind Datenschutzbestimmungen u.a. geregelt in § 57 RStV insbesondere in den §§ 11ff. TMG, sowie nachrangig im Bundesdatenschutzgesetz[391]. In Österreich sind die Bestimmungen im Datenschutzgesetz 2000, i.d.F. BGBl. I Nr. 135/2009, zu beachten, die vorwiegend in den §§ 6, 7, 14 und 15 geregelt sind, sowie die allgemeinen und besonderen kommerziellen und vertraglichen Informationspflichten, welche in den §§ 5 Abs.1, 6 sowie §§ 9-11 des E-Commerce-Gesetzes, BGBl. Nr.152/2001, enthalten sind.

Durch den Registrierungsvorgang der Nutzer werden nicht nur persönliche Daten, wie Name des Kunden, E-Mail-Adresse und Adressdaten abgespeichert, teils sogar in die Dateien implementiert, sondern es können auch Nutzungsdaten über die Rezipienten angelegt werden[392]. Diese Daten stellen für die anbietenden Unternehmen in Bezug auf ihre Filmauswahl und auch für Marketing und Werbung Dritter einen erheblichen wirtschaftlichen Wert dar[393]. Das *Bundesverfassungsgericht* stellte bezüglich des betroffenen Rechts auf informationelle Selbstbestimmung eines jeden Kunden auch das Gefährdungspotential durch Persönlichkeitsprofile im digitalen Kontext fest, denen durch wirksamen Schutz bis hin zu den Endgeräten der Nutzer entgegengetreten werden muss[394]. Ein besonderes Problem besteht im elektronischen Geschäftsverkehr in einer wirksamen Einwilligung durch Minderjährige[395]. Ohne wirksame Einwilligung des Nutzers steht die Verwendung personenbezogener Daten und Nutzerprofile unter den datenschutzrechtlichen Grundsätzen der Zweckbindung, Datensparsamkeit und Transparenz, und kann bei Verstoß nach § 16 Abs.2 Nr.6, Abs.3 TMG auch als Ordnungswidrigkeit mit einer Geldbuße von bis zu fünfzigtausend Euro geahndet werden[396]. Im Zusammenhang mit der Vertraulichkeit personenbezo-

390 Grundlegend bereits *Koch*, Internet-Recht, Teil VI, S.293, passim; eingehend *Arlt*, MMR 2007, 683, passim.

391 Vertiefend *Jandt*, MMR 2006, 652, 653ff; zur Regulierungsentwicklung *Engels/Jürgens/Fritzsche*, K&R 2007, 57, 66ff..

392 *Clement/Becker*, in Albers/Clement/Peters (Hrsg. u.a.), Marketing mit Interaktiven Medien, 3.Aufl., S.41 (53); *Arlt*, MMR 2007, 683.

393 *Hoenike/Szodruch*, K&R 2007, 628, 632f; *Arlt*, MMR 2007, 683, 685.

394 BVerfG, MMR 2006, 217, 219ff – Recht auf informationelle Selbstbestimmung.

395 *Arlt*, MMR 2007, 683, 684f.

396 Vertiefend *Hoenike/Szodruch*, K&R 2007, 628, 632f.

gener Daten ist auch darauf hinzuweisen, dass es keine Pflicht zur Mitteilung oder Weitergabe personenbezogener Daten an Dritte im Rahmen eines zivilrechtlichen Verfahrens gibt[397].

E. Urhebervertragsrechtliche Einordnung und Gestaltung der Nutzungsformen

I. Einführung in die Einräumung von Nutzungsrechten

In diesem Abschnitt wird die Verwertung eines Filmes aus urhebervertragsrechtlicher Sicht beleuchtet. Es geht an dieser Stelle nicht um Filmentwicklungsverträge, Filmherstellungsverträge oder Verfilmungsverträge, da Ausgangspunkt der Untersuchung und digitalen Filmverwertung bereits fertiggestellte Filmwerke sind[398]. Gegenstand der nachfolgenden Darstellung ist allein die urheberrechtliche Einordnung der digitalen Nutzungsformen und der Rechteerwerb in Filmverwertungs- und Bestellverträge über ein fertiggestelltes Filmwerk in Zugriffs- und Abrufdiensten.

Die urheberrechtliche Einordnung der Nutzungsformen ist von Bedeutung, um in Bezug auf die zu erwerbenden Nutzungsrechte überhaupt auf diesem Gebiet der Filmverwertung aktiv zu werden[399]. Das Urheberrecht ist als Ganzes zu Lebzeiten nicht übertragbar, und kann per Rechtsgeschäft nur in Erfüllung einer Verfügung von Todes wegen bzw. Erbauseinandersetzung im Sinne des § 29 Abs.1 dUrhG bzw. § 23 Abs.1, Abs.3 öUrhG übertragen werden[400]. Da das Urheberrecht als Stammrecht bei dem Schöpfer des Werkes verbleibt, sind Filmverwerter im Allgemeinen aufgefordert, sich für die Verwertung eines Filmwerkes einfache oder ausschließliche Nutzungsrechte[401] einräumen zu lassen. An dieser Stelle ist aber auf die abweichende österreichische Sonderregelung des § 38 öUrhG für gewerbsmäßig hergestellte Filmwerke hinzuweisen, die insoweit für den Europäischen Wirtschaftsraum einmalig ein Erwerb der Verwertungsrechte durch den Filmhersteller kraft Gesetzes entbehrlich macht;

---

397 EuGH, C-275/06, GRUR 2008, 241, 243f. – Promusicae/Telefónica, Tz.49,70.

398 Zur grundsätzlichen Einordnung siehe u.a. *Spautz*, in Möhring/Nicolini, UrhG 2.Aufl. (2000), § 31 Rn.31; *Busche*, in MünchKomm-BGB, § 631 Rn.258f; siehe auch *Wenzel/Burkhardt*, UrhR, 5.Aufl. (2009), 9. Kap. Rn.10 ff.; zu Optionsverträgen siehe den Beitrag *Brauneck/Brauner*, ZUM 2006, 513.

399 Vgl. LG München I, ZUM-RD 2010, 371, 373.

400 *Wenzel/Burkhardt*, UrhR, 5.Aufl., 5.Kap. Rn.1 u.5; *Homann*, Filmrecht, S.96.

401 *Walter*, in Loewenheim, Hdb. d. UrhR, 2.Aufl., § 51 Rn.213ff.; *Wenzel/Burkhardt*, UrhR, 5.Aufl., 5.Kap. Rn.9 ff.

gleichwohl sind nachgelagerte Verwerter weiterhin zu einer Lizenzierung angehalten[402]. Als Nutzungsrecht wird das vom Urheber einem anderen eingeräumte Recht bezeichnet, das Werk auf einzelne oder alle Nutzungsarten zu verwenden[403]. Die Basis und das wesentliche betriebliche Vermögen eines Unternehmens im Bereich der Filmverwertung ist also der Besitz der erforderlichen Filmverwertungsrechte, als ausschließliche Nutzungsrechte oder als sogenannte Lizenzen[404].

Filmverwertungsrechte sind die schuldrechtlichen und urheberrechtlichen Befugnisse, einen Film oder ein Filmwerk wirtschaftlich auszubeuten[405]. Bezieht sich die Nutzungsbefugnis auf eine selbständige Nutzungsart[406], dann ist es ein gegenständliches Recht und besitzt wegen des Sukzessionsschutzes nach § 33 dUrhG bzw. § 24 Abs.2 öUrhG als einfaches oder ausschließliches Nutzungsrecht selbst dingliche Wirkung[407]. Die Einräumung der erforderlichen Nutzungsrechte ist im Abschnitt 5 des deutschen Urheberrechtsgesetztes in den §§ 31ff. dUrhG bzw. im Abschnitt IV des österreichischen Urheberrechtsgesetzes in den §§ 26ff. öUrhG geregelt. Insbesondere kommt es in der Urhebervertragspraxis auf die Weiterübertragung der Nutzungsrechte vom Berechtigten auf Sublizenznehmer nach § 34 dUrhG sowie die Einräumung weiterer Nutzungsrechte nach § 35 dUrhG an[408]; entsprechende Vorschriften sind in den §§ 27, 28 öUrhG normiert. Die Hauptlizenz, also die Rechtekette erster Stufe zwischen den Urhebern und dem ersten Nutzungsberechtigten (i.d.R. dem Produzenten) hin zu Filmverleihern[409] ist Basis für die abgeleiteten Sublizenzen nachfolgender Rechteeinräumungen[410]. In Deutschland existiert mit § 89 Abs.1 S.1 dUrhG die Zweifelsregelung, dass dem Filmhersteller das ausschließliche Recht zusteht, den Film in sämtlichen Nutzungsformen zu verwerten. Es wird aber nochmals auf den Unterschied hingewiesen, dass die Sonderregelung in Österreich nach § 38 öUrhG die rechtliche Besonderheit enthält, dass bei gewerbsmäßig hergestellten Filmwerken die erforderlichen Verwertungsrechte

402 Vertiefend dazu *Walter*, in Loewenheim, Hdb. d.UrhR, 2.Aufl., § 51 Rn.19ff.

403 *Wenzel/Burkhardt*, UrhR, 5.Aufl., 5.Kap. Rn.8.

404 *Homann*, Filmrecht, S. 299; *Fechner*, Medienrecht, 11.Aufl., Kap.5 Rn.36; *Acker/Thum*, GRUR 2008, 671.

405 *Manegold*, in Wandtke/Bullinger, UrhG 3.Aufl., Vor §§ 88ff. Rn.35.

406 Vertiefend *Ullrich*, ZUM 2010, 311, 314.

407 BGH, NJW 1992, 1320, 1321 – Taschenbuch-Lizenz; *Schulze*, in Dreier/Schulze, UrhG 3.Aufl., § 31 Rn.52 u. § 33 Rn.4; *Wenzel/Burkhardt*, UrhR, 5.Aufl., 5.Kap. Rn.10.

408 *Wenzel/Burkhardt*, UrhR, 5.Aufl., 5.Kap. Rn.87f.; *Homann*, Filmrecht, S.299.

409 Dazu *Walter, Michel M.*, Österr. Urheberrecht, Hdb. I. Teil (2008), Rn.1897.

410 *Wenzel/Burkhardt*, UrhR, 5.Aufl., 5.Kap. Rn.87f.; *Homann*, Filmrecht, S.299.

aufgrund einer *cessio legis* originär und unmittelbar in der Hand des Produzenten entstehen[411]. Der Schwerpunkt nachfolgender Betrachtung soll auf die Abspaltung von Teilen des ausschließlichen Nutzungsrechts, den derivativen Rechteerwerb von Dritten, gelegt werden[412]. Gemäß § 90 dUrhG gilt der Zustimmungsvorbehalt der Urheber und ausübenden Künstler nicht für die in § 89 Abs.1 UrhG bezeichneten Rechte; für Verfügungen über die nicht in § 89 Abs.1 dUrhG genannten Rechte, wie beispielsweise die außerfilmischen Auswertungsechte, bedarf es also weiterhin der Zustimmung[413]. Die Sonderstellung des Filmbereiches im deutschen Urheberrechtsgesetz, die insbesondere in der Vielzahl an Mitwirkenden im Unterschied gegenüber anderen Werken der Literatur, Musik oder bildenden Kunst begründet liegt, gilt es insofern immer zu bedenken[414].

Ohne die erforderlichen Nutzungsrechte ist es für die Anbieter im Bereich der Filmverwertung unzulässig, überhaupt audiovisuelle Inhalte wie Filmwerke anzubieten. Zunächst wird daher ein Überblick über die Einräumung von Nutzungsrechten gegeben, anschließend die Frage geklärt, welche Nutzungsrechte für die unkörperlichen digitalen Filmverwertungsformen benötigt werden. Die Tatsache, dass neben einem Leistungsschutzrecht am Filmträger nach § 94 dUrhG der Filmproduzent gemäß § 89 dUrhG im Zweifel bzw. gemäß § 38 öUrhG kraft Gesetzes auch über sämtliche Nutzungsrechte an dem Filmwerk verfügt, befreit die Sublizenznehmer nicht von dem notwendigen Rechteerwerb. Der Rechteerwerb ist eine urhebervertragsrechtliche Aufgabe, die nicht durch das Gesetz abgenommen werden kann[415]. Von den Nutzungsrechten ist die jeweilige Nutzungsart zu unterscheiden. Eine Nutzungsart liegt nach Ansicht des *Bundesgerichtshofs* vor, wenn aus Sicht der Verkehrsanschauung eine wirtschaftlich-technisch und selbständig abgrenzbare Verwertungsform vorliegt[416]. Nur eine eigenständige Nutzungsart besitzt eine selbständig dingliche Wirkung

---

411 OGH, 4 Ob 307/00a, MR 2001, 298f. – VDFS II; dazu kritisch *Walter*, MR 2001, 293ff. sowie 379; *Walter, Michel M.*, Österr. Urheberrecht, Hdb. I. Teil, Rn.1895.

412 Zu der Problematik des Wegfalls des ausschließlichen Nutzungsrechts siehe vertiefend *Wenzel/Burkhardt*, UrhR, 5.Aufl., 5.Kap. Rn.89.

413 *Schulze*, in Dreier/Schulze, UrhG 3.Aufl., § 90 Rn.7; *Homann*, Filmrecht, S.301f.

414 Siehe bereits *Scheuermann*, Urheber- und vertragsrechtliche Probleme der Videoauswertung von Filmen (1990), S.148f; vgl. dazu auch *Kreile*, ZUM 2007, 682, 686.

415 Vgl. BGH, GRUR 2005, 937, 938 – Der Zauberberg; LG München I, ZUM-RD 2010, 371, 373.

416 BGH, GRUR 1986, 62, 65 – GEMA-Vermutung I; ZUM 1995, 713, 714 – Videozweitauswertung III; NJW 1992, 1320 – Taschenbuch-Lizenz m.w.N.; GRUR 1997, 215, 217 – Klimbim; GRUR 2005, 937, 939 – Der Zauberberg; kritisch *Kitz*, GRUR 2006, 548, 551.

und ist daher als Recht separat einräumbar[417]. Auch sind inhaltliche Beschränkungen nur hinsichtlich einer eigenständigen Nutzungsart möglich, vorausgesetzt die Beschränkungen unterfallen nicht den Verboten des Gesetzes gegen Wettbewerbsbeschränkungen in den §§ 1 und 19 GWB[418].

Welche eigenständigen und absatzspezifischen Nutzungsrechte bei der digitalen Filmverwertung erforderlich sind, hängt von der vorgesehenen Nutzung ab und ist in der weiteren Untersuchung zu ermitteln und zu bezeichnen[419]. Die Streichung der gesetzlichen deutschen Regelung des § 31 Abs.4 dUrhG a.F., wonach die Einräumung unbekannter Nutzungsarten per se unwirksam war[420], hat einen wesentlichen Eckpfeiler zum Schutz der Urheber, aber auch ein großes Hindernis bei der Verwertung von Filmwerken, beseitigt[421]. Nach der nunmehr geltenden Rechtslage in § 89 dUrhG und § 94 Abs.1 dUrhG bündeln sich die ausschließlichen Verwertungsrechte an dem Filmwerk bzw. Filmträger in der Hand des Filmherstellers[422]. Die Regelung betrifft jedoch nur Neuverträge über Filmwerke, die nach Inkrafttreten des „Zweiten Gesetzes zur Regelung des Urheberrechts in der Informationsgesellschaft vom 26.10.2007[423]" am 1.1.2008 abgeschlossen worden sind[424]. Daher wird, vor allem der Filmarchive wegen am Rande auf das geschilderte Problem, welche Rechtslage für „Uraltverträge vor 1966"[425] und „Altverträge von 1966 - 2007"[426] nach Inkrafttreten des „Zweiten Korb" gilt, eingegangen und ob die erforderlichen Rechte gegenwärtig und für die Zukunft in Verträgen nach den Übergangsbestimmungen des Urheberrechtsgesetzes in § 137 l dUrhG als eingeräumt gelten oder nachlizenziert werden müssen[427].

---

417 BGH, NJW 1992, 1320, 1321– Taschenbuch-Lizenz m.w.N.; *Schulze*, in Dreier/Schulze, UrhG 3. Aufl., § 31 Rn.52; *Homann*, Filmrecht, S.98.

418 *Wenzel/Burkhardt*, UrhR, 5.Aufl., 5.Kap. Rn.13.

419 Siehe bereits *Reber*, GRUR 1998, 792, 795ff.; *Poll*, GRUR Int.2003, 290, 298ff.

420 Vgl. zu der Problematik u.a. *Fitzek*, Die unbekannte Nutzungsart (2000), S.20ff.; *Castendyk*, ZUM 2002, 332; eine vergleichbare Regelung in Österreich fehlt, dazu u.a. *Walter*, in Loewenheim, Hdb. d.UrhR, 2.Aufl., § 51 Rn.221.

421 *Langhoff/Oberndörfer/Jani*, ZUM 2007, 593, 598.

422 *Wenzel/Burkhardt*, UrhR, 5.Aufl., 9.Kap. Rn.12.

423 Im Folgenden „Zweiter Korb" genannt, BGBl. I, 2513.

424 *Schulze*, in Dreier/Schulze, UrhG 3. Aufl., § 89 Rn.32.

425 Dazu OLG Köln, ZUM 2009, 237, 238ff.

426 Terminologie nach *Gross*, Die unbekannte Nutzungsart im Urhebervertragsrecht nach der Urheberrechtsreform, Diss.iur. Berlin (2009), S.5.

427 Vgl. dazu bereits *Spindler/Heckmann*, ZUM 2006, 620, passim; *Kreile*, ZUM 2007, 682, 685.

II. Die Neuregelung des „überholten“ Systems unbekannter Nutzungsarten in Deutschland

In der internationalen Vertragspraxis im Rahmen der Filmverwertung hat sich eine Differenzierung notwendiger Filmauswertungsrechte durchgesetzt, die jedoch nur teilweise mit der Terminologie des deutschen Urheberrechts übereinstimmt[428]. Ursprünglich war in Deutschland aufgrund des § 31 Abs.4 dUrhG a.F. eine Einräumung von Nutzungsrechten für unbekannte Nutzungsarten bis zum 31.12.2007 unwirksam[429]. Der Grund für diese gesetzliche Unwirksamkeitsfolge war, dass dem Grundgedanken des Urheberrechts an einer angemessenen Beteiligung des Urhebers am wirtschaftlichen Nutzen seines Werkes[430] Rechnung getragen werden sollte, indem eine Werkverwertung in einer neuen Nutzungsart nur aufgrund einer neuen Entscheidung des Urhebers zugelassen werden durfte[431]. Eine ausdrückliche oder stillschweigende Nachlizenzierung für entsprechende Rechte war häufig aus tatsächlichen, finanziellen und rechtlichen Gründen nur schwer umsetzbar[432]. Seitdem hat sich die Frage der Einräumung unbekannter Nutzungsrechte durch Streichung des § 31 Abs.4 dUrhG a.F. sowie die Einführung des § 31a dUrhG[433] wesentlich entschärft, wenn auch nicht ganz erledigt[434]. Denn trotz der nun geltenden generellen Zulässigkeit der Einräumung unbekannter Nutzungsrechte wird dennoch eine angemessene zusätzliche Vergütung für die Urheber nach § 32c dUrhG fällig[435]. Die Anwendung der nachträglichen Vergütungsregel gilt jedoch gemäß § 94 Abs.2 S.3 dUrhG nicht im Filmbereich, sondern nur für die Urheber vorbestehender Werke. Diese Ungleichbehandlung der Urheber ist der ungehinderten Verwertung eines Filmwerkes geschuldet. Die Zweckübertragungstheorie nach § 31 Abs.5 dUrhG[436], die im Bereich der Filmverwertung grundsätzlich Anwendung finden kann[437], könn-

---

428 *Manegold*, in Wandtke/Bullinger, UrhG 3.Aufl., Vor §§ 88ff. Rn.36.

429 Grundlegend *Lütje, Stefan* in FS Wolf Schwarz (1999), S.115, passim; *Fitzek*, S.21ff., passim; *Schulze*, UFITA 2007/III, S.641, passim; *Berger*, GRUR 2005, 907; *Kreile*, ZUM 2007, 682, 683; in Österreich existiert keine vergleichbare Regelung.

430 *Fitzek*, S.21f.; *Wandtke/Holzapfel*, GRUR 2004, 284, 286.

431 BGH, GRUR 1997, 215, 217 – Klimbim.

432 *Lütje, Stefan* in FS Wolf Schwarz (1999), S.115 (135); *Castendyk*, ZUM 2002, 332, 333, *Spindler/Heckmann*, ZUM 2006, 620, 621; *Homann*, Filmrecht, S.106f.

433 Dazu *Verweyen*, ZUM 2008, 217, passim.

434 Zur Neuregelung *Kreile*, ZUM 2007, 682ff; *Frey/Rudolph*, ZUM 2007, 13ff.

435 Grundlegend *Kreile*, ZUM 2007, 682, 684; *Homann*, Filmrecht, S.303f.

436 Dazu u.a. OLG Hamburg, ZUM 2005, 833, 835; LG München I, ZUM-RD 2000, 77, 79.

437 BGH, GRUR 1960, 197, 199 – Keine Ferien für den lieben Gott; OLG Köln, ZUM 2009, 237, 238; *v.Gamm*, ZUM 1994, 591, 593; *Schwarz*, ZUM 2000, 816, 830;

te wegen der Abschaffung des § 31 Abs.4 dUrhG a.F. als Korrektiv wieder Bedeutung erlangen, soweit keine ausdrückliche vertragliche Regelung vorliegt[438]. Relevant ist die Klärung der Frage der Bekanntheit einer Nutzungsart[439] vor allem für solche Lizenzverträge, die noch vor der Gesetzesänderung für unbekannte Nutzungsarten abgeschlossen wurden[440]. Darunter dürften noch einige Lizenzverträge, die Filme aus der Vergangenheit bis Mitte/Ende der 1990er Jahre zum Gegenstand haben, zumindest vor Bekanntwerden der neuen Nutzungsarten fallen. Die Beantwortung der Frage der Bekanntheit einer Nutzungsart ist umstritten[441]. Nach der Rechtsprechung des *Bundesgerichtshofs* zu § 31 Abs.4 dUrhG a.F. ist eine Nutzungsart nicht bereits bekannt, wenn ihre technischen Möglichkeiten bekannt werden, sondern erst, wenn sie auch wirtschaftlich verwertbar ist[442]. Der tatsächliche wirtschaftliche Erfolg muss allerdings zum Vertragszeitpunkt noch nicht erreicht worden sein[443]. Daher waren in der Vergangenheit auch Risikogeschäfte im Vorfeld einer sich erst abzeichnenden Entwicklung über wirtschaftlich noch bedeutungslose Nutzungsarten als zulässig angesehen worden, soweit die Nutzungsart ausdrücklich und konkret im Vertragstext benannt war, und die Vertragspartner nach eingehender Erörterung die neue Nutzungsart erkennbar zum Gegenstand von Leistung und Gegenleistung gemacht hatten[444]. Auch kann die Erprobungsphase einer Nutzungsart[445] dazu führen, dass eine Nutzungsart als wirtschaftlich bedeutsam und verwertbar angesehen werden kann[446].

Homann, Filmrecht, S.300; a.A. *Lütje, Stefan* in FS Wolf Schwarz (1999), S.115, 130 und 135; *Gross*, S.107.

438 Anwendungsvoraussetzung nach BGH, GRUR 1982, 727, 730 – Altverträge; LG München I, ZUM-RD 2007, 257, 261.

439 Vgl. u.a. *Fitzek*, S.149ff; *Castendyk*, ZUM 2002, 332, 341ff; *Scheuermann*, S.79ff.

440 Vgl. den Beitrag von *Kellerhals/Lehmkuhl*, ZUM 2010, 677, 678.

441 Zu den vertretenen Ansichten *Lütje, Stefan*, in FS Wolf Schwarz (1999), S.115, 119; *Fitzek*, S.149ff.; *Castendyk*, ZUM 2002, 332, 341; *Spindler*, in Schricker/Loewenheim, UrhG 4.Aufl., § 31a Rn.41; vgl. für Österreich *Handig*, in Bogendorfer/Ciresa (Hrsg.), Urheberrecht, Werbung-Telekommunikation-Internet (2009), S.80f.

442 BGH, GRUR 1986, 62, 65 – GEMA-Vermutung I; BGH, GRUR 1991, 133, 136 – Videozweitauswertung; BGH, ZUM 1995, 713, 714 – Videozweitauswertung III; ablehnend *Kitz*, GRUR 2006, 548, 551.

443 BGH, ZUM 1995, 713, 714 – Videozweitauswertung III.

444 BGH, ZUM 1995, 713, 715 – Videozweitauswertung III.

445 Vgl. die Hinweise in OLG München, ZUM 1998, 413 zu Pilotprojekten für Video-on-Demand ab dem Jahr 1995 und für Digitales Fernsehen im Rahmen des DVB-Multimedia-Pilotprojekt Bayerns in OLG Hamburg, GRUR 1997, 850.

446 OLG München, ZUM 1998, 413, 416.

Bevor aber die Bekanntheit einer digitalen Nutzungsart von der Rechtsprechung verbindlich festgestellt wird, dürfte bei den Lizenzpartnern Unsicherheit darüber vorherrschen, ob überhaupt eine selbständige Nutzungsart vorliegt. Von einer Nutzungsart, für das ein eigenes Nutzungsrecht erforderlich ist, spricht man, wenn sich nach der Verkehrsauffassung eine technisch und wirtschaftlich eigenständige und nach Art und Weise abgrenzbare Verwendungsform eines Werkes herausbildet[447]. Jedoch stellt nicht jede technisch neue und selbständig lizenzierbare Nutzungsmöglichkeit auch automatisch eine unbekannte Nutzungsart dar[448]. Vielmehr muss die Frage dahingehen, ob die Verwertungsform nur aufgrund einer neuen Entscheidung des Berechtigten zugelassen werden kann[449]. Keine eigenständige Nutzungsart liegt vor, wenn eine neu auftretende Nutzungsform eine bestehende alte Nutzungsart lediglich substituiert[450]. Es muss folglich immer zwischen der faktischen Nutzungsmöglichkeit und der rechtlich bedeutsamen Nutzungsart unterschieden werden.

Wird über eine technisch bekannte, wirtschaftlich aber noch bedeutungslose Nutzungsart ein sogenanntes Risikogeschäft abgeschlossen, welche durch konvergierende Techniken entstehen könnte, so ist das ohne weiteres bei Einhaltung der Schriftform[451] zulässig[452]. In dem Lizenzvertrag muss aber aufgrund der aus der Zweckübertragungstheorie folgenden Spezifizierungslast jede einzelne Nutzungsart ausdrücklich und einzeln bezeichnet werden[453]. Die Rechtsprechung des *Bundesgerichtshofs* hatte aufgezeigt, dass die bloße Aufzählung technischer Einzelheiten und Grundlagen für die möglichen Verwertungsvorgänge ebenso wenig ausreiche, wie die rein pauschale Aufzählung der in den §§ 15ff. dUhG genannten Verwertungsrechte, und damit prinzipiell zu einer restriktiven und urheberfreundlichen Auslegung tendiert[454]. Eine gewisse Trendwende ist jedoch durch die seit den Jahren 1995 ergangenen Entscheidungen erkennbar gewesen[455]. Gleichwohl wurde für den Filmbereich zur alten Rechtslage festgestellt,

447 U.a. BGH, GRUR 1986, 62, 65 – GEMA-Vermutung I; BGH, GRUR 2005, 937, 939f. – Der Zauberberg; OLG München, ZUM 1998, 413, 416; *Grohmann*, GRUR 2008, 1056, 1058.

448 BGH, GRUR 2005, 937, 939f. – Der Zauberberg; *Wenzel/Burkhardt*, UrhR, 5.Aufl., 5.Kap Rn.54.

449 *Wenzel/Burkhardt*, UrhR, 5.Aufl., 5.Kap. Rn.54.

450 BGH, GRUR 2005, 937, 939f. – Der Zauberberg; *Kitz*, GRUR 2006, 548, 551.

451 Dagegen *Wenzel/Burkhardt*, Urheberrecht, 5.Kap. Rn.19, der die Anwendbarkeit von § 31a Abs.1 S.1 nach § 89 Abs.1 S.1 UrhG wohl übersieht.

452 *Wenzel/Burkhardt*, UrhR, 5.Aufl., 5.Kap. Rn.54.

453 *Wenzel/Burkhardt*, UrhR, 5.Aufl., 5.Kap. Rn.50.

454 *Lütje, Stefan* in FS Wolf Schwarz (1999), S.115, 121 m.w.N.

455 Vgl. BGH, ZUM 1995, 713, 715 – Videozweitauswertung III; BGH, GRUR 2005, 937, 939f. – Der Zauberberg.

dass trotz der Einschränkungen in § 90 Satz 2 dUrhG es bei der Anwendbarkeit der aus § 242 BGB hergeleiteten Regeln über den Wegfall der Geschäftsgrundlage verbleibt[456]. Für die vorgenommenen Gesetzesänderungen und dem fehlenden Verweis in § 94 Abs.2 dUrhG auf § 32c dUrhG dürfte diese Sichtweise inzwischen aufgegeben worden sein.

Da die Verwertung über bzw. mit Hilfe des Internetprotokolls erfolgt, könnte mit dem überwiegenden Schrifttum pauschal eine neue Nutzungsart bejaht werden. Es ließe sich entsprechend dem *Bundesgerichtshof* in seiner Entscheidung „Der Zauberberg" aber auch argumentieren, dass im Verhältnis zur Videoauswertung mittels Bild- und Tonträger die unkörperliche Auswertung für den Home-Video-Bereich keine neue Nutzungsart darstelle, da die Nutzungsmöglichkeit für den Konsumenten im Wesentlichen gleich bliebe[457]. Der Argumentation wäre aber entgegenzuhalten, dass es für die urheberrechtliche Beurteilung einer Nutzungsart nicht auf die Sichtweise der Rezipienten ankommen kann, sondern vielmehr auf die urheberrechtlich relevanten Rechtenutzer[458] und die Verkehrsanschauung[459]. Nach der hier vertretenen Auffassung liegt bei der unkörperlichen Verwertung zum individuellen Konsum eine eigenständige Nutzungsart vor, die durch die konkrete Nutzungsform im jeweiligen Einzelfall spezifiziert ist. Für die Frage der Bekanntheit wird entscheidend sein, ob das Filmwerk einer wirtschaftlich eigenständigen Verwertung, also neuen Absatzmärkten, zugeführt werden kann[460].

Bejaht wurde eine eigenständige Nutzungsart bei der Digitalisierung und Verwendung eines Werkes für die anschließende Verwertung im Internet[461]. Auch die Online-Nutzung von Werken ist als eigenständige Nutzungsart anerkannt worden[462]. Verneint wurde eine eigene neue Nutzungsart hingegen bei der Verwertung einer DVD, da kein erkennbarer Unterschied zu einer VHS-Kassette

---

456 BGH, ZUM 1995, 713, 715 – Videozweitauswertung III; BGH, GRUR 1997, 215, 218f. – Klimbim, wenn auch nur mit schuldrechtlicher Wirkung.

457 BGH, GRUR 2005, 937, 939 – Der Zauberberg; vgl. auch BGH, GRUR 1997, 215, 217 – Klimbim, bezogen auf den Übertragungsweg Satellitenfunk; vgl. *Lütje, Stefan*, in FS Wolf Schwarz (1999), S.115, 123.

458 *Lütje, Stefan*, in FS Wolf Schwarz (1999), S.115, 125ff.

459 OLG München, ZUM-RD 2003, 581, 583.

460 BGH, GRUR 2005, 937, 939 – Der Zauberberg; *Lütje, Stefan*, in FS Wolf Schwarz (1999), S.115, 128.

461 OLG Hamburg, ZUM 2005, 833, 834f.; LG München I, ZUM-RD 2000, 77, 79; OLG München, ZUM-RD 2003, 581, 583; *Lütje, Stefan*, in FS Wolf Schwarz (1999), S.115, 117; *Wenzel/Burkhardt*, UrhR, 5.Aufl., 5.Kap. Rn.54.

462 LG München I, ZUM 2009, 788, 792.

erkennbar war[463]. Video-on-Demand ist eine eigenständige Nutzungsart[464]. Die überwiegende Literatur fasst die Verbreitung von Werken und Filmen über netzbasierte Dienste wegen der gesteigerten Nutzungsintensität zumindest als eigene Nutzungsart auf[465]. Im Ergebnis sind interaktive Verwertungsmöglichkeiten von Filmen, die Inhalte in den Modellen pay-per-view[466], EST oder Download-to-Rent anbieten, als eigenständige Nutzungsarten zu qualifizieren.

Was bedeuten die vorstehenden Feststellungen nun für die Bekanntheit digitalen Nutzungsformen von Filmen in Zugriffs- und Abrufdiensten. Nach dem Verständnis zur alten Rechtslage wurde für die Bekanntheit gefordert, dass sich die Nutzungsart von den bisherigen Nutzungsmöglichkeiten so sehr unterscheidet, dass diese Verwertungsform nur aufgrund einer neuen Entscheidung des Urhebers zugelassen werden kann[467]. Die technische Möglichkeit, Ton- und Bewegtbilder in digitalisierter Form zu speichern und zu Übertragen, sei vereinzelt bereits seit dem Jahr 1987 bzw. früher angeführt[468]. Auch das Landesmediengesetz von Baden-Württemberg hat in den §§ 45, 46 MedienG B.-W. bereits im Jahre 1986 vom individualisierten, digitalisierten Ton- und Bildabruf gesprochen[469]. Die technische Bekanntheit wird jedoch nur begrenzte Rückschlüsse auf die objektive Bekanntheit digitaler Nutzungsarten haben, solange die wirtschaftliche Bedeutung zum Zeitpunkt des Vertragsschlusses noch nicht vorlag[470].

Um aus Sicht der Verwerter die gute Nachricht vorwegzunehmen, ist von einer objektiven Bekanntheit der Verwertungsformen im Pay-, On-Demand und Multimediabereich zumindest ab Ende der 1990er Jahre auszugehen[471]. Einige

---

463 BGH, GRUR 2005, 937, 939f. – Der Zauberberg; a.A. *Spindler*, in Schricker/Loewenheim, UrhG 4.Aufl., § 31a Rn.47.

464 So bereits *v.Gamm*, ZUM 1994, 591, 593; *Fitzek*, S.139; *Schwarz/U.Reber*, in v.Hartlieb/Schwarz, 261.Kap. Rn.9; *Spindler*, in Schricker/Loewenheim, UrhG 4.Aufl., § 31a Rn.49.

465 U.a. *Frohne*, ZUM 2000, 810, 813 m.w.N.; *Wenzel/Burkhardt*, UrhR, 5.Aufl., 5.Kap. Rn.54; *Wiebe*, CR 2007, 28, 34.

466 *Fitzek*, S.141.

467 BGH, GRUR 1997, 215, 217 – Klimbim; *Schwarz*, ZUM 2000, 816, 829; *Wenzel/Burkhardt*, UrhR, 5.Aufl., Rn.54.

468 OLG München, ZUM 1998, 413, 416; vgl. weitere Hinweise bei *Reber*, GRUR 1998, 792, 798.

469 Hinweis bei *Lütje, Stefan* in FS Wolf Schwarz (1999), S.115, 120.

470 Vgl. BGH, GRUR 1991, 133, 136 – Videozweitauswertung ; in diesem Sinn auch *Lütje, Stefan* in FS Wolf Schwarz (1999), S.115, 120; und *Reber*, GRUR 1998, 792, 798.

471 Vgl. *Spindler*, in Schricker/Loewenheim, UrhG 4.Aufl., § 31a Rn.49; *Lütje, Stefan* in FS Wolf Schwarz (1999), S.115, 135: „1997“; *Kotthoff*, in Dreyer/Kotthoff/Meckel, UrhG 2.Aufl. (2009), § 31 Rn.121: „1998“; a.A. *Fitzek*, S.228.

Stimmen aus der Literatur legen den Zeitpunkt der Bekanntheit von Internet-Diensten bereits auf die Jahre zwischen 1994 und 1995[472]. Die wirtschaftliche Bedeutung der neuen Nutzungsarten über Abruf- und Zugriffsdienste dürfte mit den Projektversuchen Ende der 1990er Jahre erkennbar gewesen sein.

III. Die Übergangsbestimmung des § 137 l dUrhG

Die Übergangsbestimmung des § 137 l dUrhG führt bei Vorliegen der Voraussetzungen zu dem Ergebnis, dass die Nutzungsrechte an zum Zeitpunkt des Vertragsabschlusses unbekannten Nutzungsarten als dem anderen ebenfalls eingeräumt gelten[473]. Konkret liegt die praxisrelevante Bedeutung der Bestimmung für das deutsche Urheberrecht darin, dass der Gesetzgeber zur Umsetzung eines neuen Systems der Rechteeinräumung auch die von § 31 Abs.4 dUrhG a.F. betroffenen Vertragsschlüsse erfasst wissen wollte. Damit soll nach dem Willen des Gesetzgebers die Verwertung von Filmarchiven nicht mehr an die aufwendige Nachlizenzierung gebunden sein. Bezogen auf die Verwertung von Filmen, die vor dem Inkrafttreten des „Zweiten Korbs" am 1.1.2008 hergestellt worden sind, ist bei damaliger Geltung des Verbots zur Einräumung unbekannter Nutzungsarten demnach die Geltung der Übertragungsfiktion zu überprüfen.

Die Regelung des § 137 l dUrhG, mithin die Übertragungsfiktion, gilt für Altverträge zwischen dem 1.1.1966 und dem Inkrafttreten des „Zweiten Korbs" am 1.1.2008. Uraltverträge sind von der Bestimmung des § 137 l dUrhG nicht erfasst, da vor dem 1.1.1966 der § 31 Abs.4 dUrhG a.F. noch nicht galt. Hinsichtlich der Uraltverträge richtet sich die Frage der Einräumung von Nutzungsrechten an unbekannten Nutzungsarten nach der Rechtsprechung und den entwickelten Grundsätzen der Zweckübertragungstheorie[474]. Damit ist hinsichtlich der Einräumung von Nutzungsrechten über digitale Vertriebsformen bei Uraltverträgen davon auszugehen, dass keine Nutzungsrechte an Nutzungsarten, die sich erst nach Vertragsschluss entwickelt haben, eingeräumt sind[475]. Die Nutzungs-

---

472 *v.Gamm*, ZUM 1994, 591, 592; *Lütje, Stefan* in FS Wolf Schwarz (1999), S.115, 144 m.w.N; *Fitzek*, S.234; *Frohne*, ZUM 2000, 810, 813; *Schwarz*, ZUM 2000, 816, 829.; *Schwarz/U.Reber*, in v.Hartlieb/Schwarz, 261.Kap. Rn.10, gehen sogar von Anfang der 90er Jahre aus.

473 Dazu krit. *Spindler/Heckmann*, ZUM 2006, 620, 622ff. zur Verfassungswidrigkeit; *Langhoff/Oberndörfer/Jani*, ZUM 2007, 593, 599; *Grohmann*, GRUR 2008, 1056, 1058 will darin mit BT-Drucks. 16/1828, S.34 eine „Fiktion einer Willenserklärung durch Schweigen" sehen; *Kellerhals/Lehmkuhl*, ZUM 2010, 677, 678; *Gross*, S.123ff.; a.A. *Dietrich*, UFITA 2008/II, S.359, 368.

474 OLG Köln, ZUM 2009, 237, 238f.; *Gross*, S.150 m.w.N.

475 *Gross*, S.151 m.w.N.; a.A. *Schulze*, in Dreier/Schulze, UrhG 3.Aufl., § 89 Rn.35.

rechte müssen damit von Verwertern nachlizenziert werden, was häufig durch die aufwendige Klärung der Rechte tatsächlich und aufgrund der fortgeschrittenen Zeit durch vielleicht verstorbene (Mit-)Urheber nur noch schwer möglich sein wird[476]. Die Hebung der „Archivschätze"[477] ist damit in die weite Ferne gerückt[478].

Für die Anwendbarkeit des § 137 l dUrhG und die Geltung der Übertragungsfiktion ist zunächst erforderlich, dass die Urheber einem anderen alle wesentlichen ausschließlichen sowie räumlich und zeitlich unbegrenzten urheberrechtlichen Nutzungsrechte an vorbestehenden Werken eingeräumt haben. Also nur diejenigen Verwerter, die aufgrund des damaligen Lizenzvertrages über einen umfassenden Rechtekatalog verfügen, kommen in den Genuss der Übertragungsfiktion[479]. Hinsichtlich der räumlichen Unbegrenztheit soll eine nur deutschlandweite Einräumung der Rechte als ausreichend im Sinne des § 137 l dUrhG anzusehen sein[480]; diese Sichtweise stimmt bei Umfang und Rechtsfolge der Übertragungsfiktion jedoch bedenklich. An dieser Stelle kommt daher dem rechtstechnischen Unterschied der in Österreich normierten Legalzession eine besondere Bedeutung zu.

Das Tatbestandsmerkmal *„alle wesentlichen Nutzungsrechte"* wird sich an dem jeweiligen Einzelfall und dem jeweiligen Vertragstyp orientieren müssen. Zum einen wird der Zweck des Vertrages zu klären sein[481]. Zum anderen wird für die Beurteilung der Wesentlichkeit nach dem Willen des Gesetzgebers darauf abzustellen sein, ob alle diejenigen Rechte übertragen wurden, die für eine umfassende Verwertung nach dem jeweiligen Vertragszweck notwendig sind[482]. Die Auslegung soll durch die Rechtsprechung erfolgen[483]. Statt der Anknüpfung an die Übertragung „sämtlicher Rechte", bei der die Gefahr bestanden hätte, dass die Übertragungsfiktion wegen fehlender einzelner Nebenrechte nicht greift[484], soll durch dieses unbestimmte Tatbestandsmerkmal der Rechtsprechung die nötige Flexibilität gegeben werden zu entscheiden, welche Rechte bei den verschiedenen Werkarten übertragen worden sein müssen. Problematisch ist aber eine Anwendung auf Sublizenznehmer in der Rechtekette, da sie von der

476 *Spindler/Heckmann*, ZUM 2006, 620, 621.

477 So das Ziel des Gesetzgebers, vgl. Begr.BT.-Drucks. 16/1828, S.22.

478 *Langhoff/Oberndörfer/Jani*, ZUM 2007, 593, 600; *Gross*, S.151.

479 *Langhoff/Oberndörfer/Jani*, ZUM 2007, 593, 599.

480 *Kellerhals/Lehmkuhl*, ZUM 2010, 677, 678 m.w.N.

481 *Grohmann*, GRUR 2008, 1056, 1057.

482 Begründung zum Gesetz-Entwurf d. BReg., BT-Drucks. 16/1828, S.33.

483 *Kellerhals/Lehmkuhl*, ZUM 2010, 677, 678.

484 *Langhoff/Oberndörfer/Jani*, ZUM 2007, 593, 599.

Übertragungsfiktion nicht unmittelbar erfasst werden und ein „Durchschlagen auf die gesamte Rechtekette" nicht zwingend ist[485].

Weitere Tatbestandsvoraussetzung des § 137 l Abs.1 S.1 dUrhG ist, dass der Urheber bzw. die Urheber nach § 137 l Abs.4 dUrhG nicht wider Treu und Glauben ihr Widerspruchsrecht ausüben.

Relevant wird die Anwendung der Übergangsbestimmung des § 137 l Abs.1 S. 1 dUrhG im Verhältnis zwischen Filmproduzent bzw. Rechteinhaber und Sublizenznehmern und deren Rechtsnachfolgern, weil gemäß § 137 l Abs.2 S.1 dUrhG auch ein Dritter gegenüber den Urhebern die Übertragungsfiktion zu beachten hat.

Die Mehrzahl der verfügbaren Filme in On-Demand-Portalen und Online-Plattformen besteht noch aus hergestellten Filmen vor dem 1.1.2008. Ab Mitte der 1990er Jahre könnten bereits die neuen Nutzungsarten ausdrücklich in Lizenzverträgen genannt worden sein. Dennoch dürfte für viele Filme noch das damalige Verbot des § 31 Abs.4 dUrhG Geltung haben. Der Streit um den Begriff der unbekannten Nutzungsart zeigt sich nach der Abschaffung des § 31 Abs.4 dUrhG a.F. im Rahmen des § 137 l dUrhG somit in einem neuen Gewand[486].

An dieser Stelle wird deshalb so gründlich auf dieses Thema eingegangen, da für Sublizenznehmer auf zweiter Stufe die Fragen im Vordergrund stehen, ob der Lizenzgeber selbst überhaupt im Besitz der erforderlichen Rechte ist, ob die erforderlichen Rechte von den Verwertern überhaupt erworben werden können, und ob bei Aufnahme der Nutzung den Urhebern eine zusätzliche angemessene Vergütung zu zahlen ist.

Nun besteht im Filmbereich aber die Besonderheit, dass durch Sonderregelungen auf die individuelle Lage der Filmwirtschaft Rücksicht genommen wird[487]. Es ist nach der Vermutungsregelung in § 89 Abs.1 S.1 dUrhG zugunsten des Filmherstellers davon auszugehen, dass sämtliche Nutzungsrechte für die Verwertung eines Filmes als eingeräumt gelten. Durch den „Zweiten Korb" ist in § 89 Abs.1 S.1 dUrhG das Wort „bekannte" vor „Nutzungsarten" gestrichen worden. Bei Vorliegen eines Lizenzvertrages über ein fertiggestelltes Filmwerk in dem genannten Zeitraum zwischen dem 1. Januar 1966 und dem 1. Januar 2008 kann daher ohne weiteres von der Geltung der Übertragungsfiktion ausgegangen werden, weil in der Regel der Filmproduzent ohne die ausschließliche sowie zeitliche und räumlich unbedingte Rechteeinräumung mit den Dreharbei-

485 Siehe *Kellerhals/Lehmkuhl*, ZUM 2010, 677, 680ff., passim.

486 *Grohmann*, GRUR 2008, 1056, 1058; vgl. vertiefend auch *Kellerhals/Lehmkuhl*, ZUM 2010, 677, passim.

487 Vertiefend dazu *Gross*, S.106ff.

ten nicht begonnen hätte. Für Verträge über Filme ab dem Jahr 1966 wird daher in der Regel davon auszugehen sein, dass die Filmurheber einer Verwertung in allen Nutzungsarten nichts mehr entgegen halten können[488].

Eine andere Frage betrifft die Ausübung des Widerspruchsrechts im Filmbereich[489]. So besteht für den Filmbereich nach § 89 Abs.1 S.2 dUrhG kein Widerrufsrecht gemäß § 31a Abs.1 S.3 dUrhG, da die Verwertung eines Filmes nicht durch den Widerruf eines einzelnen Urhebers behindert werden soll. Daraus könnte zum Teil gefolgert werden, dass im Filmbereich auch kein Widerspruchsrecht nach § 137 l dUrhG bestünde. Auch wenn die Bestimmung des § 137 l dUrhG sich nach der Begründung des Gesetzgebers an § 31a dUrhG anlehnt[490], so liegt dem Widerruf und dem Widerspruch ein terminologischer Unterschied zu Grunde[491] und in § 89 Abs.1 S.2 dUrhG fehlt ein Hinweis auf ein Ausschluss des § 137 l dUrhG[492]. Es ist damit festzustellen, dass auch im Filmbereich das Widerspruchsrecht, wenn auch nur nach § 137 l Abs.4 dUrhG beschränkt, gilt[493]. Der Ausübung des Widerspruchsrechts für am 1. Januar 2008 bereits bekannte Nutzungsarten, sofern es fristgemäß bis zum 31. Dezember 2008 erfolgte, kann damit nur noch der Verstoß gegen Treu und Glauben entgegengehalten werden. Trotz der verfassungsrechtlichen Bedenken gegen die Regelung wird in Bezug auf die Verwertung eines Films der Anwendungsbereich des § 137 l Abs.4 dUrhG vermutlich eröffnet sein[494].

Für den Filmbereich gilt nach § 89 Abs.1 S.2 i.V.m. § 31 a Abs.1 S.1 und 2 dUrhG das Gebot der Schriftlichkeit, und löst mit Beginn der Verwertung in damals noch unbekannten Nutzungsarten nach § 137 l Abs.5 dUrhG eine angemessene Vergütung der Urheber in entsprechender Anwendung des § 32 Abs.2 und 4 dUrhG von „dem anderen“[495] aus. Der Anspruch der Urheber kann aber nur durch eine Verwertungsgesellschaft geltend gemacht werden, § 137 l Abs.5 S.3 dUrhG.

Dietrich stellt hinsichtlich vorbestehender Werke eines Filmkomponisten im Zusammenhang mit Altverträgen fest, dass für eine filmische Auswertung in

---

488 *Schulze*, in Dreier/Schulze, UrhG 3.Aufl., § 89 Rn.32.

489 Vgl. *Kellerhals/Lehmkuhl*, ZUM 2010, 677, 679.

490 Begründung BT-Drucks. 16/1828, S.34.

491 *Gross*, S.136f., der auf die unterschiedliche Funktion beider Rechte hinweist.

492 *Katzenberger*, in Schricker/Loewenheim, UrhG 4.Aufl., § 137l Rn.47.

493 *Schulze*, in Dreier/Schulze, UrhG 3.Aufl., § 137l Rn.101; *Katzenberger*, in Schricker/Loewenheim, UrhG 4.Aufl., § 137l Rn.49.

494 *Katzenberger*, in Schricker/Loewenheim, UrhG 4.Aufl., § 137l Rn.52.

495 Vgl. zur analogen Anwendung auf Dritte in der Lizenzkette *Kellerhals/Lehmkuhl*, ZUM 2010, 677, 679, 682f.

neuen Nutzungsarten eine Nachlizenzierung erforderlich ist[496]. *„Dem kann auch nicht mit Verweis auf § 137 l Abs.4 UrhG begegnet werden, wonach bei zu einer Gesamtheit zusammengefassten Werken das Widerspruchsrecht nicht wider Treu und Glauben ausgeübt werden darf, da § 137 l Abs.4 UrhG eben das Vorhandensein eines Widerspruchsrechts voraussetzt"*[497]. Dieser Auffassung ist insoweit zu folgen, als dass es bei der Filmmusik bereits an einer für § 137 l Abs.1 S.1 dUrhG erforderlichen ausschließlichen Rechteeinräumung mangelt, womit also auch kein Widerspruchsrecht entstehen kann[498].

Im Ergebnis hat die Übertragungsfiktion der § 137 l dUrhG zur Folge, dass der Begünstigte die Nutzungsrechte für nun neue Nutzungsarten erwirbt[499] und den Urhebern nur noch die Urheberpersönlichkeitsrechte der §§ 12-14 dUrhG[500] sowie die Vergütungsansprüche, abgeleitet vertraglich aus den §§ 32 und 32a dUrhG[501] und gesetzlich aus § 137 l Abs.5 S.1 dUrhG neben § 32c Abs.1 dUrhG[502], verbleiben. Dem vertraglichen Anpassungsanspruch nach § 32 Abs.1 S.3 dUrhG aus *ex-ante*-Sicht dürften aber die Verjährungsregeln entgegenstehen[503]. Der gesetzliche Vergütungsanspruch nach § 32c dUrhG und nach § 137 l dUrhG gilt nur für Urheber, und nicht für den Filmhersteller oder andere Rechteinhaber[504]. Die Durchsetzung der Zusatzvergütung wird durch die gesetzliche Regelung in § 137 l Abs.5 S.4 und 5 dUrhG noch zusätzlich erschwert, weil die Haftung des Vertragspartners entfällt, sobald das Nutzungsrecht für eine neue Art der Filmnutzung auf einen Dritten übertragen wird. Die am Filmwerk beteiligten Urheber sind durch das fehlende Widerspruchsrecht damit noch mehr durch die Übergangsbestimmung belastet, als es Urheber anderer Werkgattungen sind[505]. Obwohl die Ausnahmen für den Filmbereich mit dem Ziel der Öffnung der Archive gute Absichten verfolgt, ist die Regelung des § 137 l dUrhG als Fall unechter Rückwirkung durch den Eingriff in ausschließ-

---

496 *Dietrich*, UFITA 2008/II, 359, 367f.

497 *Dietrich*, UFITA 2008/II, 359, 367f.

498 Im Ergebnis auch *Kellerhals/Lehmkuhl*, ZUM 2010, 677, 683.

499 Umstritten ist aber noch der Umfang (einfach od. ausschließlich) und die Frage des Zeitpunktes (1.1.2008 od. 1.1.2009), dazu *Spindler/Heckmann*, ZUM 2006, 620, 625f. u. *Katzenberger*, in Schricker/Loewenheim, UrhG 4.Aufl., § 137l Rn.55f.

500 *Hoeren*, MMR 2007, 615, 617 weist zu Recht auf den reinen Verwertungszweck der Regelung hin; zustimmend *Dietrich*, UFITA 2008/II, 359, 361,.

501 Vertiefend und zum Verhältnis der Ansprüche *Gross*, S.108.

502 *Katzenberger*, in Schricker/Loewenheim, UrhG 4.Aufl., § 137l Rn.58ff.

503 *Gross*, S.92; a.A. *Schulze*, UFITA 2007, 641, 654.

504 *Katzenberger*, in Schricker/Loewenheim, UrhG 4.Aufl.,§ 32c Rn.3, § 137l Rn.58.

505 Vgl. auch *Gross*, S.103f.

liche Rechte „verfassungsrechtlich höchst brisant"[506] und wirft im Hinblick auf Art. 14 Abs.1 GG große Bedenken auf[507].

IV. Welche Verwertungsrechte werden im Ergebnis benötigt?

Die lizenzrechtliche Behandlung von Zugriffs- und Abrufdiensten ist aufgrund der unterschiedlichen Interessenlage bislang nicht einheitlich[508]. In diesem Abschnitt wird versucht zu illustrieren, welche Nutzungsrechte nach dem bisherigen Stand in Literatur und Rechtsprechung für eine digitale Verwertung von Filmen in Zugriffs- und Abrufdiensten benötigt werden.

1. Abstrakte Darstellung der Dienste in rechtstatsächlicher Hinsicht

a. Chronologie eines Filmwerkes vom Verwerter zum Konsument

Die Filme werden sowohl bei Zugriffs- als auch bei Abrufdiensten zusammen mit Zusatzinformationen als Datenkopie in Datenbanken abgespeichert. Bei diesem Vorgang wird der Filmtitel mit den dazugehörigen Bezeichnungen, Genre-Zuteilung und Suchfunktionen in die Datenbank und den Index eingetragen und der Filmdatei zugeordnet. Die Filmdatei wird dafür vorher oder gleichzeitig je nach vorgesehenem Geschäftsmodell bearbeitet, codiert und in der Regel mit *Digital Rights Management Systemen* (DRMS) versehen. Dadurch entstehen von der ursprünglichen Filmdatei verschiedene Dateivorlagen. Der Filmtitel wird zusammen mit Filmcover, Inhaltsangaben und Hintergrundinformationen verknüpft. Teilweise wird der Film auch in das Angebot der Woche aufgenommen, oder in eine Empfehlungsliste des Anbieters. Innerhalb der Datenbank bzw. der Darstellung im Angebot kann eine Verbindung des einzelnen Film mit anderen Filmen erfolgen, wodurch ein Zusammenhang zu anderen Inhalten erfolgen kann.

Anschließend werden die Filme und die Datenbank in einem Portal bzw. in einer Online-Plattform auf einem Server abgespeichert und im World Wide Web oder über ein in der Set-Top-Box integrierten Breitbandzugang der interessierten Öffentlichkeit bereitgestellt. Bis hierhin ist der Ablauf vergleichbar mit dem Etikettieren und Einsortieren von Ware in einem Supermarkt.

---

506 *Spindler/Heckmann*, ZUM 2006, 620, 626.

507 Vgl. bereits *Grohmann*, GRUR 2008, 1056, 1058; *Katzenberger*, in Schricker/Loewenheim, UrhG 4.Aufl., § 137l Rn.8ff.

508 Vgl. u.a. *Schwarz/U.Reber*, in v.Hartlieb/Schwarz, 261.Kap. Rn.8.

Je nach konkretem Angebot und je nach der möglichen Auswahl des Endverbrauchers wird die Nutzung eines Filmes für einen vorübergehenden Zeitraum oder dauerhaft ermöglicht.

Bei der auf Abruf vorübergehenden Nutzung im On-Demand-Streaming wird der Film nach dem Erwerbsvorgang des Rezipienten aus der Datenbank in den Zwischenspeicher eines Betrachtungsprogrammes geladen. Dabei wird die Filmdatei aus der Datenbank im technischen Sinn vorübergehend vervielfältigt, da auch mehrere potentiellen Rezipienten der Abruf weiterhin möglich bleiben soll. Nach dem Ende der Filmbetrachtung und der Beendigung des Bildbetrachtungsprogramms wird der Zwischenspeicher gelöscht, ohne dass eine weitere zusätzliche Kopie der vorliegenden Filmdatei entstanden ist.

Soll der Film auf Abruf für die vorübergehende Nutzung hingegen im Wege des *progressive Download*s übertragen werden, wird durch diesen Vorgang eine Kopie der Filmdatei auf dem Endgerät des Rezipienten abgelegt. Die Filmdatei ist i.d.R. mit DRMS verknüpft, nach welchem der Film durch einen erneuten nachrangigen Erwerb einer vorübergehenden Nutzungserlaubnis betrachtet werden kann. Eine Vervielfältigung der Filmdatei durch den Rezipienten, beispielsweise durch ein Brennen auf DVD, wird in der Regel technisch verhindert.

Bei dem Geschäftsmodell, welches einen Film zur dauerhaften Nutzung bereitstellt, wird durch den Erwerbsvorgang eine weitere Filmdatei hergestellt, mithin also eine Kopie der Filmdatei an den Rezipienten übermittelt. Die Ursprungs-Filmdatei ist weiterhin in der Datenbank vorhanden und somit auf einem körperlichen Träger fixiert. Die Speicherung der Filmdatei bei dem Rezipienten führt dazu, dass nun eine weitere Datei auf einem weiteren Datenträger körperlich fixiert wird. Besteht nach dem Geschäftsmodell für den Rezipienten die Möglichkeit, den Film auch auf einem Datenträger zu brennen, wird eine weitere dritte Kopie der Filmdatei hergestellt, die ursprünglich zwar unkörperlich übertragen worden ist, nun aber auch auf einem weiterleitbaren körperlichen Datenträger vorrätig ist. Die konkrete Nutzung des körperlichen Datenträgers hängt jedoch von dem DRMS ab. Das Geschäftsmodell erfordert durch die Möglichkeit der wiederholten Betrachtung die Einräumung einfacher Nutzungsberechtigungen an die Rezipienten.

Schließlich ist noch die Übertragung eines Filmes im Wege des Zugriffs zu analysieren. Zunächst wird die Filmdatei aus Anbietersicht mehrfach in mehrere Bildbetrachtungsprogramme eingespeist, welche dann den Film zeitversetzt an eine unbestimmte Anzahl von Rezipienten zum zeitgleichen Zugriff übermitteln. Der Rezipient wählt den Filmtitel und den Startzeitpunkt eigenständig aus, und stellt den Zugriff zu dem Zeitfenster her, indem er sich in den betreffenden Kanal einklinkt. Die Aufnahme der Filmdatei in mehrere Bildbetrachtungsprogramme stellt nur eine Zwischenspeicherung dar, und nicht eine Herstellung einer Kopie der Filmdatei.

Vorstellbar ist aber auch, dass in Zukunft eine Filmdatei überhaupt nicht mehr dauerhaft auf einer Festplatte bei einem Rezipienten gespeichert wird, sondern sowohl in dem Leih- wie Kaufmodell lediglich im Stream-Verfahren im Rahmen des *Cloud*-Computing aus einer Movie-Cloud übertragen wird[509]. Die Unterscheidung in vorübergehende oder dauerhafte Nutzungserlaubnis könnte unmittelbar über ein Online-Nutzerkonto gelöst werden, in welchem die Filmtitel mit dauerhafter Nutzungserlaubnis aufgeführt und bereitgehalten werden, und die bereits vorübergehend betrachteten Filmtitel aufgelistet werden. Damit ließe sich ein Zugriff auf Filme von unterschiedlichen Endgeräten und nach Zeiten und Orten der Wahl der Rezipienten schaffen, und zwar weltweit.

b. Charakteristische Merkmale neuer Dienste

Der erste wesensmäßige Unterschied der Angebote besteht auf der Zugriffsebene. Entweder besteht ein Zugang unmittelbar von dem Endgerät bzw. der Set-Top-Box auf das Angebot, welches meist in einer Sammlung von verschiedenen auswählbaren audiovisuellen Inhalten besteht, oder der Zugang erfolgt über das Internet auf das World Wide Web, in welchem sich eine Auswahl auf einer Plattform des Anbieters unter vielen gleichgearteten Angeboten wiederfindet. Bei letzterem Zugang ist damit ein tatsächlicher, technischer und gedanklicher Zwischenschritt erforderlich. Der eigentliche Unterschied besteht jedoch darin, dass bei ersterem Zugang in integrierten Triple-Play-Angeboten ein geschlossener Übertragungsweg gewählt wird. Fremde Nutzer und Fremdanbieter werden durch diese Angebote ausgeschlossen. Bei dem Zugriff über das Internet auf das World Wide Web Angebot stehen die einzelnen Angebote, und sei es auch nur in Form von Plattformen, in unmittelbarem Wettbewerb zu anderen Anbietern.

Ein weiterer Unterschied besteht in dem Angebot selbst und den Nutzungsbedingungen. Die eine Gruppe an Angeboten steht unter den Vorgaben der Anbieter, bei welchen zu festen oder zeitversetzten Zeitpunkten die audiovisuellen Inhalte übertragen werden. Die Nutzer haben hier nur einen scheinbaren Einfluss auf die Auswahlentscheidung, da es sich um sog. Push-Dienste handelt. Die andere Gruppe der Angebote, die sog. Pull-Dienste, eröffnet den Nutzern hingegen eine individuelle Auswahlentscheidung über Auswahl, Zeit und Ort. Letztere Gruppe lässt sich wiederum in Abrufangebote auf Zeit mittels Streaming oder in Abrufangebote mit unbegrenzter Betrachtungsmöglichkeit differenzieren. Desweiteren gibt es aber auch Mischformen. Die Unterscheidung der

509 Zu Rechtsfragen des Cloud Computing siehe vertiefend den Beitrag von *Nägele/Jacobs*, ZUM 2010, 281, passim.

Abrufangebote erfolgt hier auf Basis der Nutzungsmöglichkeit und des Geschäftsmodells. Für die einmalige, zeitbegrenzte Betrachtung audiovisueller Inhalte ist schlicht ein anderer Preis zu entrichten als er zum Download für den Zweck des käuflichen Erwerbs einer digitalen Kopie erforderlich ist.

Eine Sonderform bilden Angebote, die einen persönlichen und digitalen Online-Videorecorder anbieten[510]. Hier wird von den Anbietern den Nutzern ermöglicht, aus dem verfügbaren Programmportfolio der öffentlichen und privaten Rundfunksender seine Lieblingssendungen (gegen ein monatliches Entgelt) aufzeichnen zu lassen, um sie zu einem späteren Zeitpunkt zeitversetzt zu betrachten[511].

2. Subsumtion unter betroffene Verwertungsrechte

Um zur oben dargestellten Ausgangsfrage zurückzukommen, welche Verwertungsrechte bei einer digitalen Filmverwertung in Zugriffs- und Abrufdiensten benötigt werden, ist im Vorfeld kurz auf die terminologischen Unterschiede des deutschen und des österreichischen Urheberrechtsgesetzes einzugehen[512]. Der wesentlichste Unterschied beider Gesetze besteht darin, dass Österreich einen abschließenden Katalog an Verwertungsrechten[513] hat. Jede Nutzungshandlung muss daher einem Verwertungsrecht zugeordnet werden. In Deutschland können hingegen auch unbenannte Verwertungsrechte eingreifen. Dennoch soll aus Gründen der Übersichtlichkeit und wegen bereits harmonisierter Regelungen eine gemeinsame Darstellung der Verwertungsrechte erfolgen, wobei Abweichungen klargestellt werden.

Fraglich ist bei der Zuordnung von digitalen Zugriffs- und Abrufdiensten bereits, ob eine eigenständige Nutzungsart betroffen ist oder sich lediglich die Nutzung der Filme an bereits bekannten Nutzungen anlehnt. Die kommerzielle Verwertung von Filmen über entgeltliche Online-Dienste im Einzelabruf – bzw. Zugriff wird jedenfalls als eigenständige Nutzungsart angesehen[514]. In Fortsetzung der Chronologie der Filmnutzung werden die einzelnen Nutzungshandlungen der Reihe nach subsumiert. Die Digitalisierung selbst stellt dabei zunächst nur eine Technik zur Aufzeichnung, Speicherung und Wiedergabe eines Film-

---

510 Vertiefend *Hofmann*, MMR 2006, 793; *Wiebe*, CR 2007, 28; ferner *Schack*, GRUR 2007, 639, 642; *Poll*, GRUR 2007, 476, 482.

511 *Wiebe*, CR 2007, 28.

512 Die urheberrechtliche Einordnung bleibt von der medienrechtlichen Einordnung unberührt.

513 *Walter*, *Michel M.*, Österr. UrhR, Hdb. I. Teil, Rn.519 m.w.N.

514 Siehe oben Teil II E. II. (S.90f.).

werkes dar[515]. Gleiches gilt auch für die Konvertierung in derzeitige und zukünftige hochauflösende Bildbetrachtungsverfahren, wie High Definition, die mit einer höheren Bildzeilenzahl, besserem Bildaufbauverfahren und optimierter Bildwiederholungsrate operieren. Dennoch stellt die Digitalisierung urheberrechtlich betrachtet bereits eine Vervielfältigungshandlung dar, weil die ursprüngliche Nutzungsmöglichkeit des analogen Filmwerkes quantitativ und qualitativ erweitert wird[516]. Datenkomprimierungsverfahren und Verschlüsselungstechnologien sind aber keine eigenständige Nutzungsart, da sich an der Nutzung des Filmwerkes nichts ändert. Die verwendete Digital-Technik dient als Basis für Verwertungsmodelle, und kann daher nur in einer Gesamtschau mit anderen Verwertungsformen als eigenständige Nutzungsart gelten[517].

a. Das Vervielfältigungsrecht

Als erste urheberrechtlich relevante Verwertungshandlung neben der Digitalisierung ist die Abspeicherung des jeweiligen Filmes und der Upload-Vorgang in ein Computer- und Datenbanksystem anzusehen[518]. Die Abspeicherung selbst stellt bereits eine Vervielfältigungshandlung und daher einen Eingriff in das Vervielfältigungsrecht des Urhebers nach § 16 Abs.1 dUrhG[519] bzw. § 15 Abs.1 öUrhG[520] dar.

Wird der Film anschließend nicht nur im Stream-Verfahren übermittelt, sondern der Film in einer Progressive Download oder Electronic-Sell-through-Variante als Datei bei dem Rezipienten dauerhaft abgespeichert, liegt eine erneute Vervielfältigungshandlung im Sinne des § 16 Abs.1 dUrhG vor[521]. Die Übermittlung im Stream-Verfahren innerhalb eines Mediaprogramms führt zwar ebenfalls zu einer Zwischenspeicherung des Films und damit zu einer Verviel-

515 *v.Gamm*, ZUM 1994, 591, 592; *Veit*, S.95f.; *Manegold*, in Wandtke/Bullinger, UrhG 3.Aufl., Vor §§ 88ff. Rn.44.

516 *Loewenheim*, in Schricker/Loewenheim, UrhG 4.Aufl., § 16 Rn.18 m.w.N.; *Wenzl*, Musiktauschbörsen im Internet (2005), S.55; für Österreich *Walter*, in Loewenheim, Hdb. d.UrhR, 2.Aufl., § 51 Rn.33; *Anderl*, in Kucsko, urheber.recht, S.225; a.A. *Lütje, Stefan* in FS Wolf Schwarz (1999), S.115 (138f.); widersprüchlich LG München I, ZUM-RD 2000, 77, 79.

517 Vgl. *Spindler*, in Schricker/Loewenheim, UrhG 4.Aufl., § 31a Rn.41, 48ff.

518 Vgl. *Schwarz*, ZUM 2000, 816, 828; *Veit*, S.98.

519 *Bullinger*, in Wandtke/Bullinger, UrhG 3.Aufl., § 19a Rn.12; *Büscher/Müller*, GRUR 2009, 558, 559; a.A. *Dustmann*, in Fromm/Nordemann, UrhG 10.Aufl. (2008), § 19a Rn.9, 38 ist für eine einheitliche Verwertungshandlung iSd § 19a.

520 *Wiebe*, MR 2003, 309, 310; *Anderl*, in Kucsko, urheber.recht (2008), S.224ff.; *Walter, Michel M.*, Österr. UrhR, Hdb. I. Teil, Rn.535.

521 So auch *Schack*, 5.Aufl., Rn.461.

fältigungshandlung[522], die jedoch aufgrund der Löschung des Zwischenspeichers meist nur vorübergehender Natur und integraler Bestandteil eines technischen Verfahrens ist, und zudem keine eigenständige wirtschaftliche Bedeutung besitzt. Vorübergehende Vervielfältigungshandlungen sind unter den Voraussetzungen der § 44a dUrhG[523] bzw. § 41a öUrhG[524] als freie Werknutzung zulässig.

Eine Vervielfältigung liegt allerdings nicht vor, wenn ein Film lediglich zeitgleich zu einer Fernsehsendung mittels Live-Streaming und ohne körperliche Fixierung auf Server und Empfangsgerät übertragen wird[525].

b. Das Recht der öffentlichen Zugänglichmachung bzw. Zurverfügungstellung

Weiterhin werden anbietende Verwerter für die Zugänglichmachung von Filmwerken in Abrufdiensten das Recht der öffentlichen Zugänglichmachung nach § 19a dUrhG bzw. das Zurverfügungsstellungsrecht nach § 18a öUrhG benötigen[526]. Das Verwertungsrecht bezieht sich auf die Bereithaltung eines Werkes zum Abruf durch Mitglieder einer Öffentlichkeit von Orten und zu Zeiten ihrer Wahl[527]. Es kommt für das Vorliegen des benötigten Verwertungsrechts nicht darauf an, ob das Werk auch tatsächlich abgerufen wird.

Der konkrete Inhalt des Rechts ist in der deutschen Literatur allerdings umstritten. Hintergrund ist, dass Art.3 der Informationsgesellschaften-Richtlinie als Umsetzungsvorgabe so ausgelegt werden muss, dass es neben dem Bereithalten eines Werkes auch den sich anschließenden Übertragungsvorgang erfasst, und daher für ein zweigeteiltes Recht spricht[528]. Dafür spricht auch, dass es dem Richtliniengeber im Schwerpunkt um die Übertragung eines Werkes für eine Wiedergabe ging, wie die Erwägungsgründe 23 und 25 der Informationsgesellschaften-Richtlinie klarstellen.

So könnte das Recht der öffentlichen Zugänglichmachung im Sinne des § 19a dUrhG in der Form der öffentlichen Bereithaltung des Werkes als ein Recht der Werkverwertung in unkörperlicher Form verstanden werden neben

---

522 *Busch,* GRUR 2011, 496, 498ff.; *Veit*, S.108.

523 *Bullinger*, in Wandtke/Bullinger, UrhG 3.Aufl., § 19a Rn.12; *Busch*, GRUR 2011, 496, 501ff.; a.A. *Radmann*, ZUM 2010, 387, 388f., 391.

524 Vertiefend *Vogel*, in Kucsko, urheber.recht, S.684ff.

525 *Veit*, S.109; *Büscher/Müller*, GRUR 2009, 558, 559.

526 Die Vorgabe der Informationsgesellschafts-RL in Art.3 Abs.1 wurde nahezu identisch von Deutschland und Österreich in nationales Recht umgesetzt, so dass sich inhaltlich keine Unterschiede ergeben.

527 *v.Ungern-Sternberg*, in Schricker/Loewenheim, UrhG 4.Aufl., § 19a Rn.1; zur österreichischen Rechtslage *Gaderer*, in Kucsko, urheber.recht, S.308ff.

528 *Flechsig*, ZUM 2002,1, 5ff; zum Streitstand u.a. *v.Ungern-Sternberg*, in Schricker/Loewenheim, UrhG 4.Aufl., § 19a Rn.25ff. m.w.N.; *Schack*, GRUR 2007, 639, 640.

dem Recht der öffentlichen Wiedergabe[529]. Die Zuordnung zum Recht der öffentlichen Wiedergabe im Sinne des § 15 Abs.2 dUrhG ist nur durch seine Entstehungsgeschichte zu begründen, und ist von der systematischen Einordnung zweifelhaft, da beim bloßen Bereithalten eines Werkes noch gar keine Wiedergabe stattfindet[530]. Die Zuordnung zum Recht der öffentlichen Wiedergabe wird berechtigterweise als Fiktion angesehen[531], auch wenn im Ergebnis die Bereithaltung als Vorstufe für eine Wiedergabe letztlich dem Zweck einer Wiedergabe des Werkes dient.

Die Übertragung des Werkes wird jedenfalls nach dem Wortsinn des Rechts der öffentlichen Zugänglichmachung nicht erfasst[532]. Das Recht an der Abrufübertragung eines öffentlich zum Abruf bereitgehaltenen Werkes ist nicht in § 19a dUrhG geregelt, so dass vertreten wird, das Abrufübertragungsrecht als unbenanntes Recht der öffentlichen Wiedergabe in richtlinienkonformer Auslegung des § 15 Abs.2 dUrhG anzuerkennen[533]. Die Vorschrift des § 19a dUrhG enthält nur ein Bereithaltungsrecht, womit im Ergebnis die Umsetzung der Informationsgesellschaft-Richtlinie in § 19a dUrhG als unzureichend angesehen werden muss. Als Argument für diese Sichtweise ist anzuführen, dass Einigkeit darüber besteht, dass maßgebliche Verwertungshandlung bereits das Zugänglichmachen des Werks an sich ist, es auf einen tatsächlichen Abruf des Werks also nicht ankommt, sondern für einen Eingriff in das Verwertungsrecht des § 19a dUrhG keine Vervielfältigungshandlung nötig ist[534]. In der Rechtsprechung und Literatur wird ein zweigeteiltes Recht zum Teil mit dem Argument des einheitlichen Vorgangs abgelehnt, womit im Ergebnis ein Einheitsrecht vorläge, und dabei lediglich behauptet, das Recht der öffentlichen Zugänglichmachung sei durch den technischen Vorgang und von dem Gegenstand des

---

529 *v.Ungern-Sternberg*, in Schricker/Loewenheim, UrhG 4.Aufl., § 19a Rn.2.

530 *v.Ungern-Sternberg*, in Schricker/Loewenheim, UrhG 4.Aufl., § 19a Rn.2 u. 32; *Schack*, 5.Aufl., Rn.460.

531 So *v.Ungern-Sternberg*, in Schricker/Loewenheim, UrhG 4.Aufl., § 19a Rn.2.

532 Str., vgl. *v.Ungern-Sternberg*, in Schricker/Loewenheim, UrhG 4.Aufl., § 19a Rn.32 u.42 m.w.N.; *Schack*, GRUR 2007, 639, 640; a.A. *Koch*, ZUM 2001, 839, 841; *Dreier*, in Dreier/Schulze, UrhG 3.Aufl., § 19a Rn.6; *Poll*, GRUR 2007, 476, 478f.; *Wiebe*, MR 2003, 309, 310; *ders.*, in Spindler/Schuster, 2.Aufl., § 19a UrhG Rn.2; vgl. auch *Grützmacher*, in Wandtke/Bullinger, UrhG 3.Aufl., § 69c Rn.52.

533 *v.Ungern-Sternberg*, in Schricker/Loewenheim, UrhG 4.Aufl., § 19 Rn.1 u.33; ähnlich *Schack*, GRUR 2007, 639, 640f., der das Recht der Übertragung in § 19a UrhG hineinliest; vgl. auch *Koch*, ZUM 2001, 839, 840ff.

534 OLG Stuttgart, MMR 2008, 474, 475f.; *Dreier*, in Dreier/Schulze, UrhG 3.Aufl., § 19a Rn.6; *Bullinger*, in Wandtke/Bullinger, UrhG 3.Aufl., § 19a Rn.10f.

Rechts ein Recht auf Bereitstellen des Werkes zum Abruf[535]. Die Argumentation für ein Einheitsrecht allein nach dem Zweck der Bereitstellung leuchtet aus den erwähnten systematischen Gründen aber nicht ein[536]. Schließlich wird auch vertreten, alle anderen vor- und nachgelagerten Vervielfältigungen, die durch Digitalisierung bzw. Speicherung auf Server oder Festplatten oder auch Arbeitsspeicher eines Gerätes anfallen, dem Vervielfältigungsrecht nach § 16 dUrhG zuzuordnen[537]. Dem letzteren Ansatz ist aus systematischen Gründen zuzustimmen, soweit eine körperliche Vervielfältigung vorliegt. Das Eingreifen des Vervielfältigungsrechts offenbart lediglich dann Schwächen, wenn keine kurzfristige körperliche Speicherung des Werks vorliegen sollte, wie es gegebenenfalls beim Streaming und Abbruch der Datenverbindung der Fall sein könnte. Ein unbenanntes Abrufübertragungsrecht ist als Konkretisierung des Vervielfältigungsrechts ein flexibleres Verwertungsrecht, da es sämtliche sowie auch nur kurzfristige Übermittlungsvorgänge eines Werks erfasst und unabhängig von tatsächlichen Speicherungen im Arbeitsspeicher oder Festplattenspeicher ist.

Das Recht der öffentlichen Zugänglichmachung folgt ferner einem technologieneutralen Ansatz[538]. Es spielt deshalb bei der Einordnung der Verwertungshandlung keine Rolle, welche Technik dem Angebot zugrundeliegt[539]. Das Recht der öffentlichen Zugänglichmachung wird daher auch benötigt, wenn der bereitgestellte Film im Wege des Streaming-Verfahren zur Verfügung steht[540].

Weiter ist für das Vorliegen des Tatbestands nach § 19a dUrhG Voraussetzung, dass die Zugänglichmachung eines Werkes an die Öffentlichkeit erfolgt. Die Bestimmung der Öffentlichkeit richtet sich nach § 15 Abs.3 dUrhG und einer wertenden Betrachtung. Von einem öffentlichen Bereithalten sei bereits dann auszugehen, wenn das Werk Mitgliedern einer Öffentlichkeit, die persönlich nicht miteinander verbunden sind und sich nicht einem bestimmten und abgrenzbaren Nutzerkreis zuordnen lassen, zum Abruf zugänglich ist[541]. Für eine

535 LG München I, Zum 2009, 788, 793 – nicht rechtskräftig, *Dustmann*, in Fromm/Nordemann, UrhG 10.Aufl., § 19a Rn.9; vgl. *Wenzel/Burkhardt*, UrhR, 5.Aufl., 4.Kap. Rn.59.

536 Ähnlich *Jani*, ZUM 2009, 722, 723.

537 *Schack*, 5.Aufl., Rn.461; *Jani*, ZUM 2009, 722, 723; a.A. LG München I, ZUM 2009, 788, 793 bei mechanischen Vervielfältigungsrechten.

538 *Dreier*, in Dreier/Schulze, UrhG 3. Aufl., § 19a Rn.6; *Poll*, GRUR 2007,476, 479.

539 OLG Stuttgart, MMR 2008, 474, 475.

540 OLG Hamburg, ZUM 2005, 749, 750; OLG Stuttgart, MMR 2008, 474, 475.

541 OLG Stuttgart, MMR 2008, 474, 475; *Dreier*, in Dreier/Schulze, UrhG 3.Aufl., § 19a Rn.7

Abgrenzung zu anderen normierten Verwertungsrechten ist der Begriff der Öffentlichkeit kein taugliches Abgrenzungskriterium[542].

Das Recht der öffentlichen Zugänglichmachung wird aber vom Anwendungsbereich eingeschränkt, indem der Tatbestand des § 19a dUrhG weiter voraussetzt, dass das Werk den Mitgliedern der Öffentlichkeit von Orten und zu Zeiten ihrer Wahl zugänglich ist[543]. Konsequenz dieser Tatbestandsvoraussetzung ist, dass die Zuordnung von Zugriffsdiensten (mit Push-Funktion) unter das Recht der öffentlichen Zugänglichmachung problematisch ist, weil die Mitglieder der Öffentlichkeit grundsätzlich nur eine eingeschränkte Wahl bei der Wahrnehmung des Werkes haben[544]. Eine Zuordnung zum Senderecht nach § 20 dUrhG ist aber ebenfalls nicht zwingend, da eben immerhin noch eine eingeschränkte Wahl der Zeit bei den Interessierten verbleibt[545]. Ebenfalls wiegt das Argument der zeitgleichen Übertragung an eine unbestimmte Anzahl von Rezipienten nicht schwer, soweit es nur technisch bedingt ist. Zu befürworten ist dann vielmehr der Ansatz, Zugriffsdienste für Filme, die zumindest eine eingeschränkte Wahl der Zeit eröffnen, als unbenannte eigenständige Nutzungsart der unkörperlichen öffentlichen Werkwiedergabe aufzufassen[546].

Für eine Abgrenzung des Rechts der öffentlichen Zugänglichmachung mit anderen Verwertungsrechten verbietet sich jedenfalls eine pauschale Zuordnung und Festlegung; sie hat anhand einer Einzelfallbetrachtung zu erfolgen[547].

Verteildienste, die Filme technisch im Wege des Live-Streaming zeitgleich zu einer Programmsendung im Fernsehen übertragen, werden bislang nach überwiegender Auffassung in der Literatur zum Senderecht nach § 20 dUrhG gezählt[548]. Dieser Sichtweise wird hier zugestimmt, da der Filminhalt Konsumenten vielleicht nach Ort, sicher aber nicht nach Zeiten ihrer Wahl zur Verfü-

---

542 *Poll*, GRUR 2007, 476, 479.

543 Dazu *Dreier*, in Dreier/Schulze, 3.Aufl., § 19a Rn.9; *Poll*, GRUR 2007, 476, 480.

544 Vgl. BGH, GRUR 2009, 845, 847 – Internet-Videorecorder, Tz.26.

545 Vgl. *Schwarz*, ZUM 2000, 816, 827f.

546 Noch zur alten Rechtslage bereits *Schwarz*, ZUM 2000, 816, 827f; *v.Ungern-Sternberg*, in Schricker/Loewenheim, UrhG 4.Aufl., § 20 Rn.48; *Bullinger*, in Wandtke/ Bullinger, UrhG 3.Aufl., § 19a Rn.30; *Schack*, GRUR 2007, 639, 643 stützt sich hingegen auf § 16 UrhG.

547 Vgl. bereits *Schwarz*, ZUM 2000, 816, 822ff; *Dustmann*, in Fromm/Nordemann, UrhG 10.Aufl., § 19a Rn.24.

548 *Flechsig*, ZUM 1998, 139, 144f.; *Leupold*, ZUM 1998, 99, 106; *Schwarz*, ZUM 2000, 816, 822, *v.Ungern-Sternberg*, in Schricker/Loewenheim, UrhG 4.Aufl., § 20 Rn.9; *Schack*, GRUR 2007, 639, 643; *Schack*, 5.Aufl., Rn.464; vgl. auch *Spindler*, GRUR 2002, 105, 108; so wohl auch *Ehrhardt*, in Wandtke/Bullinger, UrhG 3.Aufl., § 20b Rn.11; vgl. *Büscher/Müller*, GRUR 2009, 558, 559; a.A. *Dreier*, in Dreier/Schulze, UrhG 3.Aufl., § 19a Rn.10, § 20 Rn.16 m.w.N.

gung steht, so dass es am Vorliegen der Tatbestandsmerkmale „von Orten und zu Zeiten ihrer Wahl" im Sinne des § 19a dUrhG fehlt. Auch in Österreich ist mit gleicher Begründung das Senderecht nach § 17 öUrhG für Verteildienste wie das Live-Streaming anzuwenden; dagegen ist dem Vorschlag von *Walter* hinsichtlich der Anwendbarkeit des Verbreitungsrechts nach § 16 öUrhG auf „Push-Dienste" mit der Begründung zu widersprechen, dass eine öffentliche Wiedergabe und gerade kein Werkstück vorliegt[549]. Wird ein Film also zeitgleich zu einer Fernsehprogrammausstrahlung in Form eines Verteildienst übermittelt, wie es etwa beim Internetfernsehen, IPTV bzw. Live-Webcasting in der Regel der Fall ist, unterfällt die Nutzung ähnlich einer Fernsehausstrahlung dem Senderecht[550].

Problematisch sind eher die Fälle, bei denen, durch die technische und wirtschaftliche Konvergenz beeinflusst, die Grenzen verschwimmen. Zugriffsdienste für Filme, die den Rezipienten eine inhaltliche Auswahl bieten, und sich zeitlich nicht nach einer zeitgleichen und festen Programmsendung richten, enthalten einen höheren Benutzerkomfort, der näher an einem On-Demand-Dienst liegt, als am Fernsehen[551]. Das Near-Video-on-Demand kann zu dieser Gruppe an Zugriffsdiensten gezählt werden[552]. Charakteristisch für das Angebot ist, dass ausgewählte Filme in Intervallen nahezu jederzeit verfügbar sind. Streitig ist in Literatur und Rechtsprechung, ob diese Zugriffsdienste nicht als Push-Dienste noch eher zum Senderecht zu zählen sind[553] oder wegen des individualisierten Dienstes nicht eine Verwertung in Form des § 19a dUrhG einschlägig ist[554]. Den § 19a dUrhG ablehnenden Stimmen wird hiermit entgegengehalten, dass sie die Besonderheiten dieser Zugriffsdienste nicht ausreichend würdigen. Es ist bei Filmen hervorzuheben, dass gerade kein redaktioneller Inhalt vorliegt, der eine Fernsehausstrahlung erfordert, so dass der Zeitpunkt der Ausstrahlung prinzipiell irrelevant wird. Die Voraussetzung des § 19a dUrhG betreffend das Tatbestandsmerkmal „von Orten und zu Zeiten ihrer Wahl" kann ohne weiteres bei

---

549 *Walter*, in Loewenheim, Hdb. d. UrhR, 2.Aufl., § 51 Rn.47.

550 Siehe dazu später unter Teil II E. IV. 2. c. (S.113f.).

551 So auch *Schwarz/U.Reber*, in v.Hartlieb/Schwarz, 262.Kap. Rn.3.

552 *Schwarz/U.Reber*, in v.Hartlieb/Schwarz, 260.Kap. Rn.9 u. 12.

553 BGH, GRUR 2009, 845, 848 – Internet-Videorecorder, Tz.33, für die Übermittlung von ursprünglichen Sendesignalen; LG Köln, ZUM 2005, 574, 575; *Flechsig*, ZUM 1998, 139, 144; *Leupold*, ZUM 1998, 99, 107; i.E. offengelassen *Schwarz*, ZUM 2000, 816, 827f.; *v.Ungern-Sternberg*, in Schricker/Loewenheim, UrhG 4.Aufl., § 20 Rn.9; *Schack*, 5.Aufl., Rn.464; a.A. OLG Hamburg, ZUM 2005, 749, 750; *Dreier*, in Dreier/Schulze, UrhG 3.Aufl, § 20 Rn.16; *Ehrhardt*, in Wandtke/Bullinger, UrhG 3.Aufl., § 20b Rn.13.

554 Vgl. *Schwarz/U.Reber*, in v.Hartlieb/Schwarz, 260.Kap. Rn.9.

Übertragungen im Near-Video-on-Demand bejaht werden[555], auch wenn der Film zyklisch in Intervallen ausgestrahlt wird. Es stellt für Anbieter und Rezipient lediglich ein Unterschied in der Technik dar, wenn ein Film entweder in einem Intervall zeitversetzt oder in einem Puffer im Streaming-Verfahren übertragen wird. Das Near-Video-on-Demand erfordert allein aufgrund der Technik ein Intervall und eine Vorauswahl der Filme[556].

Als Zwischenergebnis für die deutsche Rechtslage festzuhalten ist, dass die Bereithaltung von Filmen im Verfahren Near-Video-on-Demand nach der hier vertretenen Ansicht zunächst dem Recht der öffentlichen Zugänglichmachung nach § 19a dUrhG unterfällt[557]. Die Übertragung des Filmes wird (je nach Sichtweise in der Literatur[558]) bei dem hier vertretenen Ansatz dem Abrufübertragungsrecht als unbenanntem Recht der öffentlichen Wiedergabe zugeordnet[559]. Die Befürworter in der Literatur, die sowohl die Bereitstellung als auch die Übertragung von § 19a dUrhG erfasst sehen wollen, führen als Argument gegen die Annahme einer unbenannten öffentlichen Werkwiedergabe nach § 15 Abs.2 dUrhG das Entstehen von Schutzlücken an. Das Entstehen von Schutzlücken ist jedoch nicht zwingend, wenn der Filmhersteller einem Verwerter die Nutzungsrechte für die Vervielfältigung und die öffentliche Zugänglichmachung seines Werkes eingeräumt hat, da dann nach der Zweckübertragungsregel gemäß § 31 Abs.5 dUrhG sich die Nutzungsrechteeinräumung auch auf die Übertragung zur öffentlichen Wiedergabe des Filmes beziehen wird. Die hier zugrundegelegte Lösung erfüllt die Anforderungen an die gesetzliche Systematik, ohne jedoch zu einem abweichenden Ergebnis zu kommen. Zumindest wird bei dem hier vertretenen inhaltsbezogenem Ansatz, weil Gegenstand der Zugriffsdienste ein Film ohne redaktionelle Aufbereitung ist, der Anwendungsbereich des Senderechts klar abgelehnt[560].

Für Abrufdienste, bei denen der Abrufende selbst den Zeitpunkt der Übermittlung bestimmt, wie es beispielsweise Video-on-Demand-Dienste mit Pull-Funktion oder On-Demand-Streaming anbieten, wird insoweit unstreitig die Erforderlichkeit des Rechts der öffentlichen Zugänglichmachung nach § 19a

---

555 So auch OLG Stuttgart, MMR 2008, 474, 475.

556 *Schwarz/U.Reber*, in v.Hartlieb/Schwarz, 260.Kap.Rn.13, werten die Initiative bzgl. Auswahl als Argument für eine Funksendung i.S.d. § 20 dUrhG.

557 *Dreier*, in Dreier/Schulze, UrhG 3.Aufl., § 19a Rn.10; *Bullinger*, in Wandtke/Bullinger, UrhG 3.Aufl., § 19a Rn.26.

558 Alternativ wird die Übertragung auch schon als von § 19a dUrhG direkt erfasst angesehen, so *Dreier*, in Dreier/Schulze, UrhG 3.Aufl., § 20 Rn.16.

559 Dagegen a.A. die wohl h.M., u.a. *Schwarz/U.Reber*, in v.Hartlieb/Schwarz, 260.Kap. Rn.13.

560 Vgl. *Büscher/Müller*, GRUR 2009, 558, 559; a.A. *Poll*, GRUR 2007, 476, 481.

dUrhG[561] bzw. des Zurverfügungstellungsrechts nach § 18a öUrhG[562] bejaht. Zusätzlich ist aber auch hier für die deutsche Rechtslage ein unbenanntes Abrufübertragungsrecht nach § 15 Abs.2 dUrhG erforderlich, worauf bei der Nutzungsrechtseinräumung im Lizenzvertrag geachtet werden sollte.

In Österreich stellt sich ebenfalls die Frage, durch welches Verwertungsrecht die Abrufübertragung geschützt ist. Die interaktive Wiedergabe von Filmen ist dem Oberbegriff des Rechts der öffentlichen Wiedergabe zuzurechnen[563], auch wenn das Recht der öffentlichen Wiedergabe in Österreich nicht explizit geregelt ist sondern bloß unterstellt wird. Das Zurverfügungsstellungsrecht in § 18a Abs.1 öUrhG geht wie § 19a dUrhG auf Art.3 Abs.1 Informationsgesellschafts-Richtlinie zurück. Zweck der Richtlinienvorgabe ist die Nutzung von Werken über digitale Übertragungswege zu harmonisieren[564]. Die Richtlinienvorgabe sah in Art.3 Abs.1 Informationsgesellschaft-Richtlinie dafür ein zweigeteiltes Recht vor, welches in das Zugänglichmachen und in die öffentliche Wiedergabe aufzuteilen ist. Österreich hat nur für das Zurverfügungstellen eines Werkes ein eigenes Verwertungsrecht umgesetzt, nicht jedoch für die Übermittlung.

Für die österreichische Rechtslage kann aufgrund des abschließenden Katalogs an gesetzlich geregelten Verwertungsrechten[565] kein unbenanntes Abrufübertragungsrecht bestimmt werden. Es ist damit zu bestimmen, ob nach der österreichischen Rechtslage der Übermittlungsvorgang noch von § 18a Abs.1 öUrhG erfasst wird, d.h. das Zurverfügungsstellungsrecht als umfassendes Verwertungsrecht des Urhebers auch die Abrufübertragung an sich schützt. Anderenfalls ist die Abrufübertragung einem anderen normierten Verwertungsrecht zuzuordnen.

Die Literatur in Österreich ist sich darüber einig, dass für § 18a Abs.1 öUrhG nicht von Bedeutung ist, ob das Werk tatsächlich abgerufen wird, da bereits die reine Zurverfügungstellung geschützt ist[566]. Damit erfasst das Zurverfügungsstellungsrecht im Sinne des § 18a Abs.1 öUrhG nicht den Übermittlungsvorgang (Abrufübertragung), da dieser zeitlich an die Zurverfügungstellung anknüpft.

---

561 U.a. *Schwarz/U.Reber*, in v.Hartlieb/Schwarz, 261.Kap. Rn.4; *Schack*, 5.Aufl., Rn.464; *Büscher/Müller*, GRUR 2009, 558, 559.

562 *Walter*, in Loewenheim, Hdb. d. UrhR, 2.Aufl., § 51 Rn.47.

563 *Walter*, in Loewenheim, Hdb. des UrhR, 2.Aufl., § 51 Rn.47.

564 *Gaderer*, in Kucsko, urheber.recht, S.310 mit Verweis auf *Walter*, MR 2002, 217.

565 *Walter*, in Loewenheim, Hdb. des UrhR, 2.Aufl., § 51 Rn.31.

566 *Gaderer*, in Kucsko, urheber.recht, S.312; *Walter, Michel M.*, Österr. UrhR, Hdb. I. Teil, Rn. 734, 736.

Fraglich ist demnach, welchem Verwertungsrecht die Abrufübertragung unterfällt. In Betracht kommen das Vervielfältigungsrecht nach § 15 öUrhG oder das Senderecht nach § 17 öUrhG. Das Verbreitungsrecht scheidet von vornherein aus mit dem Argument, dass § 16 Abs.1 öUrhG nur auf Werkstücke anwendbar ist. Ein körperliches Werkstück liegt bei der unkörperlichen digitalen Übermittlung gerade nicht vor, denn erst durch die Übermittlung kann gegebenenfalls ein neues Werkstück (bei dauerhafter Speicherung) entstehen. Dem wohl überholten Standpunkt des OGH[567], der vor Aufkommen neuer Abrufdienste auch unkörperliche Werkübermittlungen unter das Verbreitungsrecht fasste, muss daher entschieden widersprochen werden.

Folglich sind noch das Senderecht und das Vervielfältigungsrecht als mögliches Verwertungsrecht für die Abrufübertragung abzugrenzen. Beim Senderecht ist hervorzuheben, dass auf das Merkmal der Sendung abgestellt wird. Eine Sendung erfolgt in Folge eines gleichzeitigen Push-Vorganges durch den Anbieter an viele Empfangspersonen und stellt keinen interaktiven Vorgang eines Endnutzers dar. Auch das Senderecht erfasst daher nicht die Abrufübertragung. Einschlägig kann für die Abrufübertragung somit nur noch das Vervielfältigungsrecht nach § 15 öUrhG sein.

In Österreich besteht im Gegensatz zur deutschen Rechtslage beim Vervielfältigungsrecht keine strenge Unterteilung in körperliche und unkörperliche Werkverwertung. Das Vervielfältigungsrecht erfasst vielmehr jegliches (technisches) Verfahren der Vervielfältigung. Der Begriff unterliegt einer sehr weiten Auslegung[568], und erfüllt im Ergebnis eine Auffangfunktion. Bei Abrufdiensten setzt der Endnutzer durch seinen Abruf ein technisches Verfahren in Gang, bei dem von der Filmkopie auf dem Server des Anbieters eine weitere flüchtige oder dauerhafte Kopie des Films an den Nutzer übermittelt wird. Der Übermittlungsvorgang ist als Übertragung von einem Speicher auf einen anderen zu qualifizieren[569]. Das Vervielfältigungsrecht nach § 15 Abs.1 öUrhG erfasst nach dem technischen Verständnis somit den reinen Übermittlungsvorgang. Dafür spricht ebenfalls der Rechtsgedanke der Schrankenbestimmung in § 41a öUrhG, die in Umsetzung von Art.5 Abs.1 Informationsgesellschaft-Richtlinie ebenfalls von einer Vervielfältigung spricht. Für die Existenz des § 41a öUrhG bestünde kein Grund, wenn nicht die vorübergehende elektronische Vervielfältigung einen Eingriff in das Vervielfältigungsrecht darstellen würde[570]. Als weiteres Argu-

567 So noch OGH, 4 OB 127/01g, GRUR Int.2002, 341, 343 – Medienprofessor; OGH, 4 Ob 155/01z GRUR Int.2002, 452, 454 – C-Villas; nunmehr OGH, 4 Ob 208/09f, ZUM 2010, 629, 630 – Mozart-Symphonie No.41.

568 *Anderl*, in Kucsko, urheber.recht, S.223, 225.

569 OGH 4 Ob 345/98h, MMR 1999, 352, 353 – Radio Melody III.

570 Vgl. auch Art.2 und 5 der Informationsgesellschaft-Richtlinie.

ment für die hier zugrundegelegte Rechtsauffassung anzuführen ist der Gesichtspunkt der Harmonisierung, der in Umsetzung der Informationsgesellschaft-Richtlinie durch die Länder Deutschland und Österreich zumindest auch für die Übermittlung eines Films sowie einen effektiven und ausreichenden Schutz der Rechteinhaber gelten sollte. Ohne die Möglichkeit der Annahme eines unbenannten Abrufübertragungsrechts verhindert somit nur das Vervielfältigungsrecht die Entstehung von Schutzlücken für Urheber und Rechteinhaber. Die Abrufübertragung ist auf Grund der bisherigen Rechtsprechung in Österreich und der anzuwendenden weiten Auslegung vom Vervielfältigungsrecht nach § 15 Abs.1 öUrhG erfasst[571]. Von der Übermittlung über Streaming- oder Download-Verfahren hängt die weitere Frage einer freien Werknutzung nach § 41a Abs.1 öUrhG bzw. § 42 Abs.1 öUrhG ab.

Für die österreichische Rechtslage steht nach der Gesetzessystematik im Ergebnis fest, dass das Zurverfügungsstellungsrecht nur Formen der interaktiven Wiedergabe erfasst. Near-Video-on-Demand wird mangels vollständiger Interaktivität nicht von § 18a Abs.1 öUrhG erfasst, sondern unterfällt allein dem Senderecht[572].

c. Erforderlichkeit des Senderechts?

Alternativ zum Recht der öffentlichen Zugänglichmachung im Sinne des § 19a dUrhG kann für bestimmte Online-Dienste das Senderecht nach § 20 dUrhG erforderlich sein. Im Hinblick auf die österreichische Rechtslage stellt sich die gleiche Frage im Zusammenhang mit § 17 öUrhG[573].

Das Senderecht bezieht sich auf die Echtzeitübertragung eines Werkes, bei der der Inhalt, der Zeitpunkt der Übermittlung und die eigentliche Sendung vom Sendenden vorgegeben werden. Zu bejahen ist die Erforderlichkeit des Senderechts für zeitgleiche Sendungen über das Internet, wie Web-TV oder Live-Streaming, und bei dem Geschäftsmodell pay-per-Channel[574], weil kein Individualmedium vorliegt. Es gehört nach § 15 Abs.2 Nr.3 dUrhG zum ausschließlichen Recht der öffentlichen Wiedergabe eines Werkes, und ist wie § 19a dUrhG ein Recht am öffentlichen Zugänglichmachen eines Werkes. Die einzelne Ausstrahlung an sich muss das Werk aber bereits einer Öffentlichkeit zugänglich machen[575].

---

571 Vgl. zur Qualifizierung ebenfalls *Walter, Michel M.*, Österr. UrhR, Hdb. I. Teil, Rn.727, 736ff., der jedoch den Vorgang der Übemittlung i.E. als unbeachtlich einstuft.

572 *Walter, Michel M.*, Österr. UrhR, Hdb. I. Teil, Rn..736.

573 Vertiefend dazu *Lusser/Krassnigg-Kulhavy*, in Kucsko, urheber.recht, S.268ff.

574 *Schwarz*, ZUM 2000, 816, 822; *Lütje, Stefan*, in FS Wolf Schwarz (1999), S.115 (141); *v.Ungern-Sternberg*, in Schricker/Loewenheim, UrhG 4.Aufl., § 20 Rn.45, 47.

575 *v.Ungern-Sternberg*, in Schricker/Loewenheim, UrhG 4.Aufl., § 20 Rn.9.

Das Senderecht soll aber auch im Fall der virtuellen Videorecorder gelten[576]. Problematisch an der Rechtsauffassung des *Bundesgerichtshofes* ist, dass das Werk (hier Film) nur dem registrierten Nutzer zugänglich gemacht wird, und die Nutzung insofern eher für einen Eingriff in das Recht der öffentlichen Zugänglichmachung spricht[577]. Maßgebliches Abgrenzungskriterium muss das Merkmal der Öffentlichkeit sein, wobei darauf zu achten ist, dass das Senderecht und das Recht der öffentlichen Zugänglichmachung bzw. Zurverfügungstellung von unterschiedlichen Begriffen ausgehen. Auf die österreichische Rechtslage bezogen wird teils eine breitere Öffentlichkeit gefordert, letztlich wird in Abgrenzung zur interaktiven Nutzung des öffentlichen Zurverfügungstellens aber auf die Gleichzeitigkeit zu einer Programmsendung abgestellt[578].

In den Anwendungsbereich des Senderechts fallen demnach nur (Push-) Dienste mit Programmsendungen von Filmen, die den Rezipienten keine zeitliche Auswahlmöglichkeit eröffnen, sondern abhängig sind von der zeitlich festgelegten Programmabfolge[579]. Ein Angebot im Streaming-Verfahren mit Wahlfreiheit des Kunden unterfällt nicht einer Sendung[580]. Es spielt jedoch keine entscheidende Rolle, ob die Übertragung über Funk, Satellitenrundfunk, Kabelfunk oder über ähnliche technische Mittel (u.a. Internet oder Breitband) per Live-Streaming erfolgt, solange jedenfalls die Sendung zeitgleich auch über Funk ausgestrahlt wird[581].

d. Erforderlichkeit des Rechts der öffentlichen Wiedergabe?

Fraglich ist allein für die deutsche Rechtslage, ob das Recht der Wiedergabe von Funksendungen und von öffentlicher Zugänglichmachung nach § 22 S.1 dUrhG benötigt wird. Dieses Recht ist ein Recht am öffentlichen Wahrnehmbarmachen von Werken[582], knüpft also zeitlich nach einem Zugänglichmachen eines Werkes an. Die Alternative 1 des § 22 S.1 dUrhG, die sich auf das Recht der Wiedergabe von Funksendungen bezieht, scheidet aus, da das Filmwerk im Wege der Individualkommunikation übertragen wird[583].

---

576 BGH, GRUR 2009, 845, 848 – Internet-Videorecorder, Tz.35; vgl. für Österreich *Gaderer*, in Kucsko, urheber.recht, S.314.

577 In diesem Sinn für Österreich *Gaderer*, in Kucsko, urheber.recht, S.314.

578 *Walter*, in Loewenheim, Hdb. d.UrhR, 2.Aufl., § 51 Rn.42.

579 *Dreier*, in Dreier/Schulze, UrhG 3.Aufl., § 20 Rn.1; *Leupold*, ZUM 1998, 99,106.

580 OLG Hamburg, ZUM 2009, 414, 416.

581 OLG Stuttgart, MMR 2008, 474, 475; *Büscher/Müller*, GRUR 2009, 558; a.A. *Homann*, Filmrecht, S.101.

582 *v.Ungern-Sternberg*, in Schricker/Loewenheim, UrhG 4.Aufl., § 22 Rn.1.

583 *v.Ungern-Sternberg*, in Schricker/Loewenheim, UrhG 4.Aufl., § 22 Rn.8.

Einschlägig könnte hier daher nur das sogenannte Recht der Wiedergabe von öffentlicher Zugänglichmachung sein, das Anwendung findet auf Fälle des öffentlichen Wahrnehmbarmachen von Werken, nachdem diese im Sinne des § 19a dUrhG durch eine Abrufübertragung öffentlich zugänglich gemacht worden sind[584].

Entscheidende Voraussetzung nach § 22 S.1 dUrhG ist das öffentliche Wahrnehmbarmachen. Das nicht-öffentliche Wahrnehmbarmachen ist frei. Die Wiedergabe ist öffentlich unter den Voraussetzungen des § 15 Abs.3 dUrhG. Die Norm des § 22 S.1 dUrhG geht von dem Fall aus, dass die Wiedergabe einer Mehrzahl von Mitgliedern der Öffentlichkeit, die an einem Ort versammelt ist, gemeinsam wahrnehmbar ist[585]. Der als Öffentlichkeit angesprochene Personenkreis muss also an einem Ort versammelt sein.

Wie schwierig eine Auslegung im Einzelfall sein kann, sollen die nachfolgend illustrierten Beispielsfälle verdeutlichen[586]. Die Beispielsfälle setzten hier alle voraus, dass ein Film über einen Abrufdienst übertragen wird. Im Fall 1 schaut sich eine vierköpfige-Familie zusammen mit Freunden und Kindern in ihrem Wohnzimmer den Spielfilm *Das Wunder von Bern* gemeinsam an, nachdem der Film übertragen worden ist. Im Fall 2 wird der gleiche Film nur von zwei Familienmitgliedern abgerufen und angeschaut. Im Fall 3 schauen sich eine Vielzahl von Gästen den Film in einer öffentlich zugänglichen Kneipe oder einem Aufenthaltsraum einer Jugendherberge oder eines Krankenhauses an.

Paradoxerweise könnte also das Merkmal des öffentlichen Wahrnehmbarmachens eines Werkes lediglich davon abhängen, ob eine Mehrzahl an Personen versammelt ist, unabhängig davon, ob sie an einem privaten oder einem öffentlichen Ort versammelt sind. Diese Sichtweise ist in Frage zu stellen, wie es bereits zahlreiche Gerichtsentscheidungen belegt haben[587]. Die UrhG-Novelle (Zweiter Korb) hat den Begriff „öffentlich" neu definiert, um den Geltungsbereich der Legaldefinition in § 15 Abs.3 dUrhG auf Werkverwertungen durch öffentliches Zugänglichmachen zu erstrecken[588]. Das Vorliegen einer öffentlichen Wiedergabe muss sich auch weiterhin an dem Adressatenkreis orientieren. Für die Bestimmung des Adressatenkreises kann der Umstand eines Ortes ein Indiz dafür sein, ob die Adressaten Mitglieder einer Öffentlichkeit sind. In § 15 Abs.3 S.1 dUrhG wird durch das Wort „bestimmt" überdies deutlich, dass der Gesetzgeber auf ein subjektives Element desjenigen abstellt, der das Werk

584 *Wenzel/Burkhardt*, UrhR, 5.Aufl., 4.Kap. Rn.77.

585 *v.Ungern-Sternberg*, in Schricker/Loewenheim, UrhG 4.Aufl., § 22 Rn.11.

586 Vgl. dazu auch *v.Ungern-Sternberg*, in Schricker/Loewenheim, UrhG 4.Aufl., § 15 Rn.78 ff.

587 *v.Ungern-Sternberg*, in Schricker/Loewenheim, UrhG 4.Aufl., § 15 Rn.79 m.w.N.

588 Siehe *v.Ungern-Sternberg*, in Schricker/Loewenheim, UrhG 4.Aufl., § 15 Rn.65.

verwertet[589]. Das Vorliegen einer Öffentlichkeit ist aus Gründen der Rechtssicherheit abzulehnen, wenn das Werk lediglich in privaten Haushalten konsumiert wird. Dafür spricht auch das Argument, das in Privaträumen eine Abgrenzung und Kontrolle nicht möglich ist. Ferner sind der aus dem allgemeinen Persönlichkeitsrecht in Art.1 GG abgeleitete Schutz der Privatsphäre, und die in Art.13 GG verankerte Unverletzlichkeit der Wohnung als verfassungsrechtliche Wertungen bei der Auslegung der Öffentlichkeit zu berücksichtigen.

Der *Oberste Gerichtshof* Österreichs (OGH) hat dem Zweck der Veranstaltung für die Beurteilung der Frage, ob eine Werkwiedergabe öffentlich ist, neben der Teilnehmerzahl und dem Ausmaß der persönlichen Beziehungen untereinander Bedeutung beigemessen[590]. Im Zweifel ist auch zu beachten, ob mit der Wiedergabe der Veranstalter eigene oder fremde wirtschaftliche Zwecke fördern will[591].

Sinnvoll erscheint es danach nur, den Fall 3 als von § 22 S.1 dUrhG erfasst zu sehen. Im Fall 1 und Fall 2 fehlt es aufgrund der persönlichen Verbindung der Anwesenden untereinander, als auch dem privaten Zweck der Unterhaltung und dem Ort der Widergabe an dem Merkmal einer öffentlichen Wiedergabe. Interessengerecht erscheint es, den Ort als Auslegungskriterium hervorzuheben, da eine Abgrenzung anhand eines öffentlichen Ortes praktikabel ist und gelingt. Soweit der Zweck der Wiedergabe zu Hause an einen öffentlichen Personenkreis gerichtet ist, beispielsweise bei einer Filmvorführung vor Vereinsmitgliedern, kann im Einzelfall aber auch ein anderes Ergebnis gelten.

e. Erforderlichkeit des Vorführungsrechts bzw. Aufführungsrechts?

Hinsichtlich der unkörperlichen Verwertungsrechte könnte das Vorführungsrecht für die Präsentation eines Filmes nach § 19 Abs.4 dUrhG bzw. das Aufführungsrecht nach § 18 Abs.1, Abs.3 öUrhG[592] relevant sein.

Das Vorführungsrecht nach § 19 Abs.4 dUrhG gestattet u.a. ein Filmwerk durch technische Einrichtungen öffentlich wahrnehmbar zu machen, jedoch mit der Einschränkung des § 19 Abs.4 S.2 dUrhG. Unter die Einschränkung des § 19 Abs.4 S.2 dUrhG fallen aber auch der individuelle Live-Stream und andere Formen der öffentlichen Zugänglichmachung. Der Anwendungsbereich der Vor-

589 *v.Ungern-Sternberg*, in Schricker/Loewenheim, UrhG 4.Aufl., § 15 Rn.68.

590 OGH, 4 Ob 249/03, GRUR Int. 2005, 730, 731 – Radiogerät.

591 OGH, 4 Ob 249/03, GRUR Int. 2005, 730, 731 – Radiogerät.

592 Vertiefend *Hüttner*, in Kucsko, urheber.recht, S.296ff.; *Walter, Michel M.,* Öster. UrhR, Hdb. Teil I, Rn.622.

schrift des § 19 Abs.4 dUrhG ist damit bereits nach allgemeiner Meinung nicht erfüllt[593].

Hingegen ist für die österreichische Rechtslage ein anderes Ergebnis festzustellen. Die Norm des § 18 Abs.3 öUrhG betrifft öffentliche Aufführungen von Filmwerken[594], die ermöglicht werden durch die Benutzung einer Rundfunksendung oder durch die Benutzung eines zur Verfügügung gestellten Filmwerkes. Eine öffentliche Aufführung eines durch das Zurverfügungsstellungsrecht öffentlich bereitgehaltenen Filmwerkes im Sinne des § 18 öUrhG liegt vor, wenn das Filmwerk mittelbar einer Öffentlichkeit[595] wahrnehmbar gemacht wird, die an einem Ort gleichzeitig versammelt ist[596]. Veranstalter einer an die Öffentlichkeit gerichteten Aufführung eines Filmwerkes benötigen nach der österreichischen Rechtslage somit die Aufführungsrechte von den Rechteinhabern, soweit die Urheber bzw. Anbieter von Filmwerken über interaktive Zugriffs- und Abrufdienste diese Nutzung nicht vertraglich ausgeschlossen bzw. die Wiedergabe des Filmwerkes auf das Mediaprogramm bzw. den privaten Bildschirm beschränkt haben, wovon in der Praxis aber in aller Regel ausgegangen werden muss.

3. Streitpunkte der Nutzungsrechte im Zusammenhang mit digitaler Verwertung von Filmwerken

Die Streitpunkte im Bereich der Tatbestandsmerkmale der gesetzlichen Nutzungsrechte sind nach dem gegenwärtigen Stand in Literatur und Rechtsprechung noch nicht abschließend ausgeräumt.

a. Die Dogmatik der Urheberrechtsgesetze

Die große Schwierigkeit besteht darin, die Unterscheidung zwischen der körperlichen und unkörperlichen Verwertung aufrechtzuerhalten. Bislang gingen sämtliche Beteiligten von dem bewährten Verständnis aus, dass sich die Nutzung eines Werkes danach bestimmen lässt, ob die Nutzung körperlich oder unkörperlich erfolgt. Dazu hatten die Gesetzgeber in Deutschland und Österreich eine differenzierende Systematik entwickelt, die körperliche und unkörperliche Nutzungsrechte normiert.

---

593 *v.Ungern-Sternberg*, in Schricker/Loewenheim, UrhG 4.Aufl., § 19 Rn.43f.

594 Erläuternd *Hüttner*, in Kucsko, urheber.recht, S.301f.

595 Siehe dazu *Hüttner*, in Kucsko, urheber.recht, S.295ff.

596 *Hüttner*, in Kucsko, urheber.recht, S.306; *Walter, Michel M.*, Öster. UrhR, Hdb. Teil I, Rn.625, 706, 713.

Nun zeigt sich aber durch das digitale Informationszeitalter, dass sich die Grenzen zwischen Körperlichkeit und Unkörperlichkeit zunehmend aufheben. Es stellt sich daher die Frage, ob die altbewährte Systematik noch zeitgemäß ist. Warum wird diese Frage gestellt? Weil nach dem herkömmlichen Verständnis der unkörperlichen Wiedergabe im Sinne des § 15 Abs.2 dUrhG keine anschließende körperliche Fixierung erfolgt. Die Praxis lehrt jedoch anderes.

b. Geltung des „Erschöpfungsgrundsatzes"

Eine bislang noch offene und vor allem – speziell im Software-Bereich – umstrittene Frage des Urheberrechts im weiteren Zusammenhang ist, ob der sogenannte „Erschöpfungsgrundsatz"[597] nach § 17 Abs.2 dUrhG bzw. § 16 Abs.3 öUrhG in entsprechender oder extensiver Auslegung auf Vervielfältigungsstücke, die basierend auf unkörperlichen Werkverwertungsformen hergestellt worden sind, Anwendung findet[598]. Nach dem Wesen als Bereithaltungsrecht unterliegt das Recht der öffentlichen Zugänglichmachung bzw. Zurverfügungstellung schon per se, und nach dem Wortlaut in § 17 Abs.2 dUrhG bzw. § 16 Abs.3 öUrhG, keiner Erschöpfung[599]. Das dürfte folglich wegen der eindeutigen Rechtslage und Systematik unstreitig sein[600]. Nach der österreichischen Rechtslage stellt sich die Frage nicht, da der Wortlaut von § 16 Abs.3 öUrhG die Erschöpfung eindeutig nur auf ein in Verkehr gebrachtes Werkstück bezieht[601].

Allein fraglich ist der Fall, bei welchem einem Rezipienten nach einem Abruf eines Filmes die Möglichkeit eröffnet wird, ein körperliches Vervielfältigungsstück der heruntergeladenen Datei legal herzustellen, ob hier eine Erschöpfung des Verbreitungsrechtes für dieses Vervielfältigungsstück anzunehmen ist[602].

Die Schwierigkeit des dargestellten Falls liegt darin, dass die Herstellung des Vervielfältigungsstücks durch eine unkörperliche Werkübermittlung im Wege des Downloads erst ermöglicht worden ist, für die ganz eindeutig der Erschöpfungsgrundsatz nicht gilt [so die Sichtweise der Rechtsprechung und ab-

---

597 Kritisch *Heerma*, in Wandtke/Bullinger, UrhG 3.Aufl., § 15 Rn.23.

598 Für diese Sichtweise u.a. *Hoeren*, CR 2006, 573, 574; *ders.*, GRUR 2010 , 665, 669f.; *Grützmacher*, CR 2007, 549, 551; ablehnend *Spindler*, CR 2008, 69, 72ff.

599 Siehe u.a. *Heerma*, in Wandtke/Bullinger, UrhG 3.Aufl., § 15 Rn.27.

600 U.a. OLG Hamburg, ZUM 2009, 414, 415.

601 Dazu *Walter*, in Loewenheim, Hdb. d. UrhR, 2.Aufl., § 51 Rn.35 m.w.N.; *Anderl*, in Kucsko, urheber.recht, S.232.

602 *v.Ungern-Sternberg*, in Schricker/Loewenheim, UrhG 4.Aufl., § 19a Rn.6, der den Fall als „elektronischen Versand" bezeichnet, und der „an die Stelle des Einzelvertriebs in körperlicher Form tritt"; vgl. bereits die Fall-Bildung bei *Spindler*, CR 2008, 69, 70.

lehnenden Literatur-Meinungen[603]], andererseits das Ergebnis des körperlichen Vervielfältigungsstücks als „digitale Äquivalente" kaum Unterschiede zu einer körperlichen Verbreitung aufweist[604] [so die Sichtweise der Literaturstimmen, die eine Erschöpfung des Verbreitungsrechts mit Berufung auf die identische Interessenlage annehmen][605].

Um es also nochmals deutlich herauszuarbeiten: der Anwendungsbereich des Verbreitungsrechts ist nicht eröffnet, da es sich nur auf die Erstverbreitung eines körperlichen Vervielfältigungsstücks bezieht. Bei dem geschilderten Fall wird der theoretische Anwendungsbereich des Verbreitungsrechts erst dadurch eröffnet, dass der Endverbraucher und Rezipient ein Vervielfältigungsstück nach dem Download herstellt. Dieses Werkstück gelangt nicht mit Einwilligung des Berechtigten in den Verkehr, da sich die Einwilligung nur auf die Herstellung eines Datenträgers bezieht.

In der Tendenz ist bei den Entscheidungen der Rechtsprechung erkennbar, dass die Geltung des Erschöpfungsgrundsatzes bei der unkörperlichen Wiedergabe bzw. Erstverbreitung verneint wird[606]. Dabei wird argumentiert, dass das konkrete und hergestellte Vervielfältigungsstück niemals in den Verkehr gebracht worden ist, und damit die Schlussfolgerung zulässt, dass sich das Verbreitungsrecht daran auch nicht erschöpfen kann[607]. Das Vervielfältigungsstück leitet sich ja nur von einer unkörperlichen Datei ab, die im Wege des Downloads veräußert worden ist. Der Verwerter hat eben gerade nicht den Weg der körperlichen „Erstverbreitung" gewählt, so dass die Grundlage für den allgemeinen Rechtsgrundsatz der Erschöpfung fehlt[608]. Die obergerichtliche Rechtsprechung zum Erschöpfungsgrundsatz stellt klar, dass eine Erschöpfung nur an körperlichen Gegenständen und nicht an Rechten eintreten kann, womit auch eine ana-

---

603 *Flechsig*, ZUM 1998, 139, 146; *v.Ungern-Sternberg*, in Schricker/Loewenheim, UrhG 4.Aufl., § 19a Rn.6 m.w.N.; *Schulze*, in Dreier/Schulze, UrhG 3.Aufl., § 17 Rn.30.

604 *Berger*, GRUR 1997, 169, 178f; *Hoeren*, MMR 2000, 515, 517, der m.E. berechtigt die Widersprüchlichkeit des Regelungskonzeptes kritisiert; *ders.*, CR 2006, 573, 574.

605 *Hoeren*, MMR 2000, 515, 517; *Mand*, GRUR 2004, 395, 399; *Dreier*, in Dreier/Schulze, UrhG 3.Aufl., § 19a Rn.11 m.w.N.; vgl. zum Meinungsstreit insgesamt u.a. *v.Ungern-Sternberg*, in Schricker/Loewenheim, UrhG 4.Aufl., § 19a Rn.6 m.w.N.; *Spindler*, CR 2008, 69, 70 m.w.N. Fn.11 und Fn.14.

606 BGH, GRUR 2000, 699, 701 – Kabelweitersendung, jedoch im Ergebnis noch offengelassen; OLG München, MMR 2008, 601; OLG Frankfurt a.M., MMR 2009, 544, 545; OLG Düsseldorf, GRUR-RR 2010, 4, 5; LG Berlin, GRUR-RR 2009, 329f; a.A. LG Hamburg, CR 2006, 812, 814, welches eine planwidrige Regelungslücke bejaht.

607 *Spindler*, CR 2008, 69, 72f.

608 Kritisch zur einseitigen Steuerung durch Wahl des Vertriebsweges bezogen auf Datenbanken bereits *Berger*, GRUR 1997, 169, 178.

loge Anwendung des Erschöpfungsgrundsatzes im Ergebnis abzulehnen ist[609]. Ein weiteres Argument ist, dass der Erschöpfungsgrundsatz beschränkt bleiben soll auf solche Wiedergaben eines Werkes, die keine eigenständige wirtschaftliche Bedeutung besitzen[610].

Weitere Wertungen gegen die Geltung des Erschöpfungsgrundsatzes ergeben sich aus Art.8 Abs.1 der Satelliten- und Kabelrichtlinie, sowie aus den Erwägungsgründen 29 der Informationsgesellschaften-Richtlinie bzw. Erwägungsgründen 33 und 43 der Datenbank-Richtlinie, wonach eine urheberrechtliche Erschöpfung bei Online-Leistungen als ausgeschlossen anzusehen ist. Die gleiche Wertung ergibt sich auch aus Art.3 Abs.3 der Informationsgesellschaften-Richtlinie und Art.8 WCT (WIPO-Urheberrechtsvertrag; in Deutschland und Österreich seit dem 14.03.2010 ratifiziert), wonach kein Vorbehalt des Erschöpfungsgrundsatzes gilt[611].

Der *Bundesgerichtshof* stellte in einer Grundsatzentscheidung im Jahr 2000 fest, dass nach dem Erschöpfungsgrundsatz der urheberrechtliche Verbrauch des Verbreitungsrechts allein davon abhängt, ob der Rechtsinhaber dem ersten Inverkehrbringen durch Veräußerung zugestimmt hat[612]. Der Entscheidung ist zu entnehmen, dass es maßgeblich darauf ankommt, wie ein Werkstück erstmalig mit Zustimmung des Rechteinhabers in den Verkehr gebracht wird. Anzumerken ist aber, dass dem Fall die körperliche Weiterveräußerung von Software zugrundelag, die erstmalig in körperlicher Form (in Verbindung mit Hardware) veräußert worden war, und insofern nur begrenzte Rückschlüsse auf den oben skizzierten Fall zulässt[613].

Das *OLG Düsseldorf* hatte zuletzt entschieden, dass der Zweck des Erschöpfungsgrundsatzes gerade nicht darin besteht, ein Werk unabhängig von seiner Verkörperung in jeder Form der Verbreitung freizustellen[614]. Wird beispielsweise eine Sicherungskopie mit Zustimmung des Berechtigten vom Ersterwerber hergestellt, liegt deshalb trotzdem kein Vervielfältigungsstück vor, das mit Zustimmung des Rechteinhabers durch Veräußerung in den Verkehr gebracht worden wäre.

Im Fall vor dem *LG Berlin* betreffend des Downloads eines Musikwerkes nahm der *Bundesverband Verbraucherzentrale e.V.* (VZBV) einen Rechtsstreit zum Anlass, eine AGB-Klausel anzugreifen, die den Weitervertrieb dieser

609 OLG Frankfurt a.M., MMR 2009, 544, 545; a.A. LG Hamburg, CR 2006, 812, 814.
610 *Heerma*, in Wandtke/Bullinger, UrhG 3.Aufl., § 15 Rn.26.
611 So bereits BGH, GRUR 2000, 699, 701 – Kabelweitersendung.
612 BGH, GRUR 2001, 153, 154 – OEM-Version.
613 So auch *Grützmacher*, CR 2007, 549, 550.
614 OLG Düsseldorf, GRUR-RR 2010, 4, 5.

Download-Datei verbot[615]. Der *VZBV* hatte argumentiert, die Klausel widerspräche den Wertungen des Kaufrechts, welches die uneingeschränkte Verfügungsmacht und Verwendungsfreiheit über den Kaufgegenstand beinhalte. Nach Auffassung des *LG Berlin* ist eine entsprechende AGB-Klausel rechtlich jedoch nicht zu beanstanden, insbesondere weil die etwaige Qualifizierung des Vertrages als Kaufvertrag nicht zu einer weitergehenden Übertragung von Rechten führen kann, als ein nach dem Urheberrecht zulässiger Lizenzvertrag[616].

Der Auffassung des *VZBV* ist insoweit zuzustimmen, als das der käufliche Erwerb eines auf einem Datenträger gespeicherten digitalen Werkes mit einem „käuflichen Erwerb" einer digitalen Datei im Wege des Downloads vergleichbar ist, da die Nutzung der Datei gleich bleibt. Noch ist der Verbraucher allerdings in seiner Entscheidung frei, welchen Vertriebsweg er für den Erwerb eines Werkes wählt. Die Wertungen des Kaufrechts, die sich eindeutig auf eine körperliche Sache im Sinne des § 90 BGB beziehen, können daher auch von der Interessenlage nicht eins zu eins übertragen werden. Solange die Definition einer Sache im Sinne des § 90 BGB nicht Daten erfasst, sind Daten weiterhin nur im Sinne des § 202a Abs.2 StGB auszulegen. Es ist aber gut vorstellbar, dass es in naher Zukunft keinen Unterschied mehr macht, ob ein immaterielles Werk körperlich oder unkörperlich erworben wird, so dass eine Anpassung des Gesetzes dann zu überlegen wäre.

Unterstellt, man würde den Erschöpfungsgrundsatz auf den oben geschilderten Ausgangsfall anwenden, ließen sich in einer Folgenabwägung die praktischen Konsequenzen untersuchen. Zum einen könnte die Gefahr bestehen, dass sämtliche unkörperlichen Dateien über den Umweg der körperlichen Verbreitung frei übertragen werden dürften, womit im Ergebnis eine daran anschließende erneute unkörperliche Verbreitung wohl zulässig wäre. Zum anderen dürfte die körperliche Verbreitung eine eigenständige wirtschaftliche Bedeutung besitzen, wenn sich ein „immaterieller Zweitmarkt" zu Lasten der Urheber, Rechteinhaber und Verwerter etablieren könnte. Die im Kontext zur Produktpiraterie tatsächlichen und wirtschaftlichen Auswirkungen zu Lasten der Urheber und Verwerter sind kaum vorstellbar[617].

Ein denkbarer Lösungsansatz zum Ausgangsfall ließe sich jedenfalls für die Verwerter dadurch begründen, das erste Inverkehrbringen der Datei mit Nutzungsbedingungen in den AGB zu verbinden, die zwar das Herstellen eines Datenträgers erlauben, aber nicht die Nutzung durch Dritte oder eine Abtretung der

---

615 LG Berlin, GRUR-RR 2009, 329, 330..

616 LG Berlin, GRUR-RR 2009, 329, 330.

617 *Grützmacher*, CR 2007, 549, 551 sieht die Gefahr von Raubkopien allerdings nicht größer als beim körperlichen Vertrieb; siehe zu Tauschbörsen *Wenzl*, passim.

Nutzungsberechtigung[618]. Weil ein Ausschluss oder eine Beschränkung über AGB nur zwischen den Vertragsparteien wirkt, kann die AGB-Lösung nur erfolgreich sein, wenn der Erwerb von Nutzungsrechten durch Dritte verhindert wird. Eine schuldrechtliche Vereinbarung kann nach §§ 399, 413 BGB ein absolut wirkendes Verfügungsverbot mit dinglicher Wirkung sein, jedoch nur innerhalb des Anwendungsbereiches von § 34 Abs.1 dUrhG[619]. Auch müsste eine nachrangige gewerbliche Nutzung ohne Zustimmung der Rechteinhaber verboten werden. Diese AGB-Lösung wäre nach den genannten Entscheidungen obiger Rechtsprechung zum jetzigen Zeitpunkt zumindest zulässig, weil es dem Urheber bzw. Rechteinhaber obliegt, festzulegen, wie das Werk öffentlich wahrnehmbar gemacht bzw. verbreitet wird. Eine unangemessene Benachteiligung des Vertragspartners nach § 307 Abs.1 S.1 BGB im Wege der Inhaltskontrolle der AGB kann somit nicht festgestellt werden[620]. Im Ergebnis könnte das dazu führen, dass in entsprechender Anwendung des Erschöpfungsgrundsatzes[621] auf den hergestellten körperlichen Datenträger das Filmwerk zwar weiter verbreitet werden darf, aber die konkrete Nutzung dieses Datenträgers für Dritte unzulässig und damit wertlos ist.

c. Öffentliche Wiedergabe

Die Legaldefinition des Begriffs der öffentlichen Wiedergabe in § 15 Abs.3 S.1 dUrhG gilt ausgehend vom gesetzlichen Anwendungsbereich in § 15 Abs.2 dUrhG auch für das Recht der öffentlichen Zugänglichmachung im Sinne des § 19a dUrhG, das unbenannte Abrufübertragungsrecht und das Senderecht aus § 20 dUrhG[622]. In Österreich fehlt hingegen eine einheitliche gesetzliche Regelung der öffentlichen Wiedergabe; gleichwohl ist der Begriff der Öffentlichkeit in § 18a Abs.1 öUrhG deckungsgleich mit jenem des § 18 Abs.3 öUrhG auszulegen[623]. Die österreichische Rechtsprechung wendet die in § 15 Abs.3 dUrhG

618 So für zulässig angesehen bei Software in OLG München, MMR 2008, 601; zum Thema der isolierten Übertragung von Nutzungsrechten durch den Ersterwerber siehe vertiefend *Grützmacher*, CR 2007, 549, 552.

619 Vgl. dazu vertiefend *Grützmacher*, CR 2007, 549, 553.

620 Für Software a.A. *Hoeren*, CR 2006, 573, 577f.

621 Vgl. OLG Düsseldorf, GRUR-RR 2010, 4, 5 zur analogen Anwendung auf die unkörperliche Erstverbreitung eines Computerprogrammes.

622 *v.Ungern-Sternberg*, in Schricker/Loewenheim, UrhG 4.Aufl., § 15 Rn.58.

623 *Gaderer*, in Kucsko, urheber.recht, S.311; *Walter, Michel M.*, Österr. UrhR, Hdb I. Teil, Rn.629.

geltende Definition entsprechend für alle Verwertungsrechte an[624], womit nachfolgende Erörterungen entsprechend für Österreich gelten.

Der Begriff der Öffentlichkeit in § 15 Abs.2 dUrhG wird definiert nach § 15 Abs.3 dUrhG als eine Wiedergabe, die für eine Mehrzahl von Mitgliedern der Öffentlichkeit bestimmt ist. Hintergrund ist, dass § 15 Abs.2 dUrhG dem Urheber nur ein ausschließliches Recht an öffentlichen Wiedergaben einräumt[625]. Vorbild für das Recht der öffentlichen Wiedergabe ist das Leitbild, dass durch eine einzelne unkörperliche Werkverwertungshandlung eine Mehrzahl an Personen der Öffentlichkeit erreicht wird. Die Auslegung der öffentlichen Wiedergabe im Sinne des § 15 Abs.3 dUrhG ist in einer wertenden Betrachtung vorzunehmen, und richtet sich insbesondere nach dem Adressatenkreis und dem Tatbestandsmerkmal „bestimmt“.

Auslegungsschwierigkeiten können sich aus der Definition ergeben, da nicht eindeutig ist, wie das Tatbestandsmerkmal der Öffentlichkeit im Kontext zur digitalen Verwertung gegenüber Einzelnen steht[626]. Im Folgenden werden daher die systematischen Schwächen der Vorschrift herausgearbeitet und Lösungsansätze aufgezeigt.

Bezogen auf Zugriffs- und Abrufdienste wird die „Wiedergabe“ für eine Mehrzahl von Mitgliedern der Öffentlichkeit überwiegend bejaht, auch wenn m.E. in der „Bereitstellung“ des Angebots selbst nur eine *invitatio ad offerendum* für eine Wiedergabe gesehen werden kann. Es ist problematisch, die alleinige Bereitstellung systematisch unter § 15 Abs.3 dUrhG zu subsumieren, da noch gar keine Wiedergabe durch diesen Vorgang stattfindet[627], wie Erwägungsgrund 27 der Informationsgesellschaften-Richtlinie ausdrücklich klarstellt. Bei Zugrundelegung eines zweigeteilten Vorgangs, der Bereitstellung einerseits und dem Übertragungsvorgang andererseits, lässt sich § 15 Abs.3 dUrhG nur durch einen sehr weit gefassten Wiedergabebegriff bejahen. Diese Hürden bei der Auslegung des Begriffs der „Wiedergabe“ sind nur dadurch zu lösen, dass man sich von dem Sprachverständnis Wiedergabe löst, um die systematische Stellung des benannten Einzelverwertungsrechts des Rechts der öffentlichen

624 OGH 4 Ob 344/73, GRUR Int.1974, 383, 384 – Kurheim; OGH 4 Ob 390/78, GRUR Int.1979, 360, 361 – Betriebsmusik; *Walter, Michel M*, Österr. UrhR, Hdb. I. Teil, Rn. 632.

625 So noch *v.Ungern-Sternberg*, in Schricker, UrhG 3.Aufl., § 15 Rn.46.

626 Vgl. nur BGH, GRUR 2009, 845, 847 – Internet-Videorecorder, Tz.26; OLG Hamburg, ZUM 2009, 414, 416.

627 *v.Ungern-Sternberg*, in Schricker/Loewenheim, UrhG 4.Aufl., § 15 Rn.45 u.§ 19a Rn.2 u. 32; *Spindler*, GRUR 2002, 105, 107 mit Verweis auf EG 27 der RL 2001/29/EG.

Zugänglichmachung in § 15 Abs.2 S.2 Nr.2 dUrhG zu rechtfertigen[628]. Als Zwischenergebnis ist damit festzuhalten, dass sich das Ausschließlichkeitsrecht des § 15 Abs.2 dUrhG auf „öffentliche Nutzungshandlungen" bezieht[629].

Die fingierte „Wiedergabe" ist aber nach § 15 Abs.3 S.1 dUrhG nur öffentlich, wenn sie auch für eine Mehrzahl von Mitgliedern der Öffentlichkeit "bestimmt" ist. Es besteht in Rechtsprechung und Literatur aber keine Einigkeit darüber, ob das Tatbestandsmerkmal „bestimmt" nun objektiv[630] oder subjektiv[631] auszulegen ist.

Objektiv sind Zugriffs- und Abrufdienste nach ihrem Zweck für die Wiedergabe an eine Mehrzahl von Mitgliedern der Öffentlichkeit gerichtet. Bei Verteildiensten im Wege des Live-Streaming erfolgt die Wiedergabe auch tatsächlich an eine Mehrzahl von Mitgliedern. Bei Zugriffsdiensten im Wege des Near-on-Demand ist der Film ebenfalls an mehrere potentielle Interessenten gerichtet, wenn auch nicht immer gleichzeitig. Zu einem anderen Ergebnis gelangt man bei Angeboten im Streaming-Verfahren, bei denen der Rezipient die Wahlfreiheit hat[632]. Bei Abrufdiensten besteht in der Regel nur eine Punkt-zu-Punkt Verbindung, so dass die Wiedergabe bereits im Vorhinein nicht für eine Mehrzahl der Öffentlichkeit bestimmt ist, sondern nur an einen Einzelnen[633]. Bereits nach den Rechtsauffassungen zur a.F. war die Einzelübertragung als solche nicht öffentlich[634]. Es ist zwar nicht auszuschließen, dass bei einem Abruf auch eine Mehrzahl der Öffentlichkeit erreicht werden kann, wenn bei der Wiedergabe mindestens zwei Personen[635] der Öffentlichkeit anwesend sind. Ein solcher Einzelfall kann aber nicht abstrakt festgelegt werden. Stellt man also objektiv auf den konkreten Übertragungsvorgang als Verwertungshandlung ab, liegt keine „Wiedergabe" an eine Mehrzahl von Mitgliedern der Öffentlichkeit vor. Denn für die Feststellung der Öffentlichkeit ist immer der Zeitpunkt maßgeblich, in dem die betreffende Verwertungshandlung vorgenommen wird[636]. Zu einem positiven Ergebnis kommt man in objektiver Hinsicht, wenn man zugrunde legt,

---

628 Vgl. *v.Ungern-Sternberg*, in Schricker, UrhG 3.Aufl., § 15 Rn.45 und 58 und in Schricker/Loewenheim, UrhG 4.Aufl., § 15 Rn.59.

629 *v.Ungern-Sternberg*, in Schricker/Loewenheim, UrhG 4.Aufl., § 15 Rn.46.

630 BGH, GRUR 2009, 845, 847 – Internet-Videorecorder, Tz.26; OLG Hamburg, ZUM 2009, 414, 416; *Dreier*, in Dreier/Schulze, UrhG 3.Aufl., § 15 Rn.46 m.w.N.

631 *v.Ungern-Sternberg*, in Schricker/Loewenheim, UrhG 4.Aufl., § 15 Rn.68 m.w.N.

632 OLG Hamburg, ZUM 2009, 414, 416.

633 So auch BGH, GRUR 2009, 845, 847 – Internet-Videorecorder, Tz.26.

634 OLG Hamburg, ZUM 2009, 414, 416; *v.Ungern-Sternberg*, in Schricker/Loewenheim, UrhG 4.Aufl., § 19a Rn.41 m.w.N.

635 *Hofmann*, MMR 2006, 793, 796.

636 *Dreier*, in Dreier/Schulze, UrhG 3. Aufl., § 15 Rn.42.

dass in dem Zeitpunkt des konkreten Verwertungsvorgang theoretisch und technisch eine Vielzahl von individuellen Übertragungsvorgängen zwischen Verwerter und Rezipienten aus einer Datenbank möglich ist[637]. Der *Bundesgerichtshof* hat jedoch festgestellt, dass es an den Voraussetzungen des § 15 Abs.3 dUrhG fehlt, wenn das Vervielfältigungsstück nur jedem einzelnen Kunden zugänglich ist[638].

Stellt man hingegen allein auf eine subjektive Sichtweise ab, stellt sich zunächst die Frage, auf wessen Sicht es ankommt. Der Umstand, dass die Werkwiedergabe sich grundsätzlich an jeden interessierten Rezipienten wendet, und daher auf „alle" abzustellen sei[639], hilft bei der Auslegung nicht weiter. Dennoch wird vertreten, das Tatbestandsmerkmal „bestimmt" von der Entscheidung des Verwerters abhängig zu machen[640], wobei anzumerken ist, dass damit wohl nur der rein tatsächliche Nutzer gemeint ist, und nicht der urhebervertragsrechtlich entscheidende Werkverwerter. Argument dieser Auffassung ist, dass dadurch Zaungast-Situationen im privaten Bereich verhindert werden sollen[641]. Nach dieser Sichtweise würde das Vorliegen einer öffentlichen Wiedergabe damit allein von der Entscheidung desjenigen abhängen, der den Zweck der Veranstaltung einer Werkwiedergabe bestimmt. Dem Zweck der Veranstaltung[642] einer Wiedergabe kommt damit eine Bedeutung zu, die jedoch wenig praktikabel erscheint und auch Rechtsunsicherheiten verursacht. Der urheberrechtliche Werkverwerter könnte dadurch in die Lage versetzt werden, dass er nicht mehr weiß, ob sein Übertragungsvorgang an eine Öffentlichkeit gerichtet ist, oder nicht.

Vielversprechender ist eine zweistufige Prüfung, also zunächst objektiv festzulegen, ob ein Eingriff in das Ausschließlichkeitsrecht des Urhebers nach § 15 Abs.2 S.1 dUrhG vorliegt. Liegt eine Identität vor zwischen demjenigen, der das Werk bereitstellt, und demjenigen, der das Werk übermittelt, ist das Tatbestandsmerkmal „bestimmt" zu bejahen, da ja zumindest die Bereitstellung an eine breite Öffentlichkeit gerichtet ist. Nur soweit die Übermittlung und anschließende Werkwiedergabe durch einen isolierten Verwerter vorgenommen wird, könnte für die Auslegung des Merkmals „bestimmt" weiter zu fragen sein, ob die Übermittlung nach dem Lizenzvertrag gegenüber dem Rezipienten objektiv nur für einen Einzelnen zum privaten Gebrauch oder zur Wiedergabe an die Öffentlichkeit bestimmt ist. Konsequenz wäre aber, dass die alleinige Übermitt-

637 Vgl. *v.Ungern-Sternberg*, in Schricker/Loewenheim, UrhG 4.Aufl., § 19a Rn.31 m.w.N.

638 BGH, GRUR 2009, 845, 847 – Internet-Videorecorder, Tz.26.

639 *v.Ungern-Sternberg*, in Schricker/Loewenheim, UrhG 4.Aufl., § 15 Rn.68.

640 *v.Ungern-Sternberg*, in Schricker/Loewenheim, UrhG 4.Aufl., § 15 Rn.68 m.w.N.

641 *v.Ungern-Sternberg*, in Schricker/Loewenheim, UrhG 4.Aufl., § 15 Rn.68 m.w.N.

642 Vgl. dazu die Ausführungen von *Walter, Michel M.*, Österr.UrhR, Hdb. I.Teil, Rn.638.

lung für nicht-öffentliche Wiedergaben nicht von dem ausschließlichen Recht zur öffentlichen Wiedergabe erfasst und somit die Interessenlage der Urheber und der Grundsatz der angemessenen Beteiligung der Urheber[643] nicht befriedigt wäre. Der Urheber und Rechteinhaber müsste bei der Nutzungsrechteeinräumung daher vertraglich festlegen, dass auch die individuelle Übertragung eines Werkes an einen Einzelnen als Fall der öffentlichen Wiedergabe anzusehen ist. In subjektiver Hinsicht könnte in einem zweiten Schritt verlangt werden, dass bereits vor der eigentlichen Werkwiedergabe bestimmt wird, ob die Veranstaltung der Werkwiedergabe öffentlicher Natur ist.

Legt man also eine strenge systematische Interpretation der Vorschrift zugrunde, kommt man zu dem erstaunlichen Ergebnis, dass für Abrufdienste je nach konkreter Verwertungshandlung (Bereitstellung / Übertragung) der Tatbestand des Rechts der öffentlichen Wiedergabe in Frage steht. Ein interessengerechtes Ergebnis, welches sich mit dem Willen des Umsetzungsgesetzgebers deckt, erzielt man, wenn aufbauend auf *v.Ungern-Sternberg* mit doppelter Fiktionswirkung eine öffentliche Wiedergabe dadurch bejaht würde, dass die Übertragungshandlung als nicht öffentliche Wiedergabe zumindest auf einer öffentlichen Bereitstellungshandlung des Werkes basiert, welche als Wiedergabe fingiert wird. Die öffentliche Bereitstellung wird als Wiedergabe fingiert, der nicht-öffentliche Übertragungsvorgang wird als öffentlich fingiert.

Weiter war vor Einführung des Rechts der öffentlichen Zugänglichmachung in § 19a dUrhG umstritten, ob die Wiedergabe an die Öffentlichkeit die gleichzeitige Wahrnehmung voraussetzte, wie es bei den übrigen Rechten am öffentlichen Wahrnehmbarmachen eines Werkes nach den §§ 19, 21, 22 dUrhG der Fall ist[644]; ähnlich dazu die Diskussion zu § 18a öUrhG[645]. Inzwischen ist nach der amtlichen Begründung des Gesetzgebers zu § 15 Abs.3 dUrhG n.F. unerheblich, ob die Wiedergabe an eine Öffentlichkeit gleichzeitig erfolgt[646]. Der Fall der sog. sukzessiven Öffentlichkeit, der für den Empfang im Wege der öffentlichen Zugänglichmachung vor Einführung des § 19a dUrhG entwickelt worden war und die Möglichkeit einer zeitversetzten Werknutzung ausreichen ließ[647], spielt daher keine Rolle mehr[648]. Der österreichische *OGH* betonte bereits in Bezug auf den Begriff der „Öffentlichkeit“, dass das Urheberrecht nicht an den Werk-

643 Vgl. BGH, GRUR 2002, 963, 966 – Elektronischer Pressespiegel.

644 *v.Ungern-Sternberg*, in Schricker/Loewenheim, UrhG 4.Aufl., § 15 Rn.71.

645 Zur abweichenden Auffassung im öUrhG OGH, GRUR Int.1987, 609, 611f. – Videokabinen.

646 *v.Ungern-Sternberg*, in Schricker/Loewenheim, UrhG 4.Aufl., § 15 Rn.71; *Poll*, GRUR 2007, 476, 479.

647 Siehe zum Problemkomplex *Dreier*, in Dreier/Schulze, UrhG 3.Aufl., § 15 Rn.42.

648 U.a. *Hofmann*, MMR 2006, 793, 796.

genuss anknüpfe, sondern an die Werkvermittlung[649]. Festzuhalten ist, dass für das Recht der öffentlichen Zugänglichmachung im Sinne des § 19a dUrhG bzw. § 18a öUrhG keine Gleichzeitigkeit bei der Erreichbarkeit erforderlich ist, weil der Tatbestand selbst nur von der Bereithaltung eines Werkes zum individuellen Abruf der Öffentlichkeit „zu Zeiten ihrer Wahl" ausgeht[650]. Auch das Senderecht nach § 20 dUrhG stellt übereinstimmend nur auf das Zugänglichmachen ab, so dass eine gleichzeitige Wahrnehmung nicht erforderlich ist[651], und auch kein gleichzeitiger Empfang zu fordern ist[652].

Der Adressatenkreis wird durch die Öffentlichkeit nach § 15 Abs.3 S.2 dUrhG bestimmt, wozu grundsätzlich jede Mehrzahl von Personen als Teil der Öffentlichkeit gehört. Für eine Mehrzahl von Mitgliedern der Öffentlichkeit stellen nach Auffassung des *Bundesgerichtshofs* zwei Personen den denkbar kleinsten Personenkreis dar[653]. Die Zugehörigkeit zur Öffentlichkeit wird gemäß § 15 Abs.3 S.2 dUrhG verneint, wenn die Personen mit dem Verwerter oder mit Anderen, denen das Filmwerk in unkörperlicher Form wahrnehmbar oder zugänglich gemacht wird, durch persönliche Beziehung verbunden sind[654].

d. Mischformen

Ein weiteres Thema für Diskussionen in der Zukunft wird das Thema Mischformen sein. Mischformen liegen vor bei atypischen Fällen, die in abstrakt-genereller Form nicht eindeutig einem Verwertungsrecht zuzuordnen sind[655]. Die Schwierigkeit der urheberrechtlichen Bewertung von Mischformen liegt darin verankert, dass durch die fließenden Überschneidungen kein klarer rechtlicher Ansatzpunkt mehr gefunden werden kann.

Als Lösungsansätze für diese Problematik, die zum Vergleich auch im Bereich von Computerspielen auf der GRUR-Jahrestagung im Jahr 2010 bei der Zuordnung zum Werkbegriff eine Rolle spielten[656], werden die Schwerpunkttheorie, die Trennungstheorie und die Kumulationstheorie diskutiert. Weitere

---

649 OGH, GRUR Int.1987, 609, 611 – Videokabinen.

650 *v.Ungern-Sternberg*, in Schricker/Loewenheim, UrhG 4.Aufl., § 15 Rn.71.

651 *Dreier*, in Dreier/Schulze, UrhG 3.Aufl., § 15 Rn.41f.

652 *Poll*, GRUR 2007, 476, 479; a.A. wohl noch *Dreier*, in Dreier/Schulze, UrhG 3.Aufl., § 20 Rn.9.

653 Jedoch i.E. offengelassen, BGH, GRUR 1996, 875, 876 – Zweibettzimmer im Krankenhaus; vgl. auch *Dreier*, in Dreier/Schulze, UrhG 3.Aufl., § 15 Rn.40 m.w.N.

654 Vgl. *Dreier*, in Dreier/Schulze, UrhG 3.Aufl., § 15 Rn.43; *v.Ungern-Sternberg*, in Schricker/Loewenheim, UrhG 4.Aufl., § 15 Rn.73ff.; *Schack*, 5.Aufl., Rn.443.

655 *Poll*, GRUR 2007, 476, 484.

656 Vgl. zu dem Thema bei Computerspielen *Bullinger/Czychowski,* GRUR 2011, 19, 21ff; *Loewenheim*, in Schricker/Loewenheim, UrhG 4.Aufl., § 69a Rn.27.

Schriften zu den dargestellten Lösungsansätzen sind soweit ersichtlich noch nicht vorhanden. Die Schwerpunktheorie, die die Regeln des Bereiches für anwendbar erklärt, der sich im Schwerpunkt abzeichnet, ist mit dem System des Urheberrechts und der Interessenlage der Urheber aber nur schwer vereinbar. Die Trennungstheorie, die auf jede einzelne Nutzungshandlung abstellen könnte, dürfte hier zu den sachgerechtesten Ergebnissen kommen. Der Kumulationsansatz ist abzulehnen, weil er das Vorliegen der einzelnen Nutzungsakte missachten würde.

Einigkeit besteht allgemein darüber, dass im Ergebnis eine wertende Betrachtung vorzunehmen ist. Solange jedenfalls die Fragen noch nicht abschließend durch die Gerichte festgestellt worden sind, empfiehlt sich für die Anbieter von derartigen Mischform-Diensten der Erwerb sämtlicher tangierter Nutzungsrechte[657].

V. Die nötigen Nutzungsrechte weiterer digitaler Nutzungsarten

Digitale Nutzungsarten an Filmen lassen sich, wie bereits oben dargestellt, nicht allein auf Zugriffs- und Abrufdienste reduzieren, es gilt also die weiteren Nutzungsarten ebenfalls urhebervertragsrechtlich zu bewerten.

1. Digitales Kino

Die Kinoauswertung ist eine eigenständige Nutzungsart[658]. Für das digitale Kino ändert sich durch den digitalen Vertrieb auf den ersten Blick nichts an der Nutzung. Der digitale Vertrieb hat sich vereinfacht, aber bisweilen nicht grundlegend geändert. Der Lizenznehmer und urheberrechtlicher Nutzer ist nach der bisherigen Auswertungskette noch der Filmverleiher bzw. nachrangig die Filmtheater und Kinobetreiber. Die Nutzungsrechteeinräumung wird durch den Verleih- und Vertriebsvertrag zwischen dem Filmhersteller und dem Filmverleihunternehmen geregelt[659]. Gegenstand des Verleih- und Vertriebsvertrages ist i.d.R. die ausschließliche Nutzungsrechteeinräumung. Der Filmverleihvertrag ist weiterhin für die Rechteeinräumung uneingeschränkt verwendbar. Er sollte lediglich auf den digitalen Vertrieb und an die Dateiformate angepasst werden. Der Filmverleih wiederum räumt den Filmtheatern und Kinobetreibern über ei-

657 *Poll*, GRUR 2007, 476, 482.

658 *Schulze*, in Dreier/Schulze, UrhG 3.Aufl., § 31 Rn.143.

659 Siehe vertiefend *Schwarz*, in v.Hartlieb/Schwarz, 204. Kap, S.527.

nen Filmvorführungsvertrag (oder auch Bestellvertrag) ein einfaches Nutzungsrecht zur Vorführung im Sinne des § 19 Abs.4 dUrhG ein.

Für das digitale Kino kommen als Vertriebsmöglichkeiten der Festplatten-Vertrieb, der Datenverbindungs-Vertrieb und der Satelliten-Vertrieb in Betracht. Beachtet man nun aber den Umstand, dass für einen digitalen Vertrieb sich neben dem Festplatten-Vertrieb realistisch nur die Übermittlung über Satellit anbietet, so wird das Filmwerk vor der eigentlichen Vorführung bereits für die Übermittlung benutzt. Es dürfte zwar unstreitig sein, dass die Übermittlung per Satellit für die Vertragsparteien allein dem Zweck des Transports zum Filmtheater dient, und die Signale verschlüsselt übermittelt werden. Für die urheberrechtliche Bewertung spielt es jedoch keine Rolle, ob die Daten verschlüsselt oder unverschlüsselt übertragen werden[660]. Führt man sich aber vor Augen, dass damit auch gleichzeitig eine Missbrauchsgefahr durch Dritte besteht, die technische Machbarkeit unterstellt, so könnte der Film über Satellit in den Wohnzimmern der Endverbraucher sichtbar gemacht werden. Die Bestimmung der Missbrauchsgefahr ist vor allem abhängig von dem technischen Schutz des Filmwerkes vor unberechtigtem Zugriff Dritter. Beim digitalen Kino werden für die Codierung häufig gängige Kompressionsverfahren (u.a. MPEG-2, Windows Media 9) verwendet, die auch gegenüber Privatanwendern eingesetzt werden. Die Gefahr des Missbrauchs ist daher wohl nicht nur eine Frage theoretischer Natur, sondern besitzt enorme praktische Bedeutung, da Rechtsverletzungen Dritter bei der Satellitenausstrahlung so gut wie nicht verfolgt werden können. Dritte dürften auch einen großen Anreiz für einen Missbrauch haben, da die Qualität des Filmes ungleich höher wäre. Die Satellitenübermittlung eines Filmes für das digitale Kino könnte somit enorme praktische Bedeutung gewinnen.

Der Vertrieb ist folglich aufzuschlüsseln in die jeweilige Verwertungshandlung. Die erste Verwertungshandlung besteht in der Versendung des Werkes, das gleichzusetzen ist mit einem Zugänglichmachen. Dieser Vorgang kann weiter unterteilt werden in das Anstrahlen des Satelliten (up-link), und die Ausstrahlung (down-link) auf eine konkrete Empfangsstation[661]. Die weitere Verwertungshandlung liegt nach dem Empfang der Datei in der Projektion selbst. Ein Filmverleiher benötigt für eine Satelliten-Übermittlung somit nicht allein das Vorführungsrecht im Sinne des § 19 Abs.4 dUrhG. In § 19 Abs.4 S.2 dUrhG wird eindeutig klargestellt, dass das Vorführungsrecht nicht das Recht umfasst, das Filmwerk über eine Funksendung oder öffentliche Zugänglichmachung öffentlich wahrnehmbar zu machen. Da oben herausgearbeitet worden ist, dass der digitale Vertrieb ans Kino auch zu anderen urheberrechtlich relevanten Nut-

660 *Dreier*, in Dreier/Schulze, UrhG 3.Aufl., § 20 Rn.7.
661 Vgl. *Schack*, 5.Aufl., Rn.452.

zungshandlungen führen kann, muss die Nutzung für die Übermittlung konkretisiert werden.

Zunächst ist also auf die rein tatsächliche Handlung, das Zugänglichmachen bzw. die Empfangbarkeit, abzustellen. Als Satellitensendung im Sinne des § 20a Abs.3 dUrhG wird eine urheberrechtsrelevante Handlung verstanden, die unter der Kontrolle und Verantwortung eines Sendeunternehmens stattfindende Eingabe der für den öffentlichen Empfang bestimmten programmtragenden Signale in eine ununterbrochene Übertragungskette führt[662]. Für eine Nutzung im Sinne der §§ 20, 20a dUrhG fehlt es nach dem Wortlautverständnis grundsätzlich schon an der Bestimmung für die Öffentlichkeit im Sinne des § 15 Abs.3 dUrhG[663]. Aber kann das Senderecht nach § 20 dUrhG allein deshalb verneint werden, weil die Übermittlung aus subjektiver Sicht des Verwerters nicht für die Öffentlichkeit bestimmt ist? Nach der hier zugrundegelegten zwei-Stufen Prüfung muss bei der Sendung objektiv von einer „ungewollten Öffentlichkeit" ausgegangen werden, die aber subjektiv die Öffentlichkeit nicht erreicht, da nur eine Übermittlung zwischen Filmverleih und Kinobetreiber im Wege einer Sonderausstrahlung vorliegt[664]. Es ist wegen der bereits genannten Missbrauchsgefahren aber vorstellbar, dass zukünftig ein Eingriff in das Ausschließlichkeitsrecht des § 15 Abs.2 dUrhG angenommen wird und der Filmverleih damit auch über das Senderecht nach § 20 dUrhG verfügen muss. Dann müsste für die weitere Nutzungshandlung, die Wiedergabe der Aufzeichnung des Werkes im Wege der öffentlichen Vorführung, die sich an die Satellitensendung selbst anschließt, zusätzlich das Nutzungsrecht der Wiedergabe von Funksendungen und von öffentlicher Zugänglichmachung nach § 22 S.1 dUrhG eingeräumt werden[665].

Möchte ein Filmverleiher das geschilderte Problem umgehen, so kann er das nur umgehen, wenn er die Übermittlung in verschiedene Dateipakete aufteilt und zeitlich voneinander getrennt versendet. Auch ließe sich durch eine abgesonderte Übermittlung eines Teils des Filmwerkes, beispielsweise der Tonspur, über eine Breitbandverbindung verhindern, dass das Filmwerk in die Hände Dritter gelangt.

Für eine Übermittlung des Filmwerkes auf einer Festplatte hin zu den Filmtheatern ergeben sich jedoch keine Änderungen gegenüber dem herkömmlichen Vertrieb einer Filmkopie. Die Festplatte substituiert die 35 – mm - Kopie. Weil das Filmwerk als Datei nach der bisherigen Differenzierung körperlich auf der Festplatte fixiert ist, benötigt der Filmverleiher für die Herstellung und Speiche-

662 *Dreier*, in Dreier/Schulze, UrhG 3.Aufl., § 20a Rn.12.

663 Vgl. *Dreier*, in Dreier/Schulze, UrhG 3.Aufl., § 20 Rn.9.

664 Vgl. *Dreier*, in Dreier/Schulze, UrhG 3. Aufl., § 20 Rn.9.

665 Dazu vgl. *Schack*, 5.Aufl., Rn.466.

rung der Kopie das Vervielfältigungsrecht im Sinne des § 16 Abs.1 dUrhG, und für das Inverkehrbringen des Vervielfältigungsstücks das Verbreitungsrecht nach § 17 Abs.1 Alt.2 dUrhG.

2. Digitales Fernsehen

Für die digitale Verbreitung von Filmen im Wege der Fernsehausstrahlung ergeben sich keine urhebervertragsrechtlichen Konsequenzen. Die Fernsehausstrahlung ist eine eigenständige Nutzungsart und erfordert die entsprechende Einräumung der Nutzungsrechte zum Zweck der Fernsehausstrahlung.

3. Mobile Empfangsgeräte?

Ist der Konsum von Filmen auf mobilen Empfangsgeräten eine selbständige Nutzungsart? Diese Frage ist nach der gegenwärtig vorherrschenden Meinung in Rechtsprechung und Literatur eindeutig zu verneinen[666]. Es spielt für die rechtliche Betrachtung keine eigenständige Rolle, auf welchen Geräten ein Endverbraucher Filme und Inhalte konsumiert. Entscheidend ist für eine rechtliche Betrachtung nur, welche Nutzungshandlungen der urheberrechtlich relevante Nutzer vornimmt. Danach kann die Übermittlung auf mobile Empfangsgeräte ohne weiteres den Nutzungsrechten der öffentlichen Zugänglichmachung nach § 19a dUrhG oder dem Senderecht nach § 20 dUrhG zugeordnet werden. Soweit die Endnutzer keine Möglichkeit der Auswahl nach Ort und Zeit haben, handelt es sich ähnlich dem Fernsehen bei der Ausstrahlung eines Filmes um eine Sendung im Sinne des § 20 dUrhG, und zwar unabhängig von dem verwendeten Übertragungsweg DVB-H, UMTS oder IP[667]. Handelt es sich hingegen um kein lineares Angebot, sondern um die On-Demand-Nutzung von Filmen, bei denen Nutzer zu einem Zeitpunkt ihrer Wahl die Dateien abrufen, ist das Recht der öffentlichen Zugänglichmachung nach § 19a dUrhG betroffen[668].

VI. Urheberpersönlichkeitsrechtliche Befugnisse im inhaltlichen Kontext

Fraglich ist weiter, ob durch das Bereitstellen eines Filmwerkes auf Webseiten oder innerhalb einer Datenbank im Zusammenhang mit aus Sicht der Urheber zu

---

666 *Ory*, ZUM 2007, 7, 8f., der allerdings i.E. § 20b dUrhG anwenden will; *Hoeren*, MMR 2008, 139, 140; a.A. wohl *Homann*, Filmrecht, S.101.

667 *Ory*, ZUM 2007, 7; *Hoeren*, MMR 2008, 139, 140.

668 *Hoeren*, MMR 2008, 139, 140.

missbilligenden anderen Filmtiteln Rechte der Urheber oder Nutzungsrechteinhaber betroffen sind.

Der nachfolgend konstruierte Fall soll die Problematik verdeutlichen. Die Urheber eines anspruchsvollen Filmwerkes (z.B. Der Pate, Die Manns, Tod in Venedig etc.) haben einem Verwerter die ausschließlichen Nutzungsrechte für die Verwertung ihres Filmes zum Zugriff- bzw. Abruf vertraglich eingeräumt. Danach stellen sie fest, dass der Verwerter ihr Werk unmittelbar zusammen mit pornografischen Filmen anbietet. Der Film an sich wird nicht verändert. Aus dem Kontext zu den pornografischen Filmen fühlen die Urheber ihren Film aber ins ungünstige Licht gestellt.

Eine Umgestaltung im Sinne des § 23 dUrhG setzt zur Konkretisierung des Schutzumfangs des Urheberrechts voraus, dass eine von dem Originalwerk abhängige Nachgestaltung in Form der Veränderung, unter Übernahme der wesentlichen Züge des Originals, vorgenommen wird[669]. Im vorliegenden Beispielsfall ist das Filmwerk selbst aber nicht verändert worden, so dass der Anwendungsbereich von § 23 dUrhG nicht eröffnet ist.

Wie kann den Urhebern also neben vertraglichen Regelungen im obigen Fall noch geholfen werden? Die Antwort dazu gibt § 93 Abs.1 S.1 i.V.m. § 14 dUrhG, die bei einer Entstellung oder einer anderen Beeinträchtigung des Werkes dem Urheber ein Verbotsrecht gewähren[670]. Voraussetzung ist nach § 93 dUrhG, dass eine gröbliche Entstellung oder andere gröbliche Beeinträchtigung des Filmes vorliegt.

Soweit ein Dritter den Film ohne Nutzungsrechte unberechtigt veröffentlicht, kann der ausschließliche Nutzungsrechteinhaber die urheberrechtlichen Verbotsansprüche nach §§ 97ff. dUrhG geltend machen.

VII. Schrankenregelungen und digitaler Vertrieb

Die Frage nach Schrankenregelungen im Zusammenhang mit dem digitalen Vertrieb von Filmwerken ist grundsätzlich nicht anders zu beurteilen, als es für andere Werke der Fall ist[671]. Bei kommerziellen Filmangeboten zum Zugriff- bzw. Abruf bestehen in der Regel durch die Registrierung, den Lizenzvertrag und die Allgemeinen Geschäftsbedingungen vertragliche Regelungen, die die Schrankenregelungen für unanwendbar erklären. Dennoch gibt es durch die Digitalisierung hervorgerufen noch einige neue Fragestellungen, die sich auf die Bestim-

---

669 *Loewenheim*, in Schricker/Loewenheim, UrhG 4.Aufl., § 23 Rn.3, 7 u. 13.

670 Siehe vertiefend *Dietz/Peukert*, in Schricker/Loewenheim, UrhG 4.Aufl., § 93 Rn.8 ff.; *Wenzel/Burkhardt*, UrhR, 5.Aufl., 9.Kap. Rn.28.

671 BGH, GRUR 2002, 963, 966 – Elektronischer Pressespiegel.

mungen in §§ 44a, 52 und 53 dUrhG bzw. §§ 41a, 42, 42a und 42b öUrhG konzentrieren.

Einerseits stellt sich die Frage, ob entgeltliche Dienste wie save.tv oder shift.tv, die Filme nach eigenen Wünschen zum Zweck der zeitversetzten Betrachtung kostenpflichtig aufzeichnen (*Virtual Personal Video Recorder*), unter eine Schrankenregelung fallen[672]. Eine Privilegierung über § 52 Abs.1 S.1 dUrhG scheitert an der Entgeltlichkeit und in der Regel an dem Fehlen einer öffentlichen Wiedergabe, da bereits die Aufzeichnung von Funksendungen zum Zweck der zeitversetzten Wiedergabe ausscheidet und von einem engen Veranstaltungsbegriff auszugehen ist[673]. Unentgeltlichkeit liegt nur vor, solange die Entgelte zur Deckung der reinen Herstellungskosten im Rahmen der Kostendeckung erhoben werden[674]. Der Kern der Diskussion bezieht sich daher auf die Frage, wer als Hersteller der Vervielfältigung anzusehen ist, und auf die Regelung des § 53 Abs.1 S.1 und Abs.1 S.2 dUrhG[675]. In der Literatur wurde eine Legitimierung über § 53 Abs.1 S.1 dUrhG abgelehnt mit der Begründung, dass die Vervielfältigung Erwerbszwecken dient und die Herstellung der Kopie nicht unmittelbar von einer natürlichen Person vorgenommen wird, sondern von dem Dienste-Anbieter[676]. Dieser Sichtweise ist der *Bundesgerichtshof* entgegengetreten. Die Herstellereigenschaft von Vervielfältigungen über digitale Videorecorder-Dienste ist nach der Rechtsprechung des *Bundesgerichtshofs* nicht normativ, sondern zunächst anhand einer technischen Betrachtungsweise zu beurteilen[677]. Hersteller der Vervielfältigung ist daher derjenige, der diese körperliche Fixierung technisch bewerkstelligt, ohne dass es auf die Zuhilfenahme von technischen Hilfsmitteln, die ein Dritter zur Verfügung stellt, ankommt[678]. Eine Vervielfältigung im Auftrag eines Dritten für dessen Gebrauch kann als Herstellung im Sinne des § 53 Abs.1 S.2 dUrhG dem Auftraggeber zugerechnet werden; allerdings darf die urheberrechtlich relevante Nutzung nicht ein Ausmaß und eine gesteigerte Intensität erreichen, die eine Privilegierung zum Privatgebrauch nicht mehr rechtfertige[679]. Der *Bundesgerichtshof* stellte bereits anderweitig fest,

---

672 Grundlegend *Wiebe*, CR 2007, 28, passim; *Hofmann*, MMR 2006, 793.

673 BGH, GRUR 1994, 45, 47 – Verteileranlagen.

674 *Wiebe*, CR 2007, 28, 31 m.w.N.

675 *Wiebe*, CR 2007, 28f.

676 *Poll*, GRUR 2007, 476, 482; *Schack*, 5.Aufl., Rn.555.

677 BGH, GRUR 2009, 845, 846f. – Internet-Videorecorder, Tz.16 m.w.N.; w. N. bei *Hofmann*, MMR 2006, 793, 794; *Poll*, GRUR 2007, 476, 482; *Schack*, 5.Aufl., Rn.555.

678 BGH, GRUR 2009, 845, 846 – Internet-Videorecorder, Tz.16.

679 BGH, GRUR 2009, 845, 846 – Internet-Videorecorder, Tz.17; *Wiebe*, CR 2007, 28, 30f.

dass die urheberrechtlichen Schrankenbestimmungen grundsätzlich eng auszulegen sind[680], um sicherzustellen, dass der Urheber an der wirtschaftlichen Nutzung seiner Werke tunlichst angemessen beteiligt wird[681]. In der Entscheidung Internet-Videorecorder des *Bundesgerichtshofs* ist jedenfalls unterstellt worden, dass der Nutzer als Hersteller anzusehen ist[682]. Die Herstellereigenschaft der Nutzer ist nach Rückverweisung durch den *Bundesgerichtshof* nun von dem *OLG Dresden* bestätigt worden[683]. Das Gericht hat darauf abgestellt, dass der Nutzer die Vervielfältigung technisch selbst ausführt und zum Eigengebrauch herstellt. Das Gericht hat durch die Nutzer vorgenommene Vervielfältigungen von § 53 Abs.1 S.1 dUrhG gedeckt als zulässig angesehen. Das *OLG Dresden* hat jedoch keine Begründung dazu geliefert, ob die Vervielfältigung der Nutzer mittelbar kommerziellen Zwecken dient. Im Gegensatz zu klassischen Videorecordern müssen Nutzer für Internet-Videorecorder regelmäßig ein Entgelt entrichten. Wenn Anbieter von Internet-Videorecordern für die Nutzung ihrer Dienste ein Entgelt verlangen, dürfte bei Berücksichtigung der kommerziellen Interessen der Anbieter daher eine nach § 53 Abs.1 S.1 dUrhG privilegierte freie Werknutzung nicht vorliegen. Ebenfalls kann eine Vervielfältigung nicht nach § 53 Abs.1 S.2 dUrhG privilegiert sein, wenn die Herstellung durch einen Anbieter entgegen § 53 Abs.1 S.2 dUrhG entgeltlich erfolgt[684].Weiter ist aber auch die Übertragung als Weitersendung nach § 20 dUrhG[685] selbst nicht durch § 53 Abs.1 S.2 dUrhG privilegiert[686]. Rechteinhabern steht nach der Entscheidung des *OLG Dresden* wegen der Verletzung des Weitersenderechts ein Unterlassungsanspruch aus §§ 97 Abs.1, 87 Abs.1 Nr.1 Fall.1, 20 dUrhG zu.

Bezogen auf die österreichische Rechtslage ist nach § 42 Abs.4 öUrhG für eine freie Werknutzung ebenfalls entscheidend, ob die Vervielfältigung durch eine natürliche Person im unmittelbaren oder mittelbaren Zusammenhang mit kommerziellen Zwecken steht. Eine durch eine natürliche Person hergestellte Vervielfältigung dient mittelbar kommerziellen Zwecken, wenn die Anbieter von Internet-Video-Recordern für die Dienstleistung ein Entgelt verlangen. Mit der gleichen Begründung scheitert nach § 42 öUrhG eine vom Anbieter im Auftrag der Nutzer erstellte Vervielfältigung an der Entgeltlichkeit.

---

680 In diesem Sinn auch *Wiebe*, CR 2007, 28.

681 BGH, GRUR 2002, 963, 966 – Elektronischer Pressespiegel, m.w.N.

682 BGH, GRUR 2009, 845, 846 – Internet-Videorecorder, Tz.13 u.23.

683 OLG Dresden, Urteil vom 12.07.2011, Az.: 14 U 801/07.

684 BGH, GRUR 2009, 845, 850 – Internet-Videorecorder, Tz.54f.

685 Hingegen *Hofmann*, MMR 2006, 793, 795.

686 *Wiebe*, CR 2007, 28, 33.

Andererseits stellt sich bei Abrufangeboten, wie Kino.to, die sich aus meist illegal hergestellten Vervielfältigungen einer Filmkopie[687] zusammensetzten, die Frage der Zulässigkeit für die Anbieter von Filmen, Vermittler und Nutzer[688]. Kernfrage ist dabei für die deutsche Rechtslage zum einen, ob das digitale Vervielfältigungsstück unter Verletzung der Ausschließlichkeitsrechte nach § 16 Abs.1 dUrhG bzw. §§ 19a, 15 Abs.2 dUrhG durch die Content-Anbieter sowie Vermittler vervielfältigt und öffentlich zugänglich gemacht worden ist[689]. Eine Vervielfältigung eines Films könnte durch die Schrankenregelung nach § 53 Abs.1 S.1 dUrhG erlaubt sein. Dafür darf es sich bei der bereitgestellten Datei-Kopie nach § 53 Abs.1 S.1 dUrhG nicht um eine „offensichtlich rechtswidrig" hergestellte Vorlage handeln. Davon ist aber mit einer gewissen Indizwirkung meist auszugehen, wenn die Vorlage einen abgefilmten Kinofilm beinhaltet, oder die Vorlage vorher oder zeitgleich zur Erstaufführung bereitgestellt wird[690]. Auch für andere Filme wird man aber eine offensichtliche Rechtswidrigkeit der Vervielfältigungen bejahen müssen, da diese meist nur unter Umgehung technischer Schutzmaßnahmen nach § 95a Abs.1 dUrhG ohne Zustimmung der Rechteinhaber hergestellt werden können. Im Ergebnis setzten sich die Anbieter (Uploader der Vervielfältigung) rechtswidrig hergestellter Filmdateien urheberrechtlichen und strafrechtlichen Sanktionen nach den §§ 97 ff. bzw. § 106 dUrhG aus.

Gegen die Vermittler (Online-Portal-Betreiber, one-click-hoster oder Content-Provider) kann in der Regel kein direkter Verstoß festgestellt werden, da sie durch den Hyperlink (oder auch durch „embedded Link", „inline-link" innerhalb eines Browser-Fensters) kein eigenes Angebot hosten, sondern nur den Abruf fremder Inhalte für Nutzer ermöglichen[691]. Im Falle des Framing, bei dem ein fremdes Filmangebot innerhalb eines Online-Portals zugänglichgemacht wird, wird jedoch angenommen werden müssen, dass sich Vermittler ein rechtswidriges Angebot zurechnen lassen müssen. Für ein Vorgehen gegen die Vermittler im Wege eines verschuldensunabhängigen Unterlassungsanspruchs nach § 97 Abs.1 dUrhG[692] ist eine Störereigenschaft erforderlich, die sich auf eine

687 Ein Eingriff in das Vervielfältigungsrecht aus § 16 dUrhG ist allg. Meinung, vgl. *Fangerow/Schulz*, GRUR 2010, 677, 678, m.w.N. in Fn.6; *Radmann*, ZUM 2010, 387, 389.

688 *Schack*, 5.Aufl., Rn.556; *Fangerow/Schulz*, GRUR 2010, 677, 678, passim; *Radmann*, ZUM 2010, 387, passim.

689 Für eine Verletzung von § 19a dUrhG *Fangerow/Schulz*, GRUR 2010, 677, 679.

690 Zur Indizwirkung auch *Fangerow/Schulz*, GRUR 2010, 677, 679f. m.w.N.

691 Siehe zur Technik *Fangerow/Schulz*, GRUR 2010, 677, 678; *Radmann*, ZUM 2010, 387, 388.

692 Vertiefend *Hartmann*, Unterlassungsansprüche im Internet (2009), S.29, 47ff., 63.

Verletzung eines dinglichen Nutzungsrechts (bezogen auf ein Vervielfältigungsrecht nach § 16 Abs.1 dUrhG im Wege der Zurechnung, ein Recht der öffentlichen Zugänglichmachung nach § 19a dUrhG bzw. ein unbenanntes Abrufübertragungsrecht nach § 15 Abs.2 dUrhG) beziehen könnte[693]. Problematisch dürfte bei der Frage der Störerhaftung jedoch die vom Vermittler zu verlangende zumutbare Prüfpflicht sein[694], dessen Überprüfung jedem Einzelfall vorbehalten bleiben muss. Im Fall von Kino.to wird die Verletzung einer Prüfpflicht angenommen werden müssen, da laut Presseberichten[695] zum Ermittlungsverfahren der *Generalstaatsanwaltschaft Dresden* der Verdacht besteht, dass die Betreiber mittels finanzieller Förderung illegaler Uploads sowie eigener rechtswidrig hergestellter Filmkopien selbst Inhalte der Öffentlichkeit zugänglich gemacht haben. Zudem sollen die Betreiber von Kino.to selbst Qualitätskontrollen der unrechtmäßig hergestellten Filmkopien vorgenommen haben[696].

Für Nutzer wird sich die offensichtliche Rechtswidrigkeit der Vorlage in der Regel aufdrängen, weil selbst nach einem unterstellten individuell niedrigsten Bildungs- und Kenntnisstand eines Nutzers die Rechtwidrigkeit der Vorlage durch das Gesamterscheinungsbild, fehlendem Impressum, Berichterstattung oder der Unentgeltlichkeit erkennbar ist[697]. Auch kann bei einzelnen Angeboten, die zum Teil 70.000 Filme und 340 000 Serien für den individuellen Abruf bereithalten[698], nicht mehr von einer bloßen Ausnahme gesprochen werden. Wenn akut die Gefahr besteht, dass die digitale Privatkopie die Erstauswertung der Rechteinhaber tangiert, ist damit das dem Urheberrechtsgesetz zugrundeliegende systematische Regel-Ausnahme-Verhältnis angegriffen, welches den Schrankenregelungen zugrundeliegt[699]. Für Nutzer ist damit ein Abruf nach § 53 Abs.1 S.1 dUrhG nicht gerechtfertigt.

Im Unterschied zur deutschen Rechtslage erfasst die Schrankenbestimmung in § 42 Abs.4 öUrhG nach seinem Wortlaut auch eine offensichtlich rechtswidrig hergestellte Vorlage für eine Vervielfältigung zum privaten Gebrauch. Dennoch wird in Österreich unter Anlehnung an die in Deutschland geltende Rechtslage bzw. Rechtsauffassung zum Teil ebenfalls ein rechtmäßig erworbenes

693 Vgl. dazu die Entscheidung OLG Düsseldorf, MMR 2010, 483, 484 – Rapidshare.

694 Vom OLG Düsseldorf, MMR 2010, 483, 484f. im konkreten Fall verneint; siehe auch *Hoffmann*, NJW 2008, 2624, 2628.

695 Artikel der FAZ, abrufbar unter http://www.faz.net/artikel/C31158/razzia-bei-kino-to-erschuetterung-in-der-illegalen-szene-30435151.html [Stand: 09.08.2011].

696 Pressemitteilung der GStA Dresden, http://www.justiz.sachsen.de/gensta/content/742.php [Stand: 09.08.2011].

697 *Fangerow/Schulz*, GRUR 2010, 677, 680 m.w.N.; *Radmann*, ZUM 2010, 387.

698 *Fangerow/Schulz*, GRUR 2010, 677, 678; *Radmann*, ZUM 2010, 387.

699 *Fangerow/Schulz*, GRUR 2010, 677, 679.

Werkstück verlangt[700]. Diese Rechtsauffassung ist jedoch abzulehnen, da das in Deutschland normierte Ausschlusskriterium „offensichtlich rechtswidrig hergestellte Vorlage“ sich weder aus § 42 Abs.4 öUrhG noch eindeutig aus der Richtlinienvorgabe in Art.5 Informationsgesellschaft-Richtlinie herleiten lässt. Die Heranziehung der ergangenen Rechtsprechung des OGH wird abgelehnt[701] werden müssen, da sich die Entscheidungen auf die alte Rechtslage bezogen, als die digitale Privatkopie noch weitgehendst unbekannt war. Die sehr weite Schrankenregelung in § 42 Abs.4 öUrhG findet jedoch seine Grenzen in dem für die Herstellung geltendem negativen Tatbestandsmerkmal „unmittelbare noch mittelbare kommerzielle Zwecke“. Danach unterfallen Angebote wie Kino.to nicht unter § 42 Abs.4 öUrhG, weil über die Werbeeinnahmen der Plattform-Betreiber ein kommerzieller Zweck im Vordergrund steht. Darüber hinaus gilt nach § 42 Abs.5 öUrhG die weitere Einschränkung, dass die Herstellung der Privatkopie nicht zum Zweck vorgenommen werden darf, das Filmwerk der Öffentlichkeit zugänglich zu machen. Gerade das geschieht aber im Falle von Kino.to, wenn Content-Anbieter die Filmkopien auf Online-Plattformen hochladen. Schließlich ist die gemeinschaftsrechtliche Vorgabe des Dreistufentest in Art.5 Abs.5 Informationsgesellschaft-Richtlinie nach Erwägungsgrund 44 und bei richtlinienkonformer Auslegung zu beachten. Österreich hat zwar keine Art.5 Abs.5 Informationsgesellschaft-Richtlinie vergleichbare Regelung in § 42 öUrhG umgesetzt, der österreichische Gesetzgeber hat sich jedoch zu seiner Beachtung bekannt[702]. Nach dem zu beachtenden Dreistufentest darf eine Vervielfältigung zum privaten Gebrauch nicht die normale Verwertung des Werks beeinträchtigen oder die berechtigten Interessen des Rechteinhabers nicht ungebührlich verletzen. Nach der ersten Stufe ist erforderlich, dass sich die Beschränkung auf einen Sonderfall bezieht; durch die ausdrückliche Erwähnung in Art.5 Abs.2 lit.b Informationsgesellschaft-Richtlinie ist bei der digitalen Privatkopie davon auszugehen. Eine Beeinträchtigung der normalen Verwertung des Werks liegt nach der zweiten Stufe im Fall von kostenlosen Online-Plattformen wie Kino.to regelmäßig vor, wenn der Film in Konkurrenz zu erlaubten Auswertungsstufen tritt und Umsatzeinbußen auslöst[703]. Die berechtigten Interessen der Rechteinhaber an einer angemessenen Beteiligung an der Verwertung ihrer Werke werden nach dritter Stufe zudem verletzt, wenn systematisch und mit kommerzieller Absicht unrechtmäßige Kopien hergestellt werden. Im Ergebnis

700 Vgl. zum Streitstand *Schachter*, in Kucsko, urheber.recht, S.702 m.w.N.; *Walter*, in Loewenheim, Hdb. des UrhR, 2.Aufl., § 51 Rn.64 plädiert für eine ungeschriebene Voraussetzung.

701 In diesem Sinn *Schachter*, in Kucsko, urheber.recht, S.702 mit Hinweisen zur Rspr.

702 Siehe Hinweise nach *Schachter*, in Kucsko, urheber.recht, S.698.

703 *Schachter*, in Kucsko, urheber.recht, S.703.

führt daher auch der anzuwendende Dreistufentest zu einer Nichtanwendbarkeit der Schrankenregelung des § 42 Abs.4 öUrhG.

Eine andere Frage in Zusammenhang derartiger Abrufangebote ist, ob bei Online-Plattformen, wie Kino.to, das Streaming[704] selbst unter die Schrankenregelung des § 44a dUrhG bzw. § 41a öUrhG zu subsumieren ist[705]. Der rein technische Vorgang des Streaming ist ohne weiteres dem Anwendungsbereich der Ausnahmeregelung des § 44a dUrhG bzw. § 41a öUrhG zu unterstellen, wenn die Übertragung nicht einer dauerhaften Speicherung des Werkes dient[706].

Ein Eingreifen der Schrankenregelung[707] des § 44a dUrhG scheitert aber üblicherweise daran, dass bereits die Vervielfältigung der Filmvorlage ohne Zustimmung des Berechtigten erfolgt, und damit die sich anschließende vorübergehende Vervielfältigungshandlung nicht einer rechtmäßigen Nutzung eines Filmes dient[708]. Die Quelle für die an sich nach § 44a Nr.2 dUrhG zulässige vorübergehende Vervielfältigung ist in der Regel von Anfang an mit einem Makel behaftet, so dass sich dieser Makel bei dem Werkgenuss fortsetzt, wofür auch die Wertungen in §§ 95a und 96 dUrhG sprechen. Nach § 96 dUrhG gilt auch derjenige als Urheberrechtsverletzter, der nicht selbst Täter oder Teilnehmer der vorgelagerten rechtswidrigen Vervielfältigungshandlung ist[709]. Ferner ist anzumerken, dass sich die Schrankenregelung in § 44a Nr.2 dUrhG auch immer nur auf Fälle beziehen kann, bei denen die vorübergehende Vervielfältigung nur im Rahmen einer bestimmten wirtschaftlichen Nutzung erfolgt, nicht aber zu einer neuen wirtschaftlich eigenständigen Bedeutung führen darf[710]. Weil Angebote, wie Kino.to, aber die Ersetzung kommerzieller Filmangebote bezweckt, fehlt es an einer weiteren wichtigen Voraussetzung für ein Eingreifen des § 44a dUrhG[711]. Damit wird auch ein Eingreifen des § 44a Nr.1 dUrhG ausscheiden. Wenn der Film technisch durch den Streaming-Puffer bedingt im Ordner „Temporary Downloaded Internet Files" des Empfangsgerät des Nutzers gespeichert wird, besteht die Möglichkeit, den Film durch einfaches Umbenennen

704 Zum technischen Ablauf bei Kino.to, *Fangerow/Schulz*, GRUR 2010, 677, 678; *Büscher/Müller*, GRUR 2009, 558.

705 *Fangerow/Schulz*, GRUR 2010, 677, 680f; *Radmann*, ZUM 2010, 387, 391.

706 In diesem Sinn auch *Dreier*, in Dreier/Schulze, UrhG 3.Aufl., § 44a Rn.4; *Busch*, GRUR 2011, 496, 501ff.; *Büscher/Müller*, GRUR 2009, 558, 559.

707 Vgl. dazu Art.5 Abs.5 und EG. 33 der Informationsgesellschaften-Richtlinie RL 2001/29/EG, a.a.O.

708 *Busch*, GRUR 2011, 496, 502; *Dreier*, in Dreier/Schulze, UrhG 3.Aufl., § 44a Rn.8; *Loewenheim*, in Schricker/Loewenheim, UrhG 4.Aufl., § 44a Rn.9; a.A. *Fangerow/Schulz*, GRUR 2010, 677, 680ff.

709 *Dreier*, in Dreier/Schulze, UrhG 3.Aufl., § 96 Rn.1.

710 *Busch*, GRUR 2011, 496, 501ff; *Dreier*, in Dreier/Schulze, UrhG 3.Aufl., § 44a Rn.9.

711 So auch *Loewenheim*, in Schricker/Loewenheim, UrhG 4.Aufl., § 44a Rn.10.

oder Änderung des Dateiformates dauerhaft abzuspielen, zu vervielfältigen oder für sonstige Zwecke zu verwenden[712], womit keine vorübergehende Vervielfältigung vorläge und damit ebenfalls § 44a dUrhG zu verneinen sei[713]. Das Downloading auf die Festplatte fällt eindeutig nicht unter § 44a dUrhG[714]. Auf den in Art.5 Abs.5 der Informationsgesellschaft-Richtlinie[715] enthaltenen Dreistufentest, der nach ständiger Rechtsprechung des *Bundesgerichtshofs* grundsätzlich Geltungsanspruch besitzt, ist damit nicht mehr einzugehen[716].

Für Österreich könnten Angebote wie Kino.to durch die Schrankenregelung nach § 41a öUrhG gedeckt sein. Die Voraussetzungen einer freien Werknutzung nach § 41a öUrhG müssen kumulativ erfüllt sein[717]. Einzugehen ist insbesondere auf den Zweck der Vervielfältigung nach § 41a Ziff.3 Alt.1 bzw. Alt.2 öUrhG. Nach § 41a Ziff.3 Alt.1 öUrhG ist die Übertragung in einem Netz zwischen Dritten durch einen Vermittler[718] privilegiert. Wird im Falle eines Angebotes wie Kino.to ein Film durch einen Anbieter über einen Betreiber eines Online-Portals als Vermittler an einen Nutzer übertragen, kommt es nicht mehr auf die Rechtmäßigkeit der Nutzung nach der Alt.2 an. Dennoch ist auch in diesen Fällen nach § 41a Ziff.4 öUrhG als weitere Voraussetzung zu verlangen, dass die vorübergehende Vervielfältigung keine eigenständige wirtschaftliche Bedeutung besitzt. An der Voraussetzung einer fehlenden eigenständigen wirtschaftlichen Bedeutung fehlt es aber, da Angebote wie Kino.to über Werbeeinnahmen beträchtliche Umsätze erzielen ohne die Rechteinhaber zu beteiligen, und die Erlöse zumindest den Anbietern und Dritten als mittelbare wirtschaftliche Nutzung zugerechnet werden müssen. Für eine Zulässigkeit nach § 41a Ziff.3 Alt.2 öUrhG müsste eine rechtmäßige Nutzung der Vervielfältigung des Filmes vorliegen, woran es aber entsprechend den vorstehenden Erwägungen zur deutschen Rechtslage fehlt, weil die ursprüngliche Vervielfältigung des Films ohne Einwilligung der Rechteinhaber erfolgte. Wird ein Film nicht nur vorübergehend vervielfältigt, sondern dauerhaft auf einer Festplatte eines Nutzers gespeichert, ist überdies ein Eingreifen der Schrankenbestimmung nach § 41a öUrhG nicht erfüllt, da im Falle einer dauerhaften Abspeicherung einer unzulässig hergestellten Filmkopie der Anwendungsbereich der Schrankenbestimmung nicht eröffnet ist.

---

712 Vgl. dazu *Schwarz/U.Reber*, in v.Hartlieb/Schwarz, 261.Kap. Rn.6.

713 *Radmann*, ZUM 2010, 387, 388f., 391.

714 *Verweyen*, in Walter, Europäisches Urheberrecht (2001), Info-RL Rn.111, *Loewenheim*, in Schricker/Loewenheim, UrhG 4.Aufl., § 44a Rn.15.

715 Vgl. oben, RL 2001/29/EG.

716 Vgl. aber die Darstellung bei *Fangerow/Schulz*, GRUR 2010, 677, 681ff.

717 *Vogel*, in Kucsko, urheber.recht, S.688.

718 *Vogel*, in Kucsko, urheber.recht, S.689f.

Nach § 81 Abs.1a öUrhG kann ein Unterlassungsanspruch[719] bestehen, der sich in Österreich nicht nur gegen den unmittelbaren Rechtsverletzter sondern auch gegen den Vermittler richten kann[720]. Derartige Sperren werden jedoch nicht nur als ineffektiv beurteilt, sondern dürften auch mit Art.12 der Richtlinie über den elektronischen Geschäftsverkehr im Widerspruch stehen[721].

Die Zulässigkeit von Filmangeboten, die mittels Streaming über das Internet Filme zur kostenlosen individuellen Betrachtung bereithalten, ist ohne Legitimierung der Urheber und Rechteinhaber im Ergebnis abzulehnen, weil die Angebote nicht durch die Schrankenregelungen der §§ 53 Abs.1 S.1, 44a Nr.2 dUrhG bzw. §§ 41a, 42 Abs.4 öUrhG gerechtfertigt sind[722].

An dem ermittelten Ergebnis ändert sich auch nichts in Fällen der Verbreitung aus dem Ausland (so z.B. bei der Verwaltung einer Domain von dem Pazifikarchipel Tonga) und Inlandsbezug. Nach der Rechtsprechung des *Bundesgerichtshofs* wird die dadurch entstehende Schutzlücke geschlossen, indem bei Fällen mit Inlandsbezug für die Beurteilung der Rechtswidrigkeit der Herstellung nicht auf das ausländische Vervielfältigungsrecht abzustellen ist, sondern darauf, ob die Herstellung der Vervielfältigungsstücke das deutsche Vervielfältigungsrecht verletzt[723].

VIII. Gebietsbeschränkende Lizenzierung

Urheber und Rechteinhaber sind aus Gründen der Kontrolle über die Nutzung ihrer Werke gegenüber Nutzern im urheberrechtlichen Sinn – den Verwertern – an einer beschränkten Einräumung der Nutzungsrechte interessiert[724]. Die Rechtfertigung für die Einräumung gebietsbeschränkter Nutzungsrechte ergibt sich aus Sicht der Urheber und Rechteinhaber nicht nur als Folge des dem Urhe-

719 *Walter*, in Loewenheim, Hdb. des UrhR, 2.Aufl., § 51 Rn.66.

720 Siehe dazu die Pressemitteilung des VAP über die beim Handelsgericht Wien erwirkte einstweilige Verfügung (nicht veröffentlicht) unter http://www.dach-contentprotection.org/sperrungkinoto.html; http://www.spiegel.de/netzwelt/netzpolitik/0,1518,763108,00.html#ref=rss [Stand: 06.08.2011].

721 Vgl. EuGH Pressemitteilung Nr.37/11 zu den Schlussanträgen des EuGH-Generalanwalts zum anhängigen Vorlageverfahren EuGH C-70/10, http://curia.europa.eu/jcms/upload/docs/application/pdf/2011-04/cp110037de.pdf [Stand: 06.08.2011]

722 Hingegen a.A. *Fangerow/Schulz*, GRUR 2010, 677, 682.

723 BGH, GRUR 1993, 550, 552 – The Doors, m.w.N.; dazu auch *Dreier*, in Dreier/Schulze, UrhG 3.Aufl., § 96 Rn.4f. m.w.N.

724 Vgl. *v.Ungern-Sternberg*, in Schricker/Loewenheim, UrhG 4.Aufl., § 15 Rn.1.

berrecht zugrundeliegenden Territorialitätsprinzips[725] und aus Gründen der Ausschließbarkeit, sondern auch aus Angst vor den Gefahren der Filmpiraterie im Zusammenhang mit der illegalen Verwendung ihrer Werke.

Die Zulässigkeit der Einräumung räumlich beschränkter Nutzungsrechte richtet sich nach § 31 Abs.1 S.2 dUrhG. Voraussetzung für eine räumliche Beschränkung mit dinglicher Wirkung ist, dass ein selbständiges Nutzungsrecht[726] vorliegt. Ein selbständiges Nutzungsrecht kann mit dinglicher Wirkung nur für eine eigenständige Nutzungsart eingeräumt werden[727]. Liegt lediglich eine bloße Nutzungsform und keine selbständige Nutzungsart vor, kann folglich kein gegenständliches Recht lizenziert werden und damit keine räumliche Beschränkung nach § 31 Abs.1 S.2. UrhG erfolgen.

Neben den urheberrechtlichen Tatbestandsvoraussetzungen können sich für gebietsbeschränkende Nutzungsrechtseinräumungen Grenzen durch das EU-Kartellrecht ergeben. Aufgrund ihrer beschränkenden Wirkung und ihres faktischen Monopolcharakters sind räumliche Beschränkungen den wettbewerbsrechtlichen Schutzvorschriften nach Art.101 und Art.102 AEUV unterworfen, die nach § 22 GWB Vorrang vor dem nationalen Kartellrecht[728] genießen. Bezogen auf eine unkörperliche Verwertung von Filmen über Zugriffs- und Abrufdienste ist eine grenzüberschreitende Auswertung in tatsächlicher Hinsicht unproblematisch möglich und eine grenzüberschreitende Nachfrage an Filmen zu bejahen. Die *Europäische Kommission* hat die grenzüberschreitende Verfügbarkeit von Online-Inhalten innerhalb des europäischen Binnenmarktes zur Verwirklichung der *i2010-Strategie* und der *Digitalen Agenda für Europa* zum Ziel erklärt[729]. Für die Verwertung europäischer Filmproduktionen kann ein nach Art.101 Abs.1 AEUV i.V.m. Art.26 Abs.2 AEUV zu bestimmender relevanter Markt[730] hinsichtlich des europäischen Binnenmarktes festgestellt werden. Bei Filmen ist in jedem Einzelfall zu überprüfen, ob eine territoriale Nutzungsrechtseinräumung mit marktbeschränkender oder marktabschottender Wirkung

725 *Schulze*, in Dreier/Schulze, UrhG 3.Aufl., § 31 Rn.30.

726 Schricker/Loewenheim, in Schricker/Loewenheim, UrhG 4.Aufl., § 31 Rn.18.

727 BGH, NJW 1992, 1320, 1321– Taschenbuch-Lizenz m.w.N.; *Schulze*, in Dreier/Schulze, UrhG 3. Aufl., § 31 Rn.52; *Homann*, Filmrecht, S.98.

728 *Böge/Bardong*, in MünchKomm-GWB, (2008), § 22 Rn. 15ff.; *Säcker*, in MünchKomm-GWB, Einl. Rn.34; *Ahrens*, in Berger/Wündisch, § 14 Rn.10f.

729 Mitteilung der Kommission über kreative Online-Inhalte im Binnenmarkt vom 03.01.2008, abrufbar http://eur-lex.europa.eu/LexUriServ/LexUriServ.do?uri=CELEX:52007DC0836:DE:NOT [Stand: 27.04.2011].

730 Vgl. *Brinker*, in Schwarze (Hrsg.), 2.Aufl., Art.82 Rn.5.

als eine wettbewerbsbeschränkende Handlungsform[731] einzustufen ist. Kommt der spezifische Schutzgegenstand des Urheberrechts erst durch die dinglich wirkende Aufspaltungsmöglichkeit zum Ausdruck, ist eine räumliche Beschränkung in Ausübung des Urheberrechts als privilegiert und folglich kartellfest einzustufen[732]. Das subjektiv geprägte und legitime Bestimmungsrecht des Urhebers bei der Nutzung seines Werkes ist durch das Wettbewerbsrecht anzuerkennen[733]. In Bezug auf die räumlich und zeitlich begrenzte Vergabe von Nutzungsrechten an den Vorführungs-, Aufführungs- und Senderechten hat der *EuGH* diese Praxis als zulässig angesehen[734]. Eine andere Beurteilung ließe sich bei der digitalen Distribution von Filmwerken auf Online-Märkten nur aufgrund der Besonderheiten der grenzüberschreitenden Verwertungsmöglichkeit rechtfertigen, weil die territorialen Beschränkungen die ökonomischen Potentiale eines Films ungenutzt lassen und damit zu Lasten sämtlicher Beteiligter an der Wertschöpfungskette eines Films gehen. Es bleibt aber fraglich, ob hinsichtlich unterschiedlicher Auswertungsstufen eine Ungleichbehandlung gerechtfertigt ist. Unterschiede zwischen den Filmen und zwischen den Filmherstellern und Verwertern untereinander sprechen gegen eine missbräuchliche Ausnutzung einer marktbeherrschenden Stellung nach Art.102 AEUV, wenn eine branchenübliche Beschränkung auf ein Auswertungsgebiet[735] getroffen wird. Das Spannungsverhältnis zwischen Immaterialgüterrechten und der Wettbewerbsfreiheit ist durch einen abstrakten Beurteilungsmaßstab nicht lösbar. Die Besonderheiten der Filmwirtschaft und des produktspezifischen Wettbewerbs zwischen Filmen und anderen Medien legen zumindest eine zurückhaltende Anwendung kartellrechtlicher Verbotsvorschriften nahe.

F. Anmerkungen zur Lizenzvertragsgestaltung

I. Der Lizenzvertrag

Als Lizenzvertrag wird ein Vertrag zwischen einem Lizenzgeber, der Auswertungsrechte an einem Film hält, und einem Lizenznehmer bezeichnet. In der

731 Vertiefend *Gonzales Diaz*, in Loewenheim/Meessen/Riesenkampff, KartellR 2.Aufl., Art.81 Abs.1 EG Rn.104ff.

732 *Nordemann*, GRUR 2007, 203, 205f.

733 *Nordemann*, GRUR 2007, 203, 205f.

734 EuGH, GRUR Int. 1980, 602, 607 – Le Boucher I; EuGH, GRUR Int. 1983, 175, 176 – Le Boucher II; vgl. *Bosch*, in Ensthaler/Weidert (Hrsg.), Handbuch Urheberrecht und Internet (2010), S.273 m.w.N.

735 *Loewenheim*, in Schricker/Loewenheim, UrhG 4.Aufl., Einl. Rn.66.

Praxis haben sich je nach Vertragsgegenstand verschiedene Musterverträge herausgebildet[736]. Etabliert sind bei Filmverwertungslizenzverträgen unterschiedliche Vertragstypen[737]. Von seiner Rechtsnatur ist der Lizenzvertrag ein urheberrechtlicher Nutzungsvertrag sui generis, der je nach Ausgestaltung im Einzelfall Elemente eines Rechtskaufs, einer Rechtspacht, eines Werklieferungsvertrages oder eines Gesellschaftsvertrages enthalten kann[738].

II. Mögliche Bestandteile des Lizenzvertrages

Die Benutzung von Vertragsklauseln für die Einräumung von Nutzungsrechten ist nicht zu empfehlen[739]. Lediglich als Orientierung, und nicht als vorgegebene Vertragsklauseln, sollen nachstehende Erwägungen für Lizenzverträge angesehen werden[740]. Hinzuweisen ist insofern auf die zwingende Spezifizierung und Bezeichnung der konkreten Nutzungsform nach der aus § 31 Abs.5 dUrhG hergeleiteten Zweckübertragungstheorie[741].

1. Der Lizenzgegenstand

In einem Lizenzvertrag ist penibel auf die Bezeichnung des Vertragsgegenstandes zu achten[742]. Der Film als Vertragsgegenstand ist abhängig vom jeweiligen Entwicklungsstadium zu definieren u.a. nach Filmtitel, Filmvorlagen, Filmthema, Filmurheber (insb. Hauptregisseur nach Art.2 Abs.2 der Vermiet- und Ver-

---

736 *Hertin/Klages*, in Schütze/Weipert (Hrsg.), Münchener Vertragshandbuch, Bd. 3. Wirtschaftsrecht II., 6.Aufl., 2009, Formular XI.34, XI.35; *Ehrhardt*, in Schütze/Weipert (Hrsg.), Münchener Vertragshandbuch, Bd. 3. Wirtschaftsrecht II., 6.Aufl., 2009, Formular XI 37A; *Hertin*, in Schütze/Weipert (Hrsg.), Münchener Vertragshandbuch, Bd. 3. Wirtschaftsrecht II., 6.Aufl., 2009, Formular XI. 43, XI.44; *Diesbach*, in Berger/ Wündisch, § 21 Rn.184ff; *Koch*, in Loewenheim, Hdb. d. UrhR, 2.Aufl., § 78 Rn.89.

737 Nach *Scheuermann*, S.146, bezogen auf Video der Videolizenzvertrag, der Videovertriebsvertrag, der Videovorführungsvertrag und der Videokauf- bzw. Videovermietvertrag.

738 Weitere Einzelheiten u. Nachweise bei *Diesbach*, in Berger/Wündisch, § 21 Rn.185; *Schack*, 5.Aufl., § 33 Filmverträge, Rn.1238 u. 1244 ff.; *Scheuermann*, S.146f.

739 So bereits *Frohne*, ZUM 2000, 810, 813.

740 Vertiefend *Mielke/Schwarz*, in v.Hartlieb/Schwarz, 218-230 Kap.; *Castendyk*, in v.Hartlieb/Schwarz, 247 u. 258 Kap.; *Schwarz/U.Reber*, in v.Hartlieb/Schwarz, 259-262 Kap.

741 *Wenzel/Burkhardt*, UrhR, 5.Aufl., 5.Kap. Rn.50; *Homann*, Filmrecht, S.321.

742 Siehe dazu *Hertin/Klages*, in Schütze/Weipert (Hrsg.), Bd. 3/II., Formular XI.34.

leih-Richtlinie) und -miturheber[743], Lauflänge, Sprachfassung, Filmhersteller, Drehbuch, Hauptdarsteller und Mitwirkende, Format etc. Bei einem Vertragsschluss in zeitlicher Hinsicht vor der Filmherstellung ist für die Änderung der definierten Filmmerkmale auf ein Mitspracherecht des Lizenznehmers in Form eines Zustimmungs- und Rücktrittsrechtes zu achten. Weiter sind die Lizenzparteien genau zu bezeichnen.

„Der Lizenzgeber erklärt, zur Verfügung über die den Gegenstand dieses Vertrages bildenden Rechte an dem genannten Film allein berechtigt zu sein“[744].

Gegebenenfalls kann eine Haftungsfreistellung sinnvoll sein.

2. Filmdateien, Filmmaterialien und weitere Unterlagen

Inhaltlich sind Regelungen über die Datei- und Materiallieferungen zu treffen[745]. Bei den Dateiformaten sollte auf das gebräuchlichste Format oder auf eine Auswahl der gebräuchlichsten Formate im Markt (z.B. MPEG-4, Audio Video Interleave (AVI), Windows Media Codec 9[746]) geachtet werden. Daneben sind Bestimmungen über weitere Filmmaterialien wie Trailer, Lichtbilder und Poster zu treffen. Weiter sind Vereinbarungen zu treffen über Kostenlast, Lieferfrist und über Vernichtung von Kopien nach Ablauf der Lizenzzeit.

3. Nutzungsrechteübertragung

Den Lizenzparteien ist aufgrund der sich stetig weiterentwickelnden Diskussion und Entwicklung in Bezug auf die selbständig lizenzierbaren Nutzungsrechte zu raten, zur eigenen Sicherheit auf den jeweiligen Nutzungszwecks abzustellen[747]. Für die Einräumung von Nutzungsrechten reicht es nicht aus, den Wortlaut der gesetzlich normierten Nominalverwertungsrechte wiederzugeben, sondern es ist immer auf den konkret beabsichtigten Nutzungszweck abzustellen.

Der Lizenzgeber überträgt auf den Lizenznehmer an dem Vertragsgegenstand (Bezeichnung des Film, § 1) folgende Rechte[748]*:*

743 Zum Kreis möglicher Miturheber siehe u.a. *Walter*, MR 2001, 293.

744 *Hertin*, in Schütze/Weipert (Hrsg.), Bd. 3/II., Formular XI.43, § 1.

745 *Hertin*, in Schütze/Weipert (Hrsg.), Bd. 3/II., Formular XI.44, § 4.

746 Siehe u.a. *Hoeren*, MMR 2008, 139, 140.

747 Vgl. *Poll*, GRUR 2007, 476, 482f.

748 Vgl. *Hertin*, in Schütze/Weipert (Hrsg.), Bd. 3/II., Formular XI.44, § 2.

a. Das „Video-on-Demand"-Recht

gegenständlich: *Das Recht zur Vervielfältigung, öffentlichen Zugänglichmachung/Zurverfügungstellung und zum Zweck der Wiedergabe anschließenden Übermittlung des Films auf individuellen ort- und zeitunabhängigen Abruf in der in § 1 genannten Sprachfassung als unkörperliche Filmkopie, sowie unabhängig von dem zugrundeliegenden Dateiformat oder Vertriebsweg. Die Rechte der öffentlichen Zugänglichmachung und unkörperlichen Übermittlung des Videogramm auf individuellen Abruf sind umfassend und beziehen den Vertrieb über Verkauf und Vermietung ein*[749]*. Die Rechte erlauben, die Filmkopie Nutzern (Verbraucher/Konsumenten) mittels digitaler oder anderweitig elektronischer Datenübertragungs-, Speicher- und Übermittlungstechnik zum individuellen Abruf gegen Entgelt zur Verfügung zu stellen (Video-on-Demand).*

Zwar wurde das Video-on Demand-Recht früher von der Rechtsprechung teils zum AV-Recht gezählt, mit der Begründung, die Unterschiede beider Verfahren seien im Wesentlichen technischer Natur[750]. Gegen die Entscheidung des *OLG München* ist aber anzubringen, dass diese Feststellung getroffen worden war, als sich VoD lediglich in der Erprobungsphase befand, und das enorme wirtschaftliche Potential noch nicht bekannt war[751].

b. Das „Electronic-sell-through"-Recht

gegenständlich: *Das Recht, eine digitale Dateikopie des Film in digitaler, elektronischer oder anderweitiger unkörperlicher Form durch individuellen Download eines Verbraucher bzw. Konsumenten zum einmaligen käuflichen Erwerb gegen Entgelt und zur dauerhaften privaten Nutzung im Wege öffentlicher Zugänglichmachung/Zurverfügungstellung, unkörperlichen Übermittlung, Speicherung auf dem Endgerät und anschließender Wiedergabe zu jeweils nicht-öffentlichen und rein privaten Zwecken zu vertreiben (Electronic-sell-through). Der Lizenznehmer ist berechtigt, einem Verbraucher/Konsumenten zu gestatten, eine weitere Filmkopie einmalig herstellen zu lassen, etwa durch Brennen eines Datenträgers, soweit der Datenträger nur für eigene private Zwecke verwendet und nicht an Dritte weitergegeben wird.*

c. Das Recht zum „Streaming"

gegenständlich: *Das Recht zur öffentlichen Zugänglichmachung/Zurverfügungstellung und unkörperlichen Übermittlung des Filmes mittels Streaming-Verfahren für die individuelle Nutzung durch Verbraucher/Konsumenten nach Orten und Zeiten ihrer Wahl, ohne eine dauerhafte Speicherungsmöglichkeit der Dateikopie zu ermöglichen. Der Lizenznehmer hat durch geeignete technische*

749 Vgl. *Hertin*, in Schütze/Weipert (Hrsg.), Bd. 3/II., Formular XI.44, § 2.

750 OLG München, ZUM 1998, 413, 416.

751 So bereits *Schwarz/U.Reber*, in v.Hartlieb/Schwarz, 261.Kap. Rn.11.

Systeme sicherzustellen, dass eine Wiederholung der Wiedergabe des Filmes unmöglich ist. Ausgeschlossen von der Rechtsübertragung sind programmbezogene und festgelegte Sendungen zum Zweck des Fernsehens (u.a. Webcasting, Simultancasting, IPTV, MobileTV), die ihr Programm mittels Streaming Live über netzbasierte Dienste oder das Internetprotokoll ausstrahlen und bei denen der Nutzer keine Wahl nach Ort und Zeit hat.

d. Spezifizierung des Rechtes zur Wiedergabe auf Bildbetrachtungs- und Empfangsgeräten

Die (ausschließlich) eingeräumten Rechte berechtigen abhängig von dem Umfang der Rechte zur Wiedergabe des Filmwerkes auf sämtliche bekannten oder unbekannten Empfangsgeräte (Fernseher mit Internet-/Kabel-/Satellit-/Online-Anschluss, netzwerkfähige Computer und Notebooks, elektronischen Klein-Leinwänden bis maximal 3x4 Metern), Bildbetrachtungs- und Speichergeräte (Mobilfunkgeräte, PDAs, USB-Memorysticks, I-Pods etc.) zu nicht-öffentlichen und nicht-gewerblichen Zwecken.

e. Recht zur Nutzung und Distribution des Films über Datenbanken

gegenständlich: *Das Recht zur Vervielfältigung durch Aufnahme/Einstellen/Speicherung des Films einschließlich dessen Inhaltsangaben in Datenbanken, Datenbankmanagement-Systeme oder in Speichern ähnlicher Art und das Recht zur anschließenden öffentlichen Zugänglichmachung/Zurverfügungstellung des Filmwerkes, das in Datenbanken, Dokumentationssystemen oder Speichern ähnlicher Art eingebracht ist, im Rahmen des Angebotes über sämtliche digitalen Übertragungswege (netzbasierte, elektronische, digital-terrestrische, satellitengestützte Vertriebswege oder in ähnlicher Weise) an Endnutzer zum Abruf, einschließlich sämtlicher erforderlicher technischer Zwischenschritte*[752].

f. Das Sublizenzrecht

Der Lizenznehmer ist zur Vergabe von Sublizenzen zur unkörperlichen Wiedergabe nur an Verbraucher/Konsumenten und nur zu nicht-gewerblichen Zwecken berechtigt. Die Berechtigung erfasst nicht die Vergabe von Sublizenzen, deren Dauer die Hauptlizenz überschreiten[753].

752 Vgl. *Jaschinski*, in Wiebe/Leupold (Hrsg.), Recht der elektronischen Datenbanken, VII-A1. § 3.

753 Vgl. *Hertin*, in Schütze/Weipert (Hrsg.). Bd. 3/II., Formular XI.44, § 3, S.1184; *Homann*, Filmrecht, S.298.

g. Klammerteilauswertungs- und Bearbeitungsrecht

> *Der Lizenznehmer ist berechtigt, das vertragsgegenständliche Filmwerk zur Herstellung und Verwendung eines Filmtrailers bis zu einer Gesamtlänge von zwei Minuten zu Marketingzwecken ausschnittsweise zu nutzen bzw. nutzen zu lassen*[754]*.*

h. Räumliche Beschränkung

> räumlich: *Die Rechtsübertragung gilt unbeschränkt ohne territoriale Beschränkung für den Weltvertrieb / für den Wirtschaftsraum der Europäischen Union über bestehende Staatsgrenzen hinweg, sowie auf die Nutzung von Video-on-Demand durch Fluggesellschaften mit Sitz im Lizenzgebiet, Schiffe unter entsprechender Flagge eines Staates im Lizenzgebiet, und exterritoriale Einrichtungen der Länder des Lizenzgebietes*[755]*.*

i. Zeitliche Beschränkung

> zeitlich: *Das ___ -Recht beginnt nach einer Sperrfrist von __ Monaten ab Erstaufführung des Films in der Kinoauswertung und endet am __.*

III. Keine Auswertungspflicht

Abhängig von den Umständen des Einzelfalls und der getroffenen Vergütungsvereinbarung sind die Verpflichtungen des Verwerters festzulegen[756]. Für die dem Kino nachrangigen Auswertungsstufen ist eine Auswertungspflicht meist unüblich, da diese die Lizenzvergütung tangieren könnte. Es ist jedoch auf die Besonderheiten der Auswertungskette zu achten, die teils eine Unterbrechung des Angebotes bis zur Fernsehausstrahlung erfordern kann. Gebräuchlich ist zumindest die generelle Formulierung:

> *„Der Lizenznehmer verpflichtet sich, den Film nach Maßgabe der ihm durch diesen Vertrag eingeräumten Rechte" unter allen zumutbaren Anstrengungen „bestmöglich auszuwerten"*[757]*.*

IV. Die Lizenzvergütung

Die Lizenzpartner haben verschiedene Möglichkeiten, die Vergütung zu regeln. Üblich ist meist eine prozentuale Erlösaufteilung (Festlizenzgebühr / Umsatzli-

754 Vgl. *Hertin*, in Schütze/Weipert (Hrsg.), Bd. 3/II., Formular XI.43, § 2 lit. b.

755 Vgl. *Hertin*, in Schütze/Weipert (Hrsg.), Bd. 3/II., Formular XI.44, § 2 Abs. 1.

756 Vgl. BGH, GRUR 2003, 173 – Filmauswertungspflicht; *Schack*, 5.Aufl., Rn.1239f.

757 *Hertin/Klages*, in Schütze/Weipert (Hrsg.), Bd. 3/II., Formular XI.34, § 1 Abs.2.

zenzgebühr) oder ein Pauschalhonorar[758]. Klarstellungen sind erforderlich hinsichtlich des Vergütungsmodells, des Umfangs, der Umsatzsteuer, der Fälligkeit, der Abhängigkeit von Leistung und Gegenleistung einschließlich der Nachweise und Belege an der Nutzung des Werkes.

V. Zeitliche Vorgaben und Beschränkungen

In dem Lizenzvertrag sollte darauf geachtet werden, die Leistungszeit ausdrücklich festzuhalten, sofern der Film noch nicht hergestellt worden ist[759]. Nachdrücklich sollte in den Vertragstext der Zeitpunkt aufgenommen werden, ab wann die Verwertung in der jeweiligen Nutzungsform begonnen werden darf[760].

VI. Territoriale Beschränkungen

Technisch sind territoriale Beschränkungen über die Filterung von IP-Adressen unproblematisch möglich. Eine Umgehung dieser technischen Beschränkungen ist aber für einen kompetenten Nutzer ein „Kinderspiel". Die rechtliche Beschränkung auf ein bestimmtes Lizenzgebiet macht aufgrund der weltweiten Verfügbarkeit des Internets keinen ersichtlichen Sinn mehr[761]. Eine urhebervertragliche Beschränkung kann jedenfalls durch entsprechende Vertragsklauseln, beispielsweise bezogen auf eine bestimmte Sprachfassung, unproblematisch sichergestellt werden. In der Praxis üblich ist insbesondere die Vorgabe einer Registrierung für entsprechende Angebote. Keine Notwendigkeit für eine territoriale Beschränkung besteht, wenn auf technischem Weg über Computerprogramme die Nutzung des Films erfasst wird und zur Grundlage für ein Vergütungsmodell mit Rechteinhabern verwendet wird.

VII. Lizenzdauer

Die Angabe einer sinnvollen Lizenzlaufzeit ist aufgrund der differenzierten Lage und Schnelllebigkeit nicht möglich[762]. Zum Vergleich hat sich in der Praxis

758 *Schack,* 5.Aufl., Rn.1245; vertiefend *Schmoll,* in Büscher/Dittmer/Schiwy, GewRUrhRMedR 2.Aufl. (2011), Kap.12 Rn.134ff.

759 *v.Frentz/Becker*, ZUM 2001, 382ff.

760 *Frohne*, ZUM 2000, 810, 814.

761 So bereits auch *Frohne*, ZUM 2000, 810, 814.

762 *Homann*, Filmrecht, S.298.

der Filmverleiher als Nutzungsdauer für die Kinoauswertung eine Länge von sieben bis fünfzehn Jahren durchgesetzt[763].

VIII. Rechtswahl und anwendbares Recht

Hinsichtlich der vorrangigen Frage über das zu wählende anwendbare Recht ist in Bezug auf die digitale Verwertung von Filmwerken keine einfache Antwort zu geben[764]. Zum einen sind die Angebote überwiegend länderübergreifend bzw. weltweit verfügbar. Andererseits sind die Märkte im Schwerpunkt meist von der jeweiligen Sprache abhängig, auch wenn dieses Kriterium in der globalisierten Welt eine reduzierte Bedeutung genießt. Auch könnte eine entscheidende Rolle spielen, in welchem Land und in welcher Rechtsordnung der Film produziert worden ist. Bei einer zu treffenden Rechtswahl scheint es kaum denkbar, dass ein Major-Studio aus Hollywood nicht auf die Anwendung seines Kalifornischen US-Rechts besteht, wenn der Film in Deutschland oder Österreich verwertet werden soll. Gleichzeitig erscheint auch der Fall kaum denkbar, dass ein Vertrag über einen erfolgreichen Film aus Deutschland, der zusätzlich auf dem Österreichischen Markt verwertet werden soll, von Produzent oder Verleiher nach österreichischem Recht geschlossen wird. Der umgekehrte Fall, dass ein österreichischer Film zusätzlich in Deutschland verwertet werden soll, könnte aber sehr wohl zu einer Rechtswahl des deutschen Rechts führen. Wichtig ist bei der Vertragsgestaltung, dass überhaupt eine Rechtswahl und eine ausschließliche Zuständigkeit eines (Schieds-)Gerichts vereinbart werden[765].

Einfacher ist da die kollisionsrechtliche Bestimmung nach dem internationalen Privatrecht. In Art.40 Abs.1 EGBGB wird von dem Schutzlandprinzip ausgegangen. Auszugehen ist von dem Handlungs- und Erfolgsort. Danach findet das Recht Anwendung, mit dem die engste Verbindung besteht. Bei der Verwertung von Filmen über digitale Datennetze gilt als Handlungsort das Land, in dem das Filmwerk eingespeist und vorgehalten wird. Abzustellen wäre in diesem Fall also auf das Recht des Landes, in dem der Server mit den gespeicherten Daten sitzt. Ein Auseinanderfallen mit dem anwendbaren Recht des Gesellschaftsstatuts, welches je nach Gründung oder ggf. auch Sitz des Unternehmens zu ermitteln wäre, erscheint möglich. Als Erfolgsort gilt hingegen jedes Land, in

763 *Klingsporn*, in Hülsmann/Grapp (Hrsg.), Strategisches Management für Film- und Fernsehproduktionen, S. 391 (395).

764 Vgl. dazu vertiefend bereits *Koch*, Internet-Recht, S.49ff; siehe auch *Schmoll*, in Büscher/Dittmer/Schiwy, GewRUrhRMedR 2.Aufl., Kap.12 Rn.258ff.

765 In diesem Sinn bereits *Frohne*, ZUM 2000, 810, 815.

dem die Inhalte durch die Nutzer abgerufen werden können und Einfluss auf den Wettbewerb haben[766].

IX. Vorgaben der Rechtsprechung

Die Rechtsprechung hat wiederholt betont, dass der Lizenznehmer dazu verpflichtet ist, eine sorgfältige Überprüfung der Rechtekette vorzunehmen[767]. Diese Überprüfung lässt sich in Bezug auf die Rechte für neue Nutzungsformen häufig nur durch entsprechende Beweise des Lizenzgebers ermitteln.

X. Sorgfaltspflichten und Empfehlungen

Für die Einräumung einfacher oder ausschließlicher Nutzungsrechte und zur Vermeidung von Auslegungsschwierigkeiten empfiehlt sich weiterhin für die Lizenzgeber und Lizenznehmer, die einzuräumen Rechte über die Nutzungsformen separat und genauestens zu beschreiben. Die Rechtslage ist noch nicht ausreichend sichergestellt und weitreichende Entscheidungen der Rechtsprechung stehen darüber noch aus bzw. werden erwartet. Auch zeigt sich, dass einige Nutzungsrechte sich überschneiden. Diese Feststellung geht jedoch nicht zu Lasten der Vertragsparteien, wenn sie sich dazu entschließen, für die ersten Schritte auf ungewohntem Terrain einen „doppelten Boden" zu schaffen.

Besonders darauf zu achten ist, dass bei der Weiterübertragung von Nutzungsrechten durch Sublizenzen kein größerer Umfang an Nutzungsrechten vergeben wird, als man selbst zuvor erworben hat[768]. Zur Vermeidung von Auslegungsschwierigkeiten und zur Überprüfung der Rechtekette ist zu empfehlen, dass sich die Übertragungsklauseln in den Lizenzverträgen an die vorhergehenden Verträge halten[769].

Weiter gilt es, bei ausschließlicher Nutzungsrechtseinräumung eine Verpflichtung in zeitlicher und tatsächlicher Hinsicht für den Beginn der Verwertung zu treffen, da gemäß § 90 S.1 dUrhG die Bestimmungen der §§ 34, 41 und § 42 dUrhG bei filmischen Nutzungsrechten nicht gelten. Bei außerfilmischen

766 *Frohne*, ZUM 2000, 810, 815.

767 BGH, GRUR 2005, 937, 938 – Der Zauberberg; OLG München, ZUM 2002, 922, 926; LG München I, ZUM-RD 2010, 371, 373; *Frohne*, ZUM 2000, 810, 815.

768 *Homann*, Filmrecht, S. 300.

769 *Homann*, Filmrecht, S. 300.

Nutzungsrechten empfiehlt sich gleiches Vorgehen, um keinen Rückruf der Lizenzen, beispielsweise wegen Nichtausübung nach § 41 dUrhG, zu riskieren[770].

Im Lizenzvertrag klärungsbedürftig ist auch, ob dem Lizenznehmer gestattet wird, Dritten einfache Sublizenzen zu vergeben[771]. Für den Fall, dass Sublizenzen vergeben werden dürfen, sollte der Lizenzgeber darauf achten, dass die Sublizenz mit der Hauptlizenz im Gleichklang ist, oder eine Regelung treffen, die auch die Überschreitung der Hauptlizenz bis zu einer fixierten Dauer erlaubt. Ansonsten bestünde die Gefahr, dass sich der Lizenzgeber einer Sublizenz Ansprüchen des Lizenznehmers wegen unerfüllbarer und unmöglicher Leistung aussetzt. Der umstrittenen Problematik der Abhängigkeit einer Sublizenz bei Wegfall der Hauptlizenz kann durch eine ausdrückliche Vereinbarung begegnet werden, indem ein entsprechender Rechterückfall oder alternativ ein vertraglicher Bestandsschutz vereinbart wird[772].

Eine sinnvolle Vertragsgestaltung besteht für die Rechtssicherheit und aus zeitlichen Gründen in der Vereinbarung eines ausschließlichen Schiedsgerichts und der Rechtswahl eines bestimmten Rechts[773].

G. Der Rechteeinkauf in der Filmverwertungspraxis

Die Praxis des Rechteerwerbs und Filmeinkaufs unterliegt im Vergleich zu anderen „Handelswaren“ vielen Besonderheiten. So wird die Kaufentscheidung überwiegend bereits vor dem Filmstart im Wege des sogenannten „Pre-Sale“ getroffen, und nur selten hat man als Verwerter die Gelegenheit, den Film auch zu sichten[774]. Daher wird die Kaufentscheidung meist ohne Kenntnis des Endprodukts nur auf Basis von Treatments, Scouting und längerfristigen Vertragsbeziehungen zu Filmproduzenten im Wege des Output-Deals vorgenommen[775]. Das Geschäftsrisiko ist daher immens. Verwerter aus dem Bereich des Home-Entertainments haben im Vergleich zu den Filmverleihern aufgrund der Nachrangigkeit einen kleinen strategischen Vorteil. Dieser wird jedoch in der Praxis nur selten eine Rolle spielen, wenn die Lizenzverträge bereits im Vorfeld zum

770 *Homann*, Filmrecht, S. 306f.

771 *Homann*, Filmrecht, S. 307f.

772 *Homann*, Filmrecht, S. 310.

773 *Frohne*, ZUM 2000, 810, 815 mit Hinweis auf bisher geäußerte Bedenken.

774 *Klingsporn*, in Hülsmann/Grapp (Hrsg.), Strategisches Management für Film- und Fernsehproduktionen, S. 391 (395).

775 Vgl. *Klingsporn*, in Hülsmann/Grapp (Hrsg.), Strategisches Management für Film- und Fernsehproduktionen, S. 391 (395).

Zweck der Finanzierung eines Filmes und vor Beginn der eigentlichen Produktion geschlossen werden[776].

H. Rechtsvergleichende Zusammenfassung

Die nachfolgenden Ausführungen fassen die wichtigsten Ergebnisse und Unterschiede des Teil 2 in rechtsvergleichender Gegenüberstellung zusammen sowie geben Empfehlungen für Rechtsanwender und Unternehmen der Filmwirtschaft. Zu Beginn im Abschnitt B. sind die Dienste entsprechend ihrem Angebot und ihrer Nutzungsform medienrechtlich als Rundfunk oder Telemedien eingestuft worden. Die Angebote sind differenziert worden in Zugriffs-, Abruf- und Verteildienste. Ausgangspunkt für die Untersuchung war die Kernfrage, ob die Dienste der Anbieter unter die rundfunkrechtlichen und medienrechtlichen Beschränkungen fallen.

Trotz der Gemeinsamkeiten der Länder Deutschland und Österreich in Bezug auf den normierten Rundfunkbegriff sind zum Teil Unterschiede bei der Beurteilung der Dienste zum Vorschein gekommen.

Für lineare Verteildienste, die eine Ähnlichkeit zum Fernsehen aufweisen, ist jeweils eine Zulassungsgenehmigung nach § 20 Abs.2 RStV bzw. § 3 Abs.1 S.1 AMD-Gesetz erforderlich.

Abrufdienste zählen als non-linearer audiovisueller Mediendienst sowohl in Deutschland als auch in Österreich nicht zum Rundfunk, da die Tatbestandsmerkmale „für die Allgemeinheit", „zum zeitgleichen Empfang" sowie „entlang eines Sendeplans" nicht erfüllt sind. Allerdings gilt nach § 9 Abs.1 AMD-Gesetz für Abrufdienste in Österreich eine Anzeigepflicht. In Deutschland gilt dagegen nach § 4 TMG eine Anmelde- und Zulassungsfreiheit für Abrufdienste.

Weitere Unterschiede sind bei Zugriffsdiensten zu beobachten. Zugriffsdienste wie das Near-Video-on-Demand bewegen sich in einem Grenzbereich zwischen Verteildienst und Abrufdienst und werden aufgrund der ergangenen Entscheidung des *EuGH*[777] sowie der überwiegenden Lehre noch als Rundfunk aufgefasst. Das Kriterium der Linearität kann für Dienste wie das Near-Video-on-Demand allerdings nicht pauschal bejaht werden, da den Nutzern eine Auswahlentscheidung verbleibt und somit keine rein einseitige Ausstrahlung vorliegt. Das Tatbestandsmerkmal „für die Allgemeinheit" ist beim Near-Video-on-Demand grundsätzlich in Frage zu stellen. Auch kann für Zugriffsdienste eine rundfunktypische Wirkungsweise nach den Kriterien des *Bundesverfassungsgerichts* nicht eindeutig festgestellt werden. Die Zuordnung des Near-Video-on-

776 *Diesbach*, in Berger/Wündisch, § 21 Rn.165.

777 EuGH, C-89/04, MMR 2005, 517, 518 – Mediakabel BV./.Commissariaat voor de Media, Tz.32 u. 33.

Demand zum Rundfunk hängt letztlich von einer wertenden Betrachtung ab. Handelt es sich jedoch nach § 2 Abs.3 Ziff.1 RStV um kein Massenmedium (<500 Nutzer) oder wird ein Film nach § 2 Abs.3 Ziff.5 RStV im Verfahren Near-Video-on-Demand nur gegen ein Einzelentgelt angeboten, liegt nach der Rechtslage in Deutschland kein Rundfunk vor. In Österreich gelten nach §§ 1 Abs.1, 3 Abs.1 AMD-Gesetz für Rundfunk und die Zulassungspflicht die Voraussetzungen, dass es sich um terrestrisches Fernsehen oder Satellitenrundfunk handeln muss. Bei der Verbreitung von Filmen über Breitbandnetze und auch Kabelnetze gilt daher keine Zulassungsgenehmigung, sondern eine reine Anzeigeverpflichtung gemäß § 9 Abs.1 AMD-Gesetz.

In beiden Ländern Deutschland und Österreich sind die Bestimmungen zum Jugendmedienschutz zu beachten, die der Verhinderung von körperlichen und seelischen Schäden von Minderjährigen durch entwicklungsgefährdende Inhalte dienen sollen. Vorrangig gilt es § 14 Abs.2 JuSchG bzw. §§ 36,39 Abs.1 AMD-Gesetz zu beachten. Wesentliche sachliche Unterschiede sind mit Ausnahme der Rechtsgrundlagen in diesem Bereich nicht festgestellt worden.

Im urheberrechtlichen Abschnitt E. sind die charakteristischen Merkmale digitaler Nutzungsformen herausgearbeitet worden. Einleitend erfolgten Ausführungen zum Urhebervertragsrecht und zu der Bestimmung eigenständiger Nutzungsarten. In Abgrenzung zu bloßen Nutzungsmöglichkeiten ist für sämtliche digitalen Nutzungsformen als Ergebnis festgestellt worden, dass eine nach der Verkehrsanschauung technisch und wirtschaftlich eigenständige Verwendungsform eines Filmwerkes und somit eine eigenständige Nutzungsart vorliegt. Sonderfragen ergaben sich für die deutsche Rechtslage in Bezug auf die Lizenzierung von Nutzungsrechten an zum Vertragsschluss unbekannten Nutzungsarten und die Problematik der Übertragungsfiktion nach § 137 l dUrhG, da im öUrhG eine dem § 31 Abs.4 dUrhG a.F. vergleichbare Regelung fehlte. Hinsichtlich des § 31 Abs.4 dUrhG a.F. wurde die Frage der Bekanntheit neuer digitaler Nutzungsarten auf spätestens Ende der 1990er Jahre datiert.

Betreffend die Lizenzierung von einfachen oder ausschließlichen Nutzungsrechten an Filmen wurde unterschieden zwischen dem originären und derivativen Rechteerwerb. Existierende Sonderregelungen für den Filmbereich sind diesbezüglich in Deutschland und Österreich unterschiedlich geregelt. Im öUrhG existiert mit § 38 öUrhG eine Sonderregel für gewerbsmäßig hergestellte Filmwerke zugunsten des Filmherstellers, der kraft Gesetzes originär sämtliche Nutzungsrechte an dem Filmwerk erhält. Dagegen enthält § 89 Abs.1 dUrhG lediglich die Zweifelsregelung, dass dem Filmhersteller das ausschließliche Recht zusteht, den hergestellten Film in sämtlichen Nutzungsformen zu verwerten. Gleichwohl befreien diese Regelungen nicht die Anbieter, sich als Sublizenznehmer die erforderlichen Nutzungsrechte einräumen zu lassen.

Anschließend wurde der Frage nachgegangen, welche Nutzungsrechte für die Verwertung von Filmen über digitale Auswertungsmöglichkeiten benötigt werden. Überprüft wurde in diesem Zusammenhang, ob die Unterschiede aufgrund zum Teil unterschiedlicher Kodifikation gesetzlicher Verwertungsrechte im dUrhG und öUrhG Einfluss auf die Rechtsanwendung haben. Österreich hat in seinem öUrhG einen abschließenden Katalog an Verwertungsrechten normiert, der dazu zwingt, benötigte Nutzungsrechte für neue Nutzungsarten einem gesetzlich geregelten Verwertungsrecht zuzuordnen. In Deutschland sind im dUrhG die Verwertungsrechte nicht abschließend normiert, so dass auch unbenannte Verwertungsrechte eingreifen können. Bedeutsam wird dieser gesetzestechnische Unterschied im Fall der Abrufübertragung. Nachdem ein Werk durch Upload in einer Datenbank bzw. auf einem Server vervielfältigt und zum Zugriff bzw. Abruf für die Öffentlichkeit zugänglich gemacht bzw. zur Verfügung gestellt wird, wird die anschließende Übermittlung des Werkes zum Nutzer nicht mehr von § 19a dUrhG bzw. § 18a öUrhG erfasst. Im deutschen Recht unterfällt der Vorgang der Übermittlung einem unbenannten Abrufübertragungsrecht, da es im Gegensatz zum Vervielfältigungsrecht nach § 16 Abs.1 dUrhG keine körperliche Speicherung voraussetzt. Dieser Weg ist in Österreich jedoch durch den abschließenden Katalog an Verwertungsrechten versperrt. Im Fall der Übermittlung greift das Vervielfältigungsrecht nach § 15 Abs.1 öUrhG ein, das in Österreich weit auszulegen ist. Beide Länder kommen damit für Urheber und Rechteinhaber sowie verwertende Unternehmen zu interessengerechten Ergebnissen, die mit den Vorgaben der Informationsgesellschaft-Richtlinie im Einklang sind. Bezogen auf das Senderecht nach § 20 dUrhG bzw. § 17 öUrhG kommen beide Rechtslagen in Deutschland und Österreich für Dienste wie Internetfernsehen, Live-Streaming oder Webcasting zu dem Ergebnis, dass zum Fernsehen zeitgleiche bzw. zeitlich durch die Anbieter vorgegebene Ausstrahlungen als Sendung zu qualifizieren sind. Für den Fall, dass ein Film auf unkörperlichem Weg übermittelt und an eine Öffentlichkeit wiedergegeben wird, bedarf es zusätzlich in Deutschland des Rechts der Wiedergabe öffentlicher Zugänglichmachung nach § 22 S.1 dUrhG bzw. in Österreich dem Aufführungsrecht nach § 18 Abs.3 öUrhG. Die auf Basis der Informationsgesellschaft-Richtlinie erstrebten Ziele der Harmonisierung des Urheberrechts innerhalb des europäischen Binnenmarktes lassen sich bei der vorliegenden Ausgestaltung der Verwertungsrechte erreichen.

Für digitale Filmverwertungsunternehmen war schließlich der Rechtsrahmen für freie Werknutzungen abzuklären. Die Schrankenregelungen der §§ 53,44a dUrhG bzw. §§ 41a, 42 Abs.4 öUrhG weisen ebenfalls im Detail Unterschiede zueinander auf, wenn auch die Regelungen letztlich zu vergleichbaren Ergebnissen führen. In Deutschland verletzt im Falle von *Virtual Personal Vi-*

deo Recordern eine vorgenommene Aufzeichnung eines Films durch die Nutzer nach aktueller Rechtsprechung des *OLG Dresden* nicht das Vervielfältigungsrecht nach § 16 Abs.1 dUrhG. Dieses Ergebnis ist jedoch mit der bestehenden Rechtslage nicht vereinbar, da das *OLG Dresden* nicht berücksichtigt hat, dass für ein Eingreifen der Schrankenbestimmung nach § 53 Abs.1 S.1 dUrhG die Vervielfältigung mittelbar keinen kommerziellen Zwecken dienen darf. Die Vervielfältigung dient aufgrund der Erhebung eines Entgelts durch die Anbieter zumindest mittelbar den Erwerbszwecken der Internet-Videorecorder-Anbieter, so dass die Schranke nach § 53 Abs.1 S.1 dUrhG nicht erfüllt ist. Aufgrund der Entgeltlichkeit der Dienste scheidet auch eine freie Werknutzung nach § 53 Abs.1 S.2 dUrhG aus. In Österreich scheitert die Schrankenregelung des § 42 Abs.4 öUrhG ebenfalls mit der Begründung, dass die Vervielfältigung des Filmwerkes mittelbaren kommerziellen Zwecken dient.

Unterschiede der Schrankenregelungen werden erst im Fall von illegalen Online-Portalen wie Kino.to, die rechtswidrig hergestellte Filme der Öffentlichkeit anbieten, deutlich. Nach der deutschen Bestimmung in § 53 Abs.1 S.1 dUrhG darf es sich bei der Filmkopie nicht um eine offensichtlich rechtwidrig hergestellte Vorlage handeln. Die Content-Anbieter, die eine rechtswidrig hergestellte Filmkopie durch den Upload vervielfältigen, verletzten ohne Zustimmung der Rechteinhaber einerseits das Vervielfältigungsrecht nach § 16 Abs.1 dUrhG. Weiter verletzen die Anbieter das Recht der öffentlichen Zugänglichmachung nach § 19a dUrhG sowie das unbenannte Abrufübertragungsrecht nach § 15 Abs.2 dUrhG. In Österreich wird jedoch keine Einschränkung in Bezug auf rechtswidrig hergestellte Vorlagen gemacht. Die Schranke für die Anfertigung einer digitalen Privatkopie nach § 42 Abs.4 öUrhG erfasst auch eine rechtswidrig hergestellte Vorlage, wobei jedoch der Umstand einer rechtmäßigen Nutzung über den Dreistufentest aus Art.5 Abs.5 Informationsgesellschaft-Richtlinie in richtlinienkonformer Auslegung berücksichtigt wird. Die Vervielfältigungshandlung durch die Nutzer ist aufgrund der mittelbaren Förderung kommerzieller Interessen der Plattform-Anbieter ebenfalls nicht von den Schrankenregelungen nach § 53 Abs.1 S.1 dUrhG bzw. § 42 Abs.4 öUrhG gedeckt.

Für Betreiber von Online-Portalen als Vermittler ist es hingegen schwieriger, ein Verstoß gegen ein den Rechteinhabern vorbehaltenes Verwertungsrecht festzustellen. Im Fall von Kino.to dürfte dieses Problem aber nicht bestehen, da der Verdacht besteht, dass sich die Betreiber des Online-Portals laut Presseberichten[778] selbst als Content-Anbieter bzw. Förderer der Uploads betätigt haben sollen. Ermöglichen Vermittler lediglich den Abruf fremder (und rechtswidriger) Inhalte, so beteiligen sie sich nicht direkten an einer Verwertungshandlung. Fraglich ist in diesem Zusammenhang, ob die Veröffentlichung des Films per Link und Framing als Verstoß gegen das Recht der öffentlichen Zugänglichmachung anzusehen ist. Grundsätzlich dürften diese Erwägungen im Fall des Verlinken abzulehnen sein, außer die Vermittler machen sich durch Framing ein fremdes Content-Angebot zu eigen. Zweckmäßigerweise dürfte ein Lösungsansatz über eine Störereigenschaft der Online-Plattform-Anbieter zu suchen sein, gegen die im Falle der Verletzung einer Prüfpflicht im Wege eines verschuldensunabhängigen Unterlassungsanspruchs nach § 97 Abs.1 dUrhG bzw. § 81 Abs.1a öUrhG vorgegangen werden kann. Anknüpfungspunkt der Störerhaftung könnte zum einen die Zurechnung des Verstoßes gegen das Vervielfältigungsrecht aufgrund einer Anlasswirkung und zum anderen die Zurechnung des Verstoßes gegen das Recht der öffentlichen Zugänglichmachung bzw. Zurverfügungstellung sein.

Streitpunkte wie die Frage der Geltung des Erschöpfungsgrundsatzes für digital übertragene Werkkopien, von deren Vervielfältigungen körperliche Werkkopien hergestellt worden sind, ist nach den Urheberrechtsgesetzen Deutschlands und Österreich übereinstimmend verneint worden. Die Auslegung des Begriffs der öffentlichen Wiedergabe erfolgt in Deutschland und Österreich im Gleichklang, da die österreichische Rechtsprechung mangels vergleichbarer Normdefinition ebenfalls die nach § 15 Abs.3 dUrhG geltende Legaldefinition für alle Verwertungsrechte anwendet.

Abschließend sind im Abschnitt F. Empfehlungen für die Lizenzierung von Nutzungsrechten an Filmwerken über digitale Nutzungsarten aufgeführt, die zur Übersichtlichkeit für beide Länder gemeinsam dargestellt werden.

---

778 Siehe u.a. http://www.faz.net/artikel/C31158/razzia-bei-kino-to-erschuetterung-in-der-illegalen-szene-30435151.html; http://www.spiegel.de/netzwelt/ netzpolitik/0,1518, 767560,00.html [Stand: 06.08.2011].

Teil III. Eigene Schutzrechte der Verwerter

Die digitale Filmverwertung in Zugriffs- und Abrufdiensten erfolgt über eigene Verwertungsplattformen und Online-Portale. Die Unternehmen bedienen sich für ihr Informations- und Entertainmentangebot, bestehend aus einer Vielzahl urheberrechtlich geschützter Werke und Inhalte, der Präsentation auf Webseiten und in Datenbanken, die über einen elektronischen Informationsweg abrufbar sind. Im folgenden Teil werden die dargestellten Dienste rechtlich daraufhin untersucht, ob die anbietenden Unternehmen für sich eigene Schutzansprüche beanspruchen können.

Kapitel I. Rechtslage in Deutschland

A. Schutzansprüche und Grundlagen zu Datenbanken

I. Einführung

Ein bedeutender Wirtschaftsfaktor sowie ein wesentlicher Baustein bei der effizienten Verwertung von Filmwerken liegen in der Verwendung von Datenbanken. Eine Datenbank nach dem allgemeinen Wortsinn liegt vor, wenn einzelne Daten oder Informationen zu einer gemeinsamen Menge logisch zusammengefasst und geordnet werden[779]. Eine Datenbank zeichnet sich dadurch aus, dass sie mehr ist als die Summe ihres Inhalts[780]. Der Wert einer Datenbank liegt nicht allein in der effektiven Speicherung von Informationen, sondern vor allem in der Verwaltung, Pflege, Nutzung, Abfrage und Recherche der Daten; ohne eine Recherchemöglichkeit läge noch keine Datenbank vor, sondern schlicht eine unsortierte Sammlung bzw. Datenbasis[781].

Es wird daher im weiteren Verlauf der Bearbeitung auf die Frage des Vorliegens einer Datenbank näher eingegangen, da der Begriff Datenbank auch nur tatsächlich, ökonomisch und technisch benutzt wird. Die Definition einer Datenbank aus der Sicht der Informatik ist rechtsuntechnisch und für die Frage der

---

779 Vgl. *Hübenett*, GRUR 1992, 664; *Nippe*, Urheber und Datenbank (2002), S.8.

780 OLG München, K&R 2007, 418, 419.

781 EuGH, C-444/02, GRUR 2005, 254, 255 – Fixtures-Fussballspielpläne II; OLG München, K&R 2007, 418, 419; vgl. zur Definition u.a. *Nippe*, S.9 m.w.N.

Schutzfähigkeit nicht bedeutend, weshalb rein tatsächliche Datenbanken von rechtlich geschützten Datenbanken unterschieden werden müssen.

II. Arten, Technik und Funktionen von Datenbanken

Datenbanken existieren in vielfältiger Form, insbesondere in elektronischer Form[782]. Technisch sind elektronische Datenbanken geprägt von Datenbankmanagementsystemen, die mit den Datensätzen und *Meta-Daten* insgesamt ein Datenbanksystem bilden[783]. In technischer Hinsicht ist der Betrieb einer elektronischen Datenbank auf drei Ebenen verteilt, der Ebene der Datenbasis (Datenbank i.e.S.), der Programmebene des Computerprogramms (Datenbankmanagementsystem) und dem Anwendungsprogramm auf der Benutzeroberfläche, die insgesamt zu einem Multimediaprodukt (Datenbanksystem) verwoben sind[784]. Das Konzept einer Datenbank wird von der Funktion geleitet, dass eine Datenbank als Informationsquelle und als Mittler für vorhandene Werke und Informationsmaterialien dient[785]; weitere Funktionen einer Datenbank bestehen überwiegend in der Datenverwaltung, Informationsverarbeitung und Informationsvermittlung. Welche Funktionen des Datenbanksystems konkret möglich sind, hängt von der Eigenschaft als Online-Datenbank und der verwendeten Technik ab, üblich in Form der Client-/Server-Architektur der Datenbankanwendung[786].

III. Der Schutzgedanke des Gesetzgebers

Der Schutz von Datenbanken entwickelte sich auf europäischer Ebene durch die Vorgaben der Datenbank-Richtlinie[787], welche am 11. März 1996 erlassen und

---

782 Zur Unterscheidung *Czychowski*, in Fromm/Nordemann, UrhG 10.Aufl., § 87a Rn.3f.

783 Einführend *Czychowski*, in Fromm/Nordemann, UrhG 10.Aufl., § 87a Rn.3ff.; vertiefend *Gerhardt*, in Wiebe/Leupold (Hrsg.), Recht der elektronischen Datenbanken, I-A. Rn.10f.,19, passim; siehe bereits Teil I. E. III. (S.44).

784 Vertiefend *Gerhardt*, in Wiebe/Leupold (Hrsg.), Recht der elektronischen Datenbanken, I-A.Rn.9ff. und 17ff.; zur Abgrenzung der Schutzgegenstände *Harte-Bavendamm/Wiebe*, in Kilian/Heussen, CHB, Nr.51 Rn.44ff. (El.20).

785 *Ullmann, Eike,* in FS Brandner (1996), S.507; *Leistner*, Der Rechtsschutz von Datenbanken im deutschen und europäischen Recht (2000), S.155, 156.

786 Siehe dazu *Gerhardt*, in Wiebe/Leupold (Hrsg.), Recht der elektronischen Datenbanken, I.-A. Rn.43ff.; I.-B. Rn.27ff.

787 Richtlinie 96/9/EG des Europäischen Parlaments und des Rates über den rechtlichen Schutz von Datenbanken, ABl. EG Nr. L 77 vom 27.3.1996, S.20; grundlegend dazu *Gaster*, CR 1997, 669 ; 717.

durch das Gesetz zur Regelung der Rahmenbedingungen für Informations- und Kommunikationsdienste vom 22. Juli 1997 mit Wirkung zum 1. Januar 1998 in nationales Recht umgesetzt wurde.

Datenbanken werden danach im Urheberrechtsgesetz in Deutschland durch ein zweispuriges Schutzsystem geschützt. Zum einen sieht § 4 Abs.2 dUrhG ein Urheberrecht an einem Datenbankwerk vor, soweit die materiellen Schutzvoraussetzungen des § 4 Abs.2 dUrhG bestehen. Ferner sieht das Gesetz daneben ein Schutz von Datenbanken über den Tatbestand des Datenbankherstellerrechts nach den §§ 87a-e dUrhG vor, welches als sui-generis-Recht beschrieben wird[788]. Die Abweichung des deutschen Umsetzungsgesetzes vom Ansatz der Datenbank-Richtlinie wurde damit gerechtfertigt, dass eine wortgleiche Umsetzung bzw. eine deutlichere Anlehnung an den Wortlaut der Richtlinie die systematische Geschlossenheit des Urheberrechtsgesetzes in Mitleidenschaft gezogen hätte[789].

IV. Hintergrund und Erlass der Datenbankrichtlinie

Für die rechtliche Bewertung ist es sinnvoll sich vor Augen zu führen, dass für die Entwicklung und Herstellung einer Datenbank ein beträchtlicher Aufwand erforderlich sein kann. Der *Europäischen Kommission* und den EU-Mitgliedstaaten war es daher auch ein wichtiges Anliegen, Datenbanken unter einen effektiven rechtlichen und harmonisierten Schutz zu stellen[790]. Die meisten nationalen Rechtsordnungen erfassten Datenbanken vor Erlass der Datenbank-Richtlinie unterschiedlich, der überwiegenden Mehrzahl fehlte es an der Werkqualität und ein ergänzender wettbewerbsrechtlicher Leistungsschutz existierte nicht überall, sodass zusätzlich ein ergänzendes Schutzrecht geschaffen wurde.

Mit der Neuschaffung des sui-generis-Rechts durch die Datenbank-Richtlinie soll das Interesse des Datenbankherstellers an einer Abschreibung seiner Investition – auch sog. Amortisationsinteresse – geschützt werden. Mit der Richtlinie wurde aber ausdrücklich offen gelassen, welchen Rechtscharakter das sui-generis-Recht hat[791].

Zweck der Datenbank-Richtlinie war, einen umfassenden Schutz für die Investitionen in Datenbanken zu schaffen[792]. In den Erwägungsgründen der Da-

---

788 Erwägungsgrund 40 der Datenbank-Richtlinie, a.a.O.; *Ullmann, Eike,* in FS Brandner (1996), S.507, 521.

789 Vgl. *Gaster*, in Hoeren/Sieber, Hdb. MultimediaR, Teil 7.6 Rn.30 (El.21).

790 Siehe Erwägungsgründe 1-12 der Datenbank-Richtlinie, a.a.O.

791 Vgl. Teil III Kapitel I C. I. (S.173) und u.a. *Raue/Bensinger*, MMR 1998, 507.

792 *Wiebe*, CR 2005, 169.

tenbank-Richtline[793] finden sich unter anderem folgende Motive für das entwickelte Schutzsystem:

- Der Aufbau von Datenbanken erfordert die Investitionen erheblicher menschlicher, technischer und finanzieller Mittel (Erwägungsgrund 7),
- Unerlaubte Nutzungshandlungen können schwerwiegende wirtschaftliche und technische Folgen haben (Erwägungsgrund 8),
- Datenbanken haben eine große Bedeutung für die Entwicklung des Informationsmarktes (Erwägungsgrund 9),
- Die exponentielle Zunahme an Daten erfordert Investitionen in Informationsmanagementsysteme (Erwägungsgrund 10),
- Unter den Mitgliedstaaten und zwischen der Europäischen Gemeinschaft und anderen Drittstaaten besteht ein großes Ungleichgewicht im Ausmaß der Investitionen (Erwägungsgrund 11),
- Investitionen sind nur zu erwarten, wenn ein solides und einheitliches Schutzsystem für die Rechte der Datenbankhersteller geschaffen wird (Erwägungsgrund 12).

B. Schutzgegenstand und Voraussetzungen für den Schutz als Datenbankwerk

Neuere digitale Filmverwertungsangebote, beispielsweise in der Form eines individuell abrufbaren Film-Archivs, könnten ein schutzfähiges Datenbankwerk darstellen. Nach § 4 Abs.2 dUrhG ist für ein Datenbankwerk Voraussetzung, das es ein Sammelwerk ist, dessen Elemente systematisch oder methodisch angeordnet und einzeln mit Hilfe elektronischer Mittel oder auf andere Weise zugänglich sind.

I. Schutzvoraussetzungen eines Datenbankwerkes im Einzelnen

Als erste Tatbestandsvoraussetzung für ein Datenbankwerk nennt § 4 Abs.2 dUrhG das Bestehen eines Sammelwerkes, welche für den Rechtsanwender etwas überraschend erscheinen mag, wo es doch um den Schutz eines Datenbankwerkes geht. Erstaunlicherweise hat der Umsetzungsgesetzgeber hinsichtlich der Definition eine Unterscheidung zwischen Datenbankwerken und ge-

793 Siehe Erwägungsgründe 7-12 der Datenbank-Richtlinie, a.a.O.

schützten Datenbanken getroffen[794], obwohl die Datenbank-Richtlinie in Art.1 Abs.2 eine einheitliche Begriffsdefinition einer Datenbank vorgesehen hat[795]. Der deutsche Gesetzgeber hat versucht, die Richtlinie in die bestehende Systematik des Urheberrechtsgesetzes zu integrieren, indem er eine Parallelität zu Sammelwerken und zu Leistungsschutzrechten herstellte[796]. Die deutsche Umsetzung kombiniert damit Art.1 Abs.2 mit Art.3 Abs.1 der Datenbank-Richtlinie, und zwingt zu einer eigenständigen Prüfung des Anwendungsbereiches.

1. Schritt 1: Feststellung eines Sammelwerkes

Der § 4 Abs.2 dUrhG bezieht sich auf das Tatbestandsmerkmal des Sammelwerkes aus § 4 Abs.1 dUrhG. Ein Sammelwerk wird nach § 4 Abs.1 dUrhG wiederum qualifiziert als Sammlung von Werken, Daten oder anderen unabhängigen Elementen, die aufgrund der Auswahl oder Anordnung der Elemente eine persönliche geistige Schöpfung ist.

a. Eine Sammlung von Werken, Daten oder anderen unabhängigen Elementen

Das Tatbestandsmerkmal einer Sammlung ist hingegen gesetzlich nicht näher konkretisiert[797]; letztlich ist mit dem Begriff Sammlung Bezug genommen auf das Sammeln, das eine bewusste und gewollte Zusammenstellung[798] als aktive Handlung voraussetzt[799]. Dem Sammlungsbegriff selbst kommt keine eigenständige Bedeutung zu[800]. Im Ergebnis liegt eine Sammlung vor bei einer bewussten Zusammenstellung von mehreren einzelnen Elementen[801], die bei Zusammenstellungen von zahlreichen Filmen und anderen Inhalten zu bejahen ist.

---

794 *Marquardt*, in Wandtke/Bullinger, UrhG 3.Aufl., § 4 Rn.8.

795 *Gaster*, CR 1997, 717, 720; *Ullmann, Eike,* in FS Brandner (1996), S.507, 516.

796 Kritisch *Gaster*, CR 1997, 717, 720; *ders.*, Art.1 Rn. 93, 95.

797 *Koch*, Hdb. Software- und Datenbank-Recht, S.796.

798 Vgl. die synonyme Verwendung in Erwägungsgrund 13 der Datenbank-Richtlinie, a.a.O.; vgl. auch Grützmacher, Urheber-, Leistungs- und Sui-generis-Schutz von Datenbanken,(1999), S.168; Bensinger, Sui-generis Schutz für Datenbanken (1999), S.123.

799 Vgl. *Bensinger*, S.124.

800 *Leistner*, GRUR Int. 1999, 819, 820 mit Erl. Fn.11.

801 *Hornung*, Die EU-Datenbank-Richtlinie und ihre Umsetzung in das deutsche Recht (1998), S.73.

b. Die Elemente einer Sammlung

Als Bestandteile der Sammlung kommen nach § 4 Abs.1 S.1 dUrhG Werke, Daten[802] oder andere unabhängige Elemente in Betracht. Sammelwerke können folglich aus urheberrechtlich geschützten und nicht-geschützten Elementen bestehen, beispielsweise sich aus einer Anthologie von Werken einer gemeinsamen Werkgattung oder unterschiedlicher Werkgattungen oder urheberrechtsfreien Elementen zusammensetzen[803].

Der Begriff des Werkes ist anhand von § 2 Abs.2 dUrhG zu konkretisieren. Werke sind auszulegen als Gestaltungen, welche zu irgendeinem Zeitpunkt die Voraussetzungen einer persönlichen geistigen Schöpfung erfüllt haben. Werke können neben einzelnen Filmwerken exemplarisch auch Sprachwerke, Lichtbildwerke oder solche auf dem Gebiet der Musik sein[804]. Eine Unterscheidung zwischen geschützten Filmwerken und gemeinfreien Filmwerken ist an dieser Stelle obsolet.

Die nicht-schutzfähigen Gestaltungen, welche nicht die Voraussetzungen eines Werkes erfüllen, können unter den Begriff der Daten oder andere unabhängige Elemente fallen. Daten sind formalisierte Darstellungen oder logisch gruppierte Informationseinheiten über Fakten, Konzepte oder Instruktionen[805]. Als sonstige unabhängige Elemente kommen beispielhaft Texte (Kurzzusammenfassungen), Töne, Bilder (Szenenbilder; Set-Fotos der Dreharbeiten), Zahlen (Produktionskosten; Einspielergebnisse) und Fakten mit geistigem Inhalt in Betracht[806]. Rein gegenständliche Zusammenstellungen ohne eigenen geistigen Gehalt scheiden als Elemente eines Datenbankwerkes aber aus[807]. Filme und andere Inhalte können als Werke, Daten und auch andere Elemente somit Bestandteile einer Sammlung sein.

c. Das Kriterium der Unabhängigkeit der Elemente

Jedes einzelne Element muss gemäß § 4 Abs.1 dUrhG gegenüber den anderen Elementen unabhängig sein und damit Selbständigkeit besitzen. Das Kriterium der Unabhängigkeit der Elemente liegt vor, wenn die Elemente der Sammlung einzeln voneinander trennbar sind, ohne dass der selbständige Informationsge-

---

802 *Loewenheim*, in Schricker/Loewenheim, UrhG 4.Aufl., § 4 Rn.6.

803 BGH, GRUR 2007, 685, 686 – Gedichttitelliste I; *Loewenheim*, in Schricker/Loewenheim, UrhG 4.Aufl., § 4 Rn.8.

804 *Loewenheim*, in Schricker/Loewenheim, UrhG 4.Aufl., § 4 Rn.7f.

805 *Bensinger*, S.125f.; *Dreier*, in Dreier/Schulze, UrhG 3.Aufl., § 4 Rn.9.

806 Vgl. Erwägungsgrund 17 der Datenbank-Richtlinie, a.a.O.; *Koch*, Hdb. Software-und Datenbank-Recht, S.797 ff.

807 *Loewenheim*, in Schricker/Loewenheim, UrhG 4.Aufl., § 4 Rn.7.

halt verloren geht. Der Begriff der Unabhängigkeit ist von dem Richtliniengeber gewählt worden, um klarzustellen, dass einheitliche Werke wie die Aufzeichnung von musikalischen, audiovisuellen, kinematographischen oder literarischen Werken isoliert nicht in den Anwendungsbereich der Datenbank-Richtlinie fallen und nicht als Sammelwerke ihrer selbst verstanden werden dürfen[808]. Ein einzelnes Filmwerk als Bündel mehrerer Werkteile (Drehbuch, Filmmusik etc.) erfüllt daher nicht das Tatbestandsmerkmal der Unabhängigkeit, und stellt damit keine Sammlung dar[809]. Das Kriterium der Unabhängigkeit ist aber zu bejahen, soweit mehrere einheitliche Werke, wie hier beispielsweise Filmwerke mit jeweils eigenständigem Informationsgehalt, eine Sammlung bilden. Die anbietenden Online-Portale für Filme enthalten Multimediaprodukte (ähnlich einer DVD als Trägermedium) mit meist mehreren Informationsbestandteilen, wie den Hauptfilm, einen Trailer, ein Filmplakat, einen Making-Off Film oder Interviews. Das Kriterium der Unabhängigkeit der Elemente ist auch dann zu bejahen, wenn die Elemente zu einem gemeinsamen Themenkreis gehören[810]. Der Informationsgehalt der Zusatzinhalte zum jeweiligen Film muss somit auch ohne inhaltlichen Bezug zum Film einen selbständigen Informationswert besitzen, um die Unabhängigkeit des Elements bejahen zu können. Bei inhaltlichen Kurzzusammenfassungen wird das Merkmal der Unabhängigkeit durch die technische Aufbereitung meist zu verneinen sein. Ein unabhängiges Element liegt aber auch dann vor, wenn es bereits selbst veröffentlicht bzw. nicht für das Sammelwerk originär geschaffen wurde[811]. Unerheblich ist beim Merkmal Unabhängigkeit auch, ob das Element in digitaler oder analoger Form vorliegt.

d. Persönliche geistige Schöpfung

Entscheidende Voraussetzung für das Vorliegen eines Sammelwerkes ist, dass die Sammlung aufgrund der Auswahl und/oder Anordnung der unabhängigen Elemente eine persönliche geistige Schöpfung darstellt (zum Wortlaut „eigene geistige Schöpfung“ im Sinne des Art.3 Abs.1 S.1 der Datenbank-Richtlinie besteht kein sachlicher Unterschied[812]). Diese Rechtsfrage steht unter der generellen Beurteilung durch die Gerichte.

Es ist erforderlich, dass die Sammlung mehr ist als die Summe ihrer Einzelteile, sie muss durch die Zusammenstellung einen neuen geistigen Inhalt vor-

---

808 *Loewenheim*, in Schricker/Loewenheim, UrhG 4.Aufl., § 4 Rn.7.

809 Vgl. Erwägungsgrund 17. der Datenbank-Richtlinie, a.a.O..

810 *Loewenheim*, in Schricker/Loewenheim, UrhG 4.Aufl., § 4 Rn.36.

811 *Loewenheim*, in Schricker/Loewenheim, UrhG 4.Aufl., § 4 Rn.8.

812 Vgl. OLG Hamburg, GRUR-RR 2002, 217, 218; *Loewenheim*, in Schricker/Loewenheim, UrhG 4.Aufl., § 4 Rn.37.

weisen[813]. Es reicht daher von diesem Vorverständnis ausgehend nicht aus, dass allein eine Sammlung von urheberrechtlich geschützten Werken vorliegt[814] oder das Schwergewicht auf dem einzelnen Werk liegt[815]. Einzelne inhaltliche Elemente der Sammlung werden nach Art.3 Abs.2 der Datenbank-Richtlinie von dem Datenbankschutz nicht erfasst[816]. Rein schematische, handwerkliche oder routinemäßige Zusammenstellungen erfüllen nicht den Begriff eines Sammelwerkes[817]. Zusammenstellungen nach allgemeinen Ordnungskriterien wie der alphabetischen, chronologischen oder numerischen Darstellung der Elemente, oder solche, die sich aus der Natur der Sache, der Zweckmäßigkeit oder Logik ergeben, stellen keine schöpferische Tätigkeit und Leistung dar[818]. Die Auswahl oder Anordnung der Elemente muss durch eigene geistige Individualität schöpferisch gestaltet sein[819]. Ausreichend ist aber bereits, wenn die Auswahl oder Anordnung der Elemente ein Mindestmaß an individueller Eigenart und damit eine gewisse geistige Originalität erkennen lässt[820].

Auswahl und Anordnung der Elemente stehen als Kriterien für eine persönliche geistige Schöpfung alternativ nebeneinander[821]. Es reicht daher bereits aus, dass eines dieser Kriterien erfüllt ist. Maßgeblich ist nach der Rechtsprechung des *Bundesgerichtshofs* der Gesamteindruck einer Sammlung[822].

Die Anforderungen an die Auswahl der Elemente verlangen eine schöpferische Entscheidung darüber, welche Elemente unter Berücksichtigung besonderer

---

813 OLG Nürnberg, GRUR 2002, 607f. – Stufenaufklärung nach Weissauer; Haberstumpf, Rn.104; *Loewenheim*, in Schricker/Loewenheim, UrhG 4.Aufl., § 4 Rn.9.

814 *Koch*, Hdb. Software- und Datenbank-Recht, S.795.

815 *Loewenheim*, in Schricker/Loewenheim, UrhG 4.Aufl., § 4 Rn.9.

816 *Gaster*, Art.3 Rn.230 ff.; v. Lewinksi, in Walter, Europäisches Urheberrecht, Datenbank-RL, Art.3 Rn.14.

817 Vgl. bereits BGH, GRUR 1954, 129, 130 – Besitz der Erde; OLG Hamburg, GRUR 2000, 319, 320 – Börsendaten; OLG Nürnberg, GRUR 2002, 607, 608; *Koch*, Hdb. Software- und Datenbank-Recht, S.803.

818 *Haberstumpf*, Handbuch des Urheberrechts (2000), Rn.108 m.w.N.; *Koch*, Hdb. Software- und Datenbank-Recht, S.803ff.; *Loewenheim*, in Schricker/Loewenheim, UrhG 4.Aufl., § 4 Rn.10 u. 39.

819 *Koch*, Hdb. Software- und Datenbank-Recht, S.796; *Loewenheim*, in Schricker/Loewenheim, UrhG 4.Aufl., § 4 Rn.37.

820 BGH, GRUR 2007,685, 687 – Gedichttitelliste I; *Ullmann, Eike,* in FS Brandner (1996), S.507, 518; *Marquardt*, in Wandtke/Bullinger, UrhG 3.Aufl., § 4 Rn.5; *Loewenheim*, in Schricker/Loewenheim, UrhG 4.Aufl., § 4 Rn.37.

821 *Koch*, Hdb. Software- und Datenbank-Recht, S.807; *Marquardt*, in Wandtke/Bullinger, UrhG 3.Aufl., § 4 Rn.5; *Loewenheim*, in Schricker/Loewenheim, UrhG 4.Aufl., § 4 Rn.12.

822 BGH, GRUR 1990, 669, 673 – Bibelreproduktion.

Auslesekriterien durch Sammeln, Sichten, Bewerten und Zusammenstellen in die Datenbank aufgenommen werden sollen[823]. Maßgeblich ist bei der Auswahlentscheidung auf die Entscheidungsfreiheit abzustellen; nur wenn ein ausreichender Entscheidungs- bzw. Gestaltungsspielraum erfüllt ist, bleibt für eine individuelle Auswahl Raum[824]. Wird eine Sammlung nur nach Zweckmäßigkeitserwägungen, wie es bei sachbezogenen Anforderungen des Verwendungszwecks oder beim Kriterium der Vollständigkeit der Fall ist, gebildet, fehlt es an der Individualität, da der Entscheidungsspielraum hinsichtlich der Auswahl stark reduziert oder gänzlich aufgehoben ist[825]. Große fachspezifische oder produktspezifische Datenbanken weisen regelmäßig keinen schöpferischen Gehalt auf[826]. Hat der Urheber aber eine eigene Entscheidungsfreiheit bei der Auswahl des aufzunehmenden Materials, so dass die Sammlung nur ausgewählte Elemente enthält, kann darin eine schöpferische Leistung liegen und mithin ein Sammelwerk vorliegen. Ein Blick auf den Erwägungsgrund 19. der Datenbank-Richtlinie zeigt, dass die bloße Zusammenstellung mehrerer Aufzeichnungen *musikalischer Darbietungen* nicht in den Anwendungsbereich der Richtlinie fallen soll. Gleichwohl lässt sich dadurch keine Einschränkung auf Sammlungen von mehreren Filmwerken entnehmen, zumal der 19. Erwägungsgrund einen Kompromiss darstellt[827].

Als schöpferische Auswahlkriterien können künstlerische, historische, thematische und fachspezifische Kriterien dienen. Ein statistisches Kriterium ist unschädlich[828]. *Koch* spricht sich für eine detaillierte Dokumentation über die Erstellung der Datenbank aus, aus welcher die Kriterien hervorgehen, warum nur ein Teil aus der möglichen Gesamtmenge übernommen bzw. ein Element nicht aufgenommen worden ist[829]. Bei den gegenwärtig vorliegenden Portalangeboten ist eine schöpferische Auswahl der zusammengetragenen Filme nur

823 OLG Düsseldorf, MMR 1999, 729, 731; *Berger*, GRUR 1997, 169, 173; *Loewenheim*, in Schricker/Loewenheim, UrhG 4.Aufl., § 4 Rn.38; *Koch*, Hdb. Software- und Datenbank-Recht, S.808.

824 OLG Düsseldorf, MMR 1999, 729, 730; *Wiebe*, CR 1996, 198, 201; *Loewenheim*, in Schricker/Loewenheim, UrhG 4.Aufl., § 4 Rn.38.

825 BGH, MMR 1999, 470, 471. – Tele-Info-CD; OLG Düsseldorf, MMR 1999, 729, 731; OLG Frankfurt, CR 1997, 275; *Wiebe*, CR 1996, 198, 201; *Berger*, GRUR 1997, 169, 173; Vgl. *Koch*, Hdb. Software- und Datenbank-Recht, S.808 m.w.N.

826 *Ullmann, Eike*, in FS Brandner, S.507, 518f; *Berger*, GRUR 1997, 169, 174; *Gaster*, Art.3 Rn.148ff.; *Loewenheim*, in Schricker/Loewenheim, UrhG 4.Aufl., § 4 Rn.38.

827 Vgl. *Gaster*, Art.1 Rn.78 u.80; *Loewenheim*, in Schricker/Loewenheim, UrhG 4.Aufl., § 4 Rn.38.

828 BGH, GRUR 2007, 685, 687 – Gedichttitelliste I; LG Mannheim, ZUM-RD 2004, 547, 549; *Marquardt*, in Wandtke/Bullinger, UrhG 3.Aufl., § 4 Rn.5.

829 *Koch*, Hdb. Software- und Datenbank-Recht, S.808.

schwer zu bejahen. Es sind keine Tatsachen für die vorgenommene Auswahl erkennbar, die eine freie Auswahlentscheidung nach individuellen Kriterien belegen. Das Ziel der Portalanbieter ist offensichtlich von ökonomischen Gesichtspunkten getragen, sämtliche verwertbaren Filme zu beschaffen, insbesondere „Kassenschlager" und erfolgreiche amerikanische „Blockbuster-Produktionen". Vorrangig ist auch das Ziel der Verwerter, ein breites und wachsendes Filmangebot zu schaffen. Damit wird für den Bereich amerikanischer Filmproduktionen die Auswahlentscheidung getragen vom Gesichtspunkt der „Vollständigkeit". Die Entscheidungsfreiheit ist überdies beeinflusst von den Lizenzverhandlungen und der Vertragsfreiheit der Rechteinhaber. Das Sammeln, Sichten und Bewerten der gewünschten Filme ist häufig eine unternehmerische Vorarbeit unter Abwägung des wirtschaftlichen Erfolgs und des unternehmerischen Risikos, und somit kein schöpferischer Prozess. Die Rechteinhaber werden die Lizenzierung erfolgreicher Kinoproduktionen nur in Filmpaketen[830] mit „Abschreibungsproduktionen" verbinden; somit steht das Zusammenstellen der Elemente nicht mehr unter der alleinigen Entscheidung der Verwerter. Eine schöpferische Auswahl lässt sich nur annehmen, wenn das Sammeln, Sichten, Bewerten und Zusammenstellen von redaktionellen, thematischen und autonomen Motiven getragen wird. Bei redaktionell ausgewählten Cinematheken, die beispielsweise nach eigenständigen thematischen, künstlerischen oder politischen Kriterien gebildet werden, ist eine schöpferische Auswahlentscheidung hingegen möglich und wohl auch zu bejahen.

Neben einer theoretisch denkbaren schöpferischen Auswahl könnte das Merkmal der persönlichen geistigen Schöpfung bei einer schöpferischen Anordnung der Elemente einer Datenbank erfüllt sein. Im Hinblick auf elektronische Datenbanken ist die schöpferische Leistung bei der Anordnung der Elemente einer Sammlung regelmäßig im Zugangs- und Abfragesystem zu suchen[831]. Hintergrund dafür ist, dass eine räumlich-gegenständliche Anordnung wie bei Sammelwerken nach § 4 Abs.1 dUrhG, von der eine geistige oder ästhetische Wirkung ausgehen kann, bei der Speicherung digitalisierter Werke systembedingt nicht in Betracht kommt[832]. Die Anordnung in dem Speicher der Sammlung selbst ist meist technisch vorgegeben oder durch die verwendete Datenbanksoftware beeinflusst[833]. Das Zugangs- und Abfragesystem hängt wiederum

---

830 *v.Frentz/Becker*, ZUM 2001, 382.

831 OLG Frankfurt, GRUR-RR 2005, 299, 301; *Berger*, GRUR 1997, 169, 174; *Dreier*, in Dreier/Schulze, UrhG 3.Aufl., § 4 Rn.19; *Loewenheim*, in Schricker/Loewenheim, UrhG 4.Aufl., § 4 Rn.39.

832 OLG Düsseldorf, MMR 1999, 729, 730; LG Köln, ZUM 2005, 910, 914.

833 *Wiebe*, CR 1996, 198, 201; *Loewenheim*, in Schricker/Loewenheim, UrhG 4.Aufl., § 4 Rn.39.

von der verwendeten Systemarchitektur und Datenbankmanagementsystem ab, ohne dass Raum für ein individuelles Gestalten besteht[834]. Durch § 4 Abs.2 S.2 dUrhG bzw. Art.1 Abs.3 der Datenbank-Richtlinie ist hier aber eine Grenze hinsichtlich der Computerprogramme gezogen. Die schöpferische Leistung in Bezug auf die Anordnung der Elemente kann damit nur in dem Teil bestehen, der nicht bereits Gegenstand des Datenbankmanagementsystems ist[835]. Bei Online-Angeboten hat sich die Benutzung von Vorschaubildern[836] (Thumbnails) in Form der Filmplakate durchgesetzt; deren Anordnung folgt häufig räumlichen, technischen und verbraucherfreundlichen Zweckmäßigkeitserwägungen bei der Darstellung und liegt auf der Ebene der Benutzeroberfläche somit in der Natur der Sache. Damit wird auch eine Anordnung, deren Darstellung auf dem Bildschirm gegebenenfalls einem schöpferischen Prinzip folgen könnte, dem Abfrage- bzw. Datenbanksystem zuzuordnen sein. Eine schöpferische Leistung ist überdies abzulehnen, soweit lediglich notwendige bzw. übliche Zugangs- und Abfragesysteme eingesetzt werden; deren Verwendung spiegelt keine individuell schöpferische Leistung wieder[837]. Der Anwendungsbereich einer schöpferischen Anordnung der Elemente ist bei elektronischen Datenbanken damit sehr eingeschränkt.

Im Einzelfall orientiert sich die rechtliche Bewertung am Beurteilungsmaßstab des § 2 Abs.2 dUrhG[838]. An das Schöpfungsniveau sind nach der neueren Rechtsprechung jedoch keine allzu strengen Anforderungen mehr zu stellen[839]; geschützt ist auch die „kleine Münze", d.h., die Sammlungen, welche die urheberrechtsschutzfähige Schöpfungshöhe mit einem Minimum noch erreichen[840]. Die Anforderungen des § 4 dUrhG sind konform zur Datenbank-Richtlinie, insbesondere den Vorgaben zu Art.3 Abs.1 der Datenbank-Richtlinie, nach einem einheitlichen europäischen Schutzniveau[841] reduziert auszulegen[842]. Ausgehend vom Wortlaut „eigene geistige Schöpfung" im Sinne des Art.3 Abs.1 der Datenbank-Richtlinie, der sich an die Anforderungen von Art.1 Abs.3 der Software-

---

834 *Wiebe*, CR 1996, 198, 201.

835 *Dreier* in Dreier/Schulze, UrhG 3.Aufl., § 4 Rn.19.

836 Vgl. BGH, GRUR 2010, 628ff. – Vorschaubilder.

837 LG Köln, ZUM 2005, 910, 914; *Loewenheim*, in Schricker/Loewenheim, UrhG 4.Aufl., § 4 Rn.39.

838 *Marquardt*, in Wandtke/Bullinger, UrhG 3.Aufl., § 4 Rn.5.

839 BGH, GRUR 2007, 685, 687 – Gedichttitelliste I; vgl. *Gaster*, Art.3 Rn.127 f.

840 Vgl. OLG Hamburg, GRUR 2000, 319, 320; *Berger*, GRUR 1997, 169, 170; *Loewenheim*, in Schricker/Loewenheim, UrhG 4.Aufl., § 4 Rn.37; *Marquardt*, in Wandtke/ Bullinger, UrhG 3.Aufl., § 4 Rn.5.

841 *Gaster*, Art.3 Rn.116.

842 *v.Lewinksi*, in Walter, Europäisches Urheberrecht, Datenbank-RL, Art.3 Rn.13; *Marquardt*, in Wandtke/Bullinger, UrhG 3.Aufl., § 4 Rn.5.

Richtlinie[843] und Art.6 der Schutzdauer-Richtlinie[844] hält[845], ließe sich das Merkmal bereits bejahen, wenn ein anderer Urheber eine andere Auswahl oder Anordnung getroffen hätte und die getroffene Auswahl oder Anordnung das Ergebnis einer eigenen geistigen Schöpfung ist, und nicht das einer bloßen Kopie. Ein aus der Alltäglichkeit herausragendes individuelles Schaffen bei der Gestaltung einer Datenbank reicht grundsätzlich aus[846].

e. Zwischenergebnis und Folgen

Fehlt es einem Filmangebot als Sammlung bereits an einer persönlichen geistigen Schöpfung, wäre ein Sammelwerk und folglich auch ein Datenbankwerk zu verneinen; die Prüfung weiterer Tatbestandsvoraussetzungen kann dann dahingestellt bleiben. Es läge in diesem Fall nur eine einfache Sammlung und Datenbank vor, die im Rechtsverkehr keinen Urheberschutz beanspruchen könnte und eigenständige Bedeutung unter Umständen nur für das sui-generis-Recht hätte.

Die weitere Prüfung der Tatbestandsvoraussetzungen eines Datenbankwerkes im Sinne des § 4 Abs.2 S.1 dUrhG erfordert im konkreten Einzelfall, dass eine persönliche geistige Schöpfung vorliegt.

2. Schritt 2: Qualifizierung als Datenbank im Rechtssinn

Weiterhin erforderlich ist, dass bei Vorliegen eines Sammelwerkes dieses als Datenbank qualifiziert werden kann. Nach § 4 Abs.2 dUrhG wird ein Datenbankwerk als besondere Form von Sammelwerken geschützt, dessen Elemente systematisch oder methodisch angeordnet und einzeln mit Hilfe elektronischer Mittel oder auf andere Weise zugänglich sind.

a. Systematische oder methodische Anordnung der Elemente

Nach § 4 Abs.2 S.1 dUrhG existiert für Datenbankwerke basierend auf Art.1 Abs.2 der Datenbank-Richtlinie die Tatbestandsvoraussetzung, dass die Elemente systematisch oder methodisch angeordnet sind. Mit diesem Merkmal soll eine Abgrenzung zu reinen Datenhaufen ermöglicht werden[847]. Auch gelingt dadurch

---

843 Richtlinie 2009/24/EG über den Rechtsschutz von Computerprogrammen, a.a.O.

844 Richtlinie 2006/116/EG über die Schutzdauer des Urheberrechts und bestimmter verwandter Schutzrechte, a.a.O.

845 *Gaster*, Art.3 Rn.118.

846 OLG Düsseldorf MMR 1999, 729, 730; *Loewenheim*, in Schricker/Loewenheim, UrhG 4.Aufl., § 4 Rn.37.

847 *Gaster*, Art.1 Rn.66; *Leistner*, GRUR Int. 1999, 819, 822; *Koch*, Hdb. Software- und Datenbank-Recht, S.802; siehe vertiefend unten Teil III Kapitel I C.III.1.c. (S.179f.).

eine Abgrenzung zwischen zwei Arten von Sammelwerken, denen nach § 4 Abs.1 dUrhG und solchen nach § 4 Abs.2 S.1 dUrhG.

Systematisch angeordnet bedeutet, dass die Elemente nach vordefinierten geplanten und festgelegten Gesichtspunkten strukturiert werden, ohne dass es auf eine starre Logik ankommt[848]. Folglich wird sich die Anordnung der Elemente nach einem festgelegten System, einer bestimmten Klassifizierung oder einem gewissen Ordnungsschema richten müssen[849]. Eine methodische Anordnung der Elemente folgt einer planmäßigen Ordnung oder einer bestimmten zielbewussten Herstellungsanweisung[850]. Bei Online-Plattformen und Filmabrufdiensten besteht eine mögliche systematische Anordnung der Elemente in der Klassifizierung nach Titel, Genre, beste Bewertung, meist gesehen, Aktualität oder Art des Filmes. Für Zugriffsdienste scheidet aus technischen Gründen häufig noch eine beeinflussbare Anordnung aus, so dass lediglich eine unsortierte Reihenfolge der Filme vorliegt, die keinem Ordnungsschema zuzuordnen ist.

b. Einzelzugänglichkeit der Elemente mit elektronischen Mitteln oder auf andere Weise

Das Tatbestandsmerkmal der Einzelzugänglichkeit verlangt, dass ein unabhängiges Element einer Datenbank einzeln auffindbar und auswählbar ist. Der Zugang zu den einzelnen Elementen kann nach § 4 Abs.2 S.1 dUrhG über elektronische Mittel oder in sonstiger Weise erfolgen (elektronische, elektromagnetische, elektrooptische oder ähnliche Verfahren); auch der Online- wie der Offline-Zugriff auf eine elektronische Datenbank, als auch der Zugriff auf nichtelektronische Datenbanken[851] wird erfasst[852]. Für den jeweiligen Filmtitel bzw. die Filmdatei selbst ist eine Einzelzugänglichkeit über die Such- und Abfragesysteme meist gegeben. Für die Zusatzinhalte wird es an dem Tatbestandsmerkmal Einzelzugänglichkeit augenscheinlich fehlen, da sie nur gemeinsam mit dem Filmtitel auswählbar und auffindbar sind. Der Film bildet dann einen Multimedia-Rahmen (ähnlich einer Registerkarte).

848 *v.Lewinksi*, in Walter, Europäisches Urheberrecht, Datenbank-RL, Art.1 Rn.20.

849 *Marquardt*, in Wandtke/Bullinger, UrhG 3.Aufl., § 4 Rn.10.

850 *Loewenheim*, in Schricker/Loewenheim, UrhG 4.Aufl., § 4 Rn.41.

851 Erwägungsgrund 13 und 14 der Datenbank-Richtlinie, a.a.O.

852 *Loewenheim*, in Schricker/Loewenheim, UrhG 4.Aufl., § 4 Rn.42; *Koch*, Hdb. Software- und Datenbank-Recht, S.800 f.

c. Kein Ausschluss, § 4 Abs.2 S.2 dUrhG

Ein verwendetes Computerprogramm im Sinne des § 69a dUrhG, welches zur Schaffung des Datenbankwerkes oder für dessen Zugang eingesetzt worden ist, ist gemäß § 4 Abs.2 S.2 dUrhG nicht Bestandteil des Datenbankwerkes; dazu zählen die Computerprogramme für deren Herstellung und Betrieb[853]. Mitunter kann die Abgrenzung zwischen der benötigten Software und Datenbankteilen aufgrund der engen Verknüpfung der Systemarchitektur schwierig sein[854]. Index- und Abfragesysteme gehören mit Thesaurus zum Schutzgegenstand eines Datenbankwerkes, auch wenn sie durch ihre Funktion ein Bestandteil der zum Zugriff auf die Datenbank verwendeten Programme sein können[855].

3. Zwischenergebnis der Subsumtion von Online-Kinematheken, Movie-Portalen und anderen Plattformangeboten

Als Zwischenergebnis festzuhalten ist, ausgehend von dem illustrierten rechtlichen Vorverständnis, das ein Urheberrecht an den gegenwärtig vorhandenen digitalen Plattformen für Filmangebote und Abrufdienste am Entertainmentmarkt nur eingeschränkt bejaht werden kann.

a. Zugriffsdienste

Reinen Zugriffsdiensten fehlt es meist schon an einer schöpferischen Auswahl der Filme. Soweit eine persönliche geistige Schöpfung bejaht werden kann, wird ein Datenbankwerk aber abhängig sein von der systematischen und methodischen Anordnung der Filme. Daran wird es aus technischen Gründen oft fehlen, da die Filme auf Zugriffsebene keiner Ordnung folgen, sondern lediglich in einer unsortierten Reihenfolge erscheinen.

b. Online-Plattformen

Eine persönliche geistige Schöpfung ist bei den gegenwärtig vorzufindenden Plattformangeboten noch abzulehnen. Bisherige Online-Plattformen zeichnen sich durch eine Vielzahl an Filmwerken, Filmserien und anderen Inhalten aus, die gemeinsam eine „Entertainment"-Sammlung darstellen. Die Elemente sind einzeln über das Zugriffssystem und durch die Suchmaske des jeweiligen Abfragesystems zugänglich und zudem unabhängig bezogen auf den Film. Uner-

853 *Loewenheim*, in Schricker/Loewenheim, UrhG 4.Aufl., § 4 Rn.43.

854 *Wiebe*, CR 1996, 198, 201, *Haberstumpf*, Rn.107; vgl. *Koch*, Hdb. Software- und Datenbank-Recht, S.799.

855 *Loewenheim*, in Schricker/Loewenheim, UrhG 4.Aufl., § 4 Rn.43f.

heblich ist, dass die weiteren Informationen über Inhalt (Textkurzfassung), Filmdaten (Liste der Mitwirkenden; Filmtrailer; Filmplakat) oder Kritik technisch jeweils abhängig sind von dem Filmtitel, da der Filmtitel als Multimediawerk einen unabhängigen Rahmen für sämtliche Sammelinhalte innerhalb der Filmsammlung bildet[856].

Fraglich ist allein, ob in der jeweiligen Auswahl der Filme eine „eigene geistige Schöpfung" vorliegt. Die meisten Plattformangebote sind darauf ausgelegt, potentiellen Nutzern ein breites Spektrum an Inhalten bzw. das größtmögliche Filmangebot zu offerieren. Die Auswahl an Filmen geschieht durch die Unternehmen allerdings nicht mechanisch, weil die Einräumung der Nutzungsrechte für die Filme noch ein persönliches „Beschaffen" der Lizenzen erfordert; die Vorarbeit ist aber meist bestimmt durch das Ziel und den Zweck, das eigene Verwertungsgeschäft sicherzustellen. Die Auswahlentscheidung fällt überwiegend nach Verfügbarkeit, Vertragsabsprachen und Unternehmensinteressen, die sich aus Logik, Gewinnmaximierung und Geschäftsrisiko ergeben. Es werden einzeln oder in Filmpaketen nicht nur solche Filmlizenzen erworben, die sich auf einen besonderen kulturellen Film beziehen, sondern sämtliche Lizenzen, die sich auch gewinnbringend verwerten lassen. Das Angebot großer Plattformen ist auf annähernde Vollständigkeit nachgefragter Filme („Kassenschlager") angelegt, womit im Ergebnis eine individuelle geistige Schöpfung in der Auswahl der Filme und folglich ein Datenbankwerk abzulehnen ist. Auch kann eine schöpferische Auswahl nicht in der Kombination der Filme mit selbst erstellten Textkurzfassungen über den Film liegen (soweit sich diese nicht bereits an bestehende Inhaltsangaben des Filmes anlehnen), weil sie isoliert neben dem Film keinen schöpferischen eigenen Informationsgehalt besitzen. Bei einer Sammlung von Filmen, die zu einem bestimmten Thema oder nach einem eigenen Kriterium ausgewählt worden ist, kann im Einzelfall ein anderes Ergebnis vorliegen; ein solches besteht soweit ersichtlich auf dem Markt aber noch nicht. Eine schöpferische Anordnung der Filme und Elemente ist nicht feststellbar, da der Zugang und auch die Abfrage technischen Prinzipien und üblichen Datenbankmanagementsystemen folgen, und von den Grundsätzen der Einfachheit, Praktikabilität, Zweck und Marktfähigkeit der Angebote geprägt ist.

c. Online-Cinematheken

Bisher gibt es noch keine Cinematheken auf dem Markt, die ihre Zusammenstellungen in unkörperlicher digitaler Form vertreiben; die *Süddeutsche Zeitung,* als ein Marktbeispiel, bietet ihre ausgewählten Cinematheken bislang nur auf DVD

856 Vgl. *Vogel*, in Schricker/Loewenheim, UrhG 4.Aufl., § 87a Rn.24.

an. Es wird nur eine Frage der Zeit sein, wann erste Cinematheken für den individuellen Abruf online verfügbar sein werden. Durch die redaktionelle Auswahl der Filme in vorhandenen DVD-Cinematheken besteht abhängig vom Einzelfall ein Urheberrecht an den Sammlungen durch den eigenen geistigen Gehalt; die thematische Auswahl gegenwärtiger Filmsammlungen reicht von redaktionellen Auszügen aus der Filmgeschichte bis hin zu Beiträgen aus 60 Jahren Filmfestspiele Berlinale oder den subjektiv besten Politthrillern. Es ist deshalb unschädlich, wenn die ausgewählten Filme auch ein ökonomisches Erfolgskriterium bedienen. Die Qualität eines Datenbankwerkes könnte nach den ermittelten Kriterien danach bereits jetzt angenommen werden, wenn die weiteren Tatbestandsvoraussetzungen erfüllt sind. Denn es ist für die Annahme eines Datenbankwerkes unerheblich, ob der Film für eine Betrachtung auch abgerufen werden kann. Für die Datenbankwerkqualität wäre es auch ohne Abrufmöglichkeit ausreichend, dass das Element (u.a. Filmtitel; Kritik; Inhalt; Biographie) in eine Sammlung aufgenommen worden ist. Bei den etablierten Cinematheken, die auch über das Internet die Filme körperlich auf DVD zum käuflichen Erwerb anbieten, fehlt es aber vereinzelt (noch) an einer systematischen oder methodischen Anordnung der Elemente. Die reine Titelübersicht ist vergleichbar mit einem ungeordneten Datenhaufen, weil kein ordnendes Element verfügbar ist. Eine systematische Anordnung der einzelnen Filme liegt bei der körperlichen Fassung gegenwärtig allein in der nummerischen Ordnung. Thematische oder andere logische Ordnungskriterien lassen sich aber ohne weiteres herstellen. Mithin ließe sich neben einem Sammelwerk zukünftig auch ein Datenbankwerk bejahen. Eine solche Plattform kann auch mehrere abgegrenzte und unterschiedlich geprägte Sammelwerke enthalten, solange die Sammlung ihren eigenen geistigen Wert behält.

d. Ergebnis

Für digitale Filmangebote in Online-Plattformen und Film-Portalen über Zugriffs- und Abrufdienste ist ein Urheberrecht an einem Datenbankwerk abzulehnen.

II. Urheber des Datenbankwerkes

Soweit ein Datenbankwerk im Einzelfall bejaht wird, kann Urheber eines Datenbankwerkes eine natürliche wie juristische Person sein. Als Urheber gilt selbst auch die Person, die das Werk nicht selbst erstellt hat, solange die eigene

Konzeption für die Umsetzung maßgeblich war[857]. Die bloße Mitwirkung von Hilfskräften bei der Erstellung des Datenbankwerkes bzw. Umsetzung der Konzeption in nicht-schöpferischer Art begründet für sich keine Miturheberschaft[858].

C. Schutzgegenstand und Voraussetzungen des sui-generis-Schutzes nach den §§ 87a ff. dUrhG

Unabhängig von einem urheberrechtlichen Schutz als Datenbankwerk kommt ein Datenbankschutz sui-generis nach den §§ 87a ff. dUrhG in Betracht[859]. Im Verhältnis zueinander schließen sich beide Schutzgegenstände nicht aus, so dass sie auch nebeneinander anwendbar sind[860]. Der sui-generis-Schutz gewährt ein Ausschließlichkeitsrecht nach Maßgabe des § 87b dUrhG für die Verwertung einer Datenbank; maßgeblich sind die Vorschriften der §§ 87a-e, 127a und § 137g dUrhG.

Vorteil des Datenbankherstellerrechts ist im Gegensatz zu einem Urheberrecht an einem Datenbankwerk, dass es nach den §§ 398, 413 BGB frei übertragbar[861] und nach § 1922 BGB vererblich ist.

I. Schutzgegenstand

Schutzgegenstand des sui-generis-Schutzes ist die in der Datenbank verkörperte unternehmensbezogene, wesentliche Investition des Datenbankherstellers in die Gesamtheit der Datenbank durch Beschaffung, Überprüfung oder Darstellung des Datenbankinhalts[862]. Schutzgegenstand ist nicht der Datenbankinhalt[863],

857 BGH, GRUR 2007,685, 687 – Gedichttitelliste I.

858 BGH, GRUR 2007,685, 687 – Gedichttitelliste I, m.w.N..

859 BGH, GRUR 2007, 685 – Gedichttitelliste I; *Gaster*, in Hoeren/Sieber, Hdb. MultimediaR, Teil 7.6 Rn.153 (El.21); *Benecke*, CR 2004, 608, 609.

860 Vgl. Art.7 Abs.4 der Datenbank-Richtlinie; *Berger*, GRUR 1997, 169, 171; *Czychowski*, in Fromm/Nordemann, UrhG 10.Aufl., § 87a Rn.23; *Dreier*, in Dreier/Schulze, UrhG 3.Aufl., Vor §§ 87a ff. Rn.8.

861 *Gaster*, in Hoeren/Sieber, Hdb. MultimediaR, Teil 7.6 Rn.152 (El.21).

862 OLG Hamburg, GRUR 2000, 319, 320; OLG Düsseldorf, MMR 1999, 729,731; *Leistner*, GRUR Int. 1999, 819, 825; *ders.*, in Wiebe/Leupold (Hrsg.), Recht der elektronischen Datenbanken, II-B. Rn.11; *Czychowski*, in Fromm/Nordemann, UrhG 10.Aufl., § 87a Rn.6; *Vogel*, in Schricker/Loewenheim, UrhG 4.Aufl., § 87a Rn.31; *Schack*, 5.Aufl., Rn.744.

863 So aber *Hertin*, in Fromm/Nordemann, UrhG 9.Aufl. (1998), Vor §§ 87a-e Rn.3; *Bensinger*, S. 108 ff.; *Grützmacher*, S.329f.; *Haberstumpf*, Hdb. d. UrhR, Rn.173; a.A.

nicht die Informationen der Datenbank als solche[864] und nicht die Investition in den Inhalt selbst[865].

Das Datenbankherstellerrecht ist von seiner Rechtsnatur her ein Immaterialgüterrecht mit wettbewerbsrechtlichen Wurzeln[866] und dient als unternehmensbezogenes Leistungsschutzrecht der Gewährleistung eines Investitionsschutzes[867].

II. Zweck des sui-generis-Schutzes

Der Zweck des Investitionsschutzes begründet sich überwiegend darin, dass der alleinige Schutz von Datenbankwerken bzw. unterschiedliche Schutz von Datenbanken als nicht ausreichend angesehen worden ist[868]. Nur ein Datenbankwerk, welches aufgrund der Auswahl und Anordnung des Inhalts der Datensammlung das Merkmal einer persönlichen geistigen Schöpfung erfüllte, war vor Einführung des sui-generis-Schutzes schutzfähig[869]. Daran fehlte es in der Praxis aber den überwiegenden Datenbanken, da in den Mitgliedstaaten der Europäischen Union ein unterschiedlicher Originalitätsstandard galt. Parallel dazu war der Markt für Datenbanken überproportional angewachsen, insbesondere, um durch geordnete Sammlungen noch Herr über die immer größere Zahl von verfügbaren Daten zu bleiben[870]. Darüber hinaus besteht der Schutzgegenstand von Datenbankwerken nur darin, sich gegen die unberechtigte Übernahme der eigenschöpferischen Auswahl und Anordnung zur Wehr setzten zu können. Mit Einführung und Umsetzung des sui-generis-Schutzes soll dem Schutzbedürfnis für einen wirksamen Rechtsschutz gegen die unerlaubte Übernahme und Ver-

---

OLG Hamburg, GRUR 2000, 319, 320; OLG Düsselforf, MMR 1999, 729,731; OLG Hamburg, GRUR-RR 2002, 217, 219; *Dreier*, in Dreier/Schulze, UrhG 3.Aufl., Vor §§ 87a ff. Rn.1.

864 So aber OGH, MR 2002, 101, 103 – baukompass.at = GRUR Int. 2002, 940, 941 – Gelbe Seiten; so offenbar *Hertin*, in Fromm/Nordemann, 9.Aufl., § 87b Rn.13.

865 OLG Hamburg, GRUR 2000, 319, 320; a.A. *Hertin*, in Fromm/Nordemann, 9.Aufl., Vor §§ 87a-e Rn.3; LG Düsseldorf, ZUM 2002, 65, 66.

866 *Leistner*, GRUR Int. 1999, 819, 825 u. FN.58; *Ullmann, Eike,* in FS Brandner (1996), S.507, 521; *Vogel*, in Schricker/Loewenheim, UrhG 4.Aufl., Vor §§ 87a ff. Rn.30.

867 st.Rspr. EuGH, C-304/07, K&R 2008, 673, 674f., Tz.33 = GRUR 2008, 1077, 1079 – Directmedia Publishing; Erwägungsgründe 7, 40 der Datenbank-Richtlinie.

868 Vgl. u.a. Erwägungsgrund 1, 2,4,6,7-12,48 der Datenbank-Richtlinie, a.a.O.; vgl. auch *Gaster*, Art.7 Rn.416 ff; *Heitland*, in Roßnagel (Hrsg.), 10. Teil Rn.1f. (El.6).

869 Zur Einführung des sui-generis-Rechts eingehend *Gaster*, in Hoeren/Sieber, Hdb. MultimediaR, Teil 7.6, Abschnitte E. und F., Rn.36 ff.;58ff. (El.21).

870 *Heitland*, in Roßnagel (Hrsg.), 10. Teil Rn.7 (El.6).

wertung einer Datenbank, welche eine wesentliche Investition erforderte, durch Schließung dieser Schutzlücke und den Gefahren der Digitaltechnik Rechnung getragen werden.

III. Voraussetzungen des Investitionsschutzes

Die Voraussetzungen für den sui-generis-Schutz ergeben sich aus § 87a dUrhG; sie sind erfüllt, wenn es sich bei den Filmdiensten um eine Datenbank im Sinne der Definition des § 87a dUrhG handelt und die Herstellung der Datenbank eine wesentliche Investition erforderte.

1. Vorliegen einer Datenbank

In § 87a Abs.1 S.1 dUrhG schreibt der Gesetzgeber vor, dass es sich bei einer Datenbank um eine Sammlung von Werken, Daten oder anderen unabhängigen Elementen handeln muss, die systematisch oder methodisch angeordnet und einzeln oder mit Hilfe elektronischer Mittel oder auf andere Weise zugänglich sind. Der Wortlaut stimmt damit im Wesentlichen mit der Definition der Datenbank in Art.1 Abs.2 der Datenbank-Richtlinie überein, welche sowohl für Datenbankwerke als auch für schlichte Datenbanken geschaffen worden ist. Für die Auslegung der Begrifflichkeiten einer Datenbank ist vorrangig auf die Datenbank-Richtlinie zurückzugreifen[871].

Für das Vorliegen einer Datenbank kommt es nicht mehr darauf an, ob es sich um eine elektronische oder nicht-elektronische Datenbank handelt oder welche Art von Inhalten in der Datenbank gesammelt sind[872]. Aufgrund der Reichweite der Datenbank-Definition dienen die Tatbestandsmerkmale der Legaldefinition zur Verhinderung, dass das sui-generis-Recht zu einer Generalklausel für den Schutz von beliebigen Datensammlungen bzw. „Datenhaufen“[873] wird; und damit zu den Tatbestandsvoraussetzungen im Einzelnen[874].

a. Sammlung von Werken, Daten oder anderen Elementen

Erste Voraussetzung für eine Datenbank ist das Vorliegen einer Sammlung unabhängiger Elemente. Durch die weite Formulierung *„Sammlung von Werken,*

---

871 *Leistner*, GRUR Int. 1999, 819.

872 *Raue/Bensinger*, MMR 1998, 507, 508; *Sendrowski*, GRUR 2005, 369, 370.

873 *Gaster*, in Hoeren/Sieber, Hdb. MultimediaR, Teil 7.6 Rn.26 u.28 (El.21); *Gaster*, Art.1 Rn.66; *Sendrowski*, GRUR 2005, 369, 370.

874 Vgl. bereits Ausführungen oben Teil III. Kapitel I B.I.1. und 2. (S.161ff; 168f).

Daten oder anderen (...) Elementen" in § 87a Abs.1 S.1 dUrhG wird deutlich, dass bei dem Begriff Sammlung von einem weiten Verständnis auszugehen ist[875].

Unter den Begriff *„Werke"* sind geistige Erzeugnisse im Sinne des § 2 Abs.2 dUrhG, beispielsweise solche im Sinne der Katalogregelung des § 2 Abs.1 dUrhG einzubeziehen[876]. Filme erfüllen als Spielfilme nach § 2 Abs.1 Nr.6 dUrhG regelmäßig die Werkqualität; Dokumentarfilme, Fernsehspiele oder Kurzfilme sind zumeist auch persönliche geistige Schöpfungen. *„Daten"* sind logisch gruppierte Informationseinheiten[877] - eine allgemeinverbindliche Definition des Datenbegriffs im Recht sucht man allerdings vergeblich[878]. In Konkretisierung des Art. 10 Abs.2 TRIPS[879] lassen sich Daten in Anlehnung an die DIN ISO/IEC 2382 bzw. DIN 44300 Nr.19 und der Begriffsdefinition des Deutschen Instituts für Normung e.V. als ein Gebilde aus Zeichen oder kontinuierlichen Funktionen definieren, die aufgrund bekannter oder unterstellter Abmachungen Informationen darstellen, vorrangig zum Zweck der Verarbeitung und als deren Ergebnis. Das Ergebnis der Zusammenarbeit der Internationalen Organisation für Normung mit der Internationalen Elektrotechnischen Kommission fasst Daten als formalisierte Darstellung von Fakten, Konzepten oder Instruktionen, die zur menschlichen oder maschinellen Konzeption geeignet sind, auf[880]. Unter den Begriff Daten fallen beispielsweise die jeweiligen Filmzusatzinformationen oder auch die Meta-Datenverknüpfungen zwischen Filmtitel und Zusatzinformationen, soweit sie einen eigenständigen Informationsgehalt besitzen.

„Andere unabhängige Elemente" ist einerseits Oberbegriff des Inhalts einer Sammlung und zugleich ein Begriff mit Auffangfunktion, der vor allem das Informationsmaterial erfasst, dem die Eigenschaft eines Werkes oder die Eigenschaft von Daten fehlt. Unter den Begriff *„andere (...) Elemente"* fallen nach Erwägungsgrund 17. der Datenbank-Richtlinie insbesondere Texte, Töne, Bilder, Zahlen und Fakten, aber auch Gestaltungen, deren Werkschutz abgelaufen ist oder die nach den §§ 120 ff. UrhG nicht in den Genuss des deutschen Urheberrechts kommen oder solche, die die erforderliche Schöpfungshöhe nach

875 *Leistner*, GRUR Int. 1999, 819, 820; *Haberstumpf*, GRUR 2003, 14, 18; *Dreier*, in Dreier/Schulze, UrhG 3.Aufl., § 87a Rn.4.

876 Siehe bereits eingehend oben Teil III. Kapitel I. B.I.1.b (S.162); vgl. Art.2 Abs.5 RBÜ.

877 Vgl. *Bensinger*, S.125f; http://de.wikipedia.org/wiki/Daten [Stand: 27.04.2011].

878 Siehe auch *Koch*, Hdb. Software- und Datenbank-Recht, S.796 m.w.N.; § 1 Abs.2 BDSG findet allein auf personenbezogene Daten Anwendung; § 202a Abs.2 StGB enthält keine Begriffsdefinition.

879 *Hornung*, S.74.

880 Vgl. *Bensinger*, S.125 m.w.N.

§ 2 Abs.2 dUrhG nicht erreichen[881]. *Bensinger* spricht sich unter Bezugnahme auf die Entstehungsgeschichte der Richtlinie für eine Beibehaltung der ursprünglichen Terminologie „Informationen" bzw. „Informationsmaterial" aus[882]. Ob aufgrund einer fehlenden einheitlichen Definition von „Informationen"[883] dadurch ein Beitrag zum besseren Verständnis des Begriffs „andere Elemente" gewonnen wird, bleibt dahingestellt. Eine Einschränkung der Elemente auf unkörperliches Informationsmaterial lässt sich dem Wortlaut zwar nicht entnehmen. Es ist allerdings in Bezug auf Datenbanken zwingend, eine Immaterialität der Elemente zu fordern[884]. Denn selbst beim hypothetischen Fall einer Sammlung von körperlichen Kunstgegenständen wären ja nicht diese selbst Gegenstand einer Datenbank, sondern nur die Informationen über die Kunstgegenstände erfasst. Miterfasst sind nach dem Erwägungsgrund 20 der Datenbank-Richtlinie beispielsweise auch Indexierungssysteme oder Wortschatz-Sammlungen, wie ein Thesaurus[885]. Nicht vom Schutzgegenstand erfasst sind aber ein Ordnungs- oder Suchhilfesystem, das auf einem Computerprogramm basiert[886]. Unerheblich ist auch, ob ein einzelnes Element urheberrechtlich geschützt ist oder nicht. Maßgeblich für den Begriff Sammlung muss sein, dass die geistige Vorarbeit in Form des Zusammentragens des Inhalts geleistet wurde[887].

Die Online-Portale und Marktangebote an Filmdiensten beinhalten u.a. eine Vielzahl an Filmwerken, Filmplakat-Bilder, Zusatzinformationen, Zahlen und gelegentlich Fotoaufnahmen und erfüllen somit die Tatbestandsvoraussetzungen einer Sammlung von verschiedenen Elementen[888].

b. Unabhängigkeit der Elemente

Das Unabhängigkeitserfordernis[889] bezieht sich auf jegliches in § 87a Abs.1 S.1 dUrhG genannte Informationsmaterial einer Sammlung, da der Begriff Elemente

881 Vgl. *Dreier*, in Dreier/Schulze, UrhG 3.Aufl., § 4 Rn.10; es liegen in diesen Fällen gerade keine urheberrechtlich geschützten Werke vor.

882 *Bensinger*, S.125 f. m.w.N.

883 Vgl. *Wiebe*, GRUR 1994, 233, 234 f. mit Ausführungen zu den verschiedenen Definitionsansätzen des Begriffs der Information.

884 Dazu *Bensinger*, S.126f.; *Haberstumpf*, GRUR 2003, 14, 18.

885 Dazu *Gaster*, Art.1 Rn.68; *Haberstumpf*, Hdb. d. UrhR, Rn.170; *Dreier*, in Dreier/Schulze, UrhG 3.Aufl., § 87a Rn.4.

886 Vgl. Erwägungsgrund 23. der Datenbank-Richtlinie, a.a.O.; *Czychowski*, in Fromm/Nordemann, UrhG 10.Aufl., § 87a UrhG Rn.5

887 *Bensinger*, S.123.

888 Vgl. ausführlich bereits oben Teil III Kapitel I. B.I.1.b. (S.162f.).

889 Siehe *Leistner*, GRUR Int. 1999, 819, 820f.; a.A. offenbar *Hornung*, S.74f.

nur der gesetzliche Oberbegriff ist[890]. Bezugspunkt für die Prüfung der Unabhängigkeit ist der geistige Gehalt der Elemente[891], der in der eigenständigen Verwertbarkeit und Aussonderungsmöglichkeit des Elements liegt[892], die aber inhaltlich nicht aufeinander bezogen oder in einem einheitlichen Schaffensprozess miteinander verschmolzen sein dürfen[893]; insbesondere bei elektronischen Datenbanken ist jedes einzelne Bit isoliert betrachtet unabhängig, ohne dass das Merkmal der Unabhängigkeit konkretisiert wäre.

Das Kriterium der Unabhängigkeit der Elemente einer Datensammlung ist nach der Rechtsprechung des *EuGH* gegeben, wenn sich die Daten voneinander trennen lassen, ohne dass der Wert ihres informativen, literarischen, künstlerischen, musikalischen oder sonstigen Inhalts dadurch beeinträchtigen wird[894]. Der *Bundesgerichtshof* hat sich inzwischen dieser Auffassung angeschlossen[895]. Ausgangspunkt für die Bewertung der Unabhängigkeit der Elemente eines Filmportals muss die kleinste logische Informationseinheit sein. Lässt sich den einzelnen Bestandteilen nur im Zusammenhang mit anderen Elementen ihr Informationsgehalt entnehmen, wie es bei dem Gesamtwerk Film selbst der Fall ist, fehlt es an dem Merkmal der Unabhängigkeit[896].

Eine Besonderheit besteht bei Plattformangeboten für Filme durch die multimediale Aufbereitung auf Webseiten, weil der Filmtitel selbst den Zugriff zum Film und den Rahmen für weitere Zusatzinformationen bildet. Daher stellt sich die Frage, ob an dem einzelnen Film, das einzelne Element oder das Multimediaprodukt selbst anzuknüpfen ist. Bei Multimediaanwendungen ist, wie bei einzelnen Webseiten, deren Elemente technisch auf der Benutzeroberfläche zu einer einheitlichen und inhaltlich aufeinander bezogenen Darstellungsform verschmelzen, das Tatbestandsmerkmal der Unabhängigkeit in Frage gestellt[897]. Der *EuGH* nimmt in Bezug auf das Tatbestandsmerkmal „unabhängige Elemente" eine funktionale Sichtweise ein. Alleinentscheidend nach dem *EuGH* ist, dass die Elemente sich voneinander trennen lassen, ohne dass die Unabhängig-

---

890 *Grützmacher*, S.170; *Bensinger*, S.128 Fn.662.

891 *Haberstumpf*, GRUR 2003, 14, 18; *Benecke*, CR 2004, 608, 609.

892 *Wiebe/Funkat*, MMR 1998, 69, 74 und FN.53.

893 *Leistner*, GRUR Int. 1999, 819, 821f.

894 EuGH, C-444/02, GRUR 2005, 254, 255 – FIXTRURES-Fußballspielpläne II, Rn. 29ff.; *Gaster*, in Hoeren/Sieber, Hdb. MultimediaR, Teil 7.6 Rn.28 (El.21).

895 BGH, ZUM 2005, 888, 889 – Markstudien; BGH; GRUR 2005, 857, 858 – HIT BILANZ.

896 *Bensinger*, S.128 m.w.N.

897 *Gaster*, in Hoeren/Sieber, Hdb. MultimediaR, Teil 7.6 Rn.23 (El.21); *Wiebe/Funkat*, MMR 1998, 69, 71ff.; *Leistner*, GRUR Int. 1999, 819, 824; *Köhler, M.*, ZUM 1999, 548, 551f.; *Schack*, MMR 2001, 9,11; vgl. aber *Lehmann/v.Tucher*, CR 1999, 700, 701 und 705; *Wiebe*, CR 2005, 169, 170.

keit des einzelnen Elements verloren geht, also die Trennung der Elemente nicht zu einer Beeinträchtigung ihres informativen, literarischen, künstlerischen, musikalischen oder andersartigen Wertes führt[898]. Bei Zusatzinformationen, wie der inhaltlichen Kurzzusammenfassung in Textform oder der Filmkritik, ist ein vom Film oder Multimediaprodukt losgelöster Informationsgehalt nicht feststellbar. Nach einer Trennung vom Filmwerk ist der inhaltliche Wert verloren[899]. Anknüpfungspunkt für die Unabhängigkeit kann damit auf entsprechenden Webseiten und Portalen nur der Film oder das Multimediaprodukt selbst sein. Hinsichtlich von abgeleiteten Zusatzinformationen ist das Merkmal der Unabhängigkeit zu verneinen[900]. Das Tatbestandsmerkmal der Unabhängigkeit kann zumindest für die Filme und das Multimediaprodukt[901] des jeweiligen Filmes bejaht werden; abzustellen ist immer auf den jeweiligen Einzelfall[902].

c. Systematische oder methodische Anordnung

Zusätzlich müssen die unabhängigen Elemente *„systematisch oder methodisch angeordnet“* sein. Die Anordnung der Elemente dient der Wiedergewinnung der in die Datensammlung aufgenommenen Elemente[903] und kann auf zwei Wegen erfolgen. Werden die Elemente nach vordefinierten sachlichen oder logischen Gesichtspunkten angeordnet, spricht man von einer systematischen Ordnung. Dafür kommt eine Anordnung nach alphabetischen, numerischen, chronologischen, geographischen, naturwissenschaftlichen oder thematischen Ordnungskriterien in Betracht[904]. Hingegen steht bei der Methodik eine planmäßige Ordnung zur Verwirklichung eines bestimmten Zwecks im Vordergrund. Erforderlich ist durch den Wortlaut „oder“ nur die Anordnung nach einem Kriterium. Eine kumulative Anordnung nach beiden Kriterien wird nicht vorausgesetzt.

Unterschiede in der Strukturierung von Elementen werden deutlich bei der Art der Datenbank. Handelt es sich um eine analoge Datenbank, sind typische Ordnungskriterien eine alphabetische, numerische und chronologische Sortierung[905]. Eine elektronische Datenbank wird andererseits nach vollständig eigen-

---

898 EuGH, C-444/02, GRUR 2005, 254, 255 – Fixtures-Fußballspielpläne II, Rn.29.

899 Vgl. *Haberstumpf*, GRUR 2003, 14, 18.

900 Vgl. auch *Schack*, MMR 2001, 9, 11.

901 Vgl. *Wiebe/Funkat*, MMR 1998, 69, 74.

902 Siehe bereits Ausführungen oben unter Teil III. B. I. 1.c. (S.162f.).

903 OLG München, K&R 2007, 418, 419.

904 *Vogel*, in Schricker/Loewenheim, UrhG 4.Aufl., § 87a Rn.21; *Czychowski*, in Fromm/Nordemann, UrhG 10.Aufl., § 87a UrhG Rn.5

905 *Dreier*, in Dreier/Schulze, UrhG 3.Aufl., § 87a Rn.7.

ständigen Kriterien[906] geordnet, zumal die Datenbank-Software dies häufig technisch vorgibt[907]. Eine geordnete physische Speicherung der Elemente ist indes bei elektronischen Datenbanken nicht erforderlich[908], da eine schutzbegründende systematische oder methodische Struktur erst auf der Zugriffsebene in Erscheinung treten muss[909]. Wichtig ist allein, dass überhaupt eine Sortierung und Anordnung stattfindet, um eine Abgrenzung schutzfähiger Datenbanken zu ungeordneten Sammlungen und unstrukturierten Datenhaufen herzustellen[910]. Es spielt daher keine Rolle, ob die Filme auf der Ebene der Datenbasis nach chronologischer Eingabe, Inhalt, Genre oder rein willkürlich gespeichert sind, solange eine Recherche auf der Ebene der Benutzeroberfläche nach Titel, Genre, Art des Films oder weiteren Klassifizierungen möglich ist. Für Filmportale ist eine systematische Anordnung der Elemente im Ergebnis zu bejahen.

d. Das Tatbestandsmerkmal der Einzelzugänglichkeit der Elemente

Sodann ist erforderlich, dass die Elemente *„einzeln zugänglich"* sind. Dieses Kriterium steht in direkter Verbindung zum Tatbestandsmerkmal der „Unabhängigkeit" und der systematischen oder methodischen Anordnung der Elemente[911]. Die Zugänglichkeit der Elemente ist gegeben, wenn das Informationsmaterial durch einen individuellen Zugriff des Verwenders gezielt auswählbar und wahrnehmbar ist[912]. Auf welchem Weg der Zugang erfolgt, ist nach dem Wortlaut der Bestimmung gleichgültig[913]. Mit dem Kriterium der Einzelzugänglichkeit soll darüber hinaus verhindert werden, dass an bereits bestehenden Schutzgegenständen, sei es durch ein Urheberrecht oder durch ein verwandtes Schutzrecht, ein zusätzliches Schutzrecht entsteht.

Im Hinblick auf audiovisuelle bzw. kinematographische Filmwerke, die selbst ein Gesamtwerk von einzelnen Werkbestandteilen bilden, fehlt es diesen

---

906 Zur Frage, ob die Ordnung nach objektiven und von Dritten nachvollziehbare Kriterien erfolgen muss, siehe *Bensinger*, S.133.

907 *Wiebe*, CR 1996, 198, 201; *Grützmacher*, S.171.

908 Vgl. Erwägungsgrund 21 der Datenbank-Richtlinie, a.a.O.; *Haberstumpf*, Rn.108.

909 OLG Köln, ZUM 2007, 548, 549.

910 EuGH, C-444/02, GRUR 2005, 254, 255 – Fixtures-Fussballspielpläne II, Rn.31; OLG München, K&R 2007, 418, 419; *Leistner*, GRUR Int. 1999, 819, 822; *Haberstumpf*, GRUR 2003, 14, 18f.; *Gaster*, Art.1 Rn.66; *Vogel*, in Schricker/Loewenheim, UrhG 4.Aufl., § 87a Rn.21; *Benecke*, CR 2004, 608, 609.

911 Vgl. *Leistner*, GRUR Int.1999, 819, 823; *Vogel*, in Schricker/Loewenheim, UrhG 4.Aufl., § 87a Rn.24; *Haberstumpf*, GRUR 2003, 14, 19.

912 *Vogel*, in Schricker/Loewenheim, UrhG 4.Aufl., § 87a Rn.24f; *Haberstumpf*, Hdb. d. UrhR, Rn.171.

913 Vgl. Erwägungsgrund 13 und 14 der Datenbank-Richtlinie, a.a.O.

neben der fehlenden Unabhängigkeit der Elemente für eine selbständige Datenbank auch an der einzelnen Zugänglichkeit der Elemente, da der Wert nur in einer Gesamtschau deutlich wird[914]. Auch wird eine Einzelzugänglichkeit der Zusatzinformationen unterhalb der Ebene des konkreten Multimediaprodukts zu verneinen sein. Innerhalb einer Sammlung von mehreren Filmen ist eine Einzelzugänglichkeit jedenfalls gegeben, indem der Nutzer isoliert über die Suchmaske oder das Zugriffssystem auf den gewünschten Film bzw. Filmtitel zugreifen kann.

e. Zwischenergebnis

Die Tatbestandsvoraussetzungen einer Datenbank im Sinne des § 87a Abs.1 S.1 dUrhG lassen sich nach einer objektiv zu beurteilen Bewertung von Online-Plattformen für den individuellen Filmabruf ohne Präjudiz annehmen. Eine abschließende Prüfung der verfügbaren Filmangebote über digitale Plattformen auf Basis der gesetzlichen Voraussetzungen für den Gegenstand einer Datenbank bleibt der Rechtsprechung überlassen.

2. Wesentliche Investition nach Art oder Umfang

Auslegungsschwierigkeiten kann im Einzelfall das Merkmal *„wesentliche Investition"* bereiten[915]. Nach § 87a Abs.1 dUrhG setzt das Schutzrecht sui-generis voraus, dass eine wesentliche Investition nach Art oder Umfang durch den Datenbankhersteller in die Datenbank vorgenommen worden ist, um eine Abgrenzung zu Datenbanken herzustellen, die nicht unter den sui-generis-Schutz fallen. Die Intention des Richtliniengebers war es nämlich zu verhindern, dass reine „Allerweltsinvestitionen" ein sui-generis-Recht mit sich bringen[916].

§ 87a dUrhG spricht von einer Datenbank, die *„eine nach Art oder Umfang wesentliche Investition erfordert"*. Das Kriterium der wesentlichen Investition ist ein unbestimmter Rechtsbegriff, der vom Gesetzgeber bewusst nicht legislatorisch konkretisiert worden ist[917]; er ist vorbehalten für jeden Einzelfall der Ausfüllung und Feststellung durch die Gerichte[918].

---

914 Vgl. Erwägungsgrund 17 der Datenbank-Richtlinie, a.a.O.; *Leupold*, MR-Int.2004, 45; *Vogel*, in Schricker/Loewenheim, UrhG 4.Aufl., § 87a Rn.24.

915 *Bensinger*, S.162; *Leistner*, GRUR Int. 1999, 819, 825ff.

916 *Gaster*, Art.7 Rn.476; *Gaster*, in Hoeren/Sieber, Hdb. MultimediaR, Teil 7.6 Rn.83 (El.21).

917 BT-Drucks. 13/7385, S.40, 45, amtl. Begründung; sowie die Billigung durch den BR, BR-Drucks. 966/2/96, S.42, Empfehlung und Begründung; vgl. auch *Gaster*, in

a. Begriff der Investition

Der Begriff Investition leitet sich ab von *investire*, und bedeutet eine „langfristige Anlage von Kapital in Sachwerten“[919]. Im Sinne eines urheberrechtlichen Verständnisses kann eine Investition auch als Einsatz von Mitteln zur Erreichung eines Zwecks verstanden werden[920]. Welche Mittel für eine wesentliche Investition in Betracht kommen, wird von dem weitgefaßten Gesetzeswortlaut und der Datenbank-Richtlinie nicht genau festgelegt[921]. Aufschlussreich sind allein Erwägungsgrund 7 der Datenbank-Richtlinie, der von „erheblichen menschlichen, technischen und finanziellen Mitteln“ spricht, und Erwägungsgrund 40 der Datenbank-Richtlinie, der in der Bereitstellung von finanziellen Mitteln und/oder im Einsatz von Zeit, Arbeit und Energie eine Investition für möglich hält[922].

Das Gesetz hat, als deklaratorische Hilfestellung zur Beurteilung und Strukturierung typischer Aufwendungen beim Aufbau einer Datenbank, als mögliche Aufgaben bzw. Zweck einer Investitionsleistung die Beschaffung, Überprüfung oder Darstellung des Inhalts einer Datenbank genannt, ohne dadurch eine abschließende Einteilung festzuschreiben[923]. Als wesentliche Investitionsleistungen kommen jegliche wirtschaftliche Aufwendungen für die Einzelfallprüfung in Betracht, die zur Herstellung einer Datenbank erforderlich sein können[924], soweit sie der Datenbank unmittelbar zu Gute kommen. Die Einteilung der Investitionsleistungen bei der Beschaffung, Überprüfung und Darstellung des Inhalts einer Datenbank kann dabei ein nützliches Instrument sein[925]. Festzuhalten

---

Hoeren/Sieber, Hdb. MultimediaR, Teil 7.6 Rn.81 (El.21); *Haberstumpf*, GRUR 2003, 14, 26.

918 BT-Drucks. 13/7385, S.45; *Leistner*, in Wiebe/Leupold, Recht der elektronischen Datenbanken, II-B. Rn.14; *Gaster*, in Hoeren/Sieber, Hdb. MultimediaR, Teil 7.6 Rn.81 (El.21); *Vogel*, in Schricker/Loewenheim, UrhG 4.Aufl., § 87a Rn.41; *Herrmann/Dehißelles*, K&R 2009, 23f.

919 Duden, Herkunftswörterbuch, Band 7, Stichwort „Investieren“.

920 *v.Lewinksi*, in Walter, Europäisches Urheberrecht, Datenbank-RL, Art.7 Rn.4; so auch *Dittrich*, in Kucsko, urheber.recht, S.995.

921 *Czychowski*, in Fromm/Nordemann, UrhG 10.Aufl., § 87a Rn.14; *Leistner*, GRUR Int.1999, 819, 825.

922 Erwägungsgrund 40 Datenbank-Richtlinie, a.a.O.; vgl. auch *Raue/Bensinger*, MMR 1998, 507, 508; *Gaster*, Art.7 Rn.477; *Haberstumpf*, GRUR 2003, 14, 26.

923 *Leistner*, S.150; *v.Lewinksi*, in Walter, Europäisches Urheberrecht, Datenbank-RL, Art.7 Rn.4.

924 OLG Dresden, ZUM 2001, 595; *Bensinger*, S.157; *Leistner*, GRUR Int. 1999, 819, 825f.; *Dreier*, in Dreier/Schulze, UrhG 3.Aufl., § 87a Rn.12; *Vogel*, in Schricker/Loewenheim, UrhG 4.Aufl., § 87a Rn.44.

925 *Leistner*, S.150.

ist im Übrigen, dass insgesamt eine im Sinne von § 87a Abs.1 Satz 1 dUrhG wesentliche Investition in die Datenbank ausreichend ist, unabhängig von der jeweiligen Gestalt[926].

aa. Investition in die Beschaffung unabhängiger Elemente

Zu den Kosten und Mühen der Beschaffung des Inhalts einer Datenbank zählen die Mittel, die für das Recherchieren und Sichten, sowie das Sammeln und Zusammentragen von vorhandenen Inhalten gemacht werden, welche als Elemente beim Aufbau der Datenbank zum Tragen kommen soll[927]. Es muss sich dabei jedoch um solche Elemente handeln, die bereits bestehen[928]. Denn die Kosten, die für die Erzeugung der Daten anfallen, bleiben bei der Berücksichtigung einer wesentlichen Investition außer Betracht[929]. Die Datenerzeugung ist eine zeitlich vorgelagerte Tätigkeit, die nicht zum Aufbau einer Datenbank zählt und damit nach dem Schutzzweck keine berücksichtigungsfähige Investition sein kann[930]. Die Herstellungskosten eines Filmwerkes stehen als Inhalte nicht im Zusammenhang mit der Datenbankherstellung, und können daher auch nicht geltend gemacht werden. Eine Grenzziehung zur Datengenerierung ist mitunter schwierig[931]. Es könnte beispielsweise überlegt werden, die eigenen Herstellungskosten für einen Trailer als Ausklammerung aus dem bestehenden Filmwerk zu den Investitionen in Beschaffung oder Darstellung einer Datenbank einzubeziehen, weil das „Filmmaterial“ schon besteht. Ein Trailer ist aber meist eine eigenständige Arbeit, der nur durch den Schnitt seine besondere Wirkung entfaltet, und damit nicht als vorbestehendes Element aufgefasst werden kann. Nach der dargestellten Rechtsprechung des *EuGH* müssen auch die Investitionen außen vor bleiben, deren Aufwendungen für das Zusammentragen von Elementen zeitlich mit der Schaffung dieser Elemente zusammenfallen, da eine Trennbarkeit nicht mehr gewährleistet ist[932]. Das hat zur Konsequenz, dass beispielsweise auch die

926 *Dreier*, in Dreier/Schulze, UrhG 3.Aufl., § 87a Rn.12.

927 *Vogel*, in Schricker/Loewenheim, UrhG 4.Aufl., § 87a Rn.46.

928 *Leistner*, S.151f.; *Vogel*, in Schricker/Loewenheim, UrhG 4.Aufl., § 87a Rn.46; a.A. *Bensinger*, S.123 f.

929 EuGH, C-203/02, GRUR 2005, 244, 247f. – British Horseracing Board/William Hill, Rn. 31-34, 42; EuGH, C-338/02, GRUR 2005, 252, 253 – Fixtures-Fußballspielpläne I, Rn.21-24, 29,37; EuGH, C-444/02, GRUR 2005, 254, 256 – Fixtures-Fußballspielpläne II, Rn.40, 45; BGH, MMR 2009, 615, 616 – Elektronischer Zolltarif.

930 BGH, GRUR 2005, 857, 858 – HIT BILANZ; *Vogel*, in Schricker/Loewenheim, UrhG 4.Aufl., § 87a Rn.46 u.52ff.

931 So bereits *Leistner*, GRUR Int. 1999, 819, 826.

932 Zu dieser Einschränkung *Wiebe*, CR 2005, 169, 171; kritisch auch *Hoeren*, MMR 2005, 34, 35, der beim Zusammenfallen von Datenerzeugung und Datenbankerzeu-

für ein Filmwerk selbstangefertigte Inhaltsangabe als Nebenprodukt unter die Datengenerierung fällt; ein anderes Ergebnis läge hingegen dann vor, wenn die Elemente durch einen Dritten hergestellt und nur beschafft werden[933]. Aufwendungen für eigene Vorleistungen, wie sie beispielsweise im Fall der Gewinnung von Messdaten anfallen und überwiegend als berücksichtigungsfähig[934] angesehen werden, sind nach der restriktiven Rechtsprechung der *EuGH* wohl nicht mehr berücksichtigt. Allerdings ist noch offen, wie sich diese Entscheidung zu der ergangenen Rechtsprechung des *Bundesgerichtshofs* verhält, der seinerseits in seiner *Hit-Bilanzen* Entscheidung[935] betonte, dass keine Datenerzeugung vorliege, wenn die Informationen für jedermann wahrnehmbar seien, und die Feststellung lediglich tatsächliche Vorgänge dokumentiere[936]. Der *EuGH* betonte, dass der Zweck des neu eingeführten sui-generis-Rechts nicht sei, die Schaffung von Daten bzw. Elementen zu fördern, sondern das Schutzrecht die Schaffung eines Anreizes für die Bewältigung steigender Informationen durch Datenbanken im Blick habe[937]. Eine genaue Grenzziehung bleibt im Sinne des *EuGH* letztlich einer wertenden Betrachtung im Einzelfall vorbehalten[938], auch wenn die praktischen Abgrenzungsprobleme zu vermehrter Rechtsunsicherheit führen dürften[939].

Für bereits hergestellte Filmwerke als Hauptteil der Datensammlungen bestehen jedenfalls keine Abgrenzungsschwierigkeiten. Zu den Beschaffungsinvestitionen gehören die Kosten der Recherche nach geeigneten Filmen. Ferner fallen Lizenzgebühren für die Beschaffung geschützter Werke oder Leistungen

gung die Auffassung des EuGH am D-Day des EU-Datenbankrechts für „nebulös" hält.

933 Ähnlich kritisch bereits *Leistner*, GRUR Int.1999,819, 826.

934 *Leistner*, S.152, der jedoch zu Recht auf die fließenden Grenzen und die Umgehungsmöglichkeiten hinweist; *ders.*, GRUR Int.1999, 819, 826; *ders.*, in Wiebe/Leupold (Hrsg.), Recht der elektronischen Datenbanken, II.-B. Rn.18ff.; *v.Lewinksi*, in Walter, Europäisches Urheberrecht, Datenbank-RL, Art.7 Rn.5; *Thum*, in Wandtke/Bullinger, UrhG 3.Aufl., § 87a UrhG Rn.50; a.A. noch *Vogel*, in Schricker, UrhG 3.Aufl., § 87a Rn.28, aufgegeben *ders.*, in Schricker/Loewenheim, UrhG 4.Aufl., § 87a Rn.53.

935 BGH, GRUR 2005, 857, 859 – HIT-BILANZ.

936 Siehe auch *Thum*, in Wandtke/Bullinger, UrhG 3.Aufl., § 87a UrhG Rn.51f.

937 EuGH, C-203/02, GRUR 2005, 244, 247 – British Horseracing Board/William Hill, Rn.30 u.31; EuGH, C-338/02, GRUR 2005, 252, 253 – Fixtures-Fußballspielpläne I, Rn.24; EuGH, C-444/02, GRUR 2005, 254, 256 – Fixtures-Fußballspielpläne II, Rn.40; kritisch dazu die Anm. von *Lehmann*, CR 2005, 15, 16.

938 So auch ausdrücklich die amtl.Begründung, BT-Druck. 13/7384, S.45.

939 *Wiebe*, CR 2005, 169, 171; *Spindler*, K&R 2007, 345, 352f.; *Herrmann/Dehißelles*, K&R 2009, 23, 24.

unter die Investitionsleistungen[940]; dieser Sichtweise hat sich der *Bundesgerichtshof* inzwischen angeschlossen[941]. Aber auch die Kosten für die Beschaffung sonstiger Informationen und Daten, beispielsweise Kosten des Erwerbs sonderrechtlich nicht geschützter Elemente, fallen unter diese Tatbestandsvoraussetzung[942]; solange die Herstellungskosten nicht erfasst sind. Soweit daher die Zusatzinformationen über einen Film „beschafft", und nicht selbst erstellt werden, sind dies berücksichtigungsfähige Aufwendungen. Denkbar sind beispielsweise die Beschaffung von Fotoaufnahmen über Schauspieler oder Dreharbeiten, Interview-Beiträge, Filmplakate oder digitalisierte Autogrammkarten.

Der Kaufpreis einer vollständigen bzw. fertigen Datenbank, sowie eine Lizenz an einer solchen Datenbank, zählt indes nicht zur Beschaffung unabhängiger Elemente und zu schutzbegründenden Investitionen, da sie nicht unmittelbar in den Aufbau einer Datenbank fließen[943]. Die Auffassung, dass die Beschaffung des Inhalts der späteren Datenbank zunächst nicht im Hinblick auf die Errichtung einer Datenbank erfolgen müsse[944], dürfte aufgrund der vom *EuGH* markierten Grenze zur Erzeugung der Daten bzw. der erforderlichen Nachweisen der Hersteller[945] praktisch nur noch schwer haltbar sein[946]. Bei der Prüfung der Schutzvoraussetzungen der §§ 87a ff. dUrhG ist hinsichtlich der Darlegungs-und Beweislast ein strenger Maßstab anzuwenden[947].

bb. Investition in die Überprüfung unabhängiger Elemente

Zu den berücksichtigungsfähigen Investitionsleistungen bei der Überprüfung des Inhalts zählen diejenigen Kosten, die während der Erstellung und Unterhaltung der Datenbank der Kontrolle der Datenbasis auf ihre Richtigkeit und Vollständigkeit geschuldet sind[948]. Nach der Rechtsprechung des *EuGH* sind aber nur die Aufwendungen zu berücksichtigen, die der Überprüfung der Korrektheit und Validität der Elemente, welche Bestandteil der Informationen der Datenbank

---

940 *Haberstumpf*, GRUR 2003, 14, 26; *Vogel*, in Schricker/Loewenheim, UrhG 4.Aufl., § 87a Rn.46; kritisch *Bensinger*, S.158; a.A. *Schack*, 5.Aufl., Rn.744.

941 BGH, MMR 2009, 615, 616 – Elektronischer Zolltarif.

942 *Vogel*, in Schricker/Loewenheim, UrhG 4.Aufl., § 87a Rn.46.

943 BGH, MMR 2009, 615, 616 – Elektronischer Zolltarif; *Gaster*, Rn.478 - 480; Anm. *Wiebe* zu, BGH, MMR 1999, 470, 475 – Tele-Info-CD; *Dreier*, in Dreier/Schulze, UrhG 3.Aufl., § 87a Rn.13; *Thum*, in Wandtke/Bullinger, UrhG 3.Aufl., § 87a Rn.39.

944 *v.Lewinksi*, in Walter, Europäisches Urheberrecht, Datenbank-RL, Art.7 Rn.5.

945 EuGH, C-338/02, GRUR 2005, 252, 253 – Fixtures-Fußballspielpläne I, Rn.24-25, 33.

946 Vgl. zur Problematik *Wiebe*, CR 2005, 169, 171.

947 OLG Düsseldorf, MMR 1999, 729, 731 und LS d. Redaktion.

948 EuGH, C-338/02, GRUR 2005, 252, 253 – Fixtures-Fußballspielpläne I, Rn.27; *Bensinger*, S.159; *Haberstumpf*, GRUR 2003, 14, 26.

sind oder werden sollen, gewidmet werden[949]. Aber wie ist eine Überprüfung nun zu konkretisieren? Offen ist bislang noch, ob eine berücksichtigungsfähige Investition in die Überprüfung der Elemente sich ausschließlich auf die Übereinstimmung mit einer vorgefundenen Quelle beschränken muss[950], oder ob eine Überprüfung der Elemente auf ihre inhaltliche Richtigkeit die Grenze zur Datenneuerzeugung überschreitet. Unstreitig darf die Überprüfung der Elemente nicht zeitgleich mit dem Stadium der Erzeugung der Elemente zusammenfallen[951]. Die Überprüfung beinhaltet daher nicht eine Aktualisierung der Daten, da damit zeitgleich neue Daten geschaffen würden. Nach dem Zwei-Phasen-Modell des *EuGH* würde damit eine Generierung von Daten vorliegen, die nicht als Investitionsleistung angesehen werden kann.

cc. Investition in die Darstellung unabhängiger Elemente

Unter die Kosten der Darstellung der Elemente fallen diejenigen Investitionsleistungen, die erforderlich sind, um die Datenbank für den interessierten Nutzerkreis aufzubauen sowie anschaulich und zugänglich zu machen[952]. Dazu zählen Aufwendungen für die Strukturierung des ungeordneten Datenbankinhalts und die Organisation der individuellen Zugänglichkeit der Elemente als auch solche für die anschauliche Präsentation des Inhalts[953].

Im Hinblick auf elektronische Datenbanken stellen die Konzeptionierung der Datenbank einschließlich der Datenverarbeitung, Datenaufbereitung, der Erstellung des Abfragesystems und der Indexierungssysteme und Schlagwortkataloge berücksichtigungsfähige Aufwendungen dar[954]. Im Einzelnen sind zu den Investitionen für die Darstellung der Elemente die Kosten von Beginn der Entwicklung der Datenbankstruktur, der Programmierung der Datenbankfunktionen bzw. dem Erwerb von Datenbankmanagementsystemen und der Präsentation des Datenbankkonzeptes zu zählen[955]. Desweiteren sind die laufenden Unterhaltskosten für Personal und für die Bereitstellung einer elektronischen Datenbank zu

949 EuGH, C-338/02, GRUR 2005, 252, 253 – Fixtures-Fußballspielpläne I, Rn.27.

950 Dazu *Dittrich*, in Kucsko, urheber.recht, S.999.

951 Siehe bereits oben unter Teil III Kapitel I C.III.2.a. aa. (S.183ff. m.w.N.); *Wiebe*, CR 2005, 169, 171; *Czychowski*, in Fromm/Nordemann, UrhG 10.Aufl., § 87a Rn.19; *Vogel*, in Schricker/Loewenheim, UrhG 4.Aufl., § 87a Rn.52.

952 Siehe zu den Unterschieden der Investitionsleistungen bei der Form als elektronische/nicht-elektronische Datenbank, *Leistner*, S.153.

953 EuGH, C-444/02, GRUR 2005, 254, 256 – Fixtures-Fußballspielpläne II, Rn.43; *v.Lewinksi*, in Walter, Europäisches Urheberrecht, Datenbank-RL, Art.7 Rn.7.

954 *Bensinger*, S. 159ff.; *Leistner*, S.153.

955 *Leistner*, S.153; *Haberstumpf*, GRUR 2003, 14, 26.

berücksichtigen[956], die in Gebühren für Server, Hosting oder Active Server Pages (ASP) anfallen können[957]. Auch die Kosten für die Anschaffung des notwendigen Arbeitswerkzeugs, wie beispielsweise Computer, sind in die Berechnung der Investitionen mit einzubeziehen[958]. Daneben gehören die Kosten für die Herstellung eines Datenbankträgers zu den Aufwendungen für die Darstellung des Datenbankinhalts[959].

dd. Sonderfall Aufwendungen für Computerprogramme

Eine maßgebliche Frage ist, ob Aufwendungen für die Datenbanksoftware eine zu berücksichtigende Investition darstellen[960]. Sie hat grundsätzliche Bedeutung für die Abgrenzung und den Umfang des Datenbankherstellerrechts. Allgemein anerkannt ist, dass die technische Umsetzung des Datenbankkonzepts eine individuelle Programmierung bzw. alternativ den Erwerb von Nutzungsrechten an einem Datenbankmanagementsystem (auch DBMS bzw. Verwaltungssoftware) erfordert[961]; für die Darstellung und Zugänglichkeit der Elemente ist ein Datenbankmanagementsystem überwiegend ein unverzichtbares Hilfsmittel[962]. Ebenfalls unumstritten, weil in § 4 Abs.2 S.2 dUrhG bzw. Art.1 Abs.3 der Datenbank-Richtlinie geregelt[963], ist, dass Computerprogramme nicht zu den Elementen (Bestandteil) einer Datenbank gehören. Computerprogramme sind von dem Schutzgegenstand des sui-generis-Rechts ausgenommen, da für diese ein spezielles Leistungsschutzrecht in den §§ 69a ff. dUrhG existiert, und Überschneidungen der beiden Schutzgegenstände vermieden werden sollten[964]. Für die Frage einer wesentlichen Investition ist dieser Aspekt aber rechtlich unerheblich[965]. Es ist allgemein anerkannt, dass ohne ein Datenbankmanagementsystem und Investitionen in Thesaurus sowie Abfragesysteme der Betrieb einer elektroni-

956 *Vogel*, in Schricker/Loewenheim, UrhG 4.Aufl., § 87a Rn.48.

957 *Czychowski*, in Fromm/Nordemann, UrhG 10.Aufl., § 87a Rn.19.

958 *Bensinger*, S.160.

959 *Vogel*, in Schricker/Loewenheim, UrhG 4.Aufl., § 87a Rn.48.

960 Vgl. zum Streitstand *Grützmacher*, S.174 ff.; *Czychowski*, in Fromm/Nordemann, UrhG 10.Aufl., § 87a Rn.20.

961 Zum technischen Hintergrund u.a. *Bensinger*, S.138 ff. m.w.N.

962 *Vogel*, in Schricker/Loewenheim, UrhG 4.Aufl., § 87a Rn.51.

963 Diese Regelung gilt auch für die §§ 87a ff. UrhG, so u.a. *Grützmacher*, S.175, unter Berufung auf ein Redaktionsversehen des Gesetzgebers; *Dreier*, in Dreier/Schulze, UrhG 3.Aufl., § 87a Rn.5; a.A. wohl *Bensinger*, S.142 Fn.722.

964 Vgl. Erwägungsgrund 23 der Datenbank-Richtlinie, a.a.O.; *Gaster*, Art.1 Rn.97 u. 98, Art.2 Rn.103; *Bensinger*, S.141.

965 In diesem Sinn bereits *Bensinger*, S.160; *Leistner*, S.153; ähnlich auch *Vogel*, in Schricker/Loewenheim, UrhG 4.Aufl., § 87a Rn.51.

schen Datenbank nicht möglich ist[966]. Im Rahmen des § 87a Abs.1 dUrhG ist allein maßgeblich, ob eine für den Aufbau und den Betrieb einer elektronischen Datenbank getätigte wesentliche Investition vorliegt[967]. Die in § 87a Abs.1 dUrhG genannten Beispiele für eine Investition sind lediglich exemplarisch[968]. Da für die individuelle Darstellung der Elemente in einer Datenbank der Erwerb von Nutzungsrechten an Datenbankmanagementsystemen und Computerprogrammen meist unausweichlich ist, auch regelmäßig auch einen wesentlichen Anteil der Aufwendungen ausmacht, ist fraglich, ob die gesetzlichen Bestimmungen der Einbeziehung derartiger Investitionen wirklich entgegenstehen.

Ausgangspunkt der gesetzlichen Regelung in § 87a Abs.1 dUrhG ist, jegliche Aufwendungen für die Herstellung einer Datenbank zu berücksichtigen. Der Fakt, dass gegebenenfalls an dem Computerprogramm ein eigenes Schutzrecht besteht, sagt nichts darüber aus, dass für die Frage einer wesentlichen Investition auch die Aufwendungen für Computerprogramme zu berücksichtigen sein können. Das Computerprogramm ist rechtlich gesehen ein aliud zur Datenbank[969]. Sollte für das Computerprogramm ein Schutzrecht nach den §§ 69a ff. dUrhG vorliegen, so sind beide Leistungsschutzrechte voneinander unabhängig und bestehen nebeneinander[970]. Diese Problematik ist nur unzureichend in Erwägungsgrund 20 und 23 der Datenbank-Richtlinie angedeutet. Im Interesse der Rechtssicherheit ist von einem weiten Investitionsbegriff auszugehen.

Ein weiterer Aspekt liegt darin, dass der Wert einer Datenbank unmittelbar von der Funktion des Informationszugangs abhängt, und damit dem Zugang und der Benutzbarkeit eine maßgebliche Bedeutung zukommt[971]. Um die Amortisation der Aufwendungen des Datenbankherstellers zu ermöglichen, und damit dem eigentlichen Zweck des sui-generis-Schutzrechts Rechnung tragend, muss der effektive Zugang zu den Elementen einer Datenbank über systematische und methodische Anordnung und einzelne Zugänglichkeit[972] sichergestellt werden; die hierein getätigten Investitionen in die Datenbank zur Beurteilung des Vorliegens des Schutzrechts mit einzubeziehen, entspricht dem Willen des Gesetzgebers in § 87a Abs.1 dUrhG.

966 *Wiebe*, CR 1996, 198, 201; *Czychowski*, in Fromm/Nordemann, UrhG 10.Aufl., § 87a Rn.20; *Vogel*, in Schricker/Loewenheim, UrhG 4.Aufl., § 87a Rn.48.

967 *Vogel*, in Schricker/Loewenheim, UrhG 4.Aufl., § 87a Rn.51.

968 Siehe oben unter Teil III. Kapitel I. C.III.2.a. (S.182f.).

969 *Vogel*, in Schricker/Loewenheim, UrhG 4.Aufl., § 87a Rn.51.

970 *Vogel*, in Schricker/Loewenheim, UrhG 4.Aufl., § 87a Rn.51; *Dreier*, in Dreier/Schulze, UrhG 3.Aufl., § 87a Rn.5.

971 *Bensinger*, S.161.

972 *Wiebe*, CR 2005, 169, 171.

Nach Sinn und Zweck sind Aufwendungen in Form von Computerprogrammen in die Darstellung des Inhalts einer Datenbank als Investition zu berücksichtigen. Dafür spricht auch, dass es in der Realität kaum möglich ist, eine Unterscheidung zwischen der Datenaufbereitung für die Verwendung in einem Datenbankmanagementsystem und der individuellen Programmierung an einem Computerprogramm zu treffen[973]. Die Kosten für Personal, Erwerb, Nutzung und Unterhalt, die als Aufwendungen für ein Computerprogramm bzw. Datenbankmanagementsystem zum Zweck der Darstellung unabhängiger Elemente getätigt wurden, sind damit als Investitionen zu berücksichtigen[974].

Dabei kann es rechtlich gesehen auch keinen Unterschied machen, ob der Datenbankhersteller eigene Mitarbeiter mit der Herstellung eines individuellen Computerprogramms für die betreffende Datenbank beauftragt, eine Lizenz für eine Datenbank-Software erwirbt oder sich der Unterstützung eines Dritten bedient[975]. Denn andernfalls würde eine Umgehung nur begünstigt. Der *Bundesgerichtshof* hatte bereits in seiner Tele-Info-CD Entscheidung[976] zum Ausdruck gebracht, dass es für die Beurteilung einer wesentlichen Investition unschädlich ist, wenn Investitionsleistungen im Auftrag des Datenbankherstellers von Dritten erbracht werden. Für den Datenbankhersteller und Unternehmer spielt neben der finanziellen Aufwendung eine Rolle, ob er auch die nötigen Fachkräfte aufbringen kann oder die Arbeit in Eigenregie zeitlich vornehmen kann. Wenn der Datenbankhersteller die Programmierung selbst nicht leisten kann, oder sich dies aus unternehmerischer Sicht nicht lohnen würde, blieben ihm nur die Alternativen, sich fremder Hilfe zu bedienen oder die Herstellung der Datenbank aufzugeben. Letztere Alternative ist nicht im Interesse des Richtliniengebers und widerspricht klar dem Zweck des Datenbankschutzes[977]. Eine andere Sichtweise stellt sich damit klar gegen die Realität. Im Übrigen hat der Richtliniengeber mit Art.1 Abs.3 der Datenbank-Richtlinie gerade keine Einschränkung vorgenommen, was als Investition gilt, und was nicht.

---

973 Vgl. *Grützmacher*, S.174 ff; *Czychowski*, in Fromm/Nordemann, UrhG 10.Aufl., § 87a Rn.20.

974 KG Berlin, NJW-RR 2000, 1495, 1496; OLG Dresden, ZUM 2001, 595f.; OLG Köln, ZUM 2006, 234, 236; *Vogel*, in Schricker/Loewenheim, UrhG 4.Aufl., § 87a Rn.51; *Thum*, in Wandtke/Bullinger, UrhG 3.Aufl., § 87a UrhG Rn.39; *Loewenheim*, in Loewenheim, Hdb. des UrhR, 2.Aufl., § 43 Rn.43; *Dreier*, in Dreier/Schulze, UrhG 3.Aufl., § 87a Rn.13; *Czychowski*, in Fromm/Nordemann, UrhG 10.Aufl., § 87a Rn.20; *Burgstaller*, MR 2008, 15, 16; a.A. wohl OLG Düsseldorf, MMR 1999, 729, 731 f., ablehnend über die Darlegungs- und Beweislast.

975 *Dreier*, in Dreier/Schulze, UrhG 3.Aufl., § 87a Rn.13.

976 BGH, MMR 1999, 470, 472 – Tele-Info-CD.

977 Vgl. Erwägungsgründe 9-12 der Datenbank-Richtlinie, a.a.O.

Allerdings können nur die Aufwendungen für Investitionen in Gestalt von Computerprogrammen Berücksichtigung durch den sui-generis-Schutz finden, die im Hinblick auf die Herstellung der zu schützenden Datenbank erfolgt sind[978]. Nicht nur der Wortlaut des § 87a Abs.1 Satz 1 dUrhG legt diese Sichtweise fest, auch der *EuGH* hat der Verwertung von Vorinvestitionen als bloßes Neben-oder Abfallprodukt einen Riegel vorgeschoben[979]. Bei der Verwendung von Standardsoftware können nur die Nutzungsgebühren Berücksichtigung finden; anders hingegen bei der Verwendung von Individualsoftware, die für den Betrieb der Datenbank benötigt wird.

b. Wesentlichkeit der Investitionsleistung

Die Wesentlichkeit der Investition orientiert sich gemäß § 87a Abs.1 dUrhG an der Art oder dem Umfang der Investition. Für die Konkretisierung des unbestimmten Rechtsbegriffs der Wesentlichkeit der Investition bestimmt Art.7 Abs.1 der Datenbank-Richtlinie als entsprechende Auslegungshilfe einen qualitativen und/oder quantitativen Maßstab zugrundezulegen[980]. Diese Kriterien sind indes wenig hilfreich[981] und unterstützen die Rechtsunsicherheit bei Rechtsanwendern, auch durch bisweilen ergangene Rechtsprechung.

aa. Die Wesentlichkeitsbestimmung

Die Wesentlichkeit einer Investition muss eigenständig beurteilt werden[982]. Mit dem Wesentlichkeitskriterium wird eine flexible und am Einzelfall orientierte Bewertung der vorgenommenen Investitionen ermöglicht[983]. Zugleich erfordert die Bestimmung des unbestimmten Rechtsbegriffs auch eine objektive Betrachtung unter Berücksichtigung des Schutzzwecks und des Schutzgegenstands des sui-generis-Rechts[984]. Es bietet sich beispielsweise für eine objektive Beurteilung des eigenen Arbeitsaufwandes an, fiktive Lohnkosten als Darstellung für den persönlichen Zeit- und Arbeitsaufwand anzusetzen[985].

---

978 *Dreier*, in Dreier/Schulze, UrhG 3.Aufl., § 87a Rn.13.

979 Siehe dazu bereits oben unter Teil III. Kapitel I.C.III.2.a.aa. (S.183ff. m.w.N.); kritisch *Gaster*, in Hoeren/Sieber, Hdb. MulitmediaR, Teil 7.6.Rn.93-97 (El.21).

980 *Gaster*, Art.7 Rn.476; kritisch bereits *Berger*, GRUR 1997, 169, 173.

981 *Leistner*, S.154; *Vogel*, in Schricker/Loewenheim, UrhG 4.Aufl., § 87a Rn.41; *Czychowski*, in Fromm/Nordemann, UrhG 10.Aufl., § 87a UrhG Rn.15.

982 *Czychowski*, in Fromm/Nordemann, UrhG 10.Aufl., § 87a Rn.15 m.w.N..

983 *Bensinger*, S.169.

984 *Vogel*, in Schricker/Loewenheim, UrhG 4.Aufl., § 87a Rn.43.

985 *Leistner*, S.154.

Der Umfang der Investition wird quantitativ konkretisiert beispielsweise durch den Einsatz von Zeit, Arbeit und Energie, oder durch die bezifferbaren und erforderlichen Aufwendungen für Sachmittel, Arbeits- und Lohnkosten oder Finanzierungskosten[986]. Fiktive, in die Zukunft gerichtete Investitionsleistungen können nicht berücksichtigt werden[987]. Auch eine Kombination der Mittel aus Kapital, Personal und Sachkosten ist zu berücksichtigen. Ein Datenbankschutz ist dann gegeben, wenn sämtliche quantitativ bestimmbaren Investitionsleistungen sich in ihrer Gesamtheit als wesentlich erweisen[988].

Teils wird für die Bestimmung der Wesentlichkeit der Investition gefordert, dass nicht der tatsächlich angefallene Kostenbetrag anzusetzen sei, sondern für den Ausgangspunkt nur der erforderliche Kostenbetrag maßgeblich sein solle[989]. Andernfalls sei ohne Berücksichtigung des Tatbestandsmerkmals der „Erforderlichkeit" derjenige Hersteller mit dem sui-generis-Schutzrecht begünstigt, der verschwenderische Investitionen getätigt habe[990]. Der *EuGH* ist bislang auf diesen Aspekt nicht eingegangen. Im Ergebnis ist dieser Standpunkt abzulehnen[991], da sich eine derartige Einschränkung weder aus § 87a dUrhG noch aus der Datenbank-Richtlinie entnehmen lässt; auch ist fraglich, wie ein Datenbankhersteller eine Bestimmung des „erforderlichen Kostenbetrages" selbst beurteilen bzw. die entsprechenden Nachweise für die Bewertungsgrundlage erbringen soll. Ein Datenbankhersteller wird regelmäßig nur die Investitionen tätigen, die er für die Herstellung sowie den Betrieb seiner Datenbank objektiv für notwendig ansieht.

Problematischer, weil gesetzlich unbestimmt, ist, die Wesentlichkeit nach Art der Investition zu bezeichnen. *Leistner* zweifelt gar die eigenständige Bedeutung des Hinweises auf eine in „qualitativer Hinsicht wesentliche Investition" in Art.7 Abs.1 der Datenbank-Richtlinie an[992]. In der Tat bezieht sich das Leistungsschutzrecht auf eine unternehmerische Leistung[993]. Würde man die Qualität einer Investition mit dem geistigen Anspruch messen, würden die Grenzen zum Urheberrecht an einem Datenbankwerk verwischt[994]. Es ist her-

---

986 Erwägungsgrund 40 Datenbank-Richtlinie, a.a.O.; *Vogel*, in Schricker/Loewenheim, UrhG 4.Aufl., § 87a Rn.56.

987 Erwägungsgrund 39 der Datenbank-Richtlinie, a.a.O., setzt voraus, dass die Investition bereits geleistet worden ist.

988 *Vogel*, in Schricker/Loewenheim, UrhG 4.Aufl., § 87a Rn.56 u.41.

989 *v.Lewinksi*, in Walter, Europäisches Urheberrecht, Datenbank-RL, Art.7 Rn.8; *dies.*, in Roßnagel (Hrsg.), 10.Teil, § 87a Rn.17; *Ehmann*, GRUR 2008, 474, 477.

990 *Ehmann*, GRUR 2008, 474, 477.

991 So auch *Vogel*, in Schricker/Loewenheim, UrhG 4.Aufl., § 87a Rn.44.

992 *Leistner*, S.155.

993 *Vogel*, in Schricker/Loewenheim, UrhG 4.Aufl., § 87a Rn.57.

994 Dafür plädiert aber *Bensinger*, S.165, die die schöpferische Tätigkeit hervorhebt.

vorzuheben, dass nach § 87a Abs.1 dUrhG bzw. Art.7 Abs.1 der Datenbank-Richtlinie allein das Vorliegen einer wesentlichen Investition maßgeblich ist, und nicht die Feststellung, ob eine Datenbank für sich qualitativ wertvoll ist[995]. Vom Schutzzweck her ist es daher richtig, die Art der Investition vor dem Hintergrund der unternehmerischen Leistung und des Leistungsergebnisses zu beurteilen. *Bensinger* deutet im Hinblick auf die erforderliche Investition an, dass durch die Schutzvoraussetzung nicht die Leistung des Herstellers, sondern eine „Eigenschaft der Datenbank" gekennzeichnet sei[996]. Dabei übersieht *Bensinger* jedoch, dass die Datenbank immer nur das Ergebnis der Investitionsleistung des Datenbankherstellers widerspiegelt. Die in der Datenbank überwiegend verkörperten qualitativen Merkmale der Investition lassen sich häufig auch quantitativ darstellen, da das Ergebnis der Anstrengungen mit Größen des Umfangs objektiv bestimmbar ist[997]. Das Gesetz schreibt in § 87a Abs.1 Satz 1 dUrhG die Möglichkeit der Bestimmung nach der Art der Investitionsleistung vor, und zeigt damit nur, dass auch ein anderer Blickwinkel zur Bestimmung einer wesentlichen Investition eingenommen werden kann. Für die Online-Plattformen und die Verwertung von Filmen wird es daher vorerst auf eine quantifizierbare Bewertung ankommen, wenn auch eine qualitative Investitionsleistung nicht ausgeschlossen ist.

Nach dem *EuGH* bezieht sich die qualitative Beurteilung einer wesentlichen Investition auf nicht quantifizierbare Anstrengungen, wie sie in geistigen Anstrengungen oder dem Verbrauch von Energie vorliegen können[998]. Selbst *Leistner* räumt dem Kriterium der qualitativen Beurteilung einer wesentlichen Investition noch einen schmalen Geltungsbereich ein, wenn „der Datenbankhersteller die Daten nur aufgrund seines (u.U. langjährigen) geschäftlichen Engagements, seiner Marktstellung und Reputation sowie seines Verhandlungsgeschicks erhält, während ein durchschnittlicher Bewerber die Daten überhaupt nicht erhalten hätte"[999]. So ließe sich beispielsweise die unternehmerische Leistung des Herstellers bei der Beschaffung der Daten als wesentliche Investition beurteilen, wenn die Beschaffung der Elemente ein besonderes Fachwissen erforderte. Die Beschaffung der Elemente nach dem qualitativen Kriterium zu bemessen, steht dabei auch nicht im Widerspruch zu einem möglichen Urheberrecht an einem Datenbankwerk, da die geistige Anstrengung ja nicht schöpferischer Natur sein muss.

---

995 So auch *v.Lewinksi*, in Walter, Europäisches Urheberrecht, Datenbank-RL, Art.7 Rn.11.

996 *Bensinger*, S.153.

997 Vgl. *Leistner*, S.154.

998 EuGH, C-338/02, GRUR 2005, 252, 253 – Fixtures-Fussballspielpläne II, Rn.28.

999 *Leistner*, S.159.

Ähnlichkeiten tun sich zwar auch hier mit dem wettbewerbsrechtlichen Leistungsschutz auf, bei dem die innovative Leistung eines Unternehmers eine Schutzposition hervorruft[1000]. Der Gesetzgeber hatte mit dem Umsetzungsgesetz der Datenbank-Richtlinie versucht, aufgrund des damals gesetzlich vorgeschriebenen Erfordernisses eines Wettbewerbsverhältnisses das sui-generis-Recht als Immaterialgüterrecht auszugestalten, um den besonderen Charakter des neuen Schutzrechtes hervorzuheben[1001].

Mitunter ist die Konkretisierung einer nach Art (qualitativ) schutzfähigen Investition bzw. die Abgrenzung zwischen einer schützenswerten Investition in die Sammlung von Elementen und einer nicht-schützenswerten Investition im Einzelfall vor eine schwierige Aufgabe gestellt[1002]. Die Kategorisierung qualitativ wesentlicher Investitionsleistungen des Datenbankherstellers[1003] kann vielleicht ein mögliches Hilfsmittel sein[1004]. Ein weiteres Beurteilungskriterium könnte auch der Nutzen der Datenbankinvestitionen für Interessenten bzw. die Allgemeinheit sein; auch ließe sich das Konzept der Datenbank unter dem Gesichtspunkt der Innovativität, Initiative oder Investitionsrisiko[1005] betrachten. Exemplarisch und aufbauend auf *Leistner* ließe sich die nach Art zu beurteilende Investition durch nachfolgende und nicht abschließende Kriterien überprüfen im Hinblick auf

- Kultureller Kommunikationswert
- Innovativität/Neuheit des Datenbank-Konzepts bzw. Neuerscheinung der Informationen
- Einmaligkeit der Datenbank in ihrer Gesamtheit
- Komfort für den Nutzer im Abfragesystem und Vergleich mit anderen Informationswegen
- Gesichtspunkte der Gesamtheit der Datenbank nach Interdisziplinarität.

bb. Streitpunkt Höhe der Anforderungen an die Investition

Unklar ist darüber hinaus auch die Frage, welche Anforderungen an den Maßstab einer wesentlichen Investition zu stellen sind. Die Feststellung des Tatbe-

1000 *Vogel*, in Schricker/Loewenheim, UrhG 4.Aufl., § 87a Rn.57.
1001 BT-Drucks. 13/7385, amtl. Begründung, S.40, 41.
1002 Vgl. *Wiebe*, CR 2005, 169, 170 ff.
1003 Vgl. dazu die Beispiele bei *Leistner*, S.156ff.
1004 Ablehnend *Vogel*, in Schricker/Loewenheim, UrhG 4.Aufl., § 87a Rn.57.
1005 Erwägungsgrund 41. der Datenbank-Richtlinie, a.a.O.

standsmerkmals der Wesentlichkeit wird überwiegend noch an der Investitionshöhe festgemacht[1006].

So ließe sich die These, „Je wesentlicher die Investitionen, desto höher der Schutz"[1007], aufstellen. Andererseits müsste man dieser These aber entgegenhalten, dass das Urheberrechtsgesetz keine derartige Differenzierung in der Rechtsfolge vorsieht, sobald die Schutzvoraussetzungen des sui-generis-Rechts vorliegen.

Anders formuliert könnte die These auch lauten, „Je höher eine Investitionsleistung ausgefallen ist, also der Aufwand an Geld, Arbeit und Zeit, desto eher liegt ein Leistungsschutz im Sinne des § 87a UrhG vor"[1008].

Wichtig ist m.E. zu erkennen, dass der Maßstab der Investitionshöhe sich vor allem auf die jeweilige konkrete Datenbank beziehen muss, und sich nur schwer als allgemein bestimmbarer und verbindlicher Ansatz aller Datenbanken herausstellen lässt. Nach dem Gesetzeswortlaut steht lediglich fest, dass es einen festen Maßstab an die Investitionshöhe nicht gibt. Die abstrakte Bestimmung eines Maßstabes für die Investitionshöhe ist folglich umstritten in der Literatur[1009] und wenig hilfreich. Die Ansichten könnten aber für eine Auslegung im Einzelfall eine Rolle spielen.

Eine Auffassung legt das Merkmal der wesentlichen Investition wörtlich aus als eine solche von „substanziellem Gewicht", und lässt unter Zugrundelegung eines strengen Maßstabs damit geringe Aufwendungen als nicht wesentlich im Sinne des § 87a dUrhG gelten[1010]. Als Argument dieser Meinung wird die Verhinderung von Monopolstellungen bei gemeinfreien Informationen angeführt, da ansonsten der Richtliniengeber gleich auf dieses Merkmal hätte verzichten können[1011]. Auch sei aus dem Wortlaut des Begriffs „wesentlich" zu folgern, dass irgendwelche Investitionen nicht ausreichen[1012]. Dies könnte damit zur Konsequenz haben, dass Datenbanken mit keiner beträchtlichen Anzahl an Daten aus

---

1006 *Berger*, GRUR 1997, 169, 173; *Leistner*, in Wiebe/Leupold (Hrsg.), Recht der elektronischen Datenbanken, II-B. Rn.24 ff.; *ders.*, S.162; vgl. auch *Bensinger*, S.153ff; *Thum*, in Wandtke/Bullinger, UrhG 3.Aufl., § 87a Rn.53.

1007 *Raue/Bensinger*, MMR 1998, 507, 508.

1008 *Vogel*, in Schricker/Loewenheim, UrhG 4.Aufl., § 87a Rn.43; *Czychowski*, in Fromm/Nordemann, UrhG 10.Aufl., § 87a UrhG Rn.15.

1009 Vgl. zum Meinungsstreit bereits *Leistner*, S.162 f.; *Haberstumpf*, GRUR 2003, 14, 26; *Sendrowski*, GRUR 2005, 369, 373.

1010 *Hertin*, in Fromm/Nordemann, 9.Auflage (1998), § 87 a UrhG Rn.9; *Schack*, 5.Aufl., Rn.745; *Schack*, MMR 2001, 9, 12; ebenfalls LG Köln, CR 2000, 400, 401, aber mit überraschendem Ergebnis.

1011 *Hertin*, in Fromm/Nordemann, 9.Auflage, § 87 a UrhG, Rn.9.

1012 *Hertin*, in Fromm/Nordemann, 9.Auflage, § 87a UrhG, Rn.9.

dem Schutzbereich des sui-generis-Rechts fallen könnten, wenn für diese keine Investition von „substantiellem Gewicht“ erforderlich sind.

Nach der Gegenmeinung scheiden unter Hinweis auf eine untere Schutzschwelle „unwesentliche, also völlig unbedeutende Einsätze aus“[1013]. Vielmehr müsse unter Berücksichtigung des Zwecks des sui-generis-Rechts von einem weiten Verständnis auszugehen sein, so dass alle Investitionen mit einem gewissen Mindestmaß vom sui-generis-Recht belohnt werden sollten[1014].

Eine in der Tendenz vermittelnde weitere Ansicht sieht zwar auch eine gewisse „wesentliche Investition“ als erforderlich an, stellt an das Kriterium der Wesentlichkeit hingegen keine besonders hohen Anforderungen[1015]. Als Argument wird u.a. angeführt, dass die Datenbank-Richtlinie nicht das Ziel verfolgt habe, kleinere Datenbanken zu diskriminieren.

Veröffentliche Entscheidungen der deutschen Rechtsprechung[1016] haben sich überwiegend der letztgenannten Ansicht angeschlossen. In den Entscheidungen des *EuGH* lassen sich bislang keine Ausführungen zum Maßstab der Wesentlichkeit einer Investition finden[1017]. Für die vermittelnde Ansicht lässt sich anbringen, dass nach Auffassung des *EuGH* eine Datenbank keine beträchtliche Anzahl an Daten mehr aufweisen müsse[1018], und somit der Schutzbereich des sui-generis-Rechts auch kleine Datenbanken erfassen könne. Insoweit leiten einige Stimmen in der Literatur durch diese Entscheidung eine Tendenz ab hin zu der Auslegung, dass an das Merkmal der Wesentlichkeit keine allzu strengen Anforderungen gestellt werden sollten[1019]. Von den Instanzgerichten wurde die

---

1013 *Berger*, GRUR 1997, 169, 173, Fn.40; *Köhler, M.*, ZUM 1999, 548, 554; *Leistner*, S.163ff., 168; *v.Lewinksi*, in Roßnagel (Hrsg.), 10.Teil, § 87a Rn.15ff.; *Bensinger*, S.164.

1014 Wie zuvor *Bensinger*, S.164.

1015 *Gaster*, in Hoeren/Sieber, Hdb. MultimediaR, Teil 7.6 Rn.84 m.w.N. (El.21); *Hornung*, S.112; *Gaster*, Art.7, Rn.476; *Leistner*, in Wiebe/Leupold (Hrsg.), Recht der elektronischen Datenbanken, II.-B. Rn.26 ff.; *Haberstumpf*, GRUR 2003, 14, 26; *Thum*, in Wandtke/Bullinger, UrhG 3.Aufl., § 87a Rn.57.

1016 BGH, MMR 1999, 470, 472 – Tele-Info-CD; KG, NJW-RR 2000, 1495, 1496; OLG Dresden, ZUM 2001, 595 „ab einem gewissen Investitionsgrad“;OLG Köln, ZUM 2006, 234, 236; AG Rostock, MMR 2001, 631, 632; a.A. KG, GRUR-RR 2001, 102 – Stellenmarkt; LG Köln, CR 2000, 400, 401; LG Düsseldorf, ZUM 2002, 65,66.

1017 EuGH, C-203/02, GRUR 2005, 244, 246 – British Horseracing Board/William Hill, Rn.28-42; C-338/02, GRUR 2005, 252, 253 – Fixtures-Marketing I, Rn.28, 32ff.; C-444/02, GRUR 2005, 254, 256 – Fixtures-Marketing II, Rn.48-52; GRUR Int. 2005, 244, 247 – Fixtures Marketing./.Oy Veikkaus Ab, Rn.45; C-304-07, GRUR 2008, 1077 – Directmedia./.Albert-Ludwigs-Universität Freiburg.

1018 EuGH, C-444/02, GRUR 2005, 254, 255 – Fixtures-Fußballspielpläne II, Rn.24.

1019 In diesem Sinne auch *Sendrowski*, GRUR 2005, 369, 373.

Wesentlichkeit einer Investition bislang eher großzügig bejaht, ohne eine feste Bezugsgröße zu nennen. So ist in einem Fall, in dem der Arbeits- und Investitionsaufwand für 251 Links zu bewerten war, bereits eine wesentliche Investition mit substantiellem Gewicht angenommen worden[1020]. In einer anderen Gerichtsentscheidung des *AG Rostock*[1021] ist eine wesentliche Investition bei einem Mindestmaß an Arbeitsaufwand und wirtschaftlicher Investition angenommen worden. Das Gericht hielt insbesondere den Nachweis, wie viel Zeit und Mühe konkret für die Erstellung der Linksammlung aufgewandt wurde, für nicht entscheidend. Bereits aus der Natur der Sache ergebe sich, dass Datenbanken aus bestimmten Bereichen auf Grund einer begrenzten Datenmenge keinen großen Umfang erreichen können und ihre Erstellung keinen immensen Zeitaufwand erfordert. Jedoch seien auch diese Datenbanken schutzwürdig, da sie die der Entwicklung des Informationsmarktes Vorschub leisten.

Das *Landgericht Düsseldorf*[1022] hat die Glaubhaftmachung einer wesentlichen Investition unter Hinweis auf die Gemeinfreiheit von Informationen bei einer Investition in die Beschaffung öffentlich leicht zugänglicher Daten dagegen verneint.

Richtig ist m.E. für die Auslegung des Merkmals „wesentliche Investition“, dass es keine Rolle spielen darf, ob die jeweilige Datenbank aus einer kleinen oder einer beträchtlichen Anzahl an Daten besteht. Denn auch bei einer kleineren Datenbank ist es erforderlich, Aufwendungen zu tätigen, die eine wesentliche Investition erfordern können.

Dem eingeschlagenen Weg der Rechtsprechung ist im Ergebnis zuzustimmen, dass eine großzügige Interpretation der „Wesentlichkeit“ dem Ziel des Datenbankherstellerrechts am ehesten gerecht wird. Die Bewertung der Wesentlichkeit einer Investition ist immer abhängig von dem jeweiligen Einzelfall und der Schutzwürdigkeit der Investition[1023]. Da Datenbanken untereinander nur schwer vergleichbar sind, dürfte es richtig sein, eine abstrakte Definitionshöhe einer wesentlichen Investition abzulehnen.

c. Einzelfallbewertung von Filmangeboten

Die Bewertung gegenwärtiger Filmangebote auf Online-Plattformen und Portalen in Bezug auf die Schutzvoraussetzung einer wesentlichen Investition ist objektiv und losgelöst vom Einzelfall nicht sinnvoll. An dieser Stelle kann nur auf die illustrierten Kriterien verwiesen werden und die Prüfung der Wesentlichkeit

1020 LG Köln, CR 2000, 400, 401.

1021 AG Rostock, MMR 2001, 631, 632.

1022 LG Düsseldorf, ZUM 2002, 65, 66.

1023 So bereits *Hornung*, S.112.

einer Investition dem Rechtsanwender und der Rechtsprechung vorbehalten bleiben. Es sei jedoch erlaubt zu erwähnen, dass die Beschaffung einer Sammlung von mehreren tausend Filmen durch Lizenzkosten und technische Aufbereitung für die Darstellung und Verwaltung der Datenbank für ein marktfähiges Abrufangebot das Vorliegen einer wesentlichen Investition nahelegen.

3. Schutzvoraussetzungen der wesentlich geänderten Datenbank

Nach § 87a Abs.1 S.2 dUrhG gilt eine bestehende Datenbank als eine neue Datenbank, wenn die nach Art oder Umfang wesentliche Änderung der Datenbank in ihrem Inhalt eine nach Art oder Umfang wesentliche Investition erfordert hat.

Methodisch handelt es sich bei dieser Regelung in der Rechtsfolge um eine Fiktion, mit dem Ziel, wirtschaftliche Anreize für eine kontinuierliche Datenbankpflege und Datenbankerneuerung zu geben[1024]. Die Regelung wirft jedoch kritische Fragen auf[1025], da auch unklar ist, wie die Bestimmung des § 87a Abs.1 S.2 dUrhG auszulegen und zu verstehen ist[1026].

a. Wesentliche Änderung des Inhalts

Zunächst setzt der Wortlaut *„Änderung einer Datenbank"* nach den Gesetzen der Logik eine bereits existierende Datenbank voraus, für die ein Schutzrecht sui-generis besteht.

Unklar und umstritten ist aber, ob auch tatsächlich eine Änderung erfolgen muss. Nach dem Gesetzeswortlaut ist eine Änderung der bestenden Datenbank Tatbestandsvoraussetzung. Der Begriff Änderung ist abgeleitet von dem Verb *„ändern"*, also anders machen, verändern, modifizieren, dessen Synonyme sind Abänderung, Umarbeitung, Modifikation, Umgestaltung oder Veränderung[1027]. Den Blick auf das Wort Änderung zu richten, ist insofern von Bedeutung, um die vermeintliche Absicht des Gesetzgebers in der Regelung des § 87a Abs.1 Satz 2 dUrhG zu erkennen. Denn das Verb „ändern" weist nicht nur daraufhin, dass etwas anders gemacht wird, als es bereits gemacht wurde, sondern auch auf eine bestimmte Absicht[1028]. Die Absicht der Änderung umfasst den Willen und

---

1024 *Leistner*, in Wiebe/Leupold (Hrsg.), Recht der elektronischen Datenbanken, II-B. Rn.35; *Vogel*, in Schricker/Loewenheim, UrhG 4.Aufl., § 87a Rn.58; *Dreier*, in Dreier/Schulze, UrhG 3.Aufl., § 87a Rn.16.

1025 Dazu ausführlich *Haberstumpf*, GRUR 2003, 14, 30f.

1026 Vgl. BGH, GRUR 2006, 493, 495 – Michel-Nummern, Tz.24.

1027 Duden, Das Bedeutungswörterbuch, Band 10, Stichwort: ändern; Dornseiff-Bedeutungsgruppen nach dem Stichwort „Änderung", http://wortschatz.uni-leipzig.de.

1028 Duden, Das Bedeutungswörterbuch, Band 10, Stichwort: „ändern".

das Ziel, die bestehende Datenbank nicht mehr in der Form zu belassen, in der sie sich nach dem Status quo befindet.

Was unter einer nach Art oder Umfang wesentlichen Inhaltsänderung zu verstehen ist, wird in Art.10 Abs.3 der Datenbank-Richtlinie sowie Erwägungsgrund 55 der Datenbank-Richtlinie beispielhaft[1029] konkretisiert. Eine nach Art und Umfang wesentliche Inhaltsänderung kann in der Anhäufung von aufeinanderfolgenden Zusätzen, Löschungen oder Veränderungen liegen[1030]. Überwiegend wird eine Änderung in der Aktualisierung der Datenbank durch Ersatz, Ergänzung, Streichung veralteter oder Aufnahme neuer Datensätze liegen[1031]. Die Änderung kann auch sukzessiv erfolgen[1032]. Entscheidungsgrundlage für die Wesentlichkeit der Inhaltsänderung ist die jeweils vorliegende Datenbank im Einzelfall. Maßgeblich wird auf das Verhältnis der vorgenommenen Änderungen zum Gesamtumfang der Datenbank und den Umfang des Investitionsaufwands[1033] abzustellen sein[1034].

In diesem Zusammenhang hat die Tatbestandsvoraussetzung der wesentlichen Änderung des Inhalts einer Datenbank nach der ratio legis auch die Bedeutung, den Beweis einer wesentlichen Investition zu führen[1035]. Die Beweislast für die Schutzvoraussetzungen des § 87a Abs.1 Satz 2 dUrhG und den Zeitpunkt der Fertigstellung liegt bei dem Datenbankhersteller[1036]. Durch Erwägungsgrund 55 der Datenbank-Richtlinie wird allerdings auch die grundsätzliche Bedeutung der Voraussetzung einer wesentlichen Änderung des Inhalts angesprochen. Der Wortlaut hebt das Merkmal der wesentlichen Neuinvestition in den Vordergrund, so dass man meinen könnte, es käme auf eine wesentliche Inhaltsänderung nicht mehr an[1037]. Unzweifelhaft tritt das Merkmal der wesentlichen Inhaltsänderung hinter die Schutzvoraussetzung einer wesentlichen Investition zurück.

So kann auch die eingehende Überprüfung des Inhalts einer Datenbank nach dem ausdrücklichen Willen des Richtliniengebers eine wesentliche Neuinvesti-

---

1029 *Gaster*, Art.10 Rn.647; *v.Lewinksi*, in Roßnagel (Hrsg.), 10.Teil, § 87a Rn.23.

1030 Art.10 Abs.3 der Datenbank-Richtlinie, a.a.O.

1031 *Haberstumpf*, GRUR 2003, 14, 30; *Vogel*, in Schricker/Loewenheim, UrhG 4.Aufl., § 87a Rn.63; *Czychowski*, in Fromm/Nordemann, UrhG 10.Aufl., § 87a Rn.31.

1032 *Dreier*, in Dreier/Schulze, UrhG 3.Aufl., § 87a Rn.17; *Vogel*, in Schricker/Loewenheim, UrhG 4.Aufl., § 87a Rn.63.

1033 Siehe dazu sogleich unter Teil III. Kapitel I. C.III.3.b. (S.202ff.).

1034 *Dreier*, in Dreier/Schulze, UrhG 3.Aufl., § 87a Rn.17; vgl. auch *Thum*, in Wandtke/Bullinger, UrhG 3.Aufl., § 87a UrhG Rn.126.

1035 Dazu bereits *Hornung*, S.172f.

1036 Erwägungsgrund 53 und 54 der Datenbank-Richtlinie, a.a.O.

1037 So wohl *Leistner*, S.302f.

tion bedeuten, und folglich eine neue Schutzdauer nach sich ziehen[1038] und soll sogar ohne sichtbare Änderung des Inhalts gelten[1039]. Für die Einbeziehung von Überprüfungen in den Tatbestand des § 87a Abs.1 S.2 dUrhG spricht, dass die Überprüfung des Inhalts logische Vorarbeit bzw. Vorstufe für eine nachfolgende Änderung des Inhalts ist und auch erhebliche finanzielle Kosten verursachen kann[1040]. Problematisch ist jedoch der Fall, wenn bereits eine Überprüfung ohne Niederschlag sichtbarer Änderungen am Inhalt der Datenbank ausreicht, da sich dann die wesentliche Neuinvestition nicht unmittelbar in einer wesentlichen Inhaltsänderung der Datenbank dokumentiert[1041]. Genau genommen dürfte eine intensive Überprüfung der Datenbank nach der deutschen Rechtslage damit kaum den Tatbestand des § 87a Abs.1 Satz 2 dUrhG erfüllen. Insofern könnte § 87a Abs.1 S.2 dUrhG folglich gemeinschaftsrechtswidrig sein. Eine fehlerhafte Umsetzung der Datenbank-Richtlinie lässt sich im Vergleich mit dem Wortlaut des Art.10 Abs.3 der Datenbank-Richtlinie aber nicht erkennen, da die Richtlinie diesbezüglich selbst keine Klarstellung trifft[1042]. Auch darf das Gebot einer richtlinienkonformen Auslegung des nationalen Rechts nicht dazu führen, dass es zugleich zur Grundlage für eine Auslegung contra legem des nationalen Rechts verwendet wird[1043]. Die Begründung der Bundesregierung zum Gesetzesentwurf geht beispielsweise auf die wesentliche Inhaltsänderung nicht weiter ein[1044]. Die Beschlussempfehlung und Begründung zum Umsetzungsgesetz spricht hingegen von einer „qualifizierten Änderung des Inhalts", und hielt es trotz der Zustimmung zur Begründung des österreichischen Referentenentwurfs als Fall der selbständig geschützten Bearbeitung für sachgerechter, die von der Richtlinie verwendete Terminologie „in ihrem Inhalt (...) wesentlich geänderten Datenbank" zu übernehmen, obwohl die Problematik im Hinblick auf Erwägungsgrund 55 der Datenbank-Richtlinie bekannt gewesen sein dürfte[1045]. Es

---

1038 Erwägungsgrund 55 der Datenbank-Richtlinie, a.a.O.

1039 *Leistner*, S.303; *Czychowski*, in Fromm/Nordemann, UrhG 10.Aufl., § 87a Rn.31; *Thum*, in Wandtke/Bullinger, UrhG 3.Aufl., § 87a UrhG Rn.125; zweifelnd *Dreier*, in Dreier/Schulze, UrhG 3.Aufl., § 87a Rn.17.

1040 Vgl. bereits *Hornung*, S.193.

1041 Vgl. dazu auch *Leistner*, S.205, 302f..

1042 *Hornung*, S.193 Fn.901, bezeichnet diese Tatsache als Redaktionsversehen.

1043 EuGH, C-212/04, NJW 2006, 2465 – Adeneler u.a., Rn.110.

1044 Die amtl. Begründung, BT-Drucks. 13/7934, S.45, erwähnt lediglich allgemein, dass Schutzvoraussetzung des § 87a Abs.1 dUrhG eine „in qualitativer oder quantitativer Hinsicht wesentliche Investition" ist, und nimmt nicht auf den Fall einer „Neuinvestition" Bezug.

1045 Beschlussempfehlung und Bericht des 19.Ausschuss, BT-Drucks. 13/7934, S.44.

kann daher nicht bloß von einem Missverständnis oder Redaktionsversehen die Rede sein[1046].

Die aufgeworfene Fragestellung lautet also, ob der Tatbestand des § 87a Abs.1 S.2 dUrhG allein durch das Vorliegen einer wesentlichen Investition erfüllt sein kann, ohne wesentliche „sichtbare“ Änderungen vorgenommen zu haben[1047]. Es muss im Folgenden teleologisch der Sinn der gesetzlichen Regelung und der Vorgabe des Richtliniengebers in Erwägungsgrund 55 der Datenbank-Richtlinie ermittelt werden und die weitere Auslegung sich nach dem Zweck der Datenbank-Richtlinie orientieren.

Die einzige mögliche sichtbare Dokumentation nach einer intensiven Überprüfung des Datenbankinhalts ist durch den Vermerk des Überprüfungsdatums (date-stamping) vorstellbar[1048]. Damit wird aber auch die enorme Missbrauchsgefahr durch Datenbankhersteller offenbar, wenn keinerlei andere Dokumentationen der Überprüfungsmaßnahmen in der Datenbank sichtbar werden. Durch falsche Vermerke in Kombination mit behaupteten Investitionen ließen sich so die Schutzvoraussetzungen wahrheitswidrig erschleichen. Fraglich bleibt daher, ob der Richtliniengeber in Erwägungsgrund 55 der Datenbank-Richtlinie den Fall der bloßen Überprüfung des Datenbankinhalts vor Augen hatte, oder ob er zwingend davon ausging, dass jede intensive Überprüfung des Datenbankinhalts auch automatisch wesentliche Änderungen mit sich brächten. Die Überprüfung des Datenbankinhalts ist regelmäßig von der jeweiligen Datenbasis bzw. den einzelnen Elementen abhängig; und demnach auch von einer statischen oder dynamischen Datenbasis[1049]. Die Unterschiede zwischen statischen und dynamischen Datenbanken verdeutlicht, dass der Hersteller einer statischen Datenbank nach den Gesetzen der Logik durch Überprüfungen kaum Änderungen vornehmen kann, da er die identische Arbeit der Herstellung wiederholen müsste aber die Überprüfungen zu keinem anderen Ergebnis führen würden[1050]. Für einen Datenbankhersteller einer dynamischen Datenbasis, die auf Aktualität oder Erweiterung ausgerichtet ist, erschöpfen sich Überprüfungsmaßnahmen nicht in der bloßen Überprüfung des Datenbankinhalts, sondern können auch zu Streichungen, Ergänzungen oder andere Veränderungen führen. Der Aufwand und die Änderungen an der Datenbank sind in Kombination mit den Überprüfungsmaßnahmen sichtbar. Im letzteren Fall ist es eine reine Selbstverständlichkeit,

---

1046 In diesem Sinn aber *Leistner*, S.303; *Hornung*, S.172.

1047 Dafür *Leistner*, S.303; *v.Lewinksi*, in Roßnagel (Hrsg.), 10.Teil, § 87a Rn.23 als „Änderung im weitesten Sinn“; *Thum*, in Wandtke/Bullinger, UrhG 3.Aufl., § 87a UrhG Rn.125; *Vogel*, in Schricker/Loewenheim, UrhG 4.Aufl., § 87a Rn.65.

1048 Dazu *Hornung*, S.172.

1049 Zur Unterscheidung *Hornung*, S.173.

1050 Vgl. *Gaster*, Art.10, Rn.659 f.

dass die vorgenommenen Änderungen und Investitionen die Voraussetzungen des § 87a Abs.1 S.2 dUrhG erfüllen könnten, selbst wenn die Überprüfungsmaßnahmen den größten Anteil hätten. In einer Entscheidung des *LG München I* bestand der Überprüfungsaufwand beispielsweise in der Herstellung von Luftbildaufnahmen für Karten, deren Aktualisierung insgesamt bei ca. 27,3 Millionen € lag, und auch zu Änderungen geführt hatte[1051].

Im Ergebnis ist nur bei dynamischen Datenbanken, immer anhängig vom jeweiligen Einzelfall, eine Berücksichtigung von Überprüfungsmaßnahmen vorstellbar. In dem Fall einer statischen Datenbank, in der trotz Überprüfung keinerlei Änderungen am Inhalt der Datenbank vorgenommen werden können, könnte der Datenbankhersteller schließlich behaupten, er habe den gesamten Datenbankinhalt überprüft und das mit fiktiven Unterlagen über die Überprüfung belegen, um sich eine neue Schutzfrist zu erschleichen[1052]. Das kann nicht gewollt sein. Daher wird für die Hersteller statischer Datenbanken ein neues Schutzrecht kaum entstehen können[1053].

Filmdatenbanken können sowohl statischer als auch dynamischer Natur sein. Bei Online-Plattformen wird überwiegend eine statische Datenbank vorliegen, die auf Erweiterung ausgelegt ist und damit ein dynamisches Ziel beinhaltet.

Für Filmportale als Datenbank sind Änderungen vorstellbar durch Aufnahme neuer Filme bzw. durch Erweiterung des Filmangebots. Auch Änderungen bei Filmwerken, die gemeinfrei geworden sind, wären möglich. Auch eine Neustrukturierung könnte zu einer sichtbaren Änderung führen. Daneben könnten technische Veränderungen bei den Dateiformaten zu einem Austausch zwingen.

Bloße Überprüfungsmaßnahmen des Datenbankinhalts – ohne sichtbare Änderungen - werden damit entgegen der scheinbaren Absicht des Richtliniengebers allein kaum ausreichen, um die Schutzvoraussetzungen des § 87a Abs.1 Satz 2 dUrhG zu erfüllen. Sie dürften allein ausreichend sein für den Beurteilungsmaßstab einer wesentlichen Investition[1054]. Nicht ohne Grund sind die Anforderungen an die Darlegungs- und Beweislast für den Nachweis einer wesentlichen Änderung ohne sichtbare Änderungen am Inhalt der Datenbank als Problem aufgefasst bzw. um ein vielfaches höher angesetzt worden[1055]. Ebenso ist ein erheblicher Aufwand für die Überprüfung der jeweiligen Datenbank gefor-

1051 LG München I, GRUR 2006, 225 – Topografische Kartenblätter.

1052 *Vogel*, in Schricker/Loewenheim, UrhG 4.Aufl., § 87a Rn.65.

1053 *Gaster*, Art.10, Rn.660.

1054 So auch ausdrücklich Erwägungsgrund 55 der Datenbank-Richtlinie, a.a.O.

1055 *Vogel*, ZUM 1997, 592, 597 (Fn.35); *Haberstumpf*, GRUR 2003, 14, 30; dazu auch *Thum*, in Wandtke/Bullinger, UrhG 3.Aufl., § 87a UrhG Rn.125; *Vogel*, in Schricker/Loewenheim, UrhG 4.Aufl., § 87a Rn.65.

dert worden[1056]. Nach dem hier vertretenen Standpunkt dürften bei der Einbeziehung von Überprüfungsmaßnahmen noch zusätzlich sichtbare Änderungen zu fordern sein[1057], auch um dem Zweck der Richtlinie gerecht zu werden. Hier soll allerdings nicht einer Einbeziehung von Überprüfungsmaßnahmen generell widersprochen werden, da die Überprüfungsmaßnahmen in der Regel eine wichtige Grundlage für Änderungen des Datenbankinhalts sind. Isolierte Bedeutung haben Überprüfungsmaßnahmen eben nur bei solchen Datenbanken, deren Aktualität Grund für die Nutzung ist[1058]. Um auf den Ausgangspunkt zurückzukommen, gilt trotz der teils berechtigt angebrachten Kritik an dem Erfordernis der wesentlichen Inhaltsänderung die weitere Feststellung, dass auf eine Inhaltsänderung der Datenbank nicht verzichtet werden kann. Der Maßstab der Wesentlichkeit einer Inhaltsänderung sollte jedoch nicht überspannt werden. Einer einschränkenden Auslegung des Merkmals *„wesentliche Änderung des Inhalts"* ist daher zuzustimmen.

Im Ergebnis wird im Sinne einer richtlinienkonformen Auslegung für das Tatbestandsmerkmal der Änderung im Hinblick auf Überprüfungen maßgeblich sein, ob durch Überprüfungsmaßnahmen in Kombination mit Änderungen (kumulative Erfüllung der Schutzvoraussetzungen[1059]) eine wesentliche Investition in die Datenbank vorgenommen worden ist, da es auch hier nach der ratio legis[1060] um Investitionsschutz geht[1061]. Die alleinige Inhaltsänderung ist in rechtlicher Hinsicht ohne Bedeutung[1062].

b. Wesentliche Investition in die Änderung

Für den Tatbestand nach § 87a Abs.1 S.2 dUrhG entscheidend ist neben der Feststellung einer wesentlichen Änderung des Inhalts der Datenbank, dass eine wesentliche Investition in die Datenbank vorliegt[1063]. Eine wesentliche Investiti-

1056 *Gaster*, Art. 10 Rn.645 ff.; *v.Lewinksi*, in Roßnagel (Hrsg.), 10.Teil, § 87a Rn.23.

1057 *Bensinger*, S.271, hält eine Berufung auf Investitionen in Form eigehender Überprüfungen dann für ausgeschlossen, wenn „sich diese in dem hergestellten Datenbankprodukt nicht entsprechend wertschöpfend niedergeschlagen haben; Vgl. LG München I, GRUR 2006, 225, 228 – Topografische Kartenblätter.

1058 Siehe LG München I, GRUR 2006, 225, 228 – Topografische Kartenblätter.

1059 Siehe *Gaster*, Art.10, Rn.644.

1060 *Vogel*, in Schricker/Loewenheim, UrhG 4.Aufl., § 87a Rn.65.

1061 *Leistner*, S.203, der die Inhaltsänderung als Tatbestandsvoraussetzung durch die einer wesentlichen Investition in den Hintergrund gedrängt ansieht; *Dreier*, in Dreier/Schulze, UrhG 3.Aufl., § 87a Rn.16f.

1062 *Leistner*, S.303; *Vogel*, in Schricker/Loewenheim, UrhG 4.Aufl., § 87a Rn.60.

1063 *Leistner*, in Wiebe/Leupold (Hrsg.), Recht der elektronischen Datenbanken, II.-B. Rn.36.

on in die Änderung des Inhalts kann nach den bereits bekannten Kriterien beurteilt werden, die für die Herstellung einer Datenbank gelten[1064]. Abzustellen ist wiederum auf die Beurteilung der Wesentlichkeit der Investition nach Art oder Umfang.

Allein fraglich ist, ob für die wesentliche Investition in die Änderung des Inhalts einer Datenbank der gleiche Maßstab anzulegen ist, wie bei einer wesentlichen Erstinvestition zur Herstellung einer Datenbank[1065]. Der Umfang der erneuten Investition muss sicher eigenständig für jeden Einzelfall beurteilt werden, wobei jedoch eine genaue Festlegung der Wesentlichkeitsgrenze abzulehnen ist. Innerhalb der Literatur ist umstritten, welche Anforderungen an die Wesentlichkeit einer Neuinvestition zu stellen sind[1066].

Einerseits ließe sich ein niedrigerer Wesentlichkeitsmaßstab für Neuinvestitionen anlegen, als er für sog. Erstinvestitionen angesetzt wird. Dafür könnte sprechen, dass eine Änderung bzw. Überprüfung des Inhalts einer Datenbank nicht notwendig den Umfang der Investitionen erfordert, die für den Aufbau der Datenbank vorgenommen worden sind[1067]. Eindeutig dagegen spricht aber der Wortlaut des § 87a Abs.1 dUrhG, der keine Differenzierung trifft, sondern den Begriff der wesentlichen Investition synonym in beiden Sätzen verwendet[1068]. Auch ist das Argument nicht nachvollziehbar, warum der Umstand, dass die Änderung bzw. Überprüfung einer bestehenden Datenbank naturgemäß weniger Aufwand erfordert, als für die Herstellung erforderlich gewesen ist, die Wesentlichkeitsgrenze der Neuinvestition bestimmen soll[1069].

In die Bewertung der Wesentlichkeitsgrenze muss vielmehr mit einfließen, dass der Tatbestand des § 87a Abs.1 S.2 dUrhG zu der Fiktion einer neuen Datenbank führt, und daher eher zu einer gleichen Beurteilung zwingt. Nach dem Sinn und Zweck der Regelung, wirtschaftliche Anreize für die Aktualisierung

---

1064 *Leistner*, S.206f.; *ders.*, in Wiebe/Leupold (Hrsg.), Recht der elektronischen Datenbanken, II.-B. Rn.38; *Decker*, in Möhring/Nicolini, UrhG 2.Aufl., § 87a Rn.15; *Dreier*, in Dreier/Schricker, UrhG 3.Aufl., § 87a Rn.18; *Czychowski*, in Fromm/Nordemann, UrhG 10.Aufl., § 87a Rn.29.

1065 Vgl. *Gaster*, CR 1997, 669; 674; *Thum*, in Wandtke/Bullinger, UrhG 3.Aufl., § 87a Rn.122; *Czychowski*, in Fromm/Nordemann, UrhG 10.Aufl., § 87a Rn.33.

1066 *Leistner*, S.207; *Haberstumpf*, GRUR 2003, 14, 30; *Vogel*, in Schricker/Loewenheim, UrhG 4.Aufl., § 87a Rn.61; *Czychowski*, in Fromm/Nordemann, UrhG 10.Aufl., § 87a Rn.33.

1067 *Vogel*, in Schricker/Loewenheim, UrhG 4.Aufl., § 87a Rn.61; *Czychowski*, in Fromm/Nordemann, UrhG 10.Aufl., § 87a Rn.33.

1068 So bereits *Haberstumpf*, GRUR 2003, 14, 30.

1069 Ähnlich *Leistner*, S.207; vgl. auch *Dreier*, in Dreier/Schulze, UrhG 3.Aufl., § 87a Rn.18, der hervorhebt, dass die Wesentlichkeit der Investition unabhängig von der wesentlichen Inhaltsänderung zu beurteilen ist.

einer Datenbank zu schaffen, sollte nicht vergessen werden, dass das Schutzrecht sui-generis als Leistungsschutzrecht die unternehmerische Leistung schützen will. Wenn aber bereits die Schutzschwelle der Erstinvestition allgemein niedrig angesetzt wird, und die Wesentlichkeit der Neuinvestition unterhalb dieser Schutzschwelle angesetzt würde, bliebe letztlich für den Schutz nur noch eine geringe unternehmerische Leistung übrig. Das sui-generis-Recht wäre damit einer Inflation der Schutzrechte ausgeliefert.

Ziel des Richtliniengebers war es aber, den Ausbau von Datenbanken zu fördern, indem Investitionen in moderne Datenspeicher- und Datenverarbeitungssysteme solide geschützt werden[1070]. Je einfacher die Schutzanforderungen sind, umso weniger spielen die Schutzrechte in der Praxis eine Rolle. Eine unterschiedliche Beurteilung der Investitionshöhen würde damit auch zu Rechtsunsicherheit und einem Ungleichgewicht zwischen einzelnen Datenbankherstellern führen, da der Aufwand für die Aktualisierung unterschiedlicher Datenbanken nicht gleich sein kann. Datenbankhersteller mit vorhandenen Schutzrechten an Datenbanken würden bei einer niedrigeren Wesentlichkeitsgrenze von Neuinvestitionen gegenüber Herstellern neu geschaffener Datenbanken begünstigt[1071]. Eine wesentliche Investition sollte im Ergebnis daher einheitlich interpretiert werden[1072]. Dieser Standpunkt spricht dafür, keinen allzu strengen Maßstab an eine wesentliche Erstinvestition zu stellen[1073].

Der Datenbankhersteller muss als Anspruchsteller den Beweis einer wesentlichen (Neu-) Investition in eine bereits bestehende Datenbank führen[1074]. Daneben muss der Hersteller der Datenbank auch den Zeitpunkt der Fertigstellung der Datenbank nachweisen[1075]. Insofern stellt die Beweislast für den Zeitpunkt der Fertigstellung der Datenbank eine besondere Aufgabe für den Datenbankhersteller dar, weil er selbständig beurteilen muss, wann die Wesentlichkeit einer (Neu-) Investition vorliegt. Zur Beweissicherung dienen eine genaue Dokumentation, ein date-stamping oder andere technische Verfahren[1076].

1070 Erwägungsgrund 11 und 12 der Datenbank-Richtlinie, a.a.O.

1071 *Leistner*, S.207; *Haberstumpf*, GRUR 2003, 14, 30.

1072 *Leistner*, S.208; *Bensinger*, S.270; *Haberstumpf*, GRUR 2003, 14, 30; *Thum*, in Wandtke/Bullinger, UrhG 3.Aufl., § 87a Rn.122; *Hertin*, in Fromm/Nordemann, 9.Aufl., § 87a Rn.10; a.A. *Dreier*, in Dreier/Schulze, UrhG 3.Aufl., § 87a Rn.18.

1073 So bereits *Leistner*, GRUR Int. 1999, 819, 835; *ders.*, in Wiebe/Leupold (Hrsg.), Recht der elektronischen Datenbanken, II.-B. Rn.38; *Thum*, in Wandtke/Bullinger, UrhG 3.Aufl., § 87a Rn.122.

1074 Erwägungsgrund 54 der Datenbank-Richtlinie, a.a.O.; *Bensinger*, S.271.

1075 Erwägungsgrund 53 der Datenbank-Richtlinie, a.a.O.

1076 *Gaster*, Art.10, Rn.655; *Hornung*, S.172.

Im Zweifel gehen Unklarheiten zu Lasten des Anspruchstellers. In zeitlicher Hinsicht ist für den Beginn der Schutzfrist maßgeblich, wann erstmalig die vorgenommenen Änderungen als wesentliche Investitionen angesehen werden können, womit auch eine sukzessive Änderung ausreichend ist[1077].

D. Inhaber des sui-generis-Rechts

Nach § 87a Abs.2 dUrhG ist Inhaber des Schutzrechts der Hersteller der Datenbank, d.h., derjenige, der die wesentliche Investition vorgenommen hat. Im Sinne des Erwägungsgrund 41 der Datenbank-Richtlinie ist damit die Person gemeint, die die Initiative für die Herstellung der Datenbank ergreift[1078], und das Investitionsrisiko trägt[1079]. Andere Sprachfassungen der Datenbank-Richtlinie heben in Bezug auf die Vornahme der Investition auf das unternehmerische oder wirtschaftliche und organisatorische Risiko ab[1080]. Ein Arbeitnehmer erfüllt diese Kriterien regelmäßig nicht[1081].

In § 127a dUrhG wird festgeschrieben, dass auch juristische Personen unter den Personenkreis fallen, die originär Rechte an einer Datenbank erwerben können[1082]. Allerdings ist der persönliche Anwendungsbereich nach § 127a Abs.2 und 3 dUrhG auf Datenbankhersteller aus dem Europäischen Wirtschaftsraum und der Staaten beschränkt, mit denen internationaler Staatsverträge bestehen[1083]. Personengesellschaften wie der oHG und KG, die nach den §§ 124 Abs.1, 161 Abs.2 HGB selbst Träger von Rechten und Pflichten sein können, sind selbst Inhaber eines sui-generis-Recht, welches innerhalb des Gesamthandvermögens von den Gesellschaftern ausgeübt wird[1084]. Für die Rechtsform der

1077 *Vogel*, in Schricker/Loewenheim, UrhG 4.Aufl., § 87a Rn.63.

1078 Kritisch gesehen und als subsidiäres Abgrenzungskriterium behandelt von *Leistner*, in Wiebe/Leupold (Hrsg.), Recht der elektronischen Datenbanken, II.-B. Rn.45.

1079 *Leistner*, S.305; *Gaster*, in Horen/Sieber, Hdb. MultimediaR, 21.Ergänzl., 7.6. Rn.110; die Formulierung noch kritisch gesehen von *Gaster*, Art.7 Rn.484.

1080 Kritisch *Gaster*, Art.7 Rn.484, der die deutsche Formulierung für sprachlich missglückt ansieht.

1081 *Gaster*, Art.7 Rn.488; Erwägungsgrund 41 der Datenbank-Richtlinie, a.a.O.

1082 Vgl. Erwägungsgrund 56 der Datenbank-Richtlinie, a.a.O.; auch öffentliche juristische Personen zählen dazu, so BGH, MMR 2009, 615, 616f. – Elektronischer Zolltarif; in diesem Sinn bereits auch die Vorinstanz OLG Köln, GRUR-RR 2006, 78, 80; so auch *Vogel*, in Schricker/Loewenheim, UrhG 4.Aufl., § 87a Rn.71.

1083 Vgl. Art.11 Abs.2 u.3 und Erwägungsgrund 56 der Datenbank-Richtlinie, a.a.O.; dazu auch *Haberstumpf*, GRUR 2003, 14, 27.

1084 *Decker*, in Möhring/Nicolini, UrhG 2.Aufl., § 87a Rn.17; *Dreier*, in Dreier/Schulze, UrhG 3.Aufl., § 87a Rn.20.

(Außen-)GbR wird nach der Rechtsprechung des *Bundesgerichtshofs* entsprechendes vor dem Zeitpunkt der Umwandlung zur oHG gelten[1085]. Ohne auf die Problematik des Gesellschaftsstatuts im Bereich des Internationalen Privatrechts und die Rechtsprechung des *EuGH* näher einzugehen, müssen nach dem Konzept der Regelung[1086] bei juristischen Personen und (teil-) rechtsfähigen Personengesellschaften zwei Voraussetzungen vorliegen: Die erste Voraussetzung besteht darin, dass der persönliche Anwendungsbereich gemäß § 127a Abs.1 oder Abs.2 dUrhG eröffnet ist. Die juristische Person kann nur ein sui-generis-Recht für sich beanspruchen, wenn sie entweder ihren Sitz in Deutschland hat oder nach dem Recht eines Mitgliedstaates der EU oder des EWR gegründet worden ist. Zum Zweiten ist für die Rechtsinhaberschaft erforderlich, dass sich die Hauptverwaltung oder die Hauptniederlassung[1087] in einem der genannten Staaten befindet. Mit diesen Voraussetzungen soll das Ziel sichergestellt werden, dass vermehrte Investitionen in die europäische Datenbankindustrie erfolgen.

Sollten nach diesen Abgrenzungskriterien noch mehrere Beteiligte als Hersteller in Betracht kommen, wird zur Bestimmung des Herstellers aufgrund der systematischen Verortung des Datenbankherstellerrechts als unternehmensbezogenes Leistungsschutzrecht auf die entsprechende Anwendung der Grundsätze zurückzugreifen sein, die von der Rechtsprechung bei anderen Leistungsschutzrechten entwickelt worden sind[1088]. In seiner *„Filmhersteller“*-Entscheidung hat der *Bundesgerichtshof* beispielsweise zur Ermittlung des Berechtigten für das verwandte Schutzrecht des Filmherstellers festgestellt, dass es maßgeblich auf die wirtschaftliche Verantwortung ankomme, da allein entscheidend sei, wer „tatsächlich das mit der Stellung eines Filmherstellers verbundene wirtschaftliche Risiko getragen hat“[1089]. Ebenfalls in dieser Entscheidung stellte der *Bundesgerichtshof* fest, dass die Einflussnahme auf die zu treffenden Entscheidungen oder ein künstlerisch-schöpferischer Beitrag zum Filmwerk nicht genügt, sondern es vielmehr darauf ankommt, „wer letztendlich die notwendigen Entscheidungen als Unternehmer (…) in die Tat umsetzt und in ihren wirtschaftlichen Folgen verantwortet“[1090]. Ein Subunternehmer, der ausschließlich innerhalb des Verantwortungsbereiches des Auftraggebers handelt, fällt ausdrücklich

1085 BGH, NJW 2001, 1056, 1057ff. – Rechtsfähigkeit der (Außen-)GbR..

1086 *Gaster*, Art.11 Rn.670; *Haberstumpf*, GRUR 2003, 14, 27.

1087 Siehe dazu *Gaster*, Art.11 Rn.673; *Haberstumpf*, GRUR 2003, 14, 27.

1088 *Leistner*, S.305; *Kindler*, K&R 2000, 265, 272; *Leistner*, in Wiebe/Leupold (Hrsg.), Recht der elektronischen Datenbanken, II.-B. Rn.46; *Gaster*, in Hoeren/Sieber, Hdb. MultimediaR, Teil 7.6 Rn.109 (El.21).

1089 BGH, GRUR 1993, 472, 473 – Filmhersteller.

1090 BGH, GRUR 1993, 472, 473 – Filmhersteller.

nicht unter den Begriff des Datenbankherstellers[1091]. Auch ein passiver Kapitalgeber scheidet mangels unternehmerischer Initiative als Inhaber des Schutzrechts sui-generis aus[1092].

Entscheiden sich mehrere juristische oder natürliche Personen als Gemeinschaftsunternehmen für eine Herstellung und Investition in eine Datenbank[1093], so beispielsweise in Form eines Gemeinschaftsunternehmen zur Datenbankherstellung[1094], müsste zunächst der persönliche Anwendungsbereich gemäß § 127a dUrhG erfüllt sein. Das deutsche Urheberrechtsgesetz enthält in Bezug auf Datenbanken keine Bestimmung über eine Herstellermehrheit[1095], so dass zunächst das Verhältnis der Beteiligten sich entsprechend ihrem Anteil an der Aufgabenleistung nach den vertraglichen Vereinbarungen richtet[1096]. Sind mehrere juristische Personen bewusst und gewollt an der Herstellung einer Datenbank beteiligt[1097], wird eine Gesamthandsgemeinschaft vorliegen, oder wenn keine gesonderte vertragliche Regelung getroffen worden ist, dürfte den juristischen Personen die Rechte gemeinschaftlich als Bruchteilsgemeinschaft gemäß § 741 BGB zustehen[1098]. In der Regel wird aber eine vertragliche Vereinbarung vorliegen, die den Umfang der eigenen Investitionsleistung festlegt bzw. gegebenenfalls den Anteil an dem Datenbankherstellerrecht bestimmt. Erfolgt die Herstellung in der Rechtsform einer Gesellschaft bürgerlichen Rechts, wird das Datenbankherstellerrecht der Gesamthandsgemeinschaft zustehen[1099]. Bei natürlichen Personen wird in Analogie[1100] zu § 8 dUrhG dafür plädiert, dass ihnen das Datenbankherstellerrecht zur gesamten Hand zusteht[1101]. Die Vorschrift über die Miturheberschaft in § 8 dUrhG basiert jedoch auf dem Gedanken, durch gemeinsame Mitwirkung ein urheberrechtlich geschütztes Werk zu schaffen, und nicht wie § 87a dUrhG abweichend vorschreibt, sämtliche Tatbestandsvoraussetzungen durch die Person verwirklicht zu sehen, welche die einschlägigen Fi-

1091 *Gaster*, Art.7 Rn.485.; *Gaster*, in Hoeren/Sieber, Hdb. MultimediaR, Teil 7.6 Rn.104 (El.21).

1092 *Czychowski*, in Fromm/Nordemann, UrhG 10.Aufl., § 87a Rn.25.

1093 Vgl. ausführlich *Czychowski*, in Fromm/Nordemann, UrhG 10.Aufl., § 87a Rn.26.

1094 Vgl. dazu *Gaster*, in Hoeren/Sieber, Hdb. MultimediaR, Teil 7.6 Rn.105 (El.21).

1095 § 8 Abs.1 dUrhG bezieht sich nur auf ein (Datenbank-)Werk.

1096 *Vogel*, in Schricker/Loewenheim, UrhG 4.Aufl., § 87a Rn.73.

1097 Vgl. *Bensinger*, S.181.

1098 *Vogel*, in Schricker/Loewenheim, UrhG 4.Aufl., § 87a Rn.73; *Dreier*, in Dreier/Schulze, UrhG 3.Aufl., § 87a Rn.21.

1099 *Vogel*, in Schricker/Loewenheim, UrhG 4.Aufl., § 87a Rn.73.

1100 Zur Analogie, *Rüthers*, 5.Aufl., Rn.889, 893 ff.; mit Blick auf § 8 dUrhG und Erwägungsgrund 56 der Datenbank-Richtlinie existiert eine planwidrige Regelungslücke und eine vergleichbare Interessenlage.

1101 *Dreier*, in Dreier/Schulze, UrhG 3.Aufl., § 87a Rn.21.

nanzierungs-, Beschaffungs- und Personalkosten trägt und die Nutzungsrechte an den Werken erwirbt[1102]. Damit ist nur bei gleichzeitigem Urheberrechtsschutz für ein Datenbankwerk die Heranziehung des § 8 dUrhG möglich. Die bloße Mitwirkung mehrerer Personen bei der Herstellung einer Datenbank begründet noch keine gemeinsame Rechtsinhaberschaft[1103]. Eine Analogiebildung wird daher nur in dem Fall möglich sein, in dem für die Datenbank zugleich ein urheberrechtlicher Schutz besteht[1104].

Im Falle der Beteiligung von Herstellern aus Drittstaaten ist für die Gewährung des Sonderrechtsschutzes erforderlich, dass die Drittstaaten einen vergleichbaren Schutz für solche Datenbanken bereithalten, deren Hersteller in den persönlichen Anwendungsbereich der Richtlinie fallen bzw. ihren gewöhnlichen Aufenthalt im Gemeinschaftsgebiet haben[1105].

E. Die Rechte des Datenbankherstellers und der Inhalt des Schutzes

Nach § 87b Abs.1 S.1. dUrhG gewährt der Gesetzgeber dem Datenbankhersteller das ausschließliche Leistungsschutzrecht, die Datenbank insgesamt oder einen nach Art und Umfang wesentlichen Teil der Datenbank zu vervielfältigen, zu verbreiten und öffentlich wiederzugeben. Mit dem Ausschließlichkeitsrecht wird dem Datenbankhersteller ermöglicht, rechtswidrige Nutzungen zu untersagen oder gegen Lizenzgebühren zu gestatten. Das Verbotsrecht bezieht sich auch auf die Nutzung der Elemente zu nicht-kommerziellen Zwecken, da nach dem *EuGH* ein weiter Schutzumfang als Maßstab zu Grunde zu legen ist[1106].

Damit ist zwischen zwei möglichen Schutzrichtungen zu unterscheiden, den Rechten gegenüber konkurrierenden Unternehmen auf der einen und gegenüber Verbrauchern auf der anderen Seite. Dort wo eine vertragliche Verbindung im Verhältnis zu den Nutzern der Datenbank besteht, insbesondere im Verhältnis zu Verbrauchern, können die Rechte des Datenbankherstellers überdies vertraglich abgesichert werden. Die Besonderheit bei den Filmportalen besteht darin, dass die reine Nutzung der Datenbank zu Informations- und Marketingzwecken

---

1102 *Vogel*, in Schricker/Loewenheim, UrhG 4.Aufl., § 87a Rn.70ff; *Czychowski*, in Fromm/Nordemann, UrhG 10.Aufl., § 87a Rn.26.

1103 BGH, MMR 1999, 470, 472 – Tele-Info-CD.

1104 *Vogel*, in Schricker/Loewenheim, UrhG 4.Aufl., § 87a Rn.74.

1105 Vgl. Erwägungsgrund 56 der Datenbank-Richtlinie, a.a.O.; *Gaster*, Art.7 Rn. 486.

1106 EuGH, C-203/02, GRUR 2005, 244, 248 – British Horseracing Board/William Hill, Rn.48, 51; so auch Erwägungsgrund 42 der Datenbank-Richtlinie, a.a.O.

überwiegend an keine weiteren Bedingungen geknüpft ist und nur der Abruf der Filme an eine Registrierung gebunden sowie meist kostenpflichtig ist. Die Rechte an den Filmwerken bleiben unberührt.

Ausnahmsweise ist auch die grundsätzlich rechtsfreie Nutzung unwesentlicher Teile einer Datenbank nach § 87b Abs.1 S.2 dUrhG dem Rechtsinhaber vorbehalten – und damit für den Nutzer verboten –, wenn die Nutzung der unwesentlichen Teile wiederholt und systematisch geschieht und dadurch einer normalen Auswertung der Datenbank zuwiderläuft oder die berechtigten Interessen des Datenbankherstellers unzumutbar beeinträchtigen.

I. Inhalt und Umfang der ausschließlichen Verwertungsrechte

Der Gesetzgeber hat sich bei der Umsetzung der Datenbank-Richtlinie nicht an den Wortlaut in Art.7 der Datenbank-Richtlinie gehalten, sondern sich unter Berufung auf seinen Umsetzungsspielraum nach Art.249 Abs.3 EGV auf das System der Verwertungsrechte der §§ 15ff. dUrhG bezogen[1107]. Danach umfasst das sui-generis-Recht des Datenbankherstellers das Vervielfältigungsrecht im Sinne des § 16 dUrhG einschließlich der vorübergehenden Vervielfältigung nach § 16 Abs.2 dUrhG, das Verbreitungsrecht im Sinne des § 17 Abs.1 dUrhG und das Recht der öffentlichen Wiedergabe aus § 15 Abs.2 dUrhG einschließlich des eingefügten Rechts der öffentlichen Zugänglichmachung aus § 19a dUrhG[1108]. Ungenannt ist in § 87b Abs.1 Satz 1 dUrhG hingegen ein Recht auf Änderung, welches sich im Umkehrschluss aus § 87a Abs.1 Satz 2 dUrhG ergibt. Im Zusammenhang mit einem ausschließlichen Verwertungsrecht betroffen ist das Änderungsrecht zumindest dann, wenn mit einer Änderung zugleich eine wesentliche oder eine systematische und wiederholte unwesentliche Entnahme oder Weiterverwendung verbunden ist[1109]. Ein Recht auf Bearbeitung entsprechend § 23 dUrhG besteht für den Datenbankhersteller selbst aber nicht, da der Datenbankhersteller mit ausschließlichen Verwertungsrechten nur vor solchen Nut-

1107 Siehe Beschlussempfehlung und Begründung des 19.Ausschusses, BT-Drucks. 13/7934, S.44; kritisch *Gaster*, Art.7 Rn.510; für die deutsche Umsetzung spricht jedoch, dass die Systematik des Urheberrechtsgesetzes versucht wurde, aufrecht zu erhalten.

1108 Siehe dazu u.a. BGH, ZUM 2003, 855, 859 m.w.N. – Paperboy; vgl. dazu auch *Koch*, ZUM 2001, 839, passim.

1109 *Thum*, in Wandtke/Bullinger, UrhG 3.Aufl., § 87b Rn.10; a.A. *Vogel*, in Schricker/Loewenheim, UrhG 4.Aufl., § 87b Rn.19.

zungshandlungen geschützt werden soll, die seine Investitionsleistung berühren[1110].

Die Umsetzung der Datenbank-Richtlinie in das deutsche Urheberrechtsgesetz geschah aus rechtssystematischen Gründen folglich mit der Abweichung, dass die in Art.7 Abs.1 der Richtlinie enthaltenen Begriffe „Entnahme" und „Weiterverwendung" gegen die traditionellen Begriffe des deutschen Urheberrechtsgesetzes eingetauscht worden sind[1111]. Bei richtlinienkonformer Auslegung der verwendeten deutschen Begriffe gelangt man aber zu dem Ergebnis, dass die Interpretation der deutschen Rechtslage vor dem Hintergrund der weiten Begriffe „Entnahme" und „Weiterverwendung" erfolgen muss[1112].

1. Rückgriff auf die Begriffe „Entnahme und Weiterverwendung"

Das Ausschließlichkeitsrecht des Datenbankherstellers enthält nach der Terminologie der Richtlinie zwei gebündelte Teilrechte, die in Art.7 Abs.2 der Datenbank-Richtlinie legal definiert sind als Entnahme- und Weiterverwendungsrecht[1113].

Der Begriff der Entnahme definiert sich nach Art.7 Abs.2 lit.a der Datenbank-Richtlinie als ständige oder vorübergehende Übertragung der Gesamtheit oder eines wesentlichen Teils des Inhalts einer Datenbank auf einen anderen Datenträger, ungeachtet der dafür verwendeten Mittel und der Form der Entnahme. Letztlich ist mit dem Begriff Entnahme ein inhaltsgleiches Synonym für Vervielfältigung gewählt worden[1114]. Bei der Auslegung des Begriffs Entnahme ist nach dem Willen des Richtliniengebers ein weites Verständnis anzulegen[1115]. Der Richtliniengeber möchte grundsätzlich jegliche Aneignung oder Wiedererstellung der Datenbank von dem besonderen Recht auf Untersagung der Entnahme erfasst sehen, die letztlich der Investition schaden[1116]. Eine rein geistige

1110 *Thum*, in Wandtke/Bullinger, UrhG 3.Aufl., § 87b Rn.10; a.A. *Dreier*, in Dreier/Schulze, UrhG 3.Aufl., § 87b Rb.3.

1111 *Leistner*, S.307f.; kritisch u.a. *Sendrowski*, GRUR 2005, 369, 373.

1112 Vgl. BGH, GRUR 2005, 857, 859 – HIT BILANZ; BGH, MMR 2009, 615, 617 – Elektronischer Zolltarif, OLG Köln, ZUM 2007, 548, 551 – Wetterdaten für Luftfahrzeugführer; *Berger*, GRUR 1997, 169, 176; *Leistner*, S.308; *Sendrowski*, GRUR 2005, 369, 373; *Gaster*, Art.7 Rn.509; *Dreier*, in Dreier/Schulze, UrhG 3.Aufl., § 87b Rn.4; *Herrmann/Dehißelles*, K&R 2009, 23, 24.

1113 *Gaster*, in Hoeren/Sieber, Hdb. MultimediaR, Teil 7.6 Rn.127 (El.21).

1114 BGH, MMR 2009, 615, 617 – Elektronischer Zolltarif; *Gaster*, Art.7 Rn.512.

1115 EuGH, C-304/07, K&R 2008,673, 674 – Directmedia /Albert-Ludwigs-Universität Freiburg, Rn.31; BGH, MMR 2009, 615, 617 – Elektronischer Zolltarif.

1116 Vgl. Erwägungsgründe 39 und 42 der Datenbank-Richtlinie, a.a.O.; *Sendrowski*, GRUR 2005, 369, 374.

Aneignung durch den Benutzer scheidet mangels Verkörperung auf einem Datenträger aus. Entscheidend ist für eine „Übertragung" i.S. des Art.7 Abs.2 lit.a der Datenbank-Richtlinie, dass sich die Gesamtheit oder ein Teil des Inhalts einer Datenbank auf einem anderen, gleich oder andersartigen, Datenträger wiederfindet als auf dem der Ursprungsdatenbank[1117]. Eine Rechtsverletzung besteht aber nicht nur bei einer Entnahme unmittelbar aus einer Datenbank, eine solche kann auch bei Entnahmen aus Kopien einer Datenbank erfüllt sein[1118]. Miterfasst von dem Ausschließlichkeitsrecht ist durch das Merkmal der vorübergehenden Übertragung auch eine Zwischenspeicherung im Arbeitsspeicher[1119], soweit darin ein wesentlicher Teil der Datenbank liegt[1120] oder alternativ die Voraussetzungen des Art.7 Abs.5 der Datenbank-Richtlinie gegeben sind. Von einer ständigen Übertragung ist hingegen auszugehen, wenn die übernommenen Elemente in dauerhafter Weise auf einem anderen als dem Ursprungsdatenträger fixiert werden[1121]. Die Abgrenzung zwischen dauerhafter und vorübergehender Übertragung erfolgt nach dem Kriterium der Dauer der Sicherung; das Ziel der handelnden Person spielt indes keine Rolle für den Entnahmebegriff[1122].

Wie sich unmittelbar aus dem Wortlaut von Art.7 Abs.2 lit.a der Datenbank-Richtlinie ergibt, ist es für den Begriff der Entnahme ohne Bedeutung, welche Mittel und Formen für eine Übertragung eingesetzt werden. Das hat zu der Rechtsfrage und Vorlagefrage des *Bundesgerichtshofs* geführt, ob auch in der bloßen Abfrage eine unzulässige Handlung liegen kann, oder ob eine Übertragung immer ein physisches Kopieren voraussetze[1123].

Der *EuGH* hat entschieden, dass der Schutz des sui-generis-Rechts sich nicht auf Handlungen erstreckt, mit denen eine Datenbank abgefragt wird[1124]. Denn hat der Datenbankhersteller die Datenbank veröffentlicht und den Inhalt Dritten zugänglich gemacht, dann erlaubt sein Schutzrecht sui-generis ihm nicht,

---

1117 EuGH, C-304/07, K&R 2008,673, 675 – Directmedia /Albert-Ludwigs-Universität Freiburg, Rn.36; EuGH, C-545/07, GRUR 2009, 572, 575 – Apis-Hristovich EOOD/ Lakorda AD, Rn.40f.

1118 *Wiebe*, CR 2005, 169, 172.

1119 EuGH, C-545/07, GRUR 2009, 572, 575 – Apis-Hristovich EOOD/Lakorda AD, Rn.42ff; *Gaster*, Art.7 Rn.513, der in Erwägungsgrund 44 der Datenbank-Richtlinie lediglich eine deklaratorische Regelung sieht.

1120 Zur Auslegung siehe später unten Teil III Kapitel I. E. II. (S.217ff.).

1121 EuGH, C-545/07, GRUR 2009, 572, 575 – Apis-Hristovich EOOD/Lakorda AD, Rn.44.

1122 EuGH, C-545/07, GRUR 2009, 572, 576 – Apis-Hristovich EOOD/Lakorda AD, Rn.55.

1123 Siehe Vorlagebeschluss BGH, GRUR 2007, 688 ff. – Gedichttitelliste II.

1124 EuGH, C-304/07, K&R 2008,673, 676 – Directmedia /Albert-Ludwigs-Universität Freiburg, Rn.51.

sich den Abfragen dieser Datenbank durch Dritte zu Informationszwecken entgegenzustellen[1125]. Gleichwohl ist diese Feststellung nach dem *EuGH* nicht absolut zu sehen. Denn wird die Bildschirmabfrage dazu benutzt, einen nach Abwägung im Einzelnen in qualitativer oder quantitativer Hinsicht wesentlichen Teil des Inhalts der geschützten Datenbank oder einen unwesentlichen Teil in wiederholter und systematischer Handlungsweise zu übertragen, kann darin eine Entnahme im Sinne des Art.7 der Datenbank-Richtlinie liegen[1126]. Diese Sichtweise hat nur begrenzt zu einer gewissen Klarheit des Entnahme-Begriffs beigetragen, weil die Präzisierung und Abgrenzung noch weiter aufzuklären ist. Denn der Entnahme-Begriff beschränkt sich nicht allein auf das physische Kopieren, sondern ist technisch unabhängig auszulegen. Gleichwohl ist aber in Fällen, in denen eine Datenbank eine reine Orientierung liefert, die Bejahung einer Entnahme abhängig von der Zielsetzung des Verletzters, dem Ergebnis der Datenbank und dem Schutzgegenstand des sui-generis-Rechts[1127]. So ließe sich mit *Leistner* im Lichte des Schutzgegenstandes des Datenbankherstellerrechts betrachtet die weitere Frage stellen, ob auch in der Übernahme der individuellen Auswahl der in der Datenbank enthaltenen Daten eine Entnahmehandlung liegt[1128]. Erfasst also das sui-generis Recht von seinem Schutzgegenstand auch die Auswahlentscheidung, oder lässt sich bei einer engen Auslegung der schutzbereichsspezifischen Investitionen die Auswahl spiegelbildlich in der Beschaffung, Überprüfung und Darstellung der Elemente wiederfinden, soweit eine wesentliche Investitionsleistung vorliegt. Unstreitig wird man feststellen müssen, dass eine neue individuelle Auswahlentscheidung durch Konkurrenten oder Dritte weiterhin möglich sein muss und auch die Übernahme aus unabhängigen Quellen im Grundsatz frei bleibt[1129]. Eine strikte Grenzziehung ist aber schwer umsetzbar, da eine Überschneidung zwischen der schöpferischen Auswahlentscheidung, wofür ein Urheberrechtsschutz in Frage kommt, und der wesentlichen Investitionsleistung möglich ist. Gegen die Berücksichtigung einer Investition für die Auswahl der Daten im Zusammenhang bei der Beschaffung, Überprüfung oder Darstellung des Inhalts der Datenbank bestehen m.E. keine Einwände, solange es um die Prüfung der Schutzvoraussetzungen des sui-generis-Rechts geht.

1125 EuGH, C-203/02, GRUR 2005, 244, 249 – British Horseracing Board/William Hill, Rn.55; EuGH, C-304/07, K&R 2008, 673, 676 – Directmedia/Albert-Ludwigs-Universität Freiburg, Rn.53.

1126 EuGH, C-304/07, K&R 2008, 673, 677 – Directmedia /Albert-Ludwigs-Universität Freiburg, Rn.60.

1127 *Leistner*, JZ 2009, 101,102, Anm. zu EuGH, C-304/07.

1128 *Leistner*, JZ 2009, 101,102, Anm. zu EuGH, C-304/07.

1129 *Leistner*, JZ 2009, 101,102, Anm. zu EuGH, C-304/07.

Betrachtet man hingegen die aufgeworfene Frage an der Stelle des Umfangs der Schutzrechte, so ist die Berücksichtigung der Übernahme der Auswahl bei einer Entnahme nicht ganz unproblematisch. Ist die Auswahl schöpferisch, weil sie die Anforderungen an eine persönliche geistige Schöpfung erfüllt, so besteht ja bereits ein Urheberrecht, mit im Wesentlichen ähnlich ausgestalteten Schutzrechten zum Schutzrecht sui-generis, aber mit längerer Schutzfristdauer. Dementsprechend wird sich ein Unternehmen die Nutzungsrechte an dem Datenbankwerk im Vorhinein von dem Urheber einräumen lassen haben, so dass das Urheberrecht gegenüber dem sui-generis-Recht einen Vorrang einnimmt. Nur für den Fall, dass die Auswahl nicht schöpferisch erfolgt ist, bliebe rein praktisch noch ein Raum für das sui-generis- Recht. Berücksichtigt man, dass die aufgrund einer Bildschirmabfrage erfolgte Orientierung an der Auswahl des Inhalts der Datenbank sich auf eine nicht-schöpferische Auswahl bezieht, muss man eigentlich in einer Abwägung des Einzelfalls zu dem Ergebnis kommen, dass keine Entnahme vorliegt. Denn in diesem Fall ist die Auswahl für sich allein nicht schutzwürdig, sondern nur im Gesamtzusammenhang mit dem Vorliegen einer wesentlichen Investition zu sehen. Je geringer also die Auswahl schöpferisch einzustufen ist, um so weniger spricht für die Annahme einer Entnahme. Jedenfalls sollte ein restriktiver Umgang in derartigen Fallkonstellationen gepflegt werden, und daher eine Entnahme erst angenommen werden, wenn die Auswahlleistung annähernd deckungsgleich und offenbar ohne nennenswerte eigene Aufwendungen übernommen worden ist[1130]. Sollten die Gerichte im Einzelfall eine Entnahme wegen der Übernahme der Auswahl des Inhalts einer Datenbank also annehmen, kann das resultierende Problem für die Wettbewerbsfreiheit[1131] durch die denkbare Einräumung von Zwangslizenzen zumindest ansatzweise ausgeglichen werden.

Das Weiterverwendungsrecht hat insbesondere Fälle mit gewerblichem Hintergrund vor Augen, auch wenn es nach der Rechtsprechung des *EuGH* trotz zahlreicher Erwähnungen in der Datenbank-Richtlinie für die Beurteilung der Rechtmäßigkeit einer Handlung unerheblich sein soll, ob die Handlung einen kommerziellen oder einen nicht kommerziellen Zweck verfolgt[1132]. Es ist auch wiederholt von der Rechtsprechung betont worden, dass das Recht auf Verbot der Entnahme und/oder Weiterverwendung der Gesamtheit oder eines wesentlichen Teils des Inhalts einer Datenbank sich nicht allein auf die Herstellung eines parasitären Konkurrenzprodukts bezieht, sondern auch Handlungen durch einfa-

---

1130 *Leistner*, JZ 2009, 101,104, Anm. zu EuGH, C-304/07.

1131 Siehe dazu *Leistner*, JZ 2009, 101,103, Anm. zu EuGH, C-304/07.

1132 EuGH, C-203/02, GRUR 2005, 244, 248 – British Horseracing Board/William Hill, Rn.48.

che Benutzer erfasst, die einen Schaden für die Investition verursachen[1133]. Nach der Legaldefinition in Art.7 Abs.2 lit.b der Datenbank-Richtlinie bedeutet Weiterverwendung jede Form öffentlicher Verfügbarmachung der Gesamtheit oder eines wesentlichen Teils des Inhalts der Datenbank durch die Verbreitung von Vervielfältigungsstücken, durch Vermietung, durch Online-Übermittlung oder durch andere Formen der Übermittlung. Mit Verbreitung von Vervielfältigungsstücken hatte der Richtliniengeber den Vertrieb von Offline-Datenbanken mittels CD-Rom oder mittels Papierform gemeint[1134]. Der Begriff der Vermietung bestimmt sich entsprechend[1135] an den Vorgaben von Art.2 Abs.1 lit.a der nunmehr kodifizierten Richtlinie 2006/115/EG[1136] als die zeitlich begrenzte Gebrauchsüberlassung zu unmittelbarem, mittelbarem wirtschaftlichem oder kommerziellem Nutzen. Durch die Klarstellung, dass jede Form der öffentlichen Verfügbarmachung tatbestandlich von dem Weiterverwendungsrecht erfasst wird, erübrigt sich eine weitere Differenzierung. Auch der Online-Abruf und ein *digitales Übermittlungsrecht*[1137] ist demnach vom sui-generis-Recht beinhaltet[1138].

Hingegen nach Art.7 Abs.2 lit.b letzter HS. der Datenbank-Richtlinie nicht erfasst ist von dem Weiterverwendungsrecht der öffentliche Verleih mit der Folge, dass die zeitlich begrenzte Gebrauchsüberlassung durch der Öffentlichkeit zugängliche Einrichtungen zu anderen als wirtschaftlichen oder kommerziellen Zwecken nicht mittels des sui-generis-Rechts untersagt werden kann[1139]. Also sei nochmals betont, dass von dem Oberbegriff der Weiterverwendung für das Teilrecht des Datenbankherstellers der öffentliche Verleih von vornherein ausgenommen ist[1140].

Der Rechtsprechung des *EuGH* folgend sind die Begriffe Entnahme und Weiterverwendung im Sinne des Art.7 der Datenbank-Richtlinie also dahin zu verstehen, dass sie sich auf unzulässige Handlungen beziehen, mit denen jemand sich die Gesamtheit oder einen in qualitativer oder quantitativer Hinsicht we-

---

1133 EuGH, C-203/02, GRUR 2005, 244, 248 – British Horseracing Board/William Hill, Rn.47.

1134 *Gaster*, Art.7 Rn.516.

1135 Vgl. Erwägungsgrund 24 der Datenbank-Richtlinie, a.a.O.

1136 Richtlinie 2006/115/EG zum Vermietrecht und Verleihrecht sowie zu bestimmten dem Urheberrecht verwandten Schutzrechten im Bereich des geistigen Eigentums, ABl. Nr.L 376, S.28.

1137 Vor Umsetzung und Einführung von § 19a dUrhG: *Vogel*, ZUM 1997, 592, 597.

1138 *Gaster*, Art.7 Rn.519 und 521 m.w.N.

1139 *Gaster*, Art.7 Rn.518 m.w.N.; *Leistner*, S.309f.

1140 Dazu eingehender im Zusammenhang mit § 27 Abs.2 nächste Seite unten Teil III. Kapitel I E.I.2. (S.215).

sentlichen Teil des Inhalts einer Datenbank aneignet oder diesen der Öffentlichkeit zugänglichmacht[1141]. Der Datenbankhersteller soll im Ergebnis gegen jegliche Handlungen eines Benutzers oder Mitbewerbers geschützt werden, die über dessen begründete Rechte hinausgehen und der Kompensation der Investition des Datenbankherstellers abträglich sind[1142].

2. Rückschluss auf die Ausschließlichkeitsrechte

Um eine Übereinstimmung des Umsetzungsgesetzes mit der Datenbank-Richtlinie zu gewährleisten, gilt es die Vorgaben der Datenbank-Richtlinie bei der Auslegung der Ausschließlichkeitsrechte nach § 87b Abs.1 dUrhG zu berücksichtigen[1143], auch wenn, zugegeben, an den neu geschaffenen Begriffen Entnahme und Weiterverwendung keine wirklichen Vorteile zu den herkömmlichen urheberrechtlichen Befugnisse erkennbar sind[1144]. Eine Vervielfältigung im Sinne des § 87b Abs.1 S.1 dUrhG erfasst wie der Begriff der „Entnahme" jede Handlung, die darin besteht, sich ohne Zustimmung des Datenbankherstellers die Ergebnisse seiner Investition anzueignen bzw. sie öffentlich verfügbar zu machen und ihm damit die Einkünfte zu entziehen, die es ihm ermöglichen sollen, die Aufwendungen für seine Investition zu amortisieren[1145]. Es macht dabei für eine Vervielfältigung keinen Unterschied, ob der Nutzer mit Hilfe einer Software einen Teil der Daten entnimmt, indem die Software diese Daten überträgt und abspeichert[1146]. Keine Vervielfältigung besteht, wenn eine natürliche oder juristische Person sich die Elemente in Kenntnis der betroffenen Datenbank selbst aus anderen Quellen beschafft, und dadurch im Rahmen seiner Auswahlentscheidung geringere Kosten hat[1147]. Die Frage, ob eine Vervielfältigung ein „physisches Kopieren" voraussetzt, oder ob bloßes „abschreiben" von Daten

---

1141 EuGH, C-203/02, GRUR 2005, 244, 250 – British Horseracing Board/William Hill, Rn.67; *Gaster*, in Hoeren/Sieber, Hdb. MultimediaR, Teil 7.6 Rn.129 (El.21).

1142 EuGH, C-203/02, GRUR 2005, 244, 248 – British Horseracing Board/William Hill, Rn.47, 51.

1143 BGH, GRUR 2005, 857, 859 – HIT BILANZ; BGH, MMR 2009, 615, 617 – Elektronischer Zolltarif; *Sendrowski*, GRUR 2005, 369, 373; *Gaster*, Art.7 Rn.508f.; *Dreier*, in Dreier/Schulze, UrhG 3.Aufl., § 87b Rn.4.

1144 *Leistner*, S.185.

1145 BGH, GRUR 2005, 857, 859 – HIT BILANZ; OLG Hamburg, GRUR-RR 2009, 293, 294.

1146 OLG Hamburg, GRUR-RR 2009, 293, 294 – AUTOBINGOO.

1147 Vgl. Vorlagebeschluss, BGH, GRUR 2007, 688, 690 – Gedichttitelliste II; vgl. EuGH, C-203/02, GRUR 2005, 244, 248 – British Horseracing Board/William Hill, Rn.52; *Ehmann*, GRUR 2008, 474, 477.

aufgrund einer zustimmungsfreien Abfrage erlaubt ist[1148], wurde vom *EuGH* dahingehend beantwortet, dass der Begriff Entnahme unabhängig vom eingesetzten Verfahren jede unerlaubte Aneignung der Gesamtheit oder eines Teils des Inhalts einer Datenbank erfasst[1149].

Entsprechend dem Weiterverwendungsrecht werden in § 87b Abs.1 S.1 dUrhG die Rechte auf Verbreitung und öffentliche Wiedergabe einer Datenbank aufgeführt[1150]. Eine Wiedergabe ist öffentlich, wenn sie für eine Mehrzahl von Personen bestimmt ist. Die genaue Auslegung der Rechte soll jedoch über die herkömmlichen Rechte der Verbreitung oder öffentlichen Wiedergabe hinausgehen[1151], und wird daher unterschiedlich beurteilt[1152]. Die im Rahmen des Rechts der öffentlichen Wiedergabe bedeutsame Ausnutzung einer fremden Leistung durch Setzen eines Deep-Links[1153] oder von Hyperlinks als solchen stellen nach Ansicht des *Bundesgerichtshofs* keine unter § 87b dUrhG fallende Nutzungshandlung dar[1154].

Ebenfalls ist auf die Umsetzung in § 87b Abs.1 dUrhG im Zusammenhang mit § 87b Abs.2 i.V.m. § 27 Abs.2 und 3 dUrhG einzugehen. Nach Art.7 Abs.2 lit.b. 2 HS. der Datenbank-Richtlinie ist der öffentliche Verleih ausdrücklich von den Rechten des Datenbankherstellers ausgenommen, und kann insofern auch nicht bei dem Umfang der Rechte in § 87b Abs.1 dUrhG hineingelesen werden. Auch wenn an der Konzeption der Bestimmung in der Datenbank-Richtlinie Kritik geübt wird[1155], ist die deutsche Umsetzung in diesem Punkt eindeutig misslungen und nicht richtlinienkonform[1156], da ein Datenbank-Hersteller quasi durch die „Hintertür" wieder in den Besitz eines ausschließlichen öffentlichen Verleihrechts und Vergütungsanspruchs käme. Der Auffassung des *Bundesrates*, dass der öffentliche Verleih einer Datenbank weder Erwerbszwecken diene, noch mit einer den Filmen oder Tonträgern vergleichbaren

---

1148 Vgl. Vorlagebeschluss, BGH, GRUR 2007, 688, 689f. – Gedichttitelliste II; siehe auch *Ehmann*, GRUR 2008, 474, 478.

1149 EuGH, C-304/07, K&R 2008,673, 675– Directmedia /Albert-Ludwigs-Universität Freiburg, Rn.34-38.

1150 Im Sinn einer identischen Behandlung, Beschlussempfehlung und Begründung des 19.Ausschusses, BT-Drucks. 13/7934, S.44.

1151 *Gaster*, Art.7 Rn.519.

1152 Vgl. BGH, ZUM 2003, 855, 859 m.w.N. – Paperboy.

1153 Siehe grundlegend *Wiebe*, in Ernst/Vassilaki/Wiebe, Rn.52ff.

1154 BGH, ZUM 2003, 855, 859 – Paperboy; a.A. *Wiebe*, in Ernst/Vassilaki/Wiebe, Rn.68.

1155 Vgl. *Leistner*, S.187f.

1156 So auch die Empfehlung und Begründung in BR-Drucks. 966/2/96, S.42f., den Art.7 Abs.2 lit.b) letzter HS. der Datenbank-Richtlinie entsprechenden Satz: „Der öffentliche Verleih (§ 27 Abs.2) ist keine Entnahme oder Weiterverwendung" anzufügen, sowie der Beschluss unter BR-Drucks.966/96(B), S.34f.

intensiven Nutzung zu rechnen sei, wird an dieser Stelle ausdrücklich zugestimmt. Eine Einschränkung gilt nur dann, wenn Filme oder Tonträger selbst Gegenstand der Elemente einer Datenbank sind. Für das deutsche Recht gilt damit, dass die Anwendung der §§ 27 Abs.2 und 3 dUrhG auf die ausschließlichen Rechte des Datenbankherstellers in richtlinienkonformer Auslegung abzulehnen ist, und damit weiterhin als zustimmungsfreie Handlung gilt[1157].

II. Bestimmung des Begriffs „wesentlicher Teil“

1. Gesetzliche Bestimmung des „wesentlichen Teils“

In § 87b Abs.1 Satz 1 dUrhG ist vom deutschen Umsetzungsgesetzgeber bezüglich der Reichweite des ausschließlichen Leistungsschutzrechts die Rede von der Datenbank insgesamt oder einem nach Art oder Umfang wesentlichen Teil.

Der Schutzumfang der Ausschließlichkeitsrechte ist – von der Ausnahme nach § 87b Abs.1 Satz 2 dUrhG abgesehen - gemäß § 87b Abs.1 Satz 1 dUrhG begrenzt auf die Verwertung der gesamten Datenbank oder eines nach Art oder Umfang wesentlichen Teils[1158], und entspricht damit den Vorgaben aus Art.7 der Datenbank-Richtlinie. Durch die Begrenzung soll sichergestellt werden, dass unwesentliche Teile einer Datenbank aus dem Schutzbereich des sui-generis-Rechts herausgenommen sind, und somit frei verwendbar[1159]. Eine wichtige Erkenntnis ist, dass mit Ausnahme eines Falls nach § 87b Abs.1 Satz 2 dUrhG auch ohne Zustimmung des Datenbankherstellers die Nutzung einzelner unwesentlicher Teile durch jedermann zulässig ist[1160].

Die genaue Bestimmung des Begriffs *„wesentlicher Teil“* ist also erforderlich, um die Grenze zwischen dem freien Zugang zu Informationen im Fall der Nutzung unwesentlicher Teile und zwischen dem erlaubnispflichtigen Zugang geschützter Datenbankinhalte zu ziehen[1161]. Gerade in diesem Merkmal wird die vorzunehmende Abwägung zwischen den Interessen an einem effektiven Investitionsschutz und dem öffentlichen Allgemeininteresse an der Informationsfreiheit (Art.10 EMRK) deutlich[1162]. Die Auffassungen der Rechtsprechung und Li-

---

1157 So bereits *Leistner*, S.309 f.

1158 *Leistner*, in Wiebe/Leupold (Hrsg.), Recht der elektronischen Datenbanken, II.-B. Rn.52.

1159 *Gaster*, Art.7 Rn.492; gleichwohl sei auf den Fall des § 87 b Abs.1 S.2 dUrhG hingewiesen.

1160 Missverständlich: *Dreier*, in Dreier/Schulze, UrhG 3.Aufl., § 87b Rn.6, der die Zustimmung des „Urhebers“ insoweit als entbehrlich ansieht.

1161 *Dreier*, in Dreier/Schulze, UrhG 3.Aufl., § 87b Rn.5.

1162 *Dreier*, in Dreier/Schulze, UrhG 3.Aufl., § 87b Rn.5.

teratur zu dem Maßstab an die Wesentlichkeit eines Teils reichen von der Forderung strengerer Anforderungen[1163] bzw. keiner allzu geringen Anforderungen[1164], über kein allzu strenger Maßstab[1165] bis hin zu einer Ablehnung vorgeprägter Anforderungen an die Wesentlichkeit mit dem Argument, ein strenger Maßstab zur Begrenzung des Schutzumfangs bewirke wenig und schade unter Umständen sogar dem Informationsinteresse der Allgemeinheit durch fehlende Datenbank-Angebote[1166].

Hilfsweise ist wiederum auf die Wertungen der Datenbank-Richtlinie zurückzugreifen, die selbst in Art.7 Abs.1 Satz 1 der Datenbank-Richtlinie auch die Gesamtheit oder einen in qualitativer oder quantitativer Hinsicht wesentlichen Teil des Inhalts einer Datenbank als Reichweite des Schutzrechts nennt. In Erwägungsgrund 42 findet sich darüber hinaus der Hinweis, dass von dem Verbotsrecht Handlungen erfasst werden sollen, die einen in quantitativer oder qualitativer Hinsicht erheblichen Schaden für die Investition verursachen können.

2. Einzelheiten des Begriffs „wesentlicher Teil"

Was einen wesentlichen Teil einer Datenbank kennzeichnet, wird weder im Umsetzungsgesetz und seiner Begründung noch in der Datenbank-Richtlinie näher festgelegt. Maßgebliche Ausgangspunkte für die Auslegung des „wesentlichen Teils" sind der Zweck des Datenbankherstellerrechts und der Schutzgegenstand, eine wesentliche Investition in die Herstellung einer Datenbank zu schützen[1167]. Die Begriffe wesentlicher Teil und wesentliche Investition sind dabei derartig vom Schutzzweck geprägt, dass beide Begrifflichkeiten voneinander abhängen[1168].

Die Auslegung des Begriffs „wesentlicher Teil" muss daher in jedem Einzelfall einen Bezug zu der getätigten Investition herstellen[1169]. Gleichwohl darf das Gebot nicht dahingehend missverstanden werden, eine gleiche Auslegung

1163 OLG Dresden, ZUM 2001, 595, 596; *Hertin*, in Fromm/Nordemann, 9.Aufl, § 87b Rn.13; *Benecke*, CR 2004, 608, 613.

1164 Vgl. *Wiebe*, CR 1996, 198, 202f; *Dreier*, in Dreier/Schulze, UrhG 3.Aufl., § 87b Rn.5.

1165 OLG Köln, K&R 2009, 52, 53; *Vogel*, in Schricker/Loewenheim, UrhG 4.Aufl., § 87b Rn.29.

1166 *Leistner*, S.178f.

1167 Vgl. Erwägungsgrund 42. der Datenbank-Richtlinie, a.a.O.; *Leistner*, in Wiebe/Leupold (Hrsg.), Recht der elektronischen Datenbanken, II.-B. Rn.52; *Haberstumpf*, GRUR 2003, 14, 27; *Vogel*, in Schricker/Loewenheim, UrhG 4.Aufl., § 87b Rn.15.

1168 *Leistner*, in Wiebe/Leupold (Hrsg.), Recht der elektronischen Datenbanken, II.-B. Rn.52; *Benecke*, CR 2004, 608, 613; *Vogel*, in Schricker/Loewenheim, UrhG 4.Aufl., § 87b Rn.20.

1169 *Haberstumpf*, GRUR 2003, 14, 27.

beider Begrifflichkeiten (in Bezug auf die Investition und den Teil) anzuwenden[1170]. Als wesentlich werden überwiegend nur die Teile einer Datenbank angesehen, in denen sich die geschützte Investition manifestiert[1171]. Dieser Sichtweise ließe sich aber auch kritisch durch eine differenzierende Betrachtung begegnen, da das Amortisationsinteresse des Datenbankherstellers auch durch andere Teile beeinträchtigt werden kann[1172]. Auf die Problematik in Bezug auf das neu entstehende Schutzrecht bei Änderungen des Inhalts einer Datenbank wurde bereits hingewiesen.

Teilweise umstritten ist darüber hinaus die Frage, welche Bezugsobjekte einer Datenbank für einen wesentlichen Teil maßgeblich sein sollen[1173]. Bezieht sich der Teil nur auf die Informationsbestandteile oder auch auf Bestandteile, die für den Betrieb der Datenbank erforderlich sind? Aufgrund Erwägungsgrund 20 der Datenbank-Richtlinie ist man sich weitgehend darüber einig, dass auch das Indexierungssystem und das Abfragesystem dem Schutz nach den §§ 87a ff. dUrhG unterfallen[1174]. Darüber hinaus Konsens ist, dass Computerprogramme von dem Schutzgegenstand ausgeschlossen sind[1175].

3. Kriterien und Kasuistik der Rechtsprechung zum „wesentlichen Teil"

Die Abgrenzung zwischen wesentlichen und unwesentlichen Teilen des Inhalts einer Datenbank ist vom deutschen Umsetzungsgesetzgeber und dem Richtliniengesetzgeber bewusst in den Verantwortungsbereich der Rechtsprechung gelegt worden[1176].

Die nationale Rechtsprechung ist bislang uneinheitlich von großzügig bis restriktiv mit dieser umgegangen[1177]. Der *EuGH* hat den Begriff *„in quantitati-*

1170 *Benecke*, CR 2004, 608, 613; *Hertin*, in Fromm/Nordemann, UrhG, 9.Aufl., § 87b Rn.13 hebt die Wechselwirkung beider Maßstäbe hervor.

1171 *Benecke*, CR 2004, 608, 613; *Dreier*, in Dreier/Schulze, UrhG 3.Aufl., § 87b Rn.7.; a.A. *Haberstumpf*, GRUR 2003, 14, 27.

1172 *Haberstumpf*, GRUR 2003, 14, 27.

1173 *Benecke*, CR 2004, 608, 611.

1174 Statt vieler u.a. *Vogel*, in Schricker/Loewenheim, UrhG 4.Aufl., Vor §§ 87a ff. Rn.35 und § 87a Rn.30ff.

1175 So § 4 Abs.2 S.2 dUrhG, der ebenfalls in extensiver Auslegung für die §§ 87a ff. dUrhG Anwendung findet; vgl. dazu bereits Ausführungen oben unter Teil III Kapitel I. B I 2.c. und Teil III Kapitel I. C. III. 2. a. dd. (S.170; 187ff.).

1176 *Gaster*, in Hoeren/Sieber, Hdb. MultimediaR, Teil 7.6 Rn.114 (El.21).

1177 U.a. BGH, ZUM 2003, 855, 859 – Paperboy; BGH, ZUM 2005, 888, 890 – Marktstudien; BGH, GRUR 2005, 857, 859 – HIT BILANZ; OLG Frankfurt, ZUM-

ver Hinsicht wesentlicher Teil" des Inhalts einer Datenbank im Sinne von Art.7 der Datenbank-Richtlinie in seiner Entscheidung *British Horseracing Board vs. William Hill*[1178] maßgeblich bestimmt, nach der sich der Begriff auf das entnommene und/oder weiterverwendete Datenvolumen der Datenbank bezieht und nach dem Verhältnis zum Gesamtvolumen des Inhalts der Datenbank zu beurteilen ist[1179].

Ein in qualitativer Hinsicht wesentlicher Teil des Inhalts einer Datenbank bestimmt sich nach Feststellung des *EuGH* nach dem Umfang der mit der Beschaffung, der Überprüfung oder der Darstellung des Inhalts des Gegenstands der Entnahme- und/oder Weiterverwendungshandlung verbundenen Investition unabhängig davon, ob dieser Gegenstand einen quantitativ wesentlichen Teil des allgemeinen Inhalts der geschützten Datenbank darstellt[1180].

Im Umkehrschluss bedeutet dies, dass ein „unwesentlicher Teil" des Inhalts einer Datenbank derjenige Teil ist, der „dem Begriff wesentlicher Teil sowohl in quantitativer als auch in qualitativer Hinsicht nicht entspricht"[1181].

Es wäre jedoch zu kurz gegriffen, lediglich das Verhältnis des entnommenen Teils zum Gesamtinhalt der Datenbank für die Bestimmung eines wesentlichen Teils als maßgeblich anzusehen[1182]. Denkbar wäre auch ein Fall, bei dem der entnommene Teil zwar im Verhältnis zur Gesamtheit der Datenbank nicht quantitativ wesentlich ist, jedoch in seiner Gesamtheit für sich einen abgeschlossenen Bereich betrifft, und daher für sich genommen als quantitativ wesentlich angesehen werden kann[1183].

Die Auslegung eines wesentlichen Teils hat im Lichte des Entnahme- und Weiterverwendungsrechts national einzelfallabhängig zu erfolgen[1184].

Als Bewertungskriterien für eine Prüfung der Umstände des jeweiligen Einzelfalles werden die Art und der Umfang der Datenbank selbst vorgeschlagen, das Verhältnis der Datenbank zum jeweils entnommenen Teil, der wirtschaftli-

---

RD 2003, 532, 535; OLG Hamburg, NJW-RR 2001, 1198; OLG Hamburg, GRUR-RR 2002, 217, 219.

1178 EuGH, C-203/02, GRUR 2005, 244, 250 – British Horseracing Board/William Hill, Rn.70, 73.

1179 *Gaster*, in Hoeren/Sieber, Hdb. MultimediaR, Teil 7.6 Rn.115 (El.21).

1180 EuGH, C-203/02, GRUR 2005, 244, 250 – British Horseracing Board/William Hill, Rn.71.

1181 EuGH, C-203/02, GRUR 2005, 244, 250 – British Horseracing Board/William Hill, Rn.73; vgl. dazu *Gaster*, in Hoeren/Sieber, Hdb. MultimediaR, Teil 7.6 Rn.117 (El.21).

1182 Ähnlich *Herrmann/Dehißelles*, K&R 2009, 23, 25.

1183 Ein ähnlicher Fall lag dem OGH im Jahr 2001 vor, Urteil v.27.11.2001, 4 Ob 252/01i.

1184 *Dreier*, in Dreier/Schulze, UrhG 3.Aufl., § 87b Rn.6; *Haberstumpf*, GRUR 2003, 14, 27; *Gaster*, in Hoeren/Sieber, Hdb.MultimediaR, Teil 7.6 Rn.148 f. (El.21).

che Wert des entnommenen Teils[1185], das Verhältnis dieses Wertes zum Gesamtumfang[1186], die Schutzwürdigkeit der Investition in dem betroffenen Teil[1187] sowie die Qualität des entnommenen Teils im Verhältnis zur Qualität der Datenbank selbst[1188].

Ein wesentlicher Teil ist daher meist zu bejahen, wenn diesem Teil eine eigenständige wirtschaftliche Bedeutung zukommt. *Leistner* sieht ebenfalls in den Merkmalen, die den Marktwert der Investition für den jeweiligen Absatzmarkt ausmachen und damit die Abschreibung der Investition ermöglichen, die entscheidenden Bezugspunkte[1189].

Ein in quantitativer Hinsicht wesentlicher Teil des Inhalts einer Datenbank i.S. von Art.7 der Datenbank-Richtlinie wird bestimmt durch das Verhältnis des entnommenen und/oder weiterverwendeten Datenvolumens zum Umfang des Gesamtvolumens des Inhalts einer Datenbank[1190]. Ein in quantitativer Hinsicht wesentlicher Teil ist bei einer Übernahme eines Datenteils mit einem Prozentsatz von 1/10 des Gesamtvolumens (insgesamt 3500 Daten) abgelehnt worden[1191]. Eine Entnahme eines Datensatzes aus einer Sammlung von 300 Veranstaltern wurde in einem anderen Fall unter anderem mit der Begründung abgelehnt, dass der wirtschaftliche Wert der Datenbank dadurch nicht in Frage gestellt werde[1192]. Im Ergebnis ist ein fester Prozentsatz oder eine pauschale Festlegung der Wesentlichkeitsgrenze gänzlich abzulehnen[1193].

Unabhängig von der Bestimmung eines in quantitativer Hinsicht wesentlichen Teils ist die Beurteilung, ob ein entnommener Teil aus einer Datenbank auch in qualitativer Hinsicht einem wesentlichen Teil entspricht. Der *EuGH* stellte dazu fest, dass auch in den Fällen, in denen eine Übernahme eines in quantitativer Hinsicht wesentlichen Teils nicht vorliegt, der entnommene Teil

---

1185 KG, NJW-RR 2000, 1495, 1496; *Leistner*, in Wiebe/Leupold (Hrsg.), Recht der elektronischen Datenbanken, II.-B. Rn.54; *Dreier*, in Dreier/Schulze, UrhG 3.Aufl., § 87b Rn.6; *v.Lewinksi*, in Walter, Europäisches Urheberrecht, Datenbank-RL, Art.7 Rn.15.

1186 *Leistner*, in Wiebe/Leupold (Hrsg.), Recht der elektronischen Datenbanken, II.-B. Rn.54; a.A. *Benecke*, CR 2004, 608, 613.

1187 *Benecke*, CR 2004, 608, 613.

1188 KG, NJW-RR 2000, 1495, 1496; *Haberstumpf*, GRUR 2003, 14, 27.

1189 Vgl. *Leistner*, in Wiebe/Leupold (Hrsg.), Recht der elektronischen Datenbanken, II.-B. Rn.55.

1190 EuGH, GRUR 2005, 244, 251 Rn.82 – British Horseracing Board/William Hill.

1191 OLG Köln, K&R 2009, 52, 53.

1192 KG. NJW-RR 2000, 1495, 1496.

1193 KG, NJW-RR 2000, 1495, 1496; *Benecke*, CR 2004, 608, 613; *Vogel*, in Schricker/Loewenheim, UrhG 4.Aufl., § 87b Rn.29; a.A. *Raue/Bensinger*, MMR 1998, 507, 511: Verwendung von „mindestens 50% des Datenbankinhalts“.

der Daten einen qualitativ wesentlichen Eingriff darstellen kann, jedoch nur dann, wenn dieser quantitativ geringfügige Teil des Inhalts in Bezug auf seine Beschaffung, Überprüfung oder Darstellung eine ganz erhebliche menschliche, technische oder finanzielle Investition erfordert[1194].

Die Wesentlichkeit eines in qualitativer Hinsicht zu bestimmenden Teils bezieht sich auf die Bedeutung der mit der Beschaffung, der Überprüfung oder der Darstellung des Inhalts des Gegenstands der Entnahme- und/oder Weiterverwendungshandlung verbundenen Investition[1195]. Die qualitative Wesentlichkeit des betroffenen Teils der Datenbank ist daher nicht wie beim herkömmlichen Urheberrecht nach dessen inhaltlicher Qualität zu bestimmen[1196].

Die Wesentlichkeit ist unproblematisch in jenen Einzelfällen anzunehmen, wo sich in dem übernommenen Teil der Datenbank auch eine wesentliche Investition des Datenbankherstellers niederschlägt, so dass der übernommene Teil der Datenbank für sich genommen selbst die Voraussetzungen einer schutzfähigen Datenbank erfüllt[1197]. Gleichwohl soll für die Bestimmung der Wesentlichkeit nicht notwendig sein, dass der übernommene Teil gleichzeitig auch eine wesentliche Investition des Herstellers erfordert[1198]. Würden diese Voraussetzungen verlangt werden, läge ja gleichzeitig auch eine eigenständige Datenbank vor, und kein bloßer Teil einer Datenbank.

III. Ausweitung auf unwesentliche Teile einer Datenbank

Die wiederholte und systematische Nutzung unwesentlicher Teile steht gemäß § 87b Abs.1 S.2 dUrhG Nutzungshandlungen wesentlicher Teile einer Datenbank gleich, sofern diese Handlungen einer normalen Auswertung der Datenbank zuwiderlaufen[1199] oder die berechtigten Interessen des Datenbankherstellers unzumutbar beeinträchtigen. Der Umfang des Rechts wird unter Berücksichtigung des Gebots richtlinienkonformer Auslegung entsprechend Art.8 der

1194 EuGH, GRUR 2005, 244, 250 Rn.71 – British Horseracing Board/William Hill.

1195 EuGH, GRUR 2005, 244, 250 Rn.71 – British Horseracing Board/William Hill.

1196 *Benecke*, CR 2004, 608, 612.

1197 OLG Köln, K&R 2009, 52, 53; *Vogel*, in Schricker/Loewenheim, UrhG 4.Aufl., § 87b Rn.29; *Dreier*, in Dreier/Schulze, UrhG 3.Aufl., § 87b Rn.7.

1198 Wie zuvor *Haberstumpf*, GRUR 2003, 14, 27; *Vogel*, in Schricker/Loewenheim, UrhG 4.Aufl., § 87b Rn.29.

1199 Kritisch in Bezug auf das Bestimmtheitsgebot *Ullmann, Eike,* in FS Brandner (1996), S.506, 522.

Datenbank-Richtlinie bestimmt[1200]. *Gaster* will darin die Statuierung einer Ausnahme von der Ausnahme sehen[1201].

Die Voraussetzungen der wiederholten und systematischen Nutzung müssen kumulativ vorliegen[1202]. Unwesentlich ist nach den getroffenen Feststellungen ein Teil dann, wenn er kein wesentlicher Teil einer Datenbank ist[1203]. Die Auslegungsbestimmung[1204] ist somit im Gesamtzusammenhang mit einem wesentlichen Teil zu sehen. Ein Indiz für ein planvolles Vorgehen kann es sein, wenn sich einzelne unwesentliche Teile einander kumulativ ergänzen[1205] oder in einem engen zeitlichen Zusammenhang stehen[1206], und damit im Ergebnis das in Art.7 Abs.1 der Datenbank-Richtlinie ausgesprochene Verbot der Weiterverwendung zu umgehen drohen[1207]. In einer Entscheidung des *OLG Dresden* wurde ein systematisches Vorgehen darin gesehen und bejaht, dass jeweils nach einem Prinzip auf die Datensammlung der Klägerin zurückgegriffen wurde, wenn die gewünschte Information nicht verfügbar war[1208]. Der Zweck der Bestimmung in § 87b Abs.1 Satz 2 dUrhG bzw. nach der Richtlinienvorgabe in Art.7 Abs.5 ist nach Ansicht des *EuGH* nämlich die Verhinderung der Umgehung von § 87b Abs.1 Satz 1 dUrhG bzw. Art.7 Abs.1 der Datenbank-Richtlinie[1209]. Um ein Gleichgewicht zu der erlaubnispflichtigen Nutzung eines wesentlichen Teils herzustellen, wird deshalb von der Rechtsprechung festgelegt, dass die wiederholte und systematische Nutzung unwesentlicher Teile einer Datenbank in ihrer Summe ein vergleichbares Ausmaß bei der Beeinträchtigung der Investition erreichen muss[1210]. Unter Bezugnahme auf die Entscheidung des *EuGH* hat das *OLG Köln* für eine Anwendbarkeit des § 87b Abs.1 Satz 2 dUrhG sogar die Voraussetzung aufgestellt, dass auch bei der systematischen und wiederholten Übernahme von Datenbankteilen in der Summe die Wesentlichkeits-

---

1200 BGH, MMR 2009, 615, 617 – Elektronischer Zolltarif.

1201 *Gaster*, in Hoeren/Sieber, Hdb. MultimediaR, Teil 7.6 Rn.111 Fn.1 (El.21); *Gaster*, Art.7 Rn.492, Fn.232; a.A. wohl *Ullmann, Eike,* in FS Brandner (1996), 507, 522.

1202 *Leistner*, in Wiebe/Leupold (Hrsg.), Recht der elektronischen Datenbanken, II.-B. Rn.60.

1203 *Dreier*, in Dreier/Schulze, UrhG 3.Aufl., § 87b Rn.9.

1204 *Gaster*, Art.7 Rn.555 u. 561.

1205 *Wiebe*, CR 2005, 169, 173; *Dreier*, in Dreier/Schulze, UrhG 3.Aufl., § 87b Rn.11.

1206 *Haberstumpf*, GRUR 2003, 14, 28.

1207 EuGH, C-203/02, GRUR 2005, 244, 251 – British Horseracing Board/William Hill, Rn.88 u.89.

1208 OLG Dresden, ZUM 2001, 595, 597.

1209 EuGH, C-203/02, GRUR 2005, 244, 251 – British Horseracing Board/William Hill, Rn.88-89; dazu auch *Leistner*, S.306.

1210 EuGH, C-203/02, GRUR 2005, 244, 251 – British Horseracing Board/William Hill, Rn.86; KG, GRUR-RR 2004, 228, 235; OLG Köln, K&R 2009, 52, 54.

schwelle einer Entnahmehandlung nach § 87b Abs.1 Satz 1 dUrhG überschritten sein müsste[1211]. Fraglich ist durch diese Entscheidung, ob die große praktische Bedeutung[1212] der Regelung des § 87b Abs.1 Satz 2 dUrhG durch diese Auffassung nicht ins Leere liefe. Die Interpretation der *EuGH*-Entscheidung durch das *OLG Köln* dürfte als unrichtig einzustufen sein, da sich dieses strenge Verständnis aus der Entscheidung des *EuGH* nicht herauslesen lässt und dem Schutzweck der Datenbank-Richtlinie zuwiderliefe[1213]. Ein richtliniengemäßerer Ansatz wäre, an die Ausweitung des Schutzrechtes auf unwesentliche Teile einer Datenbank strenge Anforderungen an die Darlegungs- und Beweislast des Datenbankherstellers[1214] zu stellen.

Eine wiederholte und systematische Nutzung müsste aber auch die nach dem Wortlaut in § 87b Abs.1 Satz 2 dUrhG genannten weiteren Voraussetzungen erfüllen[1215], also einer normalen Auswertung der Datenbank zuwiderlaufen oder als eine unzumutbare Beeinträchtigung der berechtigten Interessen des Datenbankherstellers anzusehen sein[1216]. Von einem Zuwiderhandeln gegen eine normale Auswertung einer Datenbank könnte beispielsweise auszugehen sein, wenn sich der potentielle Anspruchsgegner den Abschluss eines Lizenzvertrages erspart hat[1217]. Weitere mögliche Kriterien sind nach Erwägungsgrund 42 der Datenbank-Richtlinie die Zufügung eines wesentlichen Schadens oder die Verfolgung kommerzieller Nutzungsinteressen. Eine unzumutbare Beeinträchtigung kann hingegen vorliegen, wenn das Amortisationsinteresse des Datenbankherstellers durch anderweitige Handlungen verletzt wird[1218]. Die Beeinträchtigung der berechtigten Interessen des Datenbankherstellers sollte aber den Grad der Unzumutbarkeit erreichen, und sollte somit einer Interessenabwägung im Einzelfall vorbehalten bleiben[1219]. Von der Rechtsprechung wurde in diesem Zusammenhang eine Beeinträchtigung der Interessen des Datenbankherstellers bejaht im Fall der Herstellung einer parasitären Konkurrenz-Datenbank bzw. der Ausbeutung eines fremden Leistungsergebnisses[1220]. Der Fall des Verlustes von

---

1211 OLG Köln, K&R 2009, 52, 54.

1212 *Herrmann/Dehißelles*, K&R 2009, 23, 25.

1213 *Herrmann/Dehißelles*, K&R 2009, 23, 25.

1214 KG, NJW-RR 2000, 1495, 1496.

1215 Im Sinne des sog. Drei-Stufen-Test basierend auf Art.13 TRIPS; siehe *Dreier*, in Dreier/Schulze, UrhG 3. Aufl., § 87b Rn.12.

1216 *Wiebe*, CR 2005, 169, 173 hält eine Indizierung zumindest für diskutabel.

1217 *Vogel*, in Schricker/Loewenheim, UrhG 4.Aufl., § 87b Rn.57; einschränkend *Dreier*, in Dreier/Schulze, UrhG 3.Aufl., § 87b Rn.14.

1218 *Vogel*, in Schricker/Loewenheim, UrhG 4.Aufl.,§ 87b Rn.58; *Haberstumpf*, GRUR 2003, 14, 28.

1219 *Dreier*, in Dreier/Schulze, UrhG 3. Aufl., § 87b Rn.16.

1220 OLG Dresden, ZUM 2001, 595, 597; LG Köln, MMR 2002, 689, 690.

Werbeeinnahmen wurde als wichtiges Kriterium einer unzumutbaren Beeinträchtigung angesehen[1221], ebenso die Ausnutzung des „wirtschaftlichen Potential der Datenbank“ für eigene kommerzielle Zwecke[1222]. Der *Bundesgerichtshof* lehnte das Setzen von Hyperlinks oder Deep-Links auf die Inhalte einer Datenbank aber als Nutzungshandlung im Sinne des § 87b Abs.1 Satz 2 dUrhG ab[1223].

IV. Berücksichtigung des Erschöpfungsgrundsatzes

Die Rechte des Datenbankherstellers könnten durch den Erschöpfungsgrundsatz eingeschränkt sein, wenn auch eine Verbreitung einer digitalen Filmdatenbank in körperlicher Form in Erwägung gezogen wird[1224]. Die Richtlinienvorgabe aus Art.7 Abs.2 lit.b Satz 2 der Datenbank-Richtlinie wurde durch § 87b Abs.2 dUrhG mit Verweis auf § 17 Abs.2 dUrhG abweichend umgesetzt. Zunächst ist daher ein Blick auf die Vorgabe der Datenbank-Richtlinie zu werfen: Im Falle des Erstverkaufs eines Vervielfältigungsstücks einer Datenbank im Rechtsgebiet der Europäischen Gemeinschaft besteht nach Art.7 Abs.2 lit.b Satz 2 der Datenbank-Richtlinie ein Erschöpfungsgrundsatz. Der Erschöpfungsgrundsatz bezieht sich jedoch nur auf die Nutzung von Vervielfältigungsstücken einer Datenbank, mithin auf das Verbreitungsrecht des Datenbankherstellers an einer Datenbank in körperlicher Form[1225]. Der nach § 87b Abs.2 dUrhG zu berücksichtigende Erschöpfungsgrundsatz gilt somit nicht für das Recht zur Vervielfältigung der Daten, und ist nach § 17 Abs.2 dUrhG ebenfalls nicht einschlägig beim Vermietrecht und einem Vergütungsanspruch für das Verleihen in öffentlichen Bibliotheken[1226].

Eine entscheidende Abweichung der Umsetzung zur Datenbank-Richtlinie besteht darin, dass nach § 17 Abs.2 dUrhG auch das Original von der Erschöpfung erfasst wird[1227]. Darin könnte wegen der drohenden disharmonierenden Wirkung ein Verstoß gegen die Vorgaben der Richtlinie liegen, der aber bei verständiger Interpretation der Datenbank-Richtlinie und richtlinienkonformer Auslegung überwunden werden kann, auch wenn für eine strikte Begrenzung des

---

1221 LG Berlin, CR 1999, 388, 389; LG Köln, CR 1999, 593, 594.

1222 LG Köln, MMR 2002, 689, 690.

1223 BGH, ZUM 2003, 855, 859 – Paperboy.

1224 Siehe bereits oben Teil II. E. IV. 3.b (S.118f.); vertiefend *Loewenheim*, in Schricker/Loewenheim, UrhG 4.Aufl., § 17 Rn.42, passim.

1225 BGH, ZUM 2005, 888, 890 – Marktstudien; *Spindler*, K&R 2007, 345, 354.

1226 *Dreier*, in Dreier/Schulze, UrhG 3. Aufl., § 87b Rn.1.

1227 Siehe dazu die Beschlussempfehlung und Begründung des 19 Ausschusses, BT-Drucks.13/7385, S.44f; krit. *v.Lewinksi*, in Roßnagel (Hrsg.), 10.Teil,§ 87b Rn.27.

Erschöpfungsgrundsatzes auf bloße Vervielfältigungsstücke kein Grund gesehen wird[1228]. Der Erstverkauf eines Originals oder Vervielfältigungsstücks setzt voraus, dass die Datenbank durch den Rechtsinhaber oder mit dessen Zustimmung erstmalig im Rechtsgebiet der Europäischen Gemeinschaft im Wege der Veräußerung – und entsprechend der Richtlinie nicht durch Tausch oder Schenkung[1229] - in den Verkehr gebracht worden ist. Liegen die Voraussetzungen des Erstverkaufs vor, erschöpft sich in dem Gemeinschaftsgebiet das sui-generis-Recht, den Weiterverkauf dieses Vervielfältigungsstücks weiter zu kontrollieren. Die Weiterverbreitung im Wege der Zweitverwertung ist mit Ausnahme der Vermietung somit zulässig. Gegenüber dem Weiterverkauf eines Vervielfältigungsstücks einer Datenbank, welches aus einem Drittstaat eingeführt worden ist, können dagegen Einwände erhoben werden.

Die Beschränkung des Erschöpfungsgrundsatzes auf den Vertrieb rein körperlicher Vervielfältigungsformen wird jedoch teilweise kritisiert[1230].

Da die Beschränkung des Erschöpfungsgrundsatzes in § 87b Abs.2 dUrhG ausdrücklich auf § 17 Abs.2 dUrhG verweist, der allein vor dem Hintergrund körperlicher Vervielfältigungsstücke Anwendung findet, dürfte die Kritik auf eine rechtspolitische Lösung oder eine teleologische Extension im Wege richterlicher Rechtsfortbildung abzielen.

Kritischen Stimmen ist jedoch entgegenzuhalten, dass die Regelung eine Kodifizierung der *EuGH*-Rechtsprechung darstellt, die nur einen Ausgleich zwischen dem Sacheigentum und dem in der Sache inkorporierten geistigen Eigentum für erforderlich gehalten hat[1231]. Mithin ist der Richtliniengeber der Gemeinschaft im Fall von Online-Datenbanken davon ausgegangen, dass eine weitere Beschränkung der Rechte des Datenbankherstellers in Form des Erschöpfungsgrundsatzes nicht geboten ist[1232] und damit jede Online-Leistung genehmigungspflichtig ist. Hinzuweisen ist in diesem Zusammenhang aber erneut auf die Problematik der Verleihvergütung, deren Umsetzung durch Verweis in § 87bm Abs.2 auf die §§ 27 Abs.2 und 3 dUrhG bereits als nicht richtlinienkonform eingestuft wurde[1233] und die materielle Gleichwertigkeit der Bestimmung[1234] vermissen lässt.

1228 *Leistner*, S.309; a.A. *v.Lewinksi*, in Roßnagel (Hrsg.), 10.Teil, § 87b Rn.27.

1229 Siehe dazu *v.Lewinksi*, in Roßnagel (Hrsg.), 10.Teil, § 87b Rn.28.

1230 U.a. *Berger*, GRUR 1997, 169, 178 f, und Fn.81.

1231 *Gaster*, Art.7 Rn.524 m.w.N.

1232 Erwägungsgrund 33 der Datenbank-Richtlinie, a.a.O.

1233 Siehe bereits Teil III Kapitel I. E. I. 1. und 2. (S.210f; 215); *Leistner*, S.309f.

1234 Erwägungsgrund 32 der Datenbank-Richtlinie, a.a.O.

F. Schranken des Datenbankherstellerrechts

Die in § 87c dUrhG abschließend aufgeführten Schrankenregelungen[1235]. spielen im Zusammenhang mit dem Konsum von Filmen eine unbedeutende Rolle. Es ist zwischen der Nutzung der Datenbank und dem Filmabruf zu unterscheiden. Da hier die Filme als wesentlicher Inhalt der Datenbank für den Zweck der Betrachtung erst zur Verfügung gestellt werden, wenn der Nutzer neben der Registrierung auch das vereinbarte Entgelt entrichtet hat, greifen zugunsten der Rezipienten für den Filmkonsum keine Schrankenbestimmungen ein. Abweichend von Art.9 der Datenbank-Richtlinie, der den Begriff des rechtmäßigen Benutzers nennt, ist es nach § 87c dUrhG grundsätzlich jedermann gestattet, eine Datenbank zu nutzen, solange ein Ausnahmetatbestand erfüllt ist. Ein Berechtigter kann dadurch auch ohne Zustimmung des Datenbankherstellers bestimmte Nutzungshandlungen vornehmen. Berechtigter ist derjenige, der entweder durch einen Lizenzvertrag legitimiert ist oder für den eben eine gesetzliche Lizenzbestimmung eingreift[1236], womit jeglicher Nutzer gemeint ist[1237].

Zweck der Schrankenregelungen ist es, einer Monopolisierung von Informationen entgegenzuwirken und den Gedankenansatz der Freiheit von Informationen weiterzutragen[1238]. Solange die Filme aber auch auf andere Weise, wie beispielsweise über das Kino oder das Fernsehen, betrachtet werden können, besteht keine Gefahr der Monopolisierung.

Keine Schrankenregelung, sondern eine grundsätzlich rechtmäßige Benutzungshandlung liegt nach Maßgabe des § 87b Abs.1 Satz 2 dUrhG hingegen vor, wenn nur unwesentliche Teile einer Datenbank verwendet werden. Festzuhalten ist daher, dass sich die Schrankenbestimmungen des § 87c Abs.1 und Abs.2 dUrhG auf wesentliche Teile einer Datenbank beziehen, womit letztlich im Rahmen der Schrankenbestimmung sämtliche Inhalte einer Datenbank frei verwendet werden dürfen. Eine auch nur vorübergehende Übertragung der Gesamtheit oder eines Teils des Inhalts der betreffenden Datenbank kann nach dem Kriterium der Dauer der Sicherung eine Entnahmehandlung im Sinne des Art.7

1235 OLG Köln, ZUM 2007, 548, 551 – Wetterdaten für Luftfahrzeugführer; u.a. *Vogel*, in Schricker/Loewenheim, UrhG 4.Aufl., § 87c Rn.1.

1236 Der Wortlaut des § 87c dUrhG ist nicht gleichlautend mit Art.9 der Datenbank-Richtlinie, sondern übernimmt stattdessen die Bezeichnung des Berechtigten aus den Schrankenregelungen, die für Datenbankwerke gelten.

1237 *Leistner*, in Wiebe/Leupold (Hrsg.), Recht der elektronischen Datenbanken, II.-B. Rn.100.

1238 vgl. *Vogel*, in Schricker/Loewenheim, UrhG 4.Aufl., Vor §§ 87a ff. Rn.21ff.

Abs.2 lit.a der Datenbank-Richtlinie darstellen[1239], wie beispielsweise bei der technisch erforderlichen Zwischenspeicherung im Arbeitsspeicher[1240]. Der *Bundesgerichtshof* hat hierzu aber ausgeführt, dass eine genehmigungspflichtige Vervielfältigungshandlung im Sinne des § 87b Abs.1 Satz 1 dUrhG nicht automatisch zu einer rechtswidrigen Nutzung einer Datenbank führt, wenn die Vervielfältigung einer normalen Nutzung der Datenbank entspricht[1241].

G. Schutzfristdauer

I. Allgemeine Schutzdauer

Die Schutzfristdauer beträgt nach § 87d Satz 1 dUrhG fünfzehn Jahre ab der Veröffentlichung der Datenbank bzw. erlischt bereits fünfzehn Jahre nach der Herstellung, wenn die Datenbank nicht innerhalb dieser Frist veröffentlicht worden ist. Die Dauer des Schutzes entspricht mithin den Vorgaben von Art.10 Abs.1 und Abs.2 der Datenbank-Richtlinie. Die im Vergleich zum urheberrechtlichen Schutz von Datenbankwerken deutlich verkürzte Schutzfrist rechtfertigt sich durch das Motiv eines reinen Investitionsschutzes[1242] und dem erzielten Kompromiss[1243].

II. Schutzdauer bei wesentlichen Änderungen der Datenbank

Entsprechend § 87a Abs.1 Satz 2 i.V.m. § 87d Satz 1 dUrhG beginnt der Schutz für fünfzehn Jahre gesondert zu laufen, wenn die nach Art oder Umfang wesentliche Änderung der Datenbank in ihrem Inhalt eine nach Art oder Umfang wesentliche Investition erfordert hat und dadurch als neue Datenbank gilt[1244]. Entscheidend allein ist, dass zum Zeitpunkt, wo die Fiktion eintritt, also die Schutzvoraussetzungen des § 87a Abs.1 Satz 2 dUrhG vorliegen, der Beginn einer er-

1239 EuGH, C-545/07, GRUR 2009, 572, 575f. – Apis-Hristovich EOOD/Lakorda AD, Rn.42, 44, 55.

1240 *Berger*, GRUR 1997, 169, 175f; *Raue/Bensinger*, MMR 1998, 507, 511.

1241 BGH, MMR 2009, 615, 617 – Elektronischer Zolltarif.

1242 *Dreier*, in Dreier/Schulze, UrhG 3.Aufl., § 87d Rn.1.

1243 *Gaster*, Art.10 Rn.661; vertiefend *Bensinger*, S.264ff.

1244 Zu den Schutzvoraussetzungen ausführlich oben Teil III Kapitel I. C. III.3 a. und b. (S.197f.; 202).

neuten eigenen Schutzfrist vorliegt[1245]; der Beginn kann auf den Zeitpunkt der Veröffentlichung fallen, oder hilfsweise auf den Zeitpunkt der Herstellung, indem die Änderungen erstmalig die Wesentlichkeitsgrenze der Neuinvestition erreicht haben[1246]. Also wird durch die Vorschrift des § 87a Abs.1 Satz 2 dUrhG nur klargestellt, dass bei einer Herstellung einer neuen Datenbank bzw. einer wesentlichen Neuinvestition in eine bestehende Datenbank als Folge diese auch über eine eigene Schutzdauer nach § 87d Satz 1 dUrhG verfügt. Das ist erklärter Wille des Gemeinschaftsgesetzgebers gewesen[1247]. Im Ergebnis kann für kontinuierlich gepflegte Datenbanken durch diesen gesetzlichen Anreiz ein immerwährender Leistungsschutz geschaffen werden[1248].

Das Ergebnis eines möglichen ewigen Schutzes einer Datenbank ruft auch Kritik hervor, weil er sich auch auf Elemente beziehen könnte, deren Schutz bereits abgelaufen ist[1249]. Hinsichtlich der Konkretisierung und Reichweite der Schutzdauerregelung ist die Kritik berechtigt. So wird durch die Regelung in § 87d i.V.m. § 87a Abs.1 Satz 2 dUrhG keine Konkretisierung der Rechtsfolge vorgenommen. Der Gesetzeswortlaut begnügt sich damit, die Fiktion einer neuen Datenbank auszuloben. Der Text der Datenbank-Richtlinie stellt in Art.10 Abs.3 zumindest klar, dass nur „für die Datenbank, die das Ergebnis dieser Investition ist, eine eigene Schutzdauer“ begründet wird[1250].

Unsicher ist, ob sich die Rechtsfolge in § 87a Abs.1 Satz 2 dUrhG auch auf die gesamte Datenbank und den nicht geänderten Teil der ursprünglichen Datenbank bezieht, oder ob der Schutz nur den geänderten Teil der Datenbank umfasst, wie es die Datenbank-Richtlinie vorschreibt[1251].

Die Schutzfrist könnte an den Gegenstand der Änderungen in der Datenbank anknüpfen, in denen sich die wesentliche Neuinvestition wiederspiegeln, und

1245 *Gaster*, Art.10 Rn.647; *Hornung*, S.174; vgl. *Bensinger*, S.268ff.

1246 *Decker*, in Möhring/Nicolini, UrhG 2.Aufl., § 87d Rn.5; *Dreier*, in Dreier/Schulze, UrhG 3.Aufl., § 87d Rn.7; *Vogel*, in Schricker/Loewenheim, UrhG 4.Aufl., § 87d Rn.5.

1247 *Gaster*, Art.10 Rn.647; vgl. *Bensinger*, S.269, siehe zu den Entwürfen Fn.1204.

1248 *Czychowski*, in Fromm/Nordemann, UrhG 10.Aufl., § 87a Rn.30; *Schmid/Wirth*, in Schmid/Wirth/Seifert, 2.Aufl. (2009), § 87 d UrhG; *Thum*, in Wandtke/Bullinger, UrhG 3.Aufl., § 87a Rn.118; *Vogel*, in Schricker/Loewenheim, UrhG 4.Aufl., § 87d Rn.5; *Gaster*, Art.10 Rn.649 erklärt, dass darin kein „renewal of protection“ liegt.

1249 *Dreier*, in Dreier/Schulze, UrhG 3.Aufl., § 87d Rn.8.

1250 Zum Vorschlag einer einschränkenden Auslegung ähnlich Art.10 Abs.2 Datenbank-Richtlinie vgl. *v.Ungern-Sternberg*, GRUR 2008, 291, 294.

1251 Zum Streitstand *Vogel*, in Schricker/Loewenheim, UrhG 4.Aufl., § 87d Rn.6f.

nur diese Änderungen mit einer neu beginnenden Schutzfristdauer belohnen[1252]. Die Schutzfristen würden danach getrennt nach ihren Gegenständen laufen, was zu parallel verlaufenden Schutzfristen führen könnte[1253]. Für diese Ansicht sprechen die Vorgabe des Richtliniengebers in Art.10 Abs.3 der Datenbank-Richtlinie und der zeitlich begrenzte Schutzweck der Investition. Gegen diese Ansicht spricht aber zunächst die Praktikabilität und Rechtsunsicherheit.

Denkbar ist auch der Fall, dass die Schutzfrist sich jeweils erneuert, wenn der Tatbestand einer wesentlichen Änderung des Inhalts einer Datenbank im Sinne des § 87a Abs.1 Satz 2 dUrhG vorliegt, und die Datenbank insgesamt erfasst[1254]. Damit würde für die Datenbank insgesamt, einschließlich der nichtgeänderten Inhalte, sich die ursprüngliche Schutzfrist verlängern bzw. in der neu beginnenden Schutzfrist fortwirken. Diese Rechtsklarheit[1255] könnte für diese Ansicht sprechen, da so die Rechtsunsicherheit auf Seiten der Hersteller als auch Nutzer beseitigt und Beweisprobleme vermieden werden können. Gegen diese Auffassung ist aber anzuführen, dass damit die Begrenzung der Schutzdauer für unveränderte Inhalte obsolet würde; dies dürfte nicht mehr im Einklang mit dem Grundprinzip der begrenzten Schutzdauer immaterieller Güter und Willen des Gemeinschaftsgesetzgebers sein[1256].

Dagegen haben sich inzwischen die überwiegenden Literaturmeinungen einem in der Tendenz vermittelnden Ansatz angeschlossen[1257]. Sie gehen zunächst übereinstimmend mit der zweiten Ansicht davon aus, dass die Datenbank eine Einheit bildet, und nicht künstlich in verschiedene Bestandteile aufgespalten werden kann. Weiter gehen sie davon aus, dass sich an der gesamten Datenbank auch unterschiedliche Schutzfristen herausbilden können, welche auf einer zweiten Ebene im Verletzungsfall bei der Frage einer wesentlichen Entnahme wieder eine Bedeutung erlangen sollen[1258]. Diese Lösung offenbart aber ebenfalls

1252 So *Hertin*, Fromm/Nordemann, 9.Aufl., § 87d Rn.2 f.; *Gaster*, Art.10 Rn.651 f.; *Haberstumpf*, Hdb. d. UrhR, Rn.533; *v.Lewinksi*, in Roßnagel (Hrsg.), 10. Teil, § 87a Rn.26; ähnlich *Bensinger*, S.269.

1253 So *Hertin*, in Fromm/Nordemann, 9.Aufl., § 87d Rn.2; *Wiebe*, in Spindler/Schuster, 2.Aufl., § 87d UrhG Rn.3.

1254 *Decker*, in Möhring/Nicolini, UrhG 2.Aufl., § 87d Rn.5; *Thum*, in Wandtke/Bullinger, UrhG 3.Aufl., § 87d Rn.12; vgl. *Haberstumpf*, GRUR 2003, 14, 30; ablehnend *Hornung*, S.173.

1255 *Decker*, in Möhring/Nicolini, UrhG 2.Aufl., § 87d Rn.5.

1256 *Gaster*, Art.10 Rn.647ff.

1257 *Leistner*, S.209ff; *Haberstumpf*, GRUR 2003, 14, 30f.; *Wiebe*, CR 2005, 169, 174; *Dreier*, in Dreier/Schulze, UrhG 3.Aufl., § 87d Rn.8; i.E. zustimmend aber kritisch *Vogel*, in Schricker/Loewenheim, UrhG 4.Aufl., § 87a Rn.67; i.E. auch *Thum*, in Wandtke/Bullinger, UrhG 3.Aufl., § 87d Rn.13f.

1258 So bereits *Bensinger*, S.270.

Schwächen, weil sie die Beweisprobleme des Datenbankherstellers in die Wesentlichkeitsprüfung der Entnahmehandlung von noch geschützten Teilen der Datenbank verlagert[1259].

Zusammenfassend ist festzustellen, dass die eine Ansicht sich auf die dogmatisch korrekte Bestimmung der Schutzfrist stützt, die andere praktikable die Datenbank in ihrer Gesamtheit hervorhebt, und ein vermittelnder Ansatz die Lösung auf der Rechtsfolgenebene sucht. Der dargestellten dritten Ansicht ist im Ergebnis zu folgen, da sie die zeitliche und sachliche Beschränkung des sui-generis-Rechts gewährleistet, die nur in einer wertenden Betrachtung festgestellt werden kann.

Unklar aber ist bislang geblieben, wie nun die sich überlappenden Schutzfristen zu handhaben sind und wie die Schutzfrist rechtstechnisch korrekt festgelegt werden kann; dazu bieten sich nachstehende differenzierte Varianten an, welche über den Lösungsansatz eines Wahlrechts für den Datenbankhersteller gelöst werden könnten.

Variante a) könnte mit dem Wortlaut in Art.10 Abs.3 der Datenbank-Richtlinie vorsehen, dass „neben" der ursprünglichen Schutzfrist zusätzlich eine erneute eigenständige Schutzfrist für die Neuinvestition in Gang gesetzt wird. Bei Online-Datenbanken besteht meist nur eine veröffentlichte nicht-abschließende Neuversion, weil die Altversion abgelöst worden ist, so dass nur der Datenbankhersteller Kenntnis über die Schutzfrist der Altversion hätte. Die Schwäche dieser Variante läge darin, dass mit jeder sukzessiven Aktualisierung und Neuversion neben der ursprünglichen Schutzfrist eine „potentielle neue Schutzfrist" treten würde, wobei bis zu einer wertenden gerichtlichen Feststellung unklar bliebe, ob die Wesentlichkeit einer Neuinvestition erfüllt wäre oder Gemeinfreiheit vorläge.

Variante b) könnte aber in Abwandlung zu Variante a) darin bestehen, dass mit Vorliegen der Voraussetzungen des § 87a Abs.1 Satz 2 dUrhG und mit Entstehen der neuen Schutzfrist automatisch die ursprüngliche Schutzfrist sich in der Neuversion implementiert. Die eigenständige Bedeutung der ursprünglichen Schutzdauer könnte bei Online-Datenbanken damit zurückgestellt werden oder abrupt enden, solange bis es zu einem Verletzungsfall kommt und für die dann „aktuelle" „Neuversion" der Datenbank noch eine neue Schutzfrist läuft[1260]. Der alte Bestandsschutz könnte sich dann bis zum Schutzfristablauf gebündelt in der „Neuversion" fortsetzten, ohne dass der Datenbankhersteller einen gravierenden Nachteil erleiden würde. Auf der Ebene des Schutzumfangs müsste dann jedoch

1259 *Vogel*, in Schricker/Loewenheim, UrhG 4.Aufl., § 87d Rn.7; *Wiebe*, in Spindler/Schuster, 2.Aufl., § 87d UrhG Rn.3.

1260 Vgl. *Bensinger*, S.271f., im Sinne einer Neuversion.

genau bestimmt werden, ob die Voraussetzungen der Wesentlichkeit einer Investition und einer Entnahme vorlagen, um eine Begrenzung der Schutzdauer zu gewährleisten.

Im Ergebnis festzuhalten ist, dass die in einer gemeinsamen Datenbank verkörperten Investitionsleistungen nur auf der Ebene des Umfangs der Schutzrechte sinnvoll bewertet und sachgerechte Ergebnisse ermittelt werden können, wenn der Ablauf der Schutzdauer und die Amortisation getätigter Investitionen berücksichtigt werden.

III. Fristberechnung

Die Berechnung der Frist erfolgt nach § 87d Satz 2 dUrhG durch Verweis auf § 69 dUrhG; es handelt sich folglich um eine Jahresfrist. Die Schutzfrist beginnt mit dem Ablauf des Kalenderjahres, in dem die Datenbank hergestellt, veröffentlicht öder geändert worden ist, soweit die Veröffentlichung binnen der Schutzdauer ab Herstellung geschieht. Das bedeutet, dass die nach Jahren bemessene Schutzfrist immer mit dem 01. Januar des auf das Ereignis folgenden Kalenderjahres beginnt und ebenso immer zum 31. Dezember des Kalenderjahres endet, welches dem fünfzehnten nachfolgenden Kalenderjahr nach diesem Ereignis entspricht. Wird die Datenbank nicht binnen der Schutzdauer ab dem Zeitpunkt des Abschlusses der Herstellung der Datenbank veröffentlicht, ist die Veröffentlichung der Datenbank ohne Bedeutung, da für den Fristbeginn dann hilfsweise der Zeitpunkt des Abschlusses der Herstellung der Datenbank allein maßgeblich ist[1261].

Die Fristberechnung geschieht in Übereinstimmung mit Art.10 Abs.1 und Abs.2 der Datenbank-Richtlinie europaweit einheitlich. Der Vollständigkeit halber soll an dieser Stelle noch die Übergangsregelung des § 137g Abs.2 dUrhG Erwähnung finden, die die Schutzfrist für Datenbanken, die vor der Umsetzung des Datenbankherstellerschutzes zwischen dem 01. Januar 1983 und dem 31. Dezember 1997 herstellt worden sind, erneut zum 01. Januar 1998 begonnen lassen hat[1262].

1261 *Vogel*, in Schricker/Loewenheim, UrhG 4.Aufl., § 87d Rn.3.

1262 *Dreier*, in Dreier/Schulze, UrhG 3.Aufl., § 87d Rn.10; a.A. *Vogel*, in Schricker/Loewenheim, UrhG 4.Aufl., § 87d Rn.9 für richtlinienkonforme Auslegung m.w.N.; zur Problematik mit Altdatenbanken *Leistner*, in Wiebe/Leupold (Hrsg.), Recht der elektronischen Datenbanken, II.-B. Rn.115.

H. Schutz als Sendeunternehmen?

Die Anbieter von Zugriffsdiensten könnten zusätzlich ein Leistungsschutzrecht als Sendeunternehmen nach § 87 dUrhG besitzen, wenn die Übermittlung entgegen der hier vertretenen Ansicht als Sendung aufgefasst wird. Ein Sendeunternehmen liegt vor, welches die Entscheidung über eine Programmsendung trifft[1263]. Das Leistungsschutzrecht nach § 87 Abs.1 dUrhG gewährt dem Sendeunternehmen ein ausschließliches Recht, seine eigene Funksendung weiterzusenden und öffentlich zugänglich zu machen, auf Bild- oder Tonträger aufzuzeichnen und zu vervielfältigen und zu verbreiten bzw. an gegen Entgelt zugänglichen Orten öffentlich wahrnehmbar zu machen[1264]. Abrufdienste, die auf individuelle Anfrage eines Rezipienten für die Übermittlung des Filmes eine Punkt-zu-Punkt Verbindung herstellen, bieten schon per se keine an die Öffentlichkeit gerichtete Sendung an.

I. Wettbewerbsrechtlich orientierter Investitionsschutz von Datenbanken

In Art.13 der Datenbankrichtlinie wird ausdrücklich als Ausgangspunkt festgeschrieben, dass andere Rechtsvorschriften wie über unlauteren Wettbewerbs, mithin also auch der Anwendungsbereich des wettbewerbsrechtlich ergänzenden Leistungsschutz, neben einem Urheberrecht oder sui-generis-Schutz unberührt bleiben sollen[1265]. Die Anwendung des UWG ist neben sondergesetzlichen Vorschriften des Urheberrechtsgesetzes somit nicht von vornherein ausgeschlossen[1266].

Der sog. ergänzende wettbewerbsrechtliche Leistungsschutz[1267] nach den §§ 3, 4 Nr.9 UWG schützt Unternehmen vor der unlauteren Übernahme ihrer Leistungsergebnisse. Dieser Schutztatbestand hat in Bezug auf Datenbanken nach Erlass der Datenbank-Richtlinie im Jahre 1996 und der Umsetzung in den §§ 87 a-e dUrhG wesentlich an Bedeutung verloren[1268], da von einer abschlie-

---

1263 *Schack*, 5.Aufl., Rn.706.

1264 Vertiefend *Reber*, in v.Hartlieb/Schwarz, 65.Kap. Rn.1ff.

1265 *Gaster*, Art.13 Rn.725; *Leistner*, S.343; ablehnend *Koch*, Hdb. Software- und Datenbank-Recht, § 10 Rn. 187.

1266 BGH, GRUR 1997 459, 464 – CB-infobank I; BGH, GRUR 1999, 325, 326 – Elektronische Pressearchive; BGH, GRUR 1999, 707, 711 – Kopienversanddienst; OLG Köln, K&R 2009, 52, 54.

1267 Vgl. zur Kritik der Bezeichnung u.a. *Köhler*, GRUR 2007, 548.

1268 Vgl. *Berger*, GRUR 1997, 169, 171, 173; *Leistner*, 343ff.

ßenden Regelung ausgegangen werden kann[1269]. Im Verhältnis zum Urheberrechtsgesetz ist, bezogen auf Datenbanken daher fraglich, ob ein ergänzender wettbewerbsrechtlich orientierter Investitions- bzw. Leistungsschutz neben einem Sonderrechtsschutz überhaupt noch einen eigenen Anwendungsbereich besitzt[1270].

Die Rechtsprechung und die herrschende Lehre vertraten überwiegend die These vom Vorrang des Immaterialgüterrechts vor dem Wettbewerbsrechts[1271]. Nach der Rechtsprechung[1272] scheidet ein sogenannter ergänzender wettbewerbsrechtlicher Leistungsschutz meist dann aus, wenn bereits für das nachgeahmte Erzeugnis ein verdrängender Sonderschutz, beispielsweise ein Urheberrechtsschutz, besteht[1273]. Den Urheberrechten stehen die sonstigen verwandten Schutzrechte nach dem UrhG gleich[1274]. Der sui-generis-Schutz genießt aufgrund seiner Spezialität als Sonderschutz grundsätzlich Vorrang[1275].

Das Verhältnis des Immaterialgüterrechts zum Wettbewerbsrecht steht insbesondere seit Erlass der Richtlinie über unlautere Geschäftspraktiken[1276] und der Einschränkungen der Vorrangthese beim Gebrauchsmuster- und Markenschutz erneut in der Diskussion[1277]. Unstreitig kommt dem ergänzenden wettbewerbsrechtlichen Leistungsschutz keine Auffangfunktion zu[1278]. Vielmehr ist der lauterkeitsrechtliche Nachahmungsschutz gegen handlungsbezogenes Unrecht an eigene, besondere Voraussetzungen geknüpft[1279].

1269 Vgl. BGH, GRUR 1987, 814, 816 – Die Zauberflöte; *Leistner*, S.345f; *Koch*, Hdb. Software- und Datenbank-Recht, § 10 Rn.187; *Yarayan*, S.143f.

1270 *Köhler*, GRUR 2007, 548, 549 unter II. m.w.N.

1271 BGH, GRUR 1987, 814, 816 – Zauberflöte; *Schricker/Loewenheim*, in Schricker/Loewenheim, UrhG 4.Aufl., Einl. Rn.53 m.w.N.; a.A. *Köhler*, in Hefermehl/Köhler/Bornkamm, UWG 27.Aufl., § 4 Rn.9.6a.

1272 BGH, GRUR 1987, 814, 816 – Zauberflöte; BGH, GRUR 1997, 459, 464 – CB-infobank I; BGH, GRUR 2006, 329, 332 – Gewinnfahrzeug mit Fremdemblem.

1273 *Köhler*, in Hefermehl/Köhler/Bornkamm, UWG 27.Aufl., § 4 Rn. 9.7.

1274 BGH, MMR 1999, 470, 472 – Tele-Info-CD; vgl. *Köhler*, in Hefermehl/Köhler/Bornkamm, UWG 27.Aufl., § 4 Rn.9.7.

1275 *Wiebe*, in Wiebe/Leupold (Hrsg.), Recht der elektronischen Datenbanken, II.-C. I. Rn.6 unter dem Stichwort „Ausschlusswirkung" bei Übernahme der Investitionsleistung.

1276 Richtlinie 2005/29/EG über unlautere Geschäftspraktiken, a.a.O.

1277 Vgl. den Beitrag von *Köhler*, GRUR 2007, 548; *ders.*, in Hefermehl/Köhler/Bornkamm, UWG 27.Aufl., § 4 Rn.9.6a.

1278 *Dittmer*, in Büscher/Dittmer/Schiwy, GewRUrhRMedR 2.Aufl., Kap.7 § 4 Nr.9 UWG Rn.3 f.

1279 Vertiefend u.a. *Wiebe*, in Wiebe/Leupold (Hrsg.), Recht der elektronischen Datenbanken, II.-C. I. Rn.7ff.; *Köhler*, in Hefermehl/Köhler/Bornkamm, UWG 27.Aufl., § 4 9.Kapitel, passim.

Greift ein Sonderrechtsschutz nicht ein, ist grundsätzlich von dem Grundsatz der Nachahmungsfreiheit[1280] auszugehen[1281]; die Ausschlusswirkung greift auch dann, wenn die Datenbank die Schutzvoraussetzung zwar nicht erfüllt, beispielsweise wenn das Merkmal der wesentlichen Investition i.S.v. § 87a Abs.1 dUrhG nicht gegeben ist, aber dennoch wettbewerbliche Eigenart besitzt[1282]. Ein ergänzender wettbewerblicher Leistungsschutz ist weiter in den Fällen abzulehnen, in denen die Schutzdauer des Sonderrechtsschutzes bereits abgelaufen ist und die Gefahr einer Überschneidung mit dem Sonderrechtsschutz droht[1283]. Schließlich dürfen die Wertungen des Urheberrechtsgesetzes und Begrenzungen der gewährten Rechte nicht unterlaufen werden[1284].

Ist letztlich der Anwendungsbereich des sui-generis-Rechts als Sonderrechtsschutz eröffnet, wird für den ergänzenden wettbewerbsrechtlichen Leistungsschutz unter dem Gesichtspunkt der unmittelbaren Leistungsübernahme regelmäßig kein Raum bleiben[1285].

Raum bliebe für den wettbewerbsrechtlichen Schutzanspruch trotz eines bestehenden Sonderrechtsschutz nach dem Urheberrechtsgesetz daher nur bei wettbewerbsrechtlich relevanten Verbotshandlungen, deren Tatbestandsvoraussetzungen und Rechtsfolgen nicht bereits Gegenstand der urheberrechtlichen Sonderrechtsnormen sind[1286]. Also nur wenn besondere außerhalb des urheber- und/oder leistungsschutzrechtlichen Sonderschutzes liegende Umstände begründet sind, die die Nutzung der Datenbank aus wettbewerbsrechtlicher Sicht als unlauter bzw. sittenwidrig erscheinen lassen und nicht im Widerspruch zu dem Sonderrechtsschutz nach dem dUrhG liegt, könnte ein ergänzender wettbe-

1280 BGH, GRUR 2007, 795, 799 Tz.51 – Handtaschen; BGH, GRUR 2008, 1115, 1118, Tz.32 – ICON; OLG Hamm, GRUR-RR 2005, 73, 74 – Web-Grafiken; *Schulze zur Wiesche*, in Spindler/Schuster, § 4 Rn.121 f. m.w.N.

1281 *Wiebe*, CR 2005, 169, 174; a.A. *Köhler*, GRUR 2007, 548, 549.

1282 *Wiebe*, in Wiebe/Leupold (Hrsg.), Recht der elektronischen Datenbanken, II.-C. I. Rn.6.

1283 BGH, GRUR 1987, 814, 816 – Zauberflöte ; *Schricker/Loewenheim*, in Schricker/ Loewenheim, UrhG 4.Aufl., Einl. Rn.57; *Vogel*, in Schricker/Loewenheim, UrhG 4.Aufl., Vor §§ 87a ff. Rn.47; *Koch*, Hdb. Software- und Datenbank-Recht, § 10 Rn.187. vgl. *Fock*, Der unmittelbare wettbewerbsrechtliche Leistungsschutz, Diss. iur. (2007), S.73 ff., 88f;

1284 OLG Hamm, GRUR-RR 2005, 73, 74 – Web-Grafiken.

1285 Vgl. *Wiebe*, Anm. zu BGH, Urteil v. 6.5.1999, I ZR 199/96 – Tele-Info-CD, MMR 1999, 474, 476; *Leistner*, S.345.

1286 Vgl. BGH, GRUR 1987, 814, 816 – Die Zauberflöte; BGH, GRUR 2006, 493, 495, Rn.28 – Michel-Nummern; *Gaster* Art.7 Rn.445.

werbsrechtlicher Leistungsschutzanspruch möglich sein[1287]. Mögliche Fallgestaltungen für einen Anwendungsbereich des ergänzenden wettbewerbsrechtlichen Leistungsschutz sind reduziert auf besondere Geschäftshandlungen, wie die vermeidbare Herkunftstäuschung, die Rufausbeutung oder der Vertrauensbruch[1288].

Ein denkbarer Fall eines restlichen Anwendungsbereichs wäre ein solcher, bei dem ein Wettbewerber einen Wettbewerbsvorsprung durch Rechtsbruch erzielt[1289]. Dem Argument, dem Urheber bzw. Rechteinhaber müsse die Entscheidung über die Rechtsverfolgung vorbehalten sein, ist im Vorwege der Boden entzogen, wenn die Rechtsverletzung auch auf die übrigen Mitbewerber ausstrahlt[1290].

Beispielsfall: Ein Konkurrent eines Wettbewerbers einer nach nationalem Recht geschützten Datenbank übernimmt wesentliche Teile einer amerikanischen Datenbank, um ein nachschaffendes Konkurrenzprodukt in Deutschland herzustellen. Die amerikanische Datenbank besitzt nach deutschem Recht kein Urheberschutz, und mangels Gegenseitigkeitsschutz auch kein sui-generis-Recht; sie kann daher unter Umständen nur nach amerikanischem Recht geschützt sein. Eine abschließende Bewertung der Unlauterkeit hat die besonderen Umstände des Einzelfalls und die Interessen der Wettbewerbsfreiheit miteinander abzuwägen.

1287 BGH, GRUR 1997, 459, 464 – CB-infobank I; *Vogel*, in Schricker/Loewenheim, UrhG 4.Aufl., Vor §§ 87a ff. Rn.47.

1288 *Leistner*, S.346; *Wiebe*, in Wiebe/Leupold (Hrsg.), Recht der elektronischen Datenbanken, II.-C Rn.6; *Yarayan*, S.140ff.

1289 *Schricker/Loewenheim*, in Schricker/Loewenheim, UrhG 4.Aufl., Einl. Rn.53.

1290 *Köhler*, GRUR 2007, 548, 550, Tz.10; *Schricker/Loewenheim*, in Schricker/Loewenheim, UrhG 4.Aufl., Einl. Rn.53.

Kapitel II. Rechtslage in Österreich

In einer gesonderten Prüfung zur deutschen Rechtslage ist der Frage nachzugehen, ob digitale Filmverwertungsangebote in Zugriffs- und Abrufdiensten nach österreichischem Recht eigene Schutzrechte für sich beanspruchen können.

A. Schutz als Datenbankwerk

In Österreich ist durch die Urheberrechtsgesetz-Novelle 1997[1291] die Datenbank-Richtlinie[1292] umgesetzt worden. Der Schutz eines Datenbankwerkes ist im I. Hauptstück, Abschnitt VIb., in den §§ 40f - 40h öUrhG geregelt. Der Schutzgegenstand eines nach § 40f Abs.2 i.V.m. § 6 öUrhG geschützten Datenbankwerkes bezieht sich allein auf die Struktur der Elemente der Datenbank, nicht hingegen auf den Datenbankinhalt an sich[1293]. Für das Bestehen eines Datenbankwerkes nach § 40f Abs.2 öUrhG ist zunächst das Vorliegen einer Datenbank erforderlich.

I. Vorliegen einer Datenbank

In § 40f Abs.1 öUrhG ist die Begriffsbestimmung einer Datenbank enthalten; Datenbank sind danach Sammlungen von Werken, Daten oder anderen unabhängigen Elementen, die systematisch oder methodisch angeordnet und einzeln mit elektronischen Mitteln oder auf andere Weise zugänglich sind. Die Tatbestandsvoraussetzungen gelten sowohl für Datenbanken, die als Datenbankwerk geschützt werden, als auch für solche, denen ein sui-generis-Schutz nach § 76c öUrhG zusteht[1294].

Die Definition stimmt abgesehen von dem verwendeten Numerus mit der Vorgabe der Datenbank-Richtlinie überein, und unterscheidet sich zu der deutschen Umsetzungsfassung nur geringfügig[1295].

1291 Urheberrechtsgesetz-Novelle 1997, BGBl I 1998/25.

1292 Richtlinie 96/9/EG des Europäischen Parlaments und des Rates über den rechtlichen Schutz von Datenbanken, ABl EG Nr. L 77 vom 27.3.1996, S.20.

1293 *Dillenz/Gutman*, UrhG & VerwGesG, 2.Aufl. (2004), § 40f Rn.15.

1294 *Burgstaller*, Datenbankrecht, S.16.

1295 Abgesehen von der Unterscheidung im Numerus „Datenbanken“ bzw. „Datenbank“ enthält die deutsche Fassung noch den Zusatz „mit Hilfe“.

Eine Sammlung setzt eine bewusste und gewollte Zusammenstellung ihres Inhaltes voraus[1296]. Als Elemente einer Sammlung können dienen urheberrechtlich sowie nicht-urheberrechtlich geschützte Inhalte[1297], wie beispielsweise auch Texte, Töne, Bilder oder Zahlen[1298]. Online-Plattformen erfüllen die Voraussetzungen an eine Sammlung von Filmwerken, Bilder, Plakate und Zusatzinhalte. Die Unabhängigkeit der Elemente muss aber nach § 40f Abs.1 Satz 1 öUrhG gewahrt bleiben[1299]. Das Unabhängigkeitstatbestandsmerkmal ist bei dem jeweiligen Filmtitel als Multimediarahmen und kleinste Informationseinheit zu bejahen. Eine systematische oder methodische Anordnung der Elemente liegt vor, wenn kein bloßer Datenhaufen existiert, sondern die Elemente im Wege einer gewissen Planmäßigkeit einer Ordnung oder Struktur unterworfen sind, und keine Willkür erkennen lassen[1300]. Es ist allerdings nicht erforderlich, dass die Elemente in geordneter Weise physisch gespeichert sind[1301]. Filme werden in Online-Plattformen marktüblich nach Genre, Neuheit oder Beliebtheit bereitgestellt. Damit ist eine systematische Ordnung der Sammlung durch die Zuordnung zu bestimmten Kategorien erkennbar. Die Einzelzugänglichkeit der Elemente ist gewahrt, wenn die Informationen durch einen individuellen Zugriff jeweils selbständig abgerufen werden können[1302]. Für den jeweiligen Multimediarahmen eines Filmtitels liegt die Einzelzugänglichkeit vor. Im Ergebnis kann somit das Vorliegen einer Datenbank im Sinne des § 40f Abs.1 Satz 1 öUrhG angenommen werden.

Kein Bestandteil einer Datenbank ist nach § 40f Abs.1 Satz 2 öUrhG ein Computerprogramm. Ein Teil der Datenbank ist aber der Index und der Thesaurus. Der Index ist ein Leitinstrument, welches in einer Zusammenstellung aus geordneten Verweisen auf die Datensätze besteht[1303]. Der Thesaurus ist ein Schlagwortregister, welcher Verweise auf Synonyma und Ober- und Unterbegriffe enthält[1304].

1296 Siehe bereits oben unter, Teil III Kapitel I C. III. 1. a. (S.175).

1297 Siehe dazu bereits Teil III Kapitel I. B.I.1.b. und C.III.1.a. (S.162f;175).

1298 Erwägungsgrund 17 der Datenbank-Richtlinie, a.a.O.

1299 Vgl. obige Ausführungen, Teil III Kapitel I. B.I.1.c. und C.III.1.b (S.162; 177f.); *Burgstaller*, Datenbankrecht, S.11.

1300 *Dittrich*, in Kucsko, urheber.recht, § 87a, S.625f.; *Burgstaller*, Datenbankrecht, S.12f.;vgl. bereits oben, Teil III Kapitel I. B.I.2.a. und C.III.1.c. (S.168; 179).

1301 *Walter, Michel M.*, Österr. UrhR, Hdb. I. Teil, Rn.263.

1302 *Burgstaller*, Datenbankrecht, S.13; vgl. bereits Ausführungen in Teil III Kapitel I. C. III 1 d (S.180).

1303 *Ciresa*, UrhR aktuell, 10.8.2, S.189; *Haberstumpf*, Hdb. d. UrhR, Rn.170.

1304 *Ciresa*, UrhR aktuell, 10.8.2, S.189; *Haberstumpf*, Hdb. d. UrhR, Rn.170.

II. Werkeigenschaft einer Datenbank

Zentrale Voraussetzung für den Schutz als Datenbankwerk nach § 40f Abs.2 öUrhG ist, das die Datenbank eine *eigentümliche geistige Schöpfung* im Sinne des § 1 Abs.1 öUrhG ist. Ein sachlicher Unterschied zu der Vorgabe („eigene geistige Schöpfung") in Art. 3 Abs.1 der Datenbank-Richtlinie ist nicht bezweckt[1305]. Die Bestimmung des § 40f Abs.2 öUrhG verlangt allein das Vorliegen einer eigentümlichen Schöpfung, wie sie bereits in § 6 öUrhG für Sammelwerke verlangt wird, und hat daher nur deklaratorische Bedeutung[1306]. Andere Kriterien für das Vorliegen der Werkeigenschaft einer Datenbank, insbesondere eine Beurteilung nach der Qualität oder dem ästhetischen Wert der Datenbank, sollen nach Erwägungsgrund 16 der Datenbank-Richtlinie nicht angewendet werden. Unstreitig sind an den Werkcharakter eines Datenbankwerkes keine höheren Anforderungen zu stellen[1307]. Allerdings soll seit der Umsetzung der Computer-Richtlinie von einem reduzierten Originalitätsbegriff ausgegangen werden[1308].

Datenbankwerke sind nach der gesetzlichen Bestimmung in § 40f Abs.2 öUrhG im Hinblick auf die Voraussetzungen identisch mit Sammelwerken, da bei Vorliegen der Voraussetzungen Datenbanken als Sammelwerke geschützt werden. Der gesetzliche Wortlaut in § 40f Abs.2 öUrhG stellt auf die allgemeine Umschreibung der Originalität ab und lautet insofern, „Datenbanken werden als Sammelwerke (§ 6) urheberrechtlich geschützt, wenn sie infolge der Auswahl oder Anordnung des Stoffes eine eigentümliche geistige Schöpfung sind".

Teils wird daraus gefolgert, dass Datenbankwerke eine Untergruppe der Sammelwerke sei[1309]. Ob aus dem Wortlaut sich diese Feststellung ergibt, kann jedoch dahinstehen, da im Ergebnis auch für ein Datenbankwerk immer die entsprechenden Maßstäbe eines Sammelwerkes vorliegen müssen[1310]. Diese Sichtweise ergibt sich aufgrund der Systematik und der gewählten Umsetzung des österreichischen Gesetzgebers. Gleichwohl muss Kritikern zugesprochen werden, dass für die Beurteilung von dem Originalitätsmaßstab der EG-Datenbankrichtlinie auszugehen ist, womit im Ergebnis wegen des Arguments der Einheit

1305 *Burgstaller*, Datenbankrecht, S.16; ErlRV 1997 zu § 40 f Abs.2, abgedruckt bei *Dittrich*, Urheberrecht, 5.Aufl. (2007), S.231.

1306 *Dillenz/Gutman*, UrhG & VerwGesG, 2.Aufl., § 40f Rn.9.

1307 *Dillenz/Gutman*, UrhG & VerwGesG, 2.Aufl., § 40f Rn.11.

1308 *Dittrich*, ÖJZ 2006, 713, 715; *Verweyen*, in Walter, Europäisches Urheberrecht, Datenbank-RL, Art.3 Rn.16; *Dittrich*, in Kucsko, urheber.recht, S.618.

1309 *Dittrich*, in Kucsko, urheber.recht, S.617 m.w.N.

1310 *Verweyen*, in Walter, Europäisches Urheberrecht, Datenbank-RL, Art.3 Rn.15; a.A. *Burgstaller*, Datenbankrecht, S.26.

der Rechtsordnung auch der Maßstab an das Vorliegen eines Sammelwerkes reduziert wird.

Die eigentümliche geistige Schöpfung eines Datenbankwerkes muss infolge der Auswahl oder Anordnung der Elemente bestehen. Eine schöpferische Anordnung scheidet jedoch bei Online-Portalen aus, wenn sie durch die Natur der Sache oder Zweckmäßigkeitserwägungen geprägt sind[1311]. Die schwerpunktmäßig zu betrachtende Auswahl des „Stoffes“, gemeint sind (Film-)Werke, Daten oder andere unabhängige Elemente im Zusammenhang mit der digitalen Filmverwertung, erfordert eine besondere Auswahlentscheidung des Sammlers, die üblich im Sichten, Sammeln und Bewerten besteht. Die kreative Leistung des Urhebers einer Sammlung besteht insofern in der Auswahl, Sichtung und Zusammenstellung des Materials oder in dessen Anordnung[1312], ohne dass es auf die Entstehung eines „einheitlichen Ganzen“ als selbständige Schutzvoraussetzung ankäme[1313]. Es reicht jedoch aus, wenn nur ein Merkmal die Anforderungen an den urheberrechtlichen Schutz erfüllt. Die rechtliche Beurteilung erfolgt dabei ungeachtet des Umstandes, dass die einzelnen Bestandteile der Sammlung vielleicht einen eigenen Schutz genießen – auf einen schöpferischen Eigentümlichkeitsgrad der Beiträge kommt es nicht an[1314]. Der Sammelurheber muss bei seiner Auswahlentscheidung die Rechte Dritter beachten und bedarf daher selbst der Zustimmung der Berechtigten[1315].

Eine besondere Gestaltungshöhe wird nicht verlangt[1316]. Der *OGH* stellt an die Originalität eines Sammelwerkes keine hohen Anforderungen[1317]. Es muss für das Vorliegen einer eigentümlichen geistigen Schöpfung aber in dem Sammeln und Sichten ein bestimmter Leitgedanke zum Ausdruck kommen, der sich von anderen Sammlungen unterscheidet[1318]. Problematisch ist an der Auffassung des *OGH*, wenn durch das Erfordernis eines bestimmten Leitgedankens die Ori-

---

1311 Vgl. dazu bereits Ausführungen oben Teil III. Kapitel I. B.I.1.d. (S.163ff.).

1312 OGH, 4 Ob 17/97, MR 1997, 98, 99 – Wiener Aktionismus.

1313 *Walter, Michel M.*, Österr. UrhR, Hdb. I. Teil, Rn.251; so noch OGH, 3 Ob 500/55, ÖBl 1956, 10 – Filmalmanach.

1314 OGH, 4 Ob 17/97, MR 1997, 98, 99 – Wiener Aktionismus.

1315 *Walter, Michel M.*, Österr. UrhR, Hdb. I. Teil, Rn.257.

1316 *Verweyen*, in Walter, Europäisches Urheberrecht, Datenbank-RL, Art.3 Rn.16; *Burgstaller*, Datenbankrecht, S.17.

1317 OGH, 4 Ob 224/00w, MR 2000, 373, 374 – Schüssels Dornenkrone; OGH, 4 Ob 155/01z, MR 2001, 311, 313 – C-Villas.

1318 OGH, 4 Ob 165/93, MR 1994, 117, 118 – Österreichisches Recht; OGH, 4 Ob 224/00w, MR 2000, 373, 374 – Schüssels Dornenkrone; OGH, 4 Ob 17/97, MR 1997, 98 – Wiener Aktionismus; kritisch *Verweyen*, in Anm. zu OGH 4 Ob 17/97, MR 1997, 100; *Verweyen*, in Anm. zu OGH 4 Ob 224/00w, MR 2000, 377; *Walter, Michel M.*, Österr. UrhR, Hdb. I. Teil, Rn.251.

ginalität einer Sammlung von objektiven Kriterien abhinge[1319]. Eine individuelle geistige Schöpfung liegt nicht vor, wenn eine Sammlung allein nach dem Kriterium der Vollständigkeit gebildet wird[1320]. Das Kriterium der Vollständigkeit für die Schaffung einer Sammlung spiegelt in der Regel keine originelle Auswahlentscheidung wieder, welche die Bejahung einer eigentümlichen geistigen Schöpfung im Sinne des § 40f Abs.2 i.V.m. § 1 Abs.1 öUrhG verdient[1321]. Eine eigentümliche geistige Schöpfung muss sich vom Alltäglichen, Landläufigen, üblicherweise Hervorgebrachten abheben – so zu bejahen, wenn persönliche Züge des Werkschaffenden erkennbar sind[1322]. Auch mangelt es an der Originalität in der Anordnung, wenn übliche Ordnungskriterien, wie die alphabetische oder numerische Anordnung in auf- oder absteigender Folge, verwendet werden[1323].

Die eigentümliche geistige Schöpfung muss in der Struktur der Datenbank zum Ausdruck kommen[1324]. Der Schutz nach § 40f Abs.2 öUrhG erstreckt sich auf diese Struktur der Datenbank[1325].

Als Beispiele schützenswerter Auswahlentscheidungen werden von *Gaster*[1326] die Bemühungen genannt, eine aufgrund künstlerischer und historischer Kriterien erfolgte Zusammenstellung zu schaffen oder eine Auswahl zu treffen, die besondere Fachkenntnisse und Fähigkeiten voraussetzt, aus der sich eine Unterscheidung zwischen Wichtigem und Unwichtigem erkennen lässt.

Der Kern der Auswahlentscheidung muss daher einen gedanklichen Ansatz verfolgen, und darf nicht bloß, wenn auch unter erheblichem Aufwand, in einer Zusammentragung von Inhalten bestehen.

1319 So zu Recht kritisch *Verweyen*, in Anm. zu OGH 4 Ob 224/00w, MR 2000, 377.

1320 So bereits *Ciresa*, UrhR aktuell, 10.8.1, S.188; *Walter, Michel M.*, Österr. UrhR, Hdb. I. Teil, Rn.254; *Dittrich*, in Kucsko, urheber.recht, S.619.

1321 *Dittrich*, in Kucsko, urheber.recht, S.619; vgl. bereits Teil III Kapitel I. B. I.1.d. (S.134ff.).

1322 OGH, 4 Ob 155/01z, MR 2001, 311, 313 – C-Villas.

1323 *Ciresa*, UrhR aktuell, 10.8.1, S.188.

1324 OGH, 4 Ob 252/01i, MR 2002, 101, 103 – baukompass.at; *Burgstaller*, Datenbankrecht, S.17.

1325 OGH, Ob 252/01i, MR 2002, 101, 103 – baukompass.at; *Burgstaller*, Datenbankrecht, S.18.

1326 *Gaster*, Art.3 Rn. 144 ff. m.w.N.

III. Subsumtion

Nach den bereits an anderer Stelle vergleichend festgestellten Ergebnissen[1327] sind die Voraussetzungen an eine eigentümliche geistige Schöpfung wohl abzulehnen. Eine Auswahl, die unter unternehmerischen Zielrichtungen nach den Kriterien der Vollständigkeit, Gewinnorientierung oder Kundennachfrage vorgenommen wird, lässt keinen geistigen Leitgedanken der Auswahl oder schöpferischen Beitrag erkennen. Eine eigentümlich geistige Schöpfung erscheint aber möglich, soweit eigene geistige Motive die Auswahl der Inhalte lenkt.

IV. Rechteinhaber eines Datenbankwerkes

Für den Einzelfall, dass die Voraussetzungen an ein Datenbankwerk vorliegen, ist Urheber eines Datenbankwerkes die natürliche Person, deren individuelle geistige Leistung sich in dem Datenbankwerk widerspiegelt. Eine juristische Person kann selbst nicht Inhaber eines originären Urheberrechts sein[1328]. Einem Dienstgeber steht jedoch gemäß § 40f Abs.3 öUrhG in entsprechender Anwendung des § 40b öUrhG mangels anderer oder ausdrücklicher Vereinbarung an der vom Dienstnehmer in Erfüllung dienstlicher Obliegenheiten geschaffenen Datenbank ein unbeschränktes Werknutzungsrecht an dem Datenbankwerk zu[1329]. Einem Dienstnehmerurheber verbleiben als Werkschöpfer seine Urheberpersönlichkeitsrechte[1330], soweit der Dienstgeber nicht ebenfalls zur Ausübung berechtigt ist.

V. Ausschließliche Verwertungsrechte

Die dem Urheber eines Datenbankwerkes ausschließlich zustehenden Rechte an seinem Werk sind bis auf die Bestimmung in § 40g öUrhG nicht gesondert umgesetzt worden. Für eine Umsetzung der Vorgaben der Datenbank-Richtlinie in Art.5 bestand insoweit keine Notwendigkeit, als dass bereits die Regelungen für Sammelwerke uneingeschränkt Anwendung genießen[1331], vgl. § 14 Abs.1 öUrhG.

1327 Vgl. obige Ergebnisse in Teil III Kapitel I. B.I.1. und 3. (S.161ff; 170ff.).

1328 st.Rspr., u.a. OGH, 4 Ob 58/04i, MR 2004, 331, 333 – Fragespiel.

1329 OGH, 4 Ob 58/04i, MR 2004, 331, 335 – Fragespiel.

1330 *Ciresa*, UrhR aktuell, 2.2.1., S.26.

1331 *Burgstaller*, Datenbankrecht, S.19.

Der Urheber eines Datenbankwerkes hat somit ein Vervielfältigungsrecht gemäß § 15 öUrhG, ein Verbreitungsrecht gemäß § 16 öUrhG, ein Recht zum Vermieten und Verleihen gemäß § 16a öUrhG, ein Senderecht gemäß § 17 öUrhG[1332], ein Zurverfügungstellungsrecht gemäß § 18a öUrhG und schließlich ein Recht der öffentlichen Wiedergabe gemäß § 40g öUrhG[1333], welches auch die in § 18 öUrhG aufgezählten Nutzungen mit einschließt[1334].

Zu der Geltung der Persönlichkeitsrechte ist auf die bestehenden nationalen Regelungen zu verweisen[1335].

VI. Freie Werknutzungen

Die Möglichkeit der freien Werknutzung eines Datenbankwerkes ist in Umsetzung von Art.6 Abs.2 der Datenbank-Richtlinie geregelt in § 40h öUrhG.

B. Leistungsschutz als Datenbank

Der Leistungsschutz von Datenbanken wurde basierend auf der Datenbank-Richtlinie umgesetzt im II. Hauptstück, Abschnitt IIa., in den §§ 76c -76e öUrhG. Der österreichische Gesetzgeber hat eine einheitliche Definition für eine Datenbank gewählt, unabhängig davon, ob ein Datenbankwerk oder eine einfache Datenbank der Betrachtung zu Grunde liegt. Insofern kann für das Vorliegen einer Datenbank vollständig auf die Ausführungen des Vorliegens einer Datenbank nach § 40f Abs.1 öUrhG Bezug genommen werden. Der eigentliche Schwerpunkt wird an dieser Stelle auf das entscheidende Merkmal der wesentlichen Investition gelegt, das Voraussetzung für den sui-generis-Schutz ist.

I. Schutzvoraussetzungen des sui-generis-Schutzrechtes

In eine Datenbank muss für die Beschaffung, Überprüfung oder Darstellung ihres Inhalts eine nach Art oder Umfang wesentliche Investition aufgewendet worden sein, um die Schutzvoraussetzungen des § 76c Abs.1 öUrhG zu erfüllen.

Der österreichische Gesetzeswortlaut weicht wie schon der deutsche Gesetzestext von den Vorgaben des Richtliniengebers ab, „eine in qualitativer oder

---

1332 Vgl. dazu *Burgstaller*, Datenbankrecht, S.23f.

1333 *Burgstaller*, Datenbankrecht, S.20ff.

1334 *Dillenz/Gutman*, UrhG & VerwGesG, 2.Aufl., § 40g Rn.1.

1335 Siehe dazu *Burgstaller*, Datenbankrecht, S.25f.

quantitativer Hinsicht wesentliche Investition“ gemäß Art.7 Abs.1 der Datenbank-Richtlinie zu fordern. Im Wege richtlinienkonformer Auslegung ist dieser Umstand bei der Auslegung zu berücksichtigen[1336].

Eine Investition liegt vor bei einem Einsatz von Mitteln zum Erreichen eines bestimmten Zwecks[1337]. Als Mittel kommen in Betracht der Einsatz von menschlicher Arbeitskraft, technischer Einrichtungen oder finanzieller Aufwendungen[1338], wobei darauf hinzuweisen ist, dass die Aufzählung nicht abschließend[1339] ist. In Erwägungsgrund 40 wird der Einsatz von Zeit, Arbeit und Energie genannt.

Hinsichtlich der Beschaffung der Elemente gilt wiederum, dass nur die Mittel berücksichtigt werden können, die der Ermittlung von vorhandenen Elementen dienen[1340]. Die Aufwendungen für die Datenerzeugung sind nach den Entscheidungen des *EuGH*[1341] nicht zu berücksichtigen[1342]. Auch die Vorinvestitionen, die nicht im Hinblick auf die Schaffung einer Datenbank getätigt worden sind, können weder als Neben- noch als Abfallprodukt bei der Erstellung einer Datenbank einbezogen werden[1343].

Für die Investition, die in die Überprüfung der Daten bei der Erstellung der Datenbank und während des Betriebs aufgewendet werden, gelten auch hier die bereits ermittelten Auslegungsgrundsätze; es scheiden die Überprüfungsmaßnahmen aus, die im Stadium der Datenerzeugung anfallen[1344].

Als Mittel für die Darstellung der Elemente werden die Investitionen angesehen, mit denen der Datenbank ihre Funktion der Informationsverarbeitung verliehen werden soll. Darunter fallen die Aufwendungen, die der systematischen oder methodischen Anordnung der in der Datenbank enthaltenen Elemente und der Organisation der individuellen Zugänglichkeit dieser Elemente gewidmet werden[1345]. Im Einzelnen zählen zu den Aufwendungen beispielsweise die Kosten für die Indexierung, die Thesauri, die Abfrage, für den Erwerb von Compu-

---

1336 Siehe dazu *Dittrich*, ÖBl 2002, 3f; *Dittrich*, ÖJZ 2006, 713, 715.

1337 *Dittrich*, ÖBl 2002, 3, 6; *Dittrich*, in Kucsko, urherber.recht, § 76c UrhG, S.995.

1338 Erwägungsgrund 7 der Datenbank-Richtlinie, a.a.O.

1339 *Dittrich*, ÖJZ 2006, 713, 715; *Dittrich*, in Kucsko, urheber.recht, § 76c UrhG, S.995.

1340 *Dittrich*, in Kucsko, urheber.recht, § 76c UrhG, S.996, 998.

1341 Siehe dazu Ausführungen unter Teil III Kapitel I C. III. 2 a. (S.151ff.m.w.N.).

1342 *Dittrich*, in Kucsko, urheber.recht, § 76 c, S.998f.

1343 Zur Thematik der Spin-off-Theorie bereits oben unter Teil III Kapitel I C.III.2.a. (S.182ff.) und *Dittrich*, in Kucsko, urheber.recht, § 76c, S.1000.

1344 *Dittrich*, in Kucsko, urheber.recht, § 76c UrhG, S.997; siehe bereits auch obige Ausführungen unter Teil III Kapitel I C.III.2.a.aa. (S.183).

1345 *Dittrich*, in Kucsko, urheber.recht, § 76c UrhG, S.997.

terprogrammen[1346], die Herstellung einer CD-ROM, die Unterhaltungskosten für Server und Betrieb oder die Personal und Sachmittel[1347].

Maßgeblich für die Beurteilung der Wesentlichkeit ist es, jede vorgenommene Investition am Einzelfall genauestens zu überprüfen. Nur wenn die Investition in die Herstellung der Datenbank floss, also im weitesten Sinne der Beschaffung, Überprüfung oder Darstellung von Elementen diente und nicht der Datenerzeugung, kann eine wesentliche Investition vorliegen. Festgemacht wird diese Unterscheidung insbesondere daran, dass eine Beschaffung denklogisch vorhandene Elemente voraussetzt. Der Grenzbereich ist mitunter aber schwer festzustellen.

Zu der weiteren Frage, wann eine Investition als wesentlich eingestuft werden kann, enthält die vordergründig zu beachtende Vorschrift des § 76c Abs.1 öUrhG nur den auslegungsbedürftigen Hinweis auf die Bestimmung nach Art oder Umfang. Ebenso verhält es sich mit der in Art.7 Abs.1 der Datenbankrichtlinie enthaltenen Vorgabe zum Schutzrecht sui generis, die allein besagt, dass „eine in qualitativer oder quantitativer Hinsicht wesentliche Investition erforderlich ist“[1348].

Für die Auslegung einer wesentlichen Investition „nach Art oder Umfang“ ist in richtlinienkonformer Auslegung ein qualitativer oder quantitativer Maßstab zu Grunde zu legen[1349]. Quantitativ wesentlich ist eine Investition, deren Mittel sich beziffern lassen. Hingegen ist qualitativ wesentlich eine Investition, die auf nicht quantifizierbaren Anstrengungen basiert. Als solche sind nach den Erwägungsgründen 7, 39 und 40 der Datenbank-Richtlinie zu nennen eine geistige Anstrengung oder ein Verbrauch von Energie. Weitere Auslegungshinweise lassen sich beispielsweise in den Erwägungsgründen 12 und 19 der Datenbank-Richtlinie finden. Inwieweit eine abstrakte Festlegung der Wesentlichkeit einer Investition nach den bereits getroffenen Feststellungen überhaupt durch diese Kriterien umsetzbar ist und einen Sinn ergibt, soll vorerst dahingestellt bleiben[1350].

Konkret auf die österreichische Rechtslage bezogen interessiert vielmehr die Frage, welchen Standpunkt die Gerichte und die Literatur in Österreich einnehmen. Die Höhe der Anforderungen an die Wesentlichkeit einer Investition wird vor allem in Anlehnung an die deutsche Diskussion in der Tendenz als eine „er-

---

1346 *Burgstaller*, Datenbankrecht, S.15; zuletzt *ders.*, MR 2008, 15, 16.

1347 *Dittrich*, in Kucsko, urheber.recht, § 76c UrhG, S.997.

1348 Insofern sind an dieser Stelle keine Unterschiede zu der deutschen Rechtslage erkennbar.

1349 *Dittrich*, in Kucsko, urheber.recht, § 76c UrhG, S.995; *ders.*, ÖJZ 2006, 713,715f.

1350 Vgl. die Kritik *Burgstaller*, Datenbankrecht, S.36.

hebliche Investition“ bestimmt[1351]. Die österreichische Rechtsprechung hat soweit ersichtlich eine wesentliche Investition bejaht, ohne näher auf die Bestimmung der Wesentlichkeit oder den Maßstab der Investitionshöhe einzugehen[1352].

Der Bewertungsmaßstab hat sich an objektiven Maßstäben zu orientieren[1353].

II. Schutzvoraussetzungen für wesentlich geänderte Datenbanken

Die Schutzvoraussetzungen für wesentlich geänderte Datenbanken richtet sich nach § 76c Abs.2 öUrhG. Nach dem reinen Wortlaut ist einerseits eine in ihrem Inhalt wesentlich geänderte Datenbank Voraussetzung, und andererseits eine nach Art oder Umfang wesentliche Investition für die Änderung erforderlich[1354]. Die Umsetzung in § 76c Abs.2 HS.1 öUrhG stimmt mit der deutschen Regelung weitestgehend[1355] überein, weshalb auf eine ausführliche Darstellung der Voraussetzungen an dieser Stelle verzichtet wird[1356]. Die Erläuterungen zur Regierungsvorlage 1997[1357] führen zu § 76c öUrhG aus, dass die Regelung in Art.10 Abs.3 der Datenbank-Richtlinie betreffend der Dauer des Datenbankrechts für qualifizierte Änderungen des Inhalts einer Datenbank, die das Ergebnis dieser Investition ist, eine eigene Schutzdauer begründet, jedoch nur der Teilaspekt der selbständigen Bearbeitung geregelt werde, also die Gewährung einer eigenen Schutzdauer reine Selbstverständlichkeit dieser Folge ist; der „Entwurf folgt daher nicht der Regelungstechnik der DatenbankRL, sondern sieht eine dem § 5 UrhG vergleichbare Regelung über die Änderungen von Datenbanken vor“. Mit der gesetzlichen Regelung wird festgelegt, dass der Gesetzgeber den Fall des § 76c Abs.2 öUrhG als Bearbeitung der ursprünglichen Datenbank auffasst, und von zwei voneinander unabhängigen Schutzrechten aus-

---

1351 *Burgstaller*, Datenbankrecht, S.34; *Dittrich*, in Kucsko, urheber.recht, § 76c UrhG, S.1001,1003f; *ders.*, ÖJZ 2006, 713, 717.

1352 U.a. OGH, 4 Ob 273/00a, MR 2001,168, 170 – C-Compass; OGH, 4 OB 252/01i, MR 2002, 101, 104 – baukompass.at; OGH, 4 Ob 17/02g, MR 2002, 298, 300 – EDV-Firmenbuch I.

1353 *Dittrich*, in Kucsko, urheber.recht, § 76 c UrhG, S.1004; *Thum*, in Wandtke/Bullinger, UrhG 3.Aufl., § 87a UrhG, Rn.58.

1354 Zu der Problematik bereits oben unter Teil III Kapitel I. C.III.3.a., (S.177).

1355 Die Unterscheidung liegt allein in dem Tausch der Konjunktion „sofern“ durch dessen Synonym „wenn“.

1356 Siehe bereits Ausführungen in Teil III Kapitel I C.III.3. (S.197).

1357 Abgedruckt bei *Dittrich*, Urheberrecht, 5.Auflage, § 76c UrhG, S.345f.

geht[1358]. Diese Sichtweise fand Zustimmung in der Begründung zum deutschen Umsetzungsgesetz[1359], wenn auch im Ergebnis nicht die gleichen Schlussfolgerungen gezogen wurden.

Das Kriterium der Wesentlichkeit der Investition ist wie bereits bei der Beurteilung der Erstinvestition einheitlich auszulegen[1360].

III. Darlegungs- und Beweislast

Das Vorliegen der Schutzvoraussetzungen und wesentlichen Investition ist entsprechend den allgemeinen Grundsätzen über die Beweislastverteilung als anspruchsbegründende Tatsache sowie den Vorgaben der Datenbank-Richtlinie[1361] von demjenigen darzulegen und zu beweisen, der sich auf den Schutz einer Datenbank beruft - dem Datenbankhersteller[1362].

Die Anforderungen an die Dokumentationspflicht des Datenbankherstellers bzw. Anspruchsstellers sind streng zu beurteilen. In Bezug auf die Schutzdauer wird empfohlen, die Datensätze jeweils einzeln nach Erstellungs- und Einspeicherungsdatum zu versehen[1363]. Weiter sind der Zeitaufwand und die Kosten für die Erstellung oder Änderung in die Dokumentation aufzunehmen. Unklarheiten gehen zu Lasten des Datenbankherstellers.

IV. Inhaber des Schutzrechts an Datenbanken

Der Inhaber des Schutzrechts sui-generis an Datenbanken ist gemäß § 76d Abs.1 Satz 1 öUrhG derjenige, der die Investition im Sinne des § 76c öUrhG vorgenommen hat. Damit ist der Hersteller der Datenbank gemeint[1364]. Durch den Verweis auf § 76c öUrhG wird klarstellend eine nach Art oder Umfang wesentliche Investition zugrundegelegt. Entsprechend der deutschen Rechtsauffassung[1365] wird zur Beurteilung der Herstellereigenschaft in Österreich nicht nur

1358 *Dittrich*, in Kucsko, urheber.recht, § 76c, S.1008.

1359 Beschlussempfehlung und Begründung des 19. Ausschusses, BT-Drucks. 13/7934, S.44.

1360 *Burgstaller*, Datenbankrecht, S.43; *ders.*, MR 2008, 15, 18.

1361 Erwägungsgrund 53 und 54 der Datenbank-Richtlinie, a.a.O.

1362 *Dittrich*, in Kucsko, § 76 c UrhG, 3.9., S.1005; *Dittrich*, ÖJZ 2006, 713, 717.

1363 *Haude*, Der urheberrechtliche Schutz von Datenbanken, Diss.iur. Wien (1995), S.95.

1364 *Burgstaller*, Datenbankrecht, S.46.

1365 BGH, MMR 1999, 470, 472 – Tele-Info-CD.

die wirtschaftliche, sondern auch die organisatorische Verantwortung und Risikoübernahme berücksichtigt[1366].

V. Die Rechte des Datenbankherstellers

Die in § 76d Abs.1 öUrhG aufgezählten Ausschließlichkeitsrechte – auch sog. Ausschließungsrechte – des Datenbankherstellers sind abschließender Natur[1367]. Die europarechtlichen Vorgaben aus der Datenbank-Richtlinie sind identisch[1368]. Der Umfang der Verwertungsrechte wird maßgeblich geprägt von dem Verständnis des Schutzgegenstandes des Datenbankhersteller-Rechts. In Österreich hat sich dazu eine dem deutschen Verständnis abweichende Ansicht durchgesetzt. Der *OGH* hat mit einem Teil der Lehre den unmittelbaren Inhalt der Datenbank als Schutzgegenstand aufgefasst[1369]. Eine Ausdehnung des Schutzgegenstandes auf den unmittelbaren Inhalt einer Datenbank ist hingegen abzulehnen[1370], und wird auch nicht von Art.7 Abs.4 der Datenbank-Richtlinie gedeckt. Es gilt insofern zu differenzieren zwischen dem Schutzgegenstand auf der einen, und der Verletzung der Ausschließlichkeitsrechte auf der anderen Seite. Unstreitig dürfte insoweit aber sein, dass sich die Verletzung auf Teile einer Datenbank bezieht, die die Summe ihres Inhaltes abbildet.

Im Einzelnen werden dem Datenbankhersteller für die Nutzung einer gesamten Datenbank oder eines wesentlichen Teils gemäß § 76d Abs.1 öUrhG ein Vervielfältigungsrecht, ein Verbreitungsrecht, ein Rundfunksenderecht, ein Recht zur öffentlichen Wiedergabe, ein Recht zur öffentlichen Zurverfügungstellung, und gemäß § 76d Abs.5 i.V.m. § 14 Abs.2 öUrhG auch ein Bearbeitungs- und Übersetzungsrecht eingeräumt. Die Umsetzung der Richtlinienvorgaben geschah – wie schon in Deutschland – auch in Österreich mit der Abweichung, das die Rechte des Datenbankherstellers sich an den innerstaatlich existierenden Verwertungsrechten zu orientieren haben[1371]. Das Vervielfältigungsrecht ist aufgrund richtlinienkonformer Auslegung zu Datenbankwerken und dem Argument der Einheit der Rechtsordnung gleichbedeutend mit § 15 öUrhG

1366 *Burgstaller*, Datenbankrecht, S.46.

1367 *Dittrich*, in Kucsko, urheber.recht, § 76 d, S.1012; Einzelheiten siehe *Burgstaller*, Datenbankrecht, S.38, FN.202 und S.19ff.

1368 Vgl. bereits oben Teil III Kapitel I. E., (S.208).

1369 OGH, 4 Ob 252/01i, MR 2002, 101, 103 – baukompass.at.

1370 So auch *Burgstaller*, Datenbankrecht, S.37.

1371 Dazu kritisch zu der disharmonierenden Wirkung *Dittrich*, in Kucsko, urheber.recht, § 76d S.1027.

auszulegen[1372]. Dem Interesse der Allgemeinheit an einem ungehinderten Zugang zu Informationen trägt der Umgehungstatbestand des § 76d Abs.1 Satz 2 öUrhG dadurch Rechnung, dass eine Nutzung erlaubnisfrei ist, wenn sie keinen wesentlichen Teil der Datenbank betrifft oder der normalen Auswertung der Datenbank nicht zuwiderläuft bzw. nicht die berechtigten Interessen des Datenbankherstellers unzumutbar beeinträchtigt[1373]. Ebenfalls soll in erweiterter Auslegung des Art.7 Abs.1 der Datenbank-Richtlinie dem Datenbankhersteller ein Verbotsrecht zustehen, das auch die positive Nutzungsbefugnis einschließen soll[1374]. Allerdings muss zur Vermeidung von Informationsmonopolen die Ansicht aber dahingehend einschränkend ausgelegt werden, dass die positive Nutzungsbefugnis im Einklang mit der Vertragsfreiheit dann nicht gelten darf, wenn die Informationen anderweitig nicht abrufbar sind.

Von dem Verbreitungsrecht ausgenommen ist gemäß § 76d Abs.2 öUrhG der Verleih im Sinne des § 16a Abs.3 öUrhG. Aus § 76d Abs.5 i.V.m. § 16 Abs.3 öUrhG folgt das Verbot der internationalen Erschöpfung für körperliche Datenbankträger.

Ausgangspunkt für die Ausschließlichkeitsrechte ist nach § 76d Abs.1 öUrhG die ganze Datenbank oder ein nach Art oder Umfang wesentlicher Teil der Datenbank. Die Bestimmung eines wesentlichen Teils der Datenbank ist – wie bereits in Deutschland – durch den österreichischen Gesetzgeber offengelassen worden[1375]. Ein wesentlicher Teil muss im Vergleich zu der Wesentlichkeit einer Investition eigenständig qualifiziert werden[1376]. Die Bestimmung des wesentlichen Teils des Inhalts der Datenbank kann im Sinne der Datenbank-Richtlinie nach qualitativen oder quantitativen Kriterien erfolgen; nach § 76d Abs.1 Satz 1 öUrhG ist – wie bereits bei der deutschen Regelung – der Maßstab nach Art oder Umfang zu bestimmen. Die Anforderungen an einen wesentlichen Teil werden vor dem Hintergrund des Schutzzwecks als gering eingestuft, und entsprechend Erwägungsgrund 42 der Datenbank-Richtlinie bejaht, wenn durch die unberechtigte Nutzung zumindest ein erheblicher Schaden für die Amortisation der Investitionen des Datenbankherstellers droht[1377]. Eine pauschale Festlegung

---

1372 *Dittrich*, in Kucsko, urheber.recht, § 76d S.1023 m.w.N.

1373 *Burgstaller*, Datenbankrecht, S.41; *Dittrich*, in Kucsko, urheber.recht, § 76d S.1022; vgl. OGH, MR 2002, 298, 301 – EDV-Firmenbuch I; auch BGH, ZUM 2005, 888, 890 – Marktstudien.

1374 *v.Lewinksi*, in Walter, Europäisches Urheberrecht, Datenbank-RL, Art.7 Rn.14; *Dittrich*, in Kucsko, urheber.recht, § 76 d, S.1012, 1013.

1375 *Dittrich*, ÖBl 2002, 3, 7; *Burgstaller*, Datenbankrecht, S.38.

1376 *Burgstaller*, Datenbankrecht, S.38.

1377 *Burgstaller*, Datenbankrecht, S.38f.; a.A. *Dittrich*, in Kucsko, urheber.recht, § 76d S.1021.

auf 50 % des Datenbankinhalts ist abzulehnen, weil die Wesentlichkeit eines Teils sich zunächst am möglichen Schaden für die Investition orientieren muss[1378]. Ein wesentlicher Teil ist jedenfalls zu bejahen, wenn in ihm allein eine wesentliche Investition zum Ausdruck kommt[1379].

Eine auf die österreichische Rechtslage bezogene Frage betrifft das Verhältnis der Ausschließlichkeitsrechte im Zusammenhang mit Bearbeitungen Dritter. Auch wenn man die Änderung einer bestehenden Datenbank als Bearbeitung auffassen kann, die ein eigenständiges Schutzrecht mit gesonderter Schutzdauer erhält[1380], so folgt daraus noch nicht, dass diese Änderung als freie Bearbeitung anzusehen ist und in das Schutzrecht des ursprünglichen Datenbankherstellers nicht eingreift[1381]. Der *OGH* hat seine ursprünglich vertretene Ansicht, dass die geänderte „neue" Datenbank nicht in die Rechte der „alten" Datenbank eingreife[1382], somit ausdrücklich wieder aufgegeben.

Die Darlegungs- und Beweislast in Bezug auf die Verletzung der Rechte des Datenbankherstellers aus § 76d Abs.1 öUrhG obliegt dem Kläger. Der Anspruchssteller muss insofern nicht nur das Vorliegen der Voraussetzungen des § 76c öUrhG darlegen und beweisen, sondern auch die Übernahme bzw. Nutzung eines wesentlichen Teils der Datenbank und die Übereinstimmung der Elemente beider Datenbanken[1383]. Der Anspruchsgegner trägt hingegen die Darlegungs- und Beweislast dafür, dass er sich die Elemente aus anderen Quellen beschafft hat.

VI. Schrankenregelungen

Für veröffentlichte Datenbanken sind in § 76d Abs.3 öUrhG als Ausnahme freie Nutzungshandlungen einer Datenbank festgeschrieben. Hierbei handelt es sich insofern um eine abschließende Schrankenregelung[1384], als das die grundsätzlich verbotene Vervielfältigung eines wesentlichen Teils einer (veröffentlichten) Datenbank bei Vorliegen der Voraussetzungen in § 76d Abs.3 öUrhG ohne Zustimmung des Datenbankherstellers ermöglicht wird. Die Feststellung, wann ein

1378 *Dittrich*, in Kucsko, urheber.recht, § 76d S.1021f.

1379 *Dittrich*, in Kucsko, urheber.recht, § 76d S.1022 m.w. Einzelheiten.

1380 *Ciresa*, UrhR aktuell, 10.8.4, S.192; *Dittrich*, in Kucsko, urheber.recht, § 76d, S.1038.

1381 OGH, 4 OB 252/01i, MR 2002, 101, 104 – baukompass.at; a.A. noch OGH, 4 Ob 273/00a, MR 2001, 168, 170 – C-Compass.

1382 OGH, 4 Ob 273/00a, MR 2001, 168, 170 – C-Compass.

1383 *Dittrich*, in Kucsko, urheber.recht, § 76d öUrhG, S.1041.

1384 OGH, 4 Ob 17/02g, MR 2002, 298, 300 – EDV-Firmenbuch I; a.A. *Dittrich*, in Kucsko, urheber.recht, § 76d öUrhG S.1012.

Datenbankwerk und sinngemäß auch eine Datenbank als veröffentlich gilt, bestimmt sich nach § 8 öUrhG[1385].

Die Schrankenregelungen des § 76d Abs.3 öUrhG beziehen sich ausdrücklich nur auf die Nutzung eines wesentlichen Teils des Inhalts einer Datenbank[1386], und nicht auf die Gesamtheit der Datenbank. Diese Klarstellung ergibt sich bereits aus Art.9 der Datenbank-Richtlinie und dem Gesetz der Logik, demzufolge eine sinnvolle und erlaubnisfreie Nutzung einer Datenbank für die Fälle des § 76d Abs.3 öUrhG bereits durch Vervielfältigungen eines wesentlichen Teils einer Datenbank ermöglicht wird.

Weiter festzustellen gilt, dass die Umsetzung in § 76d Abs.3 öUrhG den Begriff des rechtmäßigen Benutzers aus Art.9 der Datenbank-Richtlinie nicht übernommen hat. Für die Differenzierung besteht also keine Notwendigkeit[1387]. Daraus ließe sich folgern, da ja von dem Gesetzgeber keine Beschränkung auf einen Personenkreis vorgenommen worden ist und mit dem Argument der Einheit der Rechtsordnung gleichlaufend mit § 42 Abs.1 öUrhG grundsätzlich jedermann zum privaten Gebrauch die Vervielfältigung gestattet ist, dass die Vervielfältigung auch „zum Gebrauch eines anderen“ zulässig sei[1388]. Ohne weiteres liegt in der Regelung des § 76d Abs.3 öUrhG keine Beschränkung auf einen bestimmten Personenkreis. Nicht aus den Augen zu verlieren ist dabei aber das Merkmal „für private Zwecke“ in § 76d Abs.3 Nr.1 öUrhG. Solange der Zweck der Vervielfältigung im jeweiligen Einzelfall gewährleistet ist, können auch Vervielfältigungen für den Gebrauch eines anderen von der Schrankenbestimmung des § 76d Abs.3 Nr.1 öUrhG gedeckt sein. Eine stets erweiterte Auslegung im Sinne des § 42a öUrhG dürfte jedoch mit den Vorgaben der Datenbank-Richtlinie in Art.9 lit.a nicht vereinbar sein, und ist daher abzulehnen[1389].

Hinsichtlich der Schrankenregelung in § 76d Abs.3 lit.b. öUrhG stellt sich die Frage, ob von dem Begriff der Wissenschaft auch die Lehre erfasst ist. Eine Definition ist soweit ersichtlich im österreichischen Urheberrechtsgesetz und seinen Materialien nicht enthalten. Insoweit wird teils auf Art.17 des Staatsgrundgesetzes als verfassungsmäßiges Auslegungsgebot abgestellt[1390]. Ein Blick zum Vergleich auf § 42 Abs.2 und 6 öUrhG macht deutlich, dass der österreichische Gesetzgeber grundsätzlich von einer Unterscheidung zwischen Forschung und Lehre ausgeht. Gleichwohl wird der Bereich der Lehre ebenso zum Bereich

1385 *Dittrich*, in Kucsko, urheber.recht, § 76d öUrhG, S.1029.
1386 So *Dittrich*, in Kucsko, urheber.recht, § 76d öUrhG, S.1029.
1387 Vgl. bereits oben Teil III Kapitel I F. (S.227).
1388 So *Dittrich*, in Kucsko, urheber.recht, § 76d öUrhG, S.1029.
1389 Dagegen *Dittrich*, in Kucsko, urheber.recht, § 76d öUrhG, S.1029 und Fn.138f.
1390 *Dittrich*, in Kucsko, urheber.recht, § 76d öUrhG, S.1030.

der Wissenschaft gezählt[1391]. Von der Möglichkeit der Beschränkung der Schrankenregelung[1392] auf bestimmte Gruppen von Lehranstalten hat der österreichische Gesetzgeber keinen Gebrauch gemacht. Im Ergebnis kann man daher davon ausgehen, dass § 76d Abs.3 Nr.2 öUrhG den Bereich der wissenschaftlichen Lehre sowohl zum Bereich der Wissenschaft als auch zum Unterricht mit einbezieht und daher jede Bildungseinrichtung privilegiert[1393].

Ein weiterer Aspekt in der Regelung des § 76d Abs.3 Nr.2. öUrhG besteht in der „vermeintlichen" Begrenzung einer zulässigen Vervielfältigungshandlung eines wesentlichen Teils auf in einem den Zweck gerechtfertigten Umfang. In dieser Differenzierung zu § 76d Abs.3 Nr.1 öUrhG liegt ein großzügigeres Zugeständnis an Bildungseinrichtungen und Wissenschaft[1394]. Die Umsetzung geht über die Vorgaben in Art.9 lit.b der Datenbank-Richtlinie hinaus, weil die Begrenzung zur Veranschaulichung des Unterrichts nicht übernommen worden ist.

Durch Verweis in § 76d Abs.5 öUrhG findet § 41 öUrhG entsprechende Anwendung. Insoweit bestehen keine Besonderheiten bei der Auslegung[1395].

VII. Schutzdauer

Nach der österreichischen Rechtslage erlischt das Schutzrecht an Datenbanken gemäß § 76d Abs.4 öUrhG 15 Jahre nach Abschluss der Herstellung der Datenbank bzw. 15 Jahre nach dem Zeitpunkt der Veröffentlichung, wenn die Datenbank vor Ablauf der erstgenannten Frist veröffentlicht wird, und entspricht damit den Richtlinienvorgaben nach Art.10 Abs.1 und 2 der Datenbank-Richtlinie. Die Berechnung der Schutzfrist erfolgt durch Verweis in § 76d Abs.4 Satz 2 öUrhG nach § 64 öUrhG als Jahresfrist. Beginn der Schutzfrist ist demnach immer der 1. Januar des Folgejahres, das auf den Zeitpunkt der erstmaligen Veröffentlichung folgt bzw. bei nicht fristgerechter Veröffentlichung, das auf den Abschluss der Herstellung der Datenbank folgt. Das Ende der Schutzdauer fällt folglich immer auf den 31. Dezember des Jahres, das 15 Jahre nach dem Fristbeginn folgt.

Eine der im Datenbankrecht ungeklärte und umstrittene Fragestellung besteht hinsichtlich der Schutzfristerneuerung bei wesentlichen Änderungen des Inhalts einer Datenbank aufgrund wesentlicher Neuinvestitionen[1396]. Die Kern-

1391 *Dittrich*, in Kucsko, urheber.recht, § 76d öUrhG, S.1030.

1392 Vgl. Erwägungsgrund 51 der Datenbank-Richtlinie, a.a.O.

1393 *Dittrich*, in Kucsko, urheber.recht, § 76d öUrhG, S.1031.

1394 Siehe dazu *Dittrich*, in Kucsko, urheber.recht, § 76d öUrhG, S.1031.

1395 Zu weiteren Einzelheiten *Dittrich*, in Kucsko, urheber.recht, § 76d öUrhG, S.1032.

1396 *Burgstaller*, Datenbankrecht, S. 43; *ders.*, MR 2008, 15, 17f.

frage bezieht sich darauf, da ja durch die Regelung in § 76c Abs.2 öUrhG bzw. die Vorgabe in Art.10 Abs.3 der Datenbank-Richtlinie eine Fiktion einer neuen Datenbank statuiert wird, ob von der Schutzfristverlängerung nur der geänderte Teil der Datenbank erfasst wird, oder auch die gesamte Datenbank an sich[1397].

Teils wird vertreten, dass die „neue" Datenbank nach einer vorgenommenen Änderung die gesamte Datenbank inklusive des übernommenen Altbestandes umfasse, und nicht lediglich die geänderten Teilstücke; die alte Datenbank solle aber weiterhin den Schutz nach § 76c ff. öUrhG genießen[1398]. Im Ergebnis liefe das auf zwei Schutzrechte mit einer einheitlichen Schutzdauer hinaus.

Die herrschende Meinung in der österreichischen Literatur vertritt die Ansicht, dass nur die neuen Investitionen der jeweiligen Änderungen einem Schutz unterliegen sollen, die ursprüngliche Datenbank davon aber nicht betroffen werden soll[1399]. Als Argument gegen einen Bezug der neuen Schutzdauer auf die gesamte Datenbank wird angeführt, dass ansonsten durch eine wesentliche Neuinvestition die Schaffung eines „ewigen" Schutzes für einfache Datenbanken ermöglicht würde, also einem unbefristeten Exklusivrecht dann „Tür und Tor" eröffnet wäre[1400], obwohl für den nicht-geänderten Teil der Datenbank bereits eine Schutzfrist von maximal 15 Jahren läuft. Der Richtliniengeber habe mit der Bestimmung in Art.10 Abs.3 der Datenbank-Richtlinie nur diejenigen Datenbankhersteller begünstigen wollen, die in ihre Datenbank kontinuierlich investieren und damit einen Schutz ihrer Investitionen verdienen. Die herrschende Meinung in der österreichischen Literatur kommt im Ergebnis zu parallel verlaufenden Schutzfristen zweier oder mehrerer Datenbanken.

Dem vermittelnden deutschen Lösungsweg wird im Ergebnis nicht Folge geleistet, welcher ein einheitliches Schutzrecht an der gesamten Datenbank annimmt und die unterschiedlichen Schutzdauern nur im Verletzungsfall auf der Ebene des Schutzumfangs bei einer wesentlichen Entnahme berücksichtigt[1401].

Maßgeblich für einen Streitentscheid und die Auslegung ist der Sinn und Zweck der Datenbank-Richtlinie, Investitionen in modernen Datenspeicher- und Datenverarbeitungssystemen zu schützen[1402]. Der österreichische Umsetzungsgesetzgeber hat bei Vorliegen der Voraussetzungen des § 76c Abs.2 öUrhG diese Richtlinienvorgaben beachtet und damit die Möglichkeit einer unbegrenzten

---

1397 *Burgstaller*, Datenbankrecht, S. 51.

1398 *Dillenz/Gutman*, UrhG & VerwGesG, 2.Aufl., § 76c Rn.10.

1399 *Walter, Michel M.*, Österr.UrhR, Hdb. I. Teil, VII. Rn.1569; *Dittrich*, ÖBl. 2002, 3, 9; *Burgstaller*, Datenbankrecht, S.43; a.A. Dillenz/Guttmann, UrhG & VerwGesG, 2.Aufl. (2004), § 76c Rn.10.

1400 *Burgstaller*, Datenbankrecht, S. 50.

1401 Siehe obige Ausführungen unter Teil III Kapitel I G. II. (S.228).

1402 U.a. Erwägungsgrund 12, 47, 48 der Datenbank-Richtlinie, a.a.O.

Schutzdauer eröffnet[1403]. Damit ist jedoch ohne wesentliche Neuinvestition nicht per se eine unbegrenzte Schutzdauer geschaffen. Unstreitig liegt bei dem nicht-geänderten Teil keine neue schützenswerte Investition vor, noch erfordert der nicht-geänderte Teil aufgrund des Amortisationsgedankens eine Schutzfristverlängerung. *Burgstaller* weist auf eine Unterscheidung des Richtliniengebers hin, der in Art.10 Abs.3 der Datenbank-Richtlinie nur von der Begründung einer eigenen Schutzdauer spreche, nicht jedoch von einem „neuen Schutzrecht"[1404]. Gegen die herrschende Meinung ist anzuführen, dass die Einheit der Datenbank künstlich aufgespalten wird. Die erstgenannte Ansicht berücksichtigt allerdings nicht die Begrenzung des Schutzrechtes. Sachgerechte Ergebnisse werden hingegen nur mit dem in der deutschen Literatur vermittelnden Ansatz erzielt, wenn die nicht-geänderten Datenbankteile auf der Ebene des Umfangs der Schutzrechte bei der Frage der Wesentlichkeit eines Teils berücksichtigt werden.

VIII. Übergangsregelung

Für Datenbanken, deren Herstellung zwischen dem 01. Januar 1983 und dem 31. Dezember 1997 abgeschlossen worden ist, finden die Bestimmungen der §§ 76c-76e öUrhG Anwendung[1405]. Die Schutzfrist in Höhe von fünfzehn Jahren beginnt in diesem Fall ab dem 1. Januar 1998 und endet am 31. Dezember 2012[1406].

C. Wettbewerbsrechtlicher Investitionsschutz

Neben einem Schutz über das leistungsbezogene öUrhG könnten nach Art.13 und Erwägungsgrund 47 der Datenbank-Richtlinie Schutzansprüche nach dem UWG bestehen. Der vierte Senat des *Obersten Gerichtshofes* Österreichs hat diesbezüglich wiederholt festgestellt, dass von dem Grundsatz der Spezialität des öUrhG und der Subsidiarität des öUWG auszugehen ist[1407].

1403 So auch *Dillenz/Gutman*, UrhG & VerwGesG, 2.Aufl., § 76c Rn.11.

1404 *Burgstaller*, Datenbankrecht, S. 50.

1405 Art.IV Abs.2 Satz 1 der Urheberrechtsgesetz-Novelle 1997.

1406 Siehe dazu insbesondere *Dittrich*, in Kucsko, urheber.recht, § 76d öUrhG, S.1038ff.; *Burgstaller*, Datenbankrecht, S.51.

1407 OGH, 4 Ob 30/02v, MR 2002, 306, 307 – EDV-Firmenbuch II.

Ansprüche können sich nur noch wegen unlauterem Handeln aus dem handlungsbezogen UWG ergeben[1408]. Für eingehende Ausführungen zu dem Verhältnis des UWG zum Immaterialgüterrecht kann an dieser Stelle daher bereits vergleichend auf obige Ausführungen verwiesen werden[1409].

1408 Vgl. *Burgstaller*, Datenbankrecht, S.147.
1409 Siehe Ausführungen unter Teil III Kapitel I I., (S.233).

Kapitel III. Rechtsvergleichende Zusammenfassung zu Datenbanken

Der Teilbereich zu Datenbanken innerhalb des deutschen und österreichischen Urheberrechts ist seit Erlass der Datenbank-Richtlinie harmonisiertes Recht innerhalb der *Europäischen Union*. Ausgangspunkt der Datenbank-Richtlinie war die Schaffung einer einheitlichen Begriffsdefinition. Der deutsche Gesetzgeber hat bei der Umsetzung der Datenbank-Richtlinie für den zweigleisigen Schutz von Datenbanken entsprechend zwei Definitionen geschaffen, und ist damit von dem einheitlichen Datenbankbegriff der Datenbank-Richtlinie abgewichen. Der österreichische Umsetzungsgesetzgeber hat hingegen eine einheitliche Datenbank-Definition in § 40f Abs.1 öUrhG geschaffen. Die österreichische Umsetzung ist durch die einheitliche Definition deutlich klarer und in der Rechtsanwendung praktikabler. Allerdings ist die systematische Verortung bei den Sondervorschriften für Werke misslungen, da falsche Rückschlüsse für das sui-generis-Recht gezogen werden könnten.

Die bestehende Gesetzessystematik der deutschen und österreichischen Rechtsordnung zwingt zu unterschiedlichen Prüfungsabfolgen. Nach der deutschen Rechtslage sind zunächst die Voraussetzungen eines Sammelwerkes zu prüfen, mit der Folge, dass jedes Datenbankwerk automatisch auch ein Sammelwerk darstellt. Es wäre bei Vorliegen einer Datenbank leichter gewesen, lediglich die zusätzlichen Voraussetzungen an eine geistige Schöpfung entsprechend eines Sammelwerkes bzw. die Voraussetzungen einer wesentlichen Investition für den sui-generis-Schutz zu normieren. Der Grund für die Einführung eines urheberrechtlichen Schutzes von Datenbanken beruht wesentlich auf Art.10 Abs.2 TRIPS, nachdem die Vertragsstaaten sich dazu verpflichtet hatten, Datenbanken einen urheberrechtlichen Schutz zu gewähren. Die Vermischung von Datenbankwerken mit Sammelwerken ist aber bedenklich, da der Schaffung elektronischer Datenbanken im Schwerpunkt ein unternehmerischer und organisatorischer Prozess zu Grunde liegt. Die Systematik des zweispurigen Schutzsystems für Datenbanken implementiert die Gefahr eines reinen Produzentenurheberrechts für Datenbankwerke, welche es im deutschen Urheberrechtsgesetz nach der monistischen Urheberrechtslehre so noch nicht gab[1410]. Nur wenn ein Arbeitgeber als Datenbankhersteller selbst auch einen schöpferischen Beitrag geleistet hat, käme ein Urheberrecht an einem Datenbankwerk in Betracht. Die Konzeption des Urheberschutzes von Sammelwerken ist hingegen stärker auf eine schöpferische Leistung ausgerichtet. In der Praxis wird das Vorliegen eines

1410 Dazu bereits kritisch *Yarayan*, S.220f..

Datenbankwerkes schwer zu begründen sein, wenn die Herstellung einer Datenbank von einer Vielzahl von Beiträgen unterschiedlicher Natur und weniger kreativer Einzelarbeit abhängt. Zum Vergleich, für die Herstellung eines Filmwerkes unter Mitwirkung einer Vielzahl von schöpferisch und nicht-schöpferisch Tätigen erhält der Filmhersteller lediglich ein Leistungsschutzrecht nach § 94 dUrhG, und kein Urheberrecht.

Nach der österreichischen Rechtslage werden die Tatbestandsvoraussetzungen von Datenbankwerken eigenständig normiert, wobei ein Gleichlauf zwischen Datenbankwerken und Sammelwerken besteht.

Die bezweckte vollständige Harmonisierung des Schutzes von Datenbanken durch die Datenbank-Richtlinie ist aufgrund der nationalrechtlichen Unterschiede für das Vorliegen eines Werkes nur über Umwege zu erreichen. Ein zweispuriger Schutz von Datenbankwerken auf der einen und geschützten Datenbanken auf der anderen Seite ist daher vielfach kritisiert worden[1411].

Die Vorgaben der Datenbankrichtlinie hinsichtlich der Schutzvoraussetzungen sind nahezu vollkommen umgesetzt worden, wenn auch mit leichten Abweichungen. Zwischen den normierten Tatbestandsvoraussetzungen nach der Rechtslage in Deutschland und Österreich bestehen keine erheblichen Unterschiede, weshalb auf dieser Ebene das Ziel der Harmonisierung als erreicht angesehen werden kann.

Nach der österreichischen Rechtslage besteht jedoch die Besonderheit, dass bei Vorliegen einer wesentlichen Neuinvestition in die Änderung und Überprüfung einer geschützten Datenbank entsprechend § 5 öUrhG die Änderung als Fall der selbständigen Bearbeitung aufgefasst wird. Diese Rechtsauffassung gilt jedoch nach § 76c Abs.2 öUrhG nur für den sui-generis-Schutz einer Datenbank. Widersprüchlich ist die Rechtsauffassung auch dann, wenn entgegen der hier vertretenen Ansicht reine Überprüfungsmaßnahmen eine neue Schutzfrist in Gang setzten sollen. Ferner wird ein Datenbankwerk zugleich auch ein sui-generis-Schutz begründen können. Bei gleichzeitiger Anwendung auf Datenbankwerke könnten regelmäßige Änderungen des Datenbankwerkes eine neue Schutzdauer auslösen. Es bleibt somit fraglich, ob die Auffassung des österreichischen Gesetzgebers diese Folge beabsichtigt. In einer solchen Auslegung liegt eindeutig ein Verstoß gegen Art.10 Abs.3 der Datenbank-Richtlinie, der für Datenbankwerke keine erneute eigene Schutzdauer vorsieht.

Eine Abweichung von der vorgesehenen Schutzdauer in Art.10 Abs.1 und Abs.2 der Datenbank-Richtlinie wäre für die Ziele der größtmöglichen Harmonisierung auf der Ebene der *Europäischen Union* nicht zielführend gewesen.

1411 Siehe u.a. *Berger*, GRUR 1997, 169, 172f., 179; *Grützmacher*, S.442ff., 451f; *Yarayan*, S.220ff. m.w.N.

Unterschiede zwischen der deutschen und österreichischen Rechtslage mit den Vorgaben der Datenbank-Richtlinie können sich aber bei der Behandlung wesentlicher Neuinvestitionen und der Schutzfristerneuerung ergeben. Die Datenbank-Richtlinie schreibt im Fall wesentlicher Änderungen des Inhalts der Datenbank in Art.10 Abs.3 der Datenbank-Richtlinie lediglich vor, dass für die Datenbank, die das Ergebnis dieser Neuinvestition ist, eine eigene Schutzdauer begründet wird. Es wird weder vorgeschrieben, dass eine Aufspaltung in zwei Datenbanken erfolgen, noch dass eine Fiktion einer neuen Datenbank normiert werden muss. Die Behandlung der österreichischen Regelung durch die h.M. erzeugt Bedenken, wenn in der Praxis weder für den Datenbankhersteller noch die Gerichte sowie Nutzer einer Datenbank die Schutzdauer klar bestimmt werden kann. Die vertretenen Auffassungen zur deutschen Umsetzungsnorm sind zwar differenzierter, die h.M. verschiebt das Problem jedoch auf die Rechtsfolgenebene.

Einfacher wäre die Rechtsanwendung, wenn ein Datenbankhersteller die Einheit seiner Datenbank erhält, und durch einen schlichten Veröffentlichungsvermerk einen Hinweis auf die mögliche Schutzdauer eröffnet. Ob im Einzelfall für die Datenbank noch eine Schutzdauer läuft, wäre von dem Ergebnis des Vorliegens einer wesentlichen Neuinvestition abhängig. In der Praxis wäre die Feststellung der Schutzdauer für eine Datenbank nur erforderlich im Fall eines Eingriffs, der sich nicht lediglich auf einen unwesentlichen Teil oder eine freie Werknutzung beziehen würde.

Zum Umfang der Schutzrechte wird in Österreich vom *OGH* die Meinung vertreten, dass durch das sui-generis-Schutzrecht auch der Inhalt geschützt wird. Diese Rechtsauffassung entspricht nicht der Vorgabe in Art.7 Abs.4 der Datenbank-Richtlinie, wonach ausdrücklich Rechte am Inhalt unberührt bleiben.

Auch ist die österreichische Regelung hinsichtlich normierter Schrankenregelungen auf Zwecke der Wissenschaft und des Unterrichts weiter als die deutsche Regelung.

Das Verhältnis des sui-generis-Schutz zu wettbewerbsrechtlichen Ansprüchen steht in Deutschland und Österreich aufgrund der Vorgaben in Art.13 der Datenbank-Richtlinie im Gleichklang vom sui-generis-Schutz zum Wettbewerbsrecht.

Teil IV. Filmverwertung in Ökonomie und Wettbewerb

A. Ökonomische Analyse des sui-generis-Rechts

Wohlfahrtsökonomische Auswirkungen des sui-generis-Rechts lassen sich durch eine ökonomische Analyse des Rechts ermitteln[1412]. Leistungsschutzrechte sind Verfügungsrechte im Sinne der *property rights*-Theorie[1413], da sie den jeweiligen Rechtsinhabern eine ausschließliche Rechtsposition gewähren. Property Rights werden allgemein definiert als „sozial anerkannte ökonomische Handlungs-, Verfügungs- und Nutzungsrechte, die die Merkmale der Universalität, Exklusivität und Übertragbarkeit aufweisen"[1414]. In diesem Sinn stellen Leistungsschutzrechte ein effektives und strafbewährtes Instrument zur Durchsetzung gewährter Ansprüche dar.

Der Bestand von Leistungsschutzrechten kann als Anreiz-, Belohnung– und Effizienzkontrollsystem das Verhalten von Wirtschaftssubjekten beeinflussen[1415]. Der Bestand des sui-generis-Rechts dient der Wohlfahrtssteigerung. Als exklusives jedoch zeitlich befristetes Recht stellt das sui-generis-Recht eine zeitweilige Wettbewerbsbeschränkung dar, die gleichzeitig eine Förderung des Innovationswettbewerbs bewirken kann. Bezogen auf die Verwertung von Filmen ist das Datenbankherstellerrecht allerdings nur Mittler. Es tritt neben die vorhandenen Urheberrechte und das Filmherstellerrecht. Der Zugang zu Filmen wird weiterhin über vor- und nachgelagerte Auswertungsstufen ermöglicht. Das Datenbankherstellerrecht kann daher schon abstrakt die Nutzung eines Films nicht ausschließen, solange eine Auswertung des Films über Kino, DVD oder andere Auswertungsformen vorgenommen wird. Das Schutzrecht sui-generis ist neben dem technischen Schutz des Films allerdings unersetzlich, um zu verhindern, dass der Film zu einem öffentlichen Gut wird und die Amortisation der Investitionen in die Datenbank scheitert[1416].

1412 Für eine vertiefende Auseinandersetzung und ökonomische Rechtfertigung wird verwiesen auf den Beitrag von *Grützmacher*, S.91ff., 106ff., passim.

1413 Vertiefend dazu *Heinemann*, Immaterialgüterschutz (2002) S.21ff. m.w.N.; *Hardege*, S.23f.

1414 *Lehmann, Michael*, in Neumann (Hrsg.) Ansprüche, Eigentums- und Verfügungsrechte, 1984, S.519, 520; *Grützmacher*, S.94.

1415 *Lehmann, Michael*, in Neumann (Hrsg.), Ansprüche, Eigentums- und Verfügungsrechte, 1984, S.519, 523.

1416 Vgl. dazu *Grützmacher*, S.88ff.

Hervorzuheben ist, dass dem Datenbankhersteller zwar die ausschließlichen Rechte an der Datenbank zustehen, er über die Verwertungsrechte jedoch nicht verhindern kann, dass die Datenbank zu Informationszwecken abgefragt und einzelne Elemente bis hin zu wesentlichen Teilen des Inhalts der Datenbank innerhalb der Schranken des § 87c dUrhG bzw. § 76d Abs.3 öUrhG aus der Datenbanksammlung entnommen werden. Der Datenbankhersteller muss daher auf technischem Weg sicherstellen, dass Filmdateien als wesentlicher Teil der Datensammlung nicht entnommen werden können. Das sui-generis-Recht leidet diesbezüglich an ausreichender Effektivität für die Rechtsdurchsetzung in der Praxis.

Der Bestand des sui-generis-Rechts kann im Ergebnis als Grund für Investitionen in Datenbanken für die Filmverwertung gesehen werden, da die Amortisation der Investitionen ermöglicht und geschützt wird. Überdies kann der Bestand des sui-generis-Rechts einen positiven Effekt auf die Herstellung von Filmen ausüben, wenn durch das Instrument der Filmabgabe eine unmittelbare Förderung neuer Filmproduktionen geleistet wird; darin besteht eine weitere Rechtfertigung für die Existenz des sui-generis-Recht[1417]. Direkte Vertriebsvereinbarungen mit Filmherstellern können aufgrund der langfristigen Geschäftsbeziehung zusätzlich eine finanzielle Beteiligung vor oder im Stadium der Filmherstellung ermöglichen, da Plattformanbieter und Betreiber von On-Demand-Portalen an neuen Filmen für ihr Angebot interessiert sind.

Die Bewertung der Ausübung des sui-generis-Rechts als unternehmensbezogenes Leistungsschutzrecht richtet sich nach den gesetzgeberischen Vorgaben im Zusammenhang mit dem Umfang des Leistungsschutzrechtes. Festzustellen ist nach der Gesetzeslage, dass die kodifizierten Rechte in § 87b Abs.1 dUrhG bzw. § 76d Abs.1 öUrhG sich primär auf die Verwertung der Datenbank beziehen, ohne entscheidenden Einfluss auf die Verwertung der Filme als Datenbankinhalt zu gewinnen. Es ist jeweils zu differenzieren, ob die Filme als eigene Werke oder als Werke Dritter angeboten werden. Die reine Informationsabfrage und Entnahme von Informationen sind in der Regel nicht der Gegenstand des Geschäftsmodells, sondern es ist die Übermittlung der Filmdateien zur einmaligen, wiederholten oder dauerhaften Betrachtung. Insofern ist die rein tatsächliche Kombination von einer rechtlich geschützten Datenbank mit der Filmverwertung von der rechtlichen Bewertung zu differenzieren. Solange ein Film noch in weiteren vor- und nachgelagerten Auswertungsstufen zugänglich ist, kann sich kein Alleinstellungsmerkmal der Datenbank in dem gesamten Markt entwickeln. Es bliebe für ein Konkurrenzunternehmen weiterhin möglich, eine

1417 Vgl. *Hardege*, S.31.

Datenbank mit den gleichen Filmtiteln herzustellen, solange die jeweiligen Daten aus eigenen Quellen beschafft worden sind.

Ökonomisch bedeutsam ist der Umstand, dass der Gesetzgeber entgegen der beabsichtigten Schutzdauer eine von bisherigen Regelungen und unternehmensbezogenen Leistungsschutzrechten abweichende[1418] Bestimmung getroffen hat. Die Abweichung der Schutzfrist nach § 87d S.1 dUrhG bzw. § 76d Abs.4 öUrhG ist wohl aus wettbewerbspolitischen Gründen auf 15 Jahre festgelegt worden. Entgegen der beabsichtigten kürzeren Schutzdauer kann jedoch nach der Vorgabe in Art.10 Abs.3 der Datenbank-Richtlinie wegen der Fiktionswirkung des § 87a Abs.1 S.2 dUrhG bzw. § 76c Abs.2 öUrhG durch eine wesentliche Neuinvestition in Form wesentlicher Änderungen oder Überprüfungen ein zeitlich theoretisch unbegrenzter Schutz einer Datenbank hergestellt werden[1419]. Anbietende Verwerter können durch regelmäßige Neuinvestitionen damit selbst die Schutzdauer ihrer Datenbank beeinflussen.

Die tatsächliche Ausübung des sui-generis-Rechts kann Auswirkungen in zwei Richtungen haben, einerseits in Bezug auf die Wertschöpfungskette des jeweiligen Filmwerkes und andererseits in Bezug auf die Wertschöpfungskette der Filmwirtschaft insgesamt. Bestehen an der Ressource Film zahlreiche Verfügungsrechte unterschiedlicher Rechteinhaber, so kann dies aufgrund vermehrten Transaktionskosten und Überschneidungen zu einer chronischen und systematischen Unternutzung der Ressource führen[1420]. Die Auswirkungen von Leistungsschutzrechten fallen für die Wertschöpfung eines Films dann positiv aus, wenn die Potentiale eines Films im Sinne eines *„more economic approach"* vollständig ausgenutzt werden, da damit gleichzeitig die Effizienz des eigenen Leistungsschutzrechts erhöht wird. Es macht für den Inhaber des sui-generis-Rechts von den Kosten her gesehen keinen Unterschied, wie oft der Film jeweils abgerufen wird, da die Grenzkosten des Vertriebs gegen Null tendieren[1421].

B. Medienkartellrechtliche und wettbewerbspolitische Betrachtung

Schließlich fragt sich, ob durch die Kombination von Nutzungsrechten am Filmwerk mit eigenen Schutzrechten der Verwerter Maßnahmen durch die Wettbe-

1418 *Vogel*, in Schricker/Loewenheim, UrhG, 4.Aufl., § 87d Rn.1: ohne sachliche Gründe.

1419 *Rehbinder*, Urheberrecht, 16.Aufl., S.317 Rn.830.

1420 *Bechthold*, GRUR Int.2008, 484, 485 m.w.N. warnt sogar vor einer Hypertrophie der Schutzrechte.

1421 *Picot/Neuburger*, in Hoeren/Sieber, Hdb. MultimediaR, Teil 2. Rn.53f. (EL.7).

werbspolitik erforderlich geworden sind. Der Strukturwandel auf dem Mediensektor und insbesondere in dem Bereich der Filmverwertung hat zu Spannungen zwischen den Beteiligten des Film-Wertschöpfungskreislaufs geführt. Ein wachsendes Spannungsfeld ist darüber hinaus zwischen dem Urheberrecht und dem Wettbewerbsrecht zu verzeichnen. Geistige Werke und Informationsgüter[1422] werden durch die Digitalisierung folglich zunehmend zu einem zentralen Gegenstand der Wettbewerbspolitik. Es ist im Folgenden zu klären, ob durch den Hinzutritt digitaler Filmverwertungsformen positive oder negative Einflüsse auf den Wettbewerb sowie die Marktstruktur und das Marktverhalten übriger Verwerter festgestellt werden können.

Inwieweit der Bereich der digitalen Filmverwertung wettbewerbspolitische Relevanz besitzt, kann ohne die wettbewerbstheoretischen Grundlagen nicht abschließend beantwortet werden. Bereits in der Literatur besteht keine Einigkeit über die Definition von Wettbewerb und Wettbewerbspolitik[1423]. Unter den Begriff Wettbewerb fällt eine Vielzahl von Einzelaspekten, die aber insgesamt in keine allgemeine Definition gepresst werden können, weil sie von Wettbewerbsvoraussetzungen, Marktstruktur, Marktverhalten und Marktergebnissen bestimmt werden[1424]. Allgemein lässt sich daher festhalten, dass Wettbewerb eine Steuerungseigenschaft beinhaltet, die sich in vier wesentlichen Wettbewerbsfunktionen niederschlägt: der Allokationsfunktion, der Innovationsfunktion, der Verteilungsfunktion und der Freiheitsfunktion[1425]. Um die Funktionen des Wettbewerbs auf den Bereich der digitalen Filmverwertung im Einzelfall näher zu untersuchen, muss durch Analyse der Wirkungen verschiedener Marktstrukturen auf das Marktverhalten und die Marktergebnisse diejenigen Marktstrukturen aufgedeckt werden, die sich als besonders positiv oder negativ für den Wettbewerb darstellen[1426]. Steht nach der Analyse fest, welche Marktstruktur sich als wettbewerbsförderliche bzw. wettbewerbsbeschränkende Marktstruktur erwiesen hat, liefern die Ergebnisse eine Entscheidungsgrundlage für die praktische Wettbewerbspolitik[1427]. Ziel der Wettbewerbspolitik ist nach dem heutigen Verständnis die Erhaltung und Förderung von Wettbewerb, indem wettbewerbs-

---

1422 *Hardege* (2006), S.18ff.

1423 Grundlegend dazu *Herdzina*, Wettbewerbspolitik, 5.Aufl. (1999), S.7ff.

1424 *Herdzina*, Wettbewerbspolitik, 5.Aufl., S.8f.; *Kerber*, in Vahlens Kompendium zur Wirtschaftstheorie und Wirtschaftspolitik, 8.Aufl. (2003), S.306.

1425 *Kerber*, in Vahlens Kompendium zur Wirtschaftstheorie und Wirtschaftspolitik, 8.Aufl., S.300.

1426 Vgl. *Kerber*, in Vahlens Kompendium zur Wirtschaftstheorie und Wirtschaftspolitik, 8.Aufl., S.307.

1427 *Kerber*, in Vahlens Kompendium zur Wirtschaftstheorie und Wirtschaftspolitik, 8.Aufl., S.307.

beschränkende Marktstrukturen verhindert bzw. aufgedeckt und bekämpft werden[1428]. Wie allerdings Wettbewerbsprozesse analysiert und bewertet werden, richtet sich wiederum nach einer Vielzahl an wettbewerbstheoretischen und –politischen Konzeptionen, die sich an den gesellschaftlichen Grundwerten Freiheit, Wohlstand und Gerechtigkeit orientieren[1429]. Im Kern gehören zum Bereich der Wettbewerbspolitik alle rechtlichen Regeln und staatlichen Maßnahmen, die der Sicherung der Funktionsfähigkeit des Wettbewerbs dienen[1430].

Die Filmwirtschaft im Lichte des Wettbewerbs zu sehen, fällt aufgrund der kulturpolitischen Überschneidung nicht leicht. Dennoch sind auch auf die Filmwirtschaft als Wirtschaftsbereich Wettbewerbsregeln anzuwenden. Einzelne Unternehmen stellen ein Filmwerk her, für das diese über das Urheberrecht Ausschließlichkeitsrechte erhalten. Die Verwertung des Films wird durch die Rechteinhaber selbst oder durch ein drittes Unternehmen durchgeführt und das Angebot bedient die Nachfrage nach dem Informationsgut. Einzelne Unternehmen stehen über Angebot und Nachfrage in einem Wettbewerbsverhältnis. Nachfragewettbewerb besteht darüber hinaus zwischen Unternehmen auf dem Markt der gleichen Auswertungsstufe und zu substituierenden Stufen nachgelagerter Zweitverwertung. Im Bereich der Filmwirtschaft besteht jedoch die Besonderheit, dass ein faktischer Wettbewerb zwischen einzelnen Filmen vorliegt, wettbewerbstheoretisch aber ein Film einmalig und insofern nicht substituierbar ist: ohne die Verleihung von Schutzrechten wären geistige Schöpfungen ein öffentliches Gut, die sich durch die Eigenschaft der Nichtausschließbarkeit und der gemeinsamen Nutzung kennzeichnen[1431].

Die wirtschaftspolitischen Zielvorstellungen und Wettbewerbsfunktionen für die Filmwirtschaft zu definieren, fällt daher schwer. Die Schwierigkeit bei der Einordnung der Filmwirtschaft unter den Bereich des Wettbewerbs hat zum einen seine Ursache darin, dass wirtschaftswissenschaftliche Ansätze und marktwirtschaftliche Grundsätze sich jeweils nur begrenzt auf die Filmwirtschaft anwenden lassen. Hergestellte Filme sind als Informationsgut selbst keine knappe Ressource, da sie über digitale Kopierverfahren beliebig oft und nahezu ohne Grenzkosten vervielfältigt werden können[1432]. Eine Knappheit liegt lediglich vor bei den lizenzierbaren Nutzungsrechten sowie bei der begrenzten Datenübertra-

---

1428 *Herdzina*, Wettbewerbspolitik, S.11f., 227.

1429 Vertiefend *Kerber*, in Vahlens Kompendium zur Wirtschaftstheorie und Wirtschaftspolitik, 8.Aufl., S.302ff.; *Herdzina*, Wettbewerbspolitik, S.11f., 31ff.; *Schmidt*, Wettbewerbspolitik und Kartellrecht, 8.Aufl.(2005), S.11ff.

1430 *Kerber*, in Vahlens Kompendium zur Wirtschaftstheorie und Wirtschaftspolitik, 8.Aufl., S.301.

1431 Vgl. *Heinemann*, Immaterialgüterschutz (2002), S.16; *Hardege*, S.26ff.

1432 Vgl. *Hardege*, S.30f.

gung der Netze. Auch die Nachfrageseite zu bestimmen, ist abstrakt nicht möglich. Es muss bei Informationsgütern wie dem Film somit differenziert werden zwischen dem Produktmarkt und dem Lizenzmarkt[1433].

Zwei mögliche Fallkonstellationen können wettbewerbspolitische Maßnahmen erfordern. Erstens kann durch räumliche Beschränkungen der Nutzungsrechte eine Wettbewerbsbeschränkung geschaffen werden, die den räumlich relevanten Markt künstlich verkleinert. Zweitens kann eine wettbewerbsbeschränkende Marktstruktur vorliegen, wenn die Marktmacht einzelner Unternehmen zu Markteintrittsschranken führt. Beide Fallkonstellationen lassen sich in der gegenwärtigen Marktsituation von Abruf- und Zugriffsdiensten ablesen.

Problematisch aus wettbewerbspolitischer Sicht dürfte sein, dass ein Spannungsverhältnis zwischen dem Urheberrecht und dem Wettbewerbsrecht vorliegt. Die Beziehung zwischen Immaterialgüterrechten und Wettbewerbsrecht war bereits Gegenstand vertiefter Auseinandersetzungen[1434], weshalb auf eine Erörterung von Inhaltstheorie, Konflikt- und Harmoniethese verzichtet wird. In der neueren Literatur hat sich inzwischen der Konsens durchgesetzt, dass sich das Wettbewerbsrecht und das Recht des geistigen Eigentums ergänzen und nebeneinander Anwendung finden[1435].

Das Urheberrecht gewährt Ausschließlichkeitsrechte, die es gestatten, Art und Umfang der Nutzung des Werkes festzulegen. In § 31 Abs.1 S.2 dUrhG ist die Legitimation für den Rechteinhaber normiert, ein selbständiges Nutzungsrecht mit dinglicher Wirkung räumlich zu beschränken. Ebenso steht es dem Rechteinhaber frei, dem aus seiner Sicht besten Angebot potentieller Lizenznehmer zuzustimmen, womit bereits nach dem Urheberrecht strukturell eine Ausrichtung auf marktstarke Unternehmen gelegt wird.

Als Lösung für den aufgezeigten Konflikt bieten sich einerseits eine interne Lösung über die Ausgestaltung der Ausschließlichkeitsrechte nach dem Urheberrecht an. Eine Streichung des § 31 Abs.1 S.2 dUrhG würde jedoch auch andere Bereiche des Urheberrechts tangieren. Gegen eine teleologische Reduktion spricht der fehlende Beurteilungsspielraum der urhebervertragsrechtlichen Regelung. Bliebe andererseits eine externe Lösung über die wettbewerbsrechtliche Kontrolle ex post. In Betracht käme innerhalb des sachlich und räumlich relevanten Marktes des Europäischen Wirtschaftsraums eine Anwendung des Art.101 AEUV, da das EU-Wettbewerbsrecht nach § 22 GWB grundsätzlichen

1433 *Ohly*, in Oberender, Wettbewerb und geistiges Eigentum (2007), S.64.

1434 Grundlegend *Ullrich*, GRUR Int. 1996, 555ff., passim; *Heinemann*, Immaterialgüterschutz (2002),S.1f. und 24ff., passim; *Ohly*, in Oberender, S.48ff.; *Leistner/Hansen*, GRUR 2008, 479ff.; *Schmidtchen*, in Oberender, S.9ff.

1435 *Heinemann*, Immaterialgüterschutz, S.24ff; *Ohly*, in Oberender, S.63 und 67; *Schmidtchen*, in Oberender, S.41.

Vorrang vor nationalem Recht genießt[1436]. Da die Verwertung von in Europa hergestellten Filmen auf dem gesamten europäischen Binnenmarkt eine Nachfrage finden kann, besteht durch räumliche Beschränkungen in Lizenzverträgen die Gefahr einer Beeinträchtigung des zwischenstaatlichen Handels in der Europäischen Union, womit der Anwendungsbereich des europäischen Wettbewerbsrechts eröffnet ist.

Eine Wettbewerbsbeschränkung liegt nach Art.101 Abs.1 AEUV vor, wenn Vereinbarungen zwischen Unternehmen eine Verhinderung, Einschränkung oder Verfälschung des Wettbewerbs bezwecken oder bewirken. Unternehmen der Filmwirtschaft und auch Urheber und Filmproduzenten gelten nach funktionalem Verständnis des *EuGH* als Unternehmen und Normadressaten[1437]. Für die Filmverwertung europäischer Filmproduktionen kann es nach Art.101 i.V.m. Art.26 Abs.2 AEUV nur auf den europäischen Binnenmarkt als relevanten Markt ankommen. Abzustellen ist auf die Nutzungsrechte an der jeweiligen Sprachfassung des Films. Unter das Wettbewerbsverbot fallen alle Arten von Beschränkungen der wirtschaftlichen Handlungsfreiheit, sofern sie eine spürbare Beeinträchtigung des Wettbewerbs bewirken oder bezwecken[1438]. Eine räumliche Beschränkung von Nutzungsrechten auf ein geschütztes Territorium könnte als marktbeschränkende bzw. marktabschottende Vereinbarung innerhalb des Binnenmarktes eingestuft werden. Zwar werden eine horizontale und vertikale Marktaufteilung durch Zuweisung ausschließlicher Absatzgebiete meist als Wettbewerbsbeschränkung aufgefasst[1439], damit steht aber noch nicht fest, ob urheberrechtliche Vereinbarungen unter das Kartellverbot fallen. Kommt der spezifische Schutzgegenstand des Urheberrechts erst durch die dinglich wirkende Aufspaltungsmöglichkeit zum Ausdruck, ist eine räumliche Beschränkung in Ausübung des Urheberrechts als privilegiert und folglich kartellfest einzustufen[1440]. Das subjektiv geprägte und legitime Bestimmungsrecht des Urhebers bei der Nutzung seines Werkes ist durch das Wettbewerbsrecht anzuerkennen[1441]. In

---

1436 *Böge/Bardong*, in MünchKomm-GWB, § 22 Rn.15ff.; *Säcker*, in MünchKomm-GWB, Einl. Rn.34; *Ahrens*, in Berger/Wündisch, § 14 Rn.10f.

1437 Siehe ausführlich mit weiteren Nachweisen *Brinker*, in Schwarze (Hrsg.), 2.Aufl., Art.81 EGV, Rn.26; *Jalowietzki*, in Büscher/Dittmer/Schiwy, GewRUrhRMedR, 2.Aufl., 17. Kap. Rn.17.

1438 Vertiefend *Gonzales Diaz*, in Loewenheim/Meessen/Riesenkampff, 2.Aufl., Art.81 Abs.1 EG Rn.104ff.

1439 *Gonzales Diaz*, in Loewenheim/Meessen/Riesenkampff, 2.Aufl., Art.81 Abs.1 EG Rn.112ff, 116ff.; *Jalowietzki*, in Büscher/Dittmer/Schiwy, GewRUrhRMedR, 2.Aufl., 17.Kap. Rn.52.

1440 *Nordemann*, GRUR 2007, 203, 205f.

1441 *Nordemann*, GRUR 2007, 203, 205f.

Bezug auf die räumlich und zeitlich begrenzte Vergabe von Nutzungsrechten an den Vorführungs-, Aufführungs- und Senderechten hat der *EuGH* diese Praxis als zulässig angesehen[1442]. Eine andere Beurteilung ließe sich bei der digitalen Distribution von Filmwerken auf Online-Märkten nur aufgrund der Besonderheiten der grenzüberschreitenden Verwertungsmöglichkeit rechtfertigen, aber auch hier könnte eine räumliche Beschränkung durch das legitime Bestimmungsinteresse des Urhebers gedeckt sein. Wirkt der Urheber wie im Bereich der Filmwirtschaft üblich nicht mehr an der Lizenzvereinbarung mit, betrifft die Ausübung des Schutzrechts vorwiegend die Verwerter als Inhaber der Nutzungsrechte. Bei beschränkenden Vereinbarungen zwischen Verwertern im Sublizenzbereich könnte der Schutzgedanke des § 31 Abs.1 S.2 dUrhG damit in Frage gestellt sein und eine Interessenabwägung zugunsten der Wettbewerbsfreiheit und der Verkehrsfähigkeit von Filmen ausfallen.

Ob im Einzelfall die konkrete Ausübung des durch den Lizenzvertrag eingeräumten ausschließlichen und räumlich beschränkten Rechts zu einer Einschränkung des Filmvertriebs bzw. Verfälschung des Wettbewerbs im Bereich der digitalen Filmverwertung führt, wird sich an den weiteren Besonderheiten des Marktes und einer umfassenden Interessenabwägung orientieren. Eine Wettbewerbsbeschränkung wäre bereits dann zu verneinen, wenn ein Film nicht gebietsübergreifend verwertet werden kann, da durch die Ausschließlichkeitswirkung bereits keine Auswirkungen auf dem Gebiet des Binnenmarktes feststellbar wären. Ist überall auf dem europäischen Binnenmarkt eine produktspezifische Nachfrage nach Filmen durch interessierte Rezipienten zu unterstellen, wäre weiter fraglich, ob für den Film mehrere Sprachfassungen vorhanden sind. Würde es sich bei einem Film nicht lohnen, mehrere Synchronfassungen anfertigen zu lassen, so würde eine gebietsübergreifende Abrufmöglichkeit in die berechtigten Interessen der Inhaber des Nutzungsrechts an einer Aufspaltung der Rechte eingreifen. Gegen das Vorliegen einer Wettbewerbsbeschränkung und für eine Zulässigkeit einer räumlichen Beschränkung könnte weiter sprechen, wenn der Rechteinhaber die Verwertung des Films noch in weiteren Auswertungsgebieten sicherstellt. Bei ungehindertem Zugang bestünde keine Marktabschottung mehr.

Ist für den jeweiligen Film sichergestellt, dass Rezipienten in sämtlichen Mitgliedstaaten Zugang zu dem Film haben, müsste weiter untersucht werden, ob durch fehlende Sprachfassungen noch ein negativer Einfluss auf den Binnenmarkt zu verzeichnen ist. Ein solcher ließe sich vergleichend bereits dann

1442 EuGH, GRUR Int. 1980, 602, 607 – Le Boucher I; EuGH, GRUR Int. 1983, 175, 176 – Le Boucher II; vgl. *Bosch*, in Ensthaler/Weidert, S.273 m.w.N.

verneinen, wenn in anderen Verwertungsstufen wie dem Kino andere Sprachfassungen des Films ebenfalls nicht vorrätig sind.

Schließlich ist für jeden einzelnen Markt zu klären, ob betreffend eines Films auf gleicher Verwertungsstufe der Abruf- und Zugriffsdienste mehrere Anbieter gemeinsam im Absatzwettbewerb stehen. Treffen zwei Filmverwertungsunternehmen auf gleicher Stufe eine Vereinbarung über die Auswertung von Filmen in räumlich beschränkten Gebieten, könnte darin aber ein Exportverbot liegen, dass üblicherweise als ein besonders gravierender Wettbewerbsverstoß einzustufen ist[1443].

Die Marktabgrenzung im Bereich der Filmverwertung ist zusammenfassend wettbewerbsrechtlich unbedenklich, wenn sie Ausdruck des spezifischen Inhalts des Schutzrechtes ist. Nur wenn die Gebietsbeschränkung beim Filmvertrieb zu einer im Einzelfall zu überprüfenden spürbaren Wettbewerbsverfälschung führt, wäre sie nicht hinnehmbar[1444]. Dabei legen die Besonderheiten der Filmwirtschaft und des produktspezifischen Wettbewerbs eine zurückhaltende Auslegung nahe. Ein Wettbewerbsverbot liegt daher vorbehaltlich besonderer Umstände im Einzelfall nicht durch die bloß räumlich beschränkte Einräumung ausschließlicher Lizenzen vor.

Ein Eingreifen wettbewerbspolitischer Maßnahmen könnte in der oben dargestellten zweiten Fallkonstellation geboten sein, wenn der Bereich der digitalen Filmverwertung eine wettbewerbsbeschränkende Marktstruktur beinhaltet. Möglicher Grund für eine solche Marktstruktur könnte sein, dass für Unternehmen erhebliche Markteintrittsschranken bestehen. Der Markt der digitalen Filmverwertung erfordert vielfältige Kenntnisse über die Filmwissenschaft, Lizenzverträge, Datenbanken und Technik sowie unternehmerische Qualitäten. Unternehmen müssen einerseits in der Lage sein, das nötige Kapital für ein breites Portfolio an Filmen bereitzustellen, um entsprechende Nutzungsrechte zu erwerben. Weiter müssen sie eine Marktstärke besitzen, die ihnen erlaubt, die technische Infrastruktur herzustellen und gegenüber Netzbetreibern durchzusetzen. Bislang haben sich auf den Markt von Video-on-Demand-Portalen und Online-Plattformen daher nur wenige Unternehmen gewagt, die über eine erhebliche Marktgröße und strategische Vorteile aus dem Bereich der Fernsehveranstalter, Gerätehersteller oder Netzbetreiber verfügen.

In einem aktuellen Kartellverfahren zu ProSiebenSat.1 Media AG und RTL interactive GmbH (Az.: B6-94/10, Beschluss v. 17.März 2011) wurde im Rah-

1443 Siehe vertiefend *Jalowietzki*, in Büscher/Dittmer/Schiwy, GewRUrhRMedR, 2.Aufl., 17.Kap. Rn.52 m.w.N.

1444 *Jalowietzki*, in Büscher/Dittmer/Schiwy, GewRUrhRMedR, 2.Aufl.,17.Kap. Rn.53 m.w.N.

men der Zusammenschlusskontrolle nach §§ 35ff. GWB und §§ 1,2 GWB, Art.101 AEUV die Gründung eines paritätischen Gemeinschaftsunternehmens für den Betrieb einer Online-Plattform für Video-on-Demand mit der Begründung untersagt, das das Zusammenschlussvorhaben zu einer Verstärkung der marktbeherrschenden Stellung der Beteiligten auf dem bundesweiten Fernsehmarkt geführt hätte. Das Bundeskartellamt sah die Video-Online-Werbung bzw. die In-Stream-Video-Werbung als vergleichbar mit der Fernsehwerbung an, so dass das marktbeherrschende Duopol beider Beteiligten aufgrund ihrer hohen Marktanteile bei der Fernsehwerbung in Folge auch zu einer marktbeherrschenden Stellung auf dem Online-Video-Markt durchschlug.

Eine wettbewerbsbeschränkende Marktstruktur könnte daher auch entstehen, wenn auf dem Markt tätige Unternehmen ihre Marktstärke hinsichtlich einer Einkaufsgemeinschaft für Nutzungsechte an Filmen einsetzen oder in Bezug auf Datenbankmanagementsysteme und Technik abgleichen, um so potentielle Konkurrenten und Wettbewerber aus diesen Wirtschaftszweigen zu beeinträchtigen.

Medien- und wettbewerbspolitische Erwägungen können demnach einen starken Einfluss auf die gegenwärtigen und zukünftigen Marktgegebenheiten ausüben. Voraussetzung für die praktische Wettbewerbspolitik ist, dass im Bereich der Filmverwertung Wettbewerb vorliegt und Marktprozesse optimiert werden können. Eine detaillierte Analyse der Filmwirtschaft nach wettbewerbspolitischen Erwägungen erfordert zunächst eine Sachverhaltsermittlung, wo die Voraussetzungen für Wettbewerb vorliegen. Weiter sind wettbewerbsschützende Normen daraufhin zu untersuchen, ob wettbewerbsgefährdende Marktstrukturen oder wettbewerbsbeschränkendes Marktverhalten vorliegt. Ausgangspunkt dafür ist zu ermitteln, ob nach der Zielfunktion der Wettbewerbspolitik besondere Umstände für eine Wettbewerbswidrigkeit sprechen, die wettbewerbspolitische Instrumente erforderlich machen. Kulturpolitische Erwägungen, die sich allerdings überwiegend auf die Herstellung von Filmen konzentrieren, sollten bei der Bewertung aber nicht außer Acht gelassen werden.

Die laufende Entwicklung der digitalen Filmverwertung mit dem Prozess der Konvergenz der Medien wird weiter im Rahmen der Wettbewerbspolitik beobachtet werden müssen. Bislang noch völlig offen ist, wie die Basistechnologie Internet weiter die Marktstruktur verändern wird und sich Probleme im Schnittstellenbereich zwischen regulierten Märkten und nicht-regulierten Märkten auflösen lassen. So war der Wettbewerb auf dem Telekommunikationsmarkt mehr und mehr in den Focus der Wettbewerbspolitik der *Europäischen Kommission* geraten, obwohl beispielsweise das VDSL-Netz der Deutschen Telekom AG nach § 9 a TKG unter einem Wettbewerbsschutz steht[1445]. Es stellt sich in

1445 *Hoenike/Szodruch*, K&R 2007, 628, 629.

Bezug auf die Schnittstellenproblematik zusammenwachsender Märkte daher die Frage, ob es heutzutage noch zeitgemäß ist, eine Wettbewerbsanalyse nach einzelnen Wirtschaftsbereichen vorzunehmen. Die aufgezeigte Entwicklung der digitalen Filmverwertung erfordert, auf den Prozess der Konvergenz der Medien angemessen und zukunftsweisend zu reagieren, indem neutrale und einheitliche Wettbewerbsbedingungen geschaffen werden.

Problematisch dabei ist international Konsens zu erzielen. Überwiegen nationalstaatliche und unternehmensbezogene Interessen, die die Freiheit des Internets durch Aufgabe der Netzneutralität[1446] bedrohen, so besteht die Befürchtung, dass sich das Internet und die digitale Filmverwertung nicht mehr als Einheit um Rezipienten bemühen bzw. jeglichen Wettbewerb ausschließen. Die Chancen, die sich für alle Beteiligten ergeben, würden nutzlos dahin liegen. Zwar war die Filmverwertung auch vor Zeiten des Internets in Filmtheatern oder über Bild- und Tonträger möglich, das Interesse der Nutzer an einen zeitgemäßen und fortschrittlichen Filmkonsum wäre aber beeinträchtigt. Die Amortisation der Investitionen in moderne Datenübertragungsnetze und Datenbanksysteme kann gegenüber dem Bereich der Filmproduktion sicherlich isoliert betrachtet werden, versperrt aber den Blick auf die Entwicklung im Filmbereich. Längst haben die technischen Bedingungen eine Symbiose gebildet, auf die Nutzer nicht mehr verzichten wollen. Der nationale Gesetzgeber der Länder Deutschland und Österreich hat mit der Schaffung eines Datenbankherstellerrechts die Voraussetzungen für Investitionen in Datenbanken und Zugriffs- und Abrufdienste geschaffen. Das Ausschließlichkeitsrecht an der Verwertung der Datenbank bedeutet aber nicht zugleich ein Monopol an dem Film. Gleichzeitig sind die neuen Zugriffs- und Abrufdienste, die auf Datenbanken aufbauen, zur Leistung der Filmabgabe verpflichtet. Die Entstehung von Filmen wird durch die Filmabgabe gefördert, so dass ein unmittelbarer positiver Einfluss des Datenbankherstellerrechts auf die Filmproduktion zu verzeichnen ist.

Verlagert sich zukünftig der Anteil der Filmverwertung mehr und mehr auf unkörperliche Verwertungsformen, ist auch über eine gänzlich angepasste Finanzierungsstruktur des Film-Wertschöpfungskreislaufs nachzudenken. Ohne Förderung wird die Filmwirtschaft nicht bestehen können. Die existierenden Regelungen des FFG zur Filmabgabe sind nach einem Beschluss des *BVerwG* (Beschluss vom 25.02.2009, Az.: 6 C 47/07) jedoch nicht mehr verfassungskonform. Wörtlich führt das *BVerwG* in seinem amtlichen Leitsatz aus: „Die Regelung über die Erhebung der Filmabgabe durch die Filmförderungsanstalt in §§ 66, 66a und 67 I, II FFG 2004 ist mit Art. 3 I und Art. 20 III GG unvereinbar, weil die vertragliche Beteiligung der Fernsehveranstalter an den Kosten der

1446 Siehe dazu vertiefend *Schrey/Frevert*, MMR 2010, 596ff.

Filmförderung unter Verstoß gegen den Grundsatz der Abgabengerechtigkeit nicht der Höhe nach gesetzlich bestimmt ist“[1447]. Die Sonderrolle der Fernsehveranstalter wird in Umsetzung der Rechtsprechung aufzugeben sein. Bei dieser Gelegenheit sollten die Regelungen über das Instrument der Filmabgabe insgesamt neu überdacht werden. Besteht die Rolle der Zugriffs- und Abrufdienste überwiegend in der Verwertung bereits bestehender Filmwerke, so ist hingegen die Rolle der Fernsehveranstalter differenzierter, wenn sich Fernsehveranstalter gleichzeitig als Auftrags- oder Co-Produzent an der Finanzierung eines Filmes beteiligen. Reine Auftragsproduktionen für Fernsehspielfilme finden ihre Legitimation aber allein in dem eigenen Programmauftrag, ohne auch für andere Verwerter eine Bedeutung zu haben. Eine besondere Berücksichtigung dieses Engagement im Gesamtzusammenhang ist demnach nicht erforderlich. Fraglich für die Zukunft wird sein, wie die Bereiche Filmproduktion und Filmverwertung weiter aufeinander abgestimmt werden können. Die Unternehmen aus dem Bereich Filmverwertung sollten sich entweder stärker an der Finanzierung einer Filmproduktion beteiligen, damit weiterhin qualitativ hochwertige Filme produziert werden können, oder eine anderweitige Beteiligungsstruktur zulassen.

Der stark subventionierte Bereich der Filmproduktion und der zum Teil geförderte Bereich der Filmverwertung können nicht mehr nur isoliert betrachtet werden. Es müssen bestehende Wettbewerbsstrukturen überdacht und an zukünftige Entwicklungen angepasst werden. Stets stellt sich die Frage, wo alternative rechtliche Gestaltungs- und Lösungsmöglichkeiten sich anbieten und Möglichkeiten der Harmonisierung zwischen den Ländern Deutschland und Österreich sowie im Gebiet der *Europäischen Union* verfolgt werden können. Um das Ziel der Erhaltung und Förderung eines funktionsfähigen und dynamischen Wettbewerbs im Bereich der Filmverwertung zu erreichen, sollte die Wettbewerbspolitik einen Blick auf den Gesamtzusammenhang der Filmwirtschaft und interdisziplinäre Strukturen wagen.

1447 BVerwG, NVwZ 2009, 854.

Teil V. Ergebnisse der Analyse und Schlussthesen

A. Ergebnisse Teil I

Im Teil I der Bearbeitung über die Grundlagen der digitalen Filmverwertung hat sich gezeigt, dass der Wirtschaftsbereich der Filmverwertung sehr vielfältige Berührungspunkte zu anderen Teilbereichen aufweist: Die Interdisziplinarität der Filmverwertung weist eine Vielzahl an Schnittstellen zu Recht, Ökonomie, Kultur und Technik auf, und sollte bei Subsumtion und wirtschaftlichen Entscheidungen Berücksichtigung finden. Neben dem meist kulturellen Ausgangspunkt steht die wirtschaftliche Bedeutung eines Films deutlich im Vordergrund. Wichtig war Eingangs herauszustellen, welche historische Entwicklung der Film durchschritten hat und wie sich die gegenwärtige und anzunehmende zukünftige Filmverwertung gestaltet. Die gegenwärtigen Marktdaten der Filmwirtschaft geben durch die genannten Umsatzsteigerungen ein sehr positives Bild für die Zukunft der digitalen Filmverwertung wieder. Diese Entwicklung dürfte die nächsten Jahre weiter andauern, wenn auch realistisch gesehen nicht mehr in der gleichen Intensität. Neben den bereits im Markt tätigen Unternehmen haben interessierte Unternehmen an der digitalen Filmverwertung anhand der ökonomischen Analyse der Auswertungsformen die Möglichkeit, die für sie geeigneten Entscheidungen zu treffen.

Die Kombination der Verwertung eines Films mit digitalen Distributionswegen hat bislang unbekannte Vertriebsmöglichkeiten eröffnet. Die technische Infrastruktur und die Netzneutralität ist Grundvoraussetzung für den Markt der digitalen Filmverwertung. Die Verbesserung der Komprimierungsalgorithmen und Datenübertragungsstandards wird auch in absehbarer Zukunft weitere Innovationen hervorbringen. Die Vergangenheit hatte jedoch gezeigt, dass aufgrund der unterschiedlichen Interessenslage und der Vielzahl an Beteiligten und Institutionen eine klare Zielrichtung bei der technischen Ausgestaltung von Datenübertragungsstandards und Videoformaten fehlte. Verbraucher werden, die Vorgangsweise einzelner Unternehmen und Gerätehersteller, ihre Geschäftstätigkeit im Wettbewerb durch eigene Standards abzusichern, weder akzeptieren noch nachvollziehen können. Dieser Entwicklung wird bereits durch internationale Standardisierungs-Organisationen, u.a. der *ITU*, entgegengewirkt. Es muss jedoch noch verstärkt an überstaatlichen Regulierungen gearbeitet werden, um der Internationalisierung der digitalen Filmverwertung gerecht zu werden. Die Filmwirtschaft muss zusätzlich dafür sorgen, dass hybride Formate und Standards sich durchsetzen können und ein freier Wettbewerb der Filmwirtschaft sichergestellt ist. Ferner hat die Technik der Datenverarbeitung auch entscheidenden Einfluss auf das jeweilige Geschäftsmodell und Angebot. Dabei tritt der strategische Vorteil von Triple-Play-Unternehmen in Erscheinung, die parallel zu ihrem Filmangebot auch über die erforderlichen Breitbandnetze verfügen. Welches Geschäftsmodell sich langfristig durchsetzt, ist noch nicht absehbar. Die bereits vollzogene Konvergenz im Mediensektor und Filmbereich legt zumindest nahe, auf ein offenes Geschäftsmodell zu setzten.

Insgesamt sind die Risiken und Schwachstellen der digitalen Filmverwertung durch vor allem technische Lösungen wie digitalen Rechtsverwaltungssystemen behebbar und dürften durch die Potentiale der digitalen Filmverwertung um ein Vielfaches ausgeglichen werden.

B. Ergebnisse Teil II

Die rechtlichen Rahmenbedingungen der digitalen Filmverwertung im Teil II der Bearbeitung haben einen Überblick über die rechtlichen Anknüpfungspunkte gegeben. Ein Einstieg in den Markt der digitalen Filmverwertung erfordert eine Auseinandersetzung mit den unterschiedlichsten Einzelfragen. Es ließ sich dabei nicht auf jeden Teilbereich umfassend eingehen, um den Schwerpunkt auf die urheberrechtlichen Fragestellungen zu legen.

Als Ergebnis lässt sich jedoch feststellen, dass die Rechtswissenschaft verstärkt gefordert ist, einen Wirtschaftsbereich wie der Filmwirtschaft in seiner Gesamtheit zu betrachten. Insbesondere die medienrechtliche Einordnung neuer Filmangebote lässt im vergangenen Jahrzehnt eine starke Divergenz je nach verfassungsrechtlichen, rundfunkrechtlichen oder urheberrechtlichen Standpunkten erkennen. Für ein Unternehmen aus dem Bereich der Filmwirtschaft ist ohne eindeutige Vorgaben und klare Zielvorstellungen des Gesetzgebers eine langfristige Geschäftstätigkeit risikobehaftet. Zusammenfassend unterfallen interaktive Abrufdienste unter das Telemediengesetz bzw. das AMD-Gesetz. Bislang konnte sich die Einordnung von interaktiven Zugriffsdiensten, insbesondere in Form des Near-Video-on-Demand, unter das Telemediengesetz nicht durchsetzen. Die Zukunft wird zeigen, ob sich durch die angebrachte Kritik gegen die Sichtweise der h.M. eine andere Rechtsauffassung durchsetzen wird. Es ist jedoch sehr wahrscheinlich, dass die Bedeutung von Angeboten in Form des Near-Video-on-Demand zukünftig verloren geht. Zur Abgrenzung von interaktiven Abruf- und Zugriffsdiensten erfolgte eine Darstellung der Einordnung von linearen Verteildiensten unter den Rundfunk. Sämtlichen Diensten ist jedoch zu empfehlen, die anzuwendenden Jugendmedienschutzvorschriften einzuhalten.

Hauptaugenmerk wurde im Teil II schließlich auf die Lizenzierung von Nutzungsrechten gelegt. Je nach Zeitpunkt des Vertragsschlusses sind unterschiedliche Ergebnisse zu warten. Urheberrechtlich sind Altverträge vor dem 1.1.1966, Verträge bis einschließlich den 31.12.2008 und Neuverträge ab dem 1.1.2009 zu unterscheiden. Die umstrittene Übergangsvorschrift des § 137l dUrhG, die durch die Streichung des § 31 Abs.4 dUrhG a.F. erforderlich wurde, hat zu viel Unsicherheit und Kritik beigetragen. Es ist Verwertern als Lizenznehmer bei der Nutzungsrechteeinräumung zu raten, in dem Lizenzvertrag eine Garantie von dem Lizenzgeber für die ungebrochene Rechtekette zu verlangen, auch wenn dieser nach der bestehenden Rechtslage im Zweifel über sämtliche Verwertungsrechte an dem Filmwerk verfügt. Als erforderliche Verwertungsrechte für die digitale Filmverwertung in Abruf- und Zugriffsdiensten sind insbesondere das Recht der Vervielfältigung und das Recht der öffentlichen Zugänglichmachung bzw. Zurverfügungstellung zu nennen. Weitere Verwertungsrechte, wie beispielsweise das Senderecht, können aufgrund abweichender Rechtsauffassungen im Einzelfall erforderlich sein. In der gegenständlichen Rechteeinräumung sind die einzelnen Nutzungsformen jeweils konkret zu bezeichnen im Sinne eines Video-on-Demand-Recht, eines Electronic-sell-through-Recht, eines Recht zum Streaming, eines Recht zur Nutzung und Distribution des Films über Datenbanken und gegebenenfalls eines spezifizierten Rechts zur Wiedergabe auf Bildbetrachtungs- und Empfangsgeräten.

C. Ergebnisse Teil III

Im Teil III ist der Frage nachgegangen worden, welche eigenen Rechte Anbieter nach der Rechtslage in Deutschland und in Österreich jeweils zustehen können. Die Datenbank-Richtlinie hat mit einem Schutz von Datenbankwerken und einem Schutz von Datenbanken über das sui-generis-Recht zwei a priori zu beachtende Anknüpfungspunkte geschaffen. Für die genaue Subsumtion der vorherrschenden Marktangebote unter die betreffenden Tatbestände sind zunächst abstrakt die Schutzvoraussetzungen unter Berücksichtigung bislang ergangener Rechtsprechung dargestellt worden. Mit besonderer Berücksichtigung wurde anschließend auf die konkreten Aspekte der digitalen Filmverwertung eingegangen. Dabei ließ sich erkennen, dass ein Schutz als Datenbankwerk nur in seltenen Einzelfällen in Betracht kommt. Die Unternehmen verfügen nach der vorgenommenen Subsumtion stattdessen in der Regel über einen sui-generis-Schutz ihrer Datenbank mit den entsprechenden Rechten. Ein wettbewerbsrechtlicher Leistungsschutz der Datenbank wird per se nicht ausgeschlossen, wird aber aufgrund der Subsidiarität des ergänzenden wettbewerbsrechtlichen Leistungsschutzes nicht relevant. Trotz der gemeinsamen Richtlinienvorgabe über die Datenbank-Richtlinie bestehen in Deutschland und Österreich Unterschiede bei der Umsetzung. Die Auswirkungen dieser Unterschiede lassen sich durch eine richtlinienkonforme Auslegung abmildern.

D. Ergebnisse Teil IV

Die durch die digitale Filmverwertung eingesetzten Veränderungen der Filmwirtschaft haben schließlich auch Einfluss auf Wettbewerb und Wettbewerbsrecht, und sind Gegenstand des Teil IV. Die strategischen Unternehmensverbindungen einzelner Verwerter und die räumlich beschränkten Lizenzgebiete für Filme stehen in einem natürlichen Spannungsfeld mit dem Europäischen Wettbewerbsrecht. Aufgrund der Besonderheiten der Filmwirtschaft, die für jeden Film als Einzelfall gesondert ausfallen, ist es schwierig, die Spannungsfelder allein im Focus des Wettbewerbsrechts zu sehen. Es wird daher auch eine Aufgabe der Wettbewerbspolitik sein, die Marktmacht einzelner Unternehmen für einen freien Wettbewerb zu kontrollieren und geeignete Maßnahmen für eine grenzüberschreitende Filmverwertung im Europäischen Wirtschaftsraum zu ergreifen. Nach einer ökonomischen Bewertung der digitalen Filmverwertung im Lichte der Wettbewerbstheorie gelangt man zu dem Ergebnis, dass die Potentiale, die die digitale Filmverwertung ermöglicht, nicht voll ausgeschöpft werden. Es wird zukünftig erforderlich sein, zumindest innerhalb des Europäischen Wirtschaftsraums einen freien Wettbewerb für Filme und verschiedene Sprachfassungen zu schaffen. Die bisherigen Maßnahmen und Absichtserklärungen der *Europäischen Kommission* haben diesbezüglich keine Früchte getragen.

E. Empfehlungen in Schlussthesen

I. Aufgabe territorialer Lizenzbeschränkungen

Eine gebietsübergreifende Lizenzierung[1448] von Nutzungsrechten an Filmen sowie eine entsprechende Verwertung ist im Zeitalter der digitalen Verwertung geboten und wird von der *Europäischen Kommission* gefordert. Erklärtes Ziel der Europäischen Kommission ist die Verfügbarkeit von Online-Inhalten zu verbessern und allen Beteiligten der Wertschöpfungskette zusätzliche Einnahmen zu ermöglichen, indem ein europäischer Binnenmarkt für Online-Filme ge-

1448 Vgl. bereits BVerfGE 73, 118, 196.

fördert wird[1449]. Eine Maßnahme zur Verwirklichung der *i2010-Strategie* besteht darin, die Verkehrsfähigkeit von Filmen über gebietsübergreifende Lizenzen sicherzustellen. Im Rahmen der *Digitalen Agenda für Europa* der *Strategie Europa 2020* wird die Umsetzung des digitalen Binnenmarktes über gebietsübergreifende Lizenzierungen weiter forciert[1450]. Im Ergebnis besteht nach Art. 32, 167 AEUV die Absicht, auf der Ebene des europäischen Binnenmarktes im Sinne des „*more economic approach*" Leitbildes mehr Wettbewerb und Entfaltung auf dem Kultursektor zu schaffen, mit dem Ziel der Wohlfahrtssteigerung.

Die anhand körperlicher Verwertungsmodelle gewachsenen Marktstrukturen sind aufgrund der Komplikationen bei der digitalen Verwertung als nicht mehr zeitgemäß anzusehen, da für den einzelnen Nutzer über moderne Datenwege diese Beschränkungen nicht mehr nachvollziehbar sind. Zumindest hinsichtlich der unkörperlichen Verwertung sind die technischen territorialen Beschränkungen nicht sinnvoll, zumal die Sperren auch über Spezialsoftware umgangen werden können und die Weltläufigkeit des Internets nicht genutzt wird[1451]. Auch sprechen ökonomische Aspekte des Wohlfahrtsverlustes aufgrund einer Nichtnutzung der unterstellten Nachfrage gegen eine solche Beschränkung, da insbesondere Nischenzielgruppen wirtschaftlich sinnvoll nur über länderübergreifende Angebote angesprochen werden können[1452]. Es wird Unternehmen im Bereich der digitalen Filmverwertung somit vorgeschlagen, eine Lizenzierung ohne räumliche Beschränkung für den gesamten europäischen Wirtschaftsraum vorzunehmen. Alternativer Vorschlag ist eine weltweite Lizenzierung nach Sprachfassung des Films, beispielsweise nicht nur für den deutschsprachigen Raum der Länder Deutschland, Österreich und der Schweiz, sondern für einen gemeinsamen Absatzmarkt.

Die Lizenzgebühr lässt sich über technische Lösungen für jeden Einzelabruf bestimmen. Ein Nutzungsentgelt könnte sich somit auch nach den tatsächlichen Zugriffszahlen richten.

1449 Mitteilung der Kommission über kreative Online-Inhalte im Binnenmarkt vom 03.01.2008, abrufbar http://eur-lex.europa.eu/LexUriServ/LexUriServ.do?uri=CELEX:52007DC0836:DE:NOT [Stand 27.04.2011].

1450 Mitteilung der Kommission über die digitale Agenda für Europa vom 19.05.2010, http://eur- lex.europa.eu/LexUriServ/LexUriServ.do?uri=CELEX:52010DC0245:DE:NOT [Stand 27.04.2011].

1451 *Eberle*, ZUM 2007, 439; *Brunner*, in Hülsmann/Grapp (Hrsg.), Strategisches Management für Film- und Fernsehproduktionen, S.53 (66).

1452 Vgl. *Hülsmann/Cordes/Bruchwitz*, in Hülsmann/Grapp (Hrsg.), Strategisches Management für Film- und Fernsehproduktionen, S.407 (419); *Brunner*, in Hülsmann/Grapp (Hrsg.), Strategisches Management für Film- und Fernsehproduktionen, S.53 (66); *Hardege*, S.36.

II. Steigerung legaler Filmnutzungsangebote

Illegale Online-Filmangebote richten einen erheblichen Schaden für die Filmwirtschaft an. Ein möglicher Grund für die Existenz von Filmpiraterie ist, dass die wenigen kommerziellen On-Demand-Portale und Online-Plattformen im Vergleich zu illegalen Plattformen lange Zeit kein interessanteres Angebot bereithielten. Nutzer können kostenfrei und häufig bereits zeitgleich zur Erstauswertung im Kino einen Film konsumieren, auch wenn sie Qualitätsunterschiede hinnehmen müssen. Durch Fernsehausstrahlungen haben sich Nutzer daran gewöhnt, kostenfrei Filme zu konsumieren. Durch das Internet haben Nutzer bei illegalen Plattformen nun die zusätzliche interaktive Möglichkeit, über die Auswahl des Films sowie Zeit und Ort zu entscheiden; bei fehlender Rivalität werden Rezipienten eine kostenlose Nutzung bevorzugen[1453]. Der Altersgruppe über sechzig Jahren fehlt häufig das technische Verständnis für digitale Filmangebote.

Fortan gilt es durch attraktivere Angebote, bessere technische Zuverlässigkeit und den Abbau von Marktbeschränkungen für eine breitere Akzeptanz der Zielgruppen zu werben. Erforderlich dafür ist zum einen mehr Wettbewerb zu schaffen und zum anderen solche Filme, die einen großen Anteil illegaler Nutzungen ausmachen aber nicht anderweitig erhältlich sind, in kommerzielle Angebote und Strukturen einzubeziehen und zu überführen. Nutzer empfinden derzeit noch als Vorteil, dass sie im Gegensatz zu einer digitalen Kopie beim Kauf einer DVD einen scheinbar dauerhaften Filmkonsum erhalten, ohne über die begrenzte Haltbarkeit einer DVD Kenntnis zu haben. Die Akzeptanz für kostenpflichtige Filmangebote wird sich steigern, wenn mehr Wettbewerb zwischen einzelnen Anbietern und zwischen den anderen Auswertungsstufen hergestellt wird.

III. Vereinfachung der Rahmenbedingungen

Die Filmwirtschaft ist insgesamt sehr komplexen Rahmenbedingungen ausgesetzt. Daher sollte das Ziel eine Vereinfachung der Marktbedingungen sein, die eher durch eine Deregulierung als eine Überregulierung zu erreichen ist. Dennoch sind staatliche Eingriffe aufgrund der fortschreitenden Konvergenz von Medien, Unternehmen und Technik auch geboten. Eine Änderung der rechtlichen Rahmenbedingungen durch den Gesetzgeber sollte jedoch immer sorgfältig abgewogen werden. Die beteiligten Unternehmen haben sich auf eine Rechtslage eingestellt und ihre Geschäftstätigkeit danach ausgerichtet. Unter Einbezie-

1453 Vgl. in diesem Sinne auch *Hardege*, S.27.

hung der Interessen der Europäischen Filmwirtschaft insgesamt ist zu überlegen, wo tatsächliche und rechtliche Hürden des wirtschaftlichen Handels im Kontext von Markteintrittsschranken abgebaut und Vereinfachungen geschaffen werden können. Die Politik ist nicht aufgerufen, die Marktstrukturen zu verändern, indem sie zugunsten der einen oder der anderen Seite entscheidet. Innerhalb des Europäischen Wirtschaftsraums sollte die Politik Antworten auf die fortschreitende Internationalisierung der Filmverwertung geben. Sie sollte sich darauf beschränken, eine klare und langfristige Förderungspolitik von Filmen zu schaffen, und einen freien und ungehinderten Zugang zu Informationen zu gewährleisten. Denn es besteht bei der Auswertungsstufe der digitalen Filmverwertung die Gefahr, dass mangels klarer Zielvorstellungen innerhalb der *Europäischen Union* der Markt überreguliert wird. Die Wettbewerbsfähigkeit von im Europäischen Wirtschaftsraum hergestellter Filme gilt es zu verbessern.

IV. Auswirkungen auf die Filmfinanzierung

Eine Systemänderung der Filmfinanzierung ist nach heutiger Sicht nicht denkbar. Die steuerliche Begünstigung durch Filmfonds ist gestrichen worden, so dass Steuervorzeile im Zusammenhang mit Filmfonds sich in Deutschland seit dem Jahr 2007 erledigt hat[1454]. In Österreich wird dieses Thema gemieden, obwohl sich im Nachbarland Ungarn mit Steuervorteilen positive Markteinflüsse gezeigt haben[1455].

Umso mehr ist es daher erforderlich, in das bestehende System der Filmfinanzierung eine Förderung zu integrieren, die auf die Zukunft ausgerichtet ist. Die staatliche Filmförderung[1456] durch den deutschen Filmförderfonds und die Filmförderung der Länder hat sich als enorm erfolgreich erwiesen. Daher sollte dieses System erhalten und unterstützt werden. Ein Vorschlag ist, eine gesetzlich verpflichtende höhere Filmabgabe sämtlicher Verwerter in den Förderfonds einfließen zu lassen. Im Gegenzug könnte beispielsweise der Mehrwertsteuersatz für den digitalen Filmkonsum aufgehoben werden. Damit würde sich bald das System selbst tragen. Die Filmschaffenden werden durch die staatliche Förderung nachhaltig gefördert, die Verwerter können ihre Geschäftsfelder entwickeln, und für die Verbraucher bliebe der Konsum bezahlbar.

1454 Siehe u.a. Artikel des Manager-Magazin unter http://www.manager-magazin.de/finanzen/artikel/0,2828,508402-2,00.html, [Stand: 27.04.2011].

1455 *v.Wolkenstein/Müller*, in Hülsmann/Grapp (Hrsg.), Strategisches Management für Film- und Fernsehproduktionen, S.241 (255).

1456 Siehe dazu im Kontext des Europarechts *Geier*, ZUM 2007, 178ff.

Die Diskussion über alternative Gedankenansätze, beispielsweise um die Einführung einer deutschen Content-Steuer [1457], sind vielfältiger Natur. In Österreich gab es Anfang 2009 klare Tendenzen für die Einführung einer „Contentsteuer“ nach Vorbild des polnischen Filmförderungsgesetzes, dass alle Anbieter audiovisueller Inhalte in die Abgabenpflicht genommen hätte. Die Einführung wurde aus nicht näher bekannten Gründen auf Eis gelegt.

V. Internationalsierung als Harmonisierungsbedarf

Die in wesentlichen Bereichen des Urheberrechts vollzogene Harmonisierung des Rechts hat zu Übereinstimmungen aber auch Verunsicherungen innerhalb der Europäischen Union geführt. Die Vielzahl an Richtlinien und Änderungen der Richtlinien ist für Nicht-Juristen kaum mehr zu überschauen. Auf die fortschreitende Internationalisierung der Filmwirtschaft ist angemessen zu reagieren. Ziel für die Zukunft sollte es sein, auf europäischer Ebene innerhalb des Europäischen Wirtschaftsraums sowie auch International mit anderen Völkerrechtssubjekten eine vereinfachte und klarere Rechtsbasis zu suchen, indem zukünftige Entwicklungen durch Harmonisierung bestehender Gesetze hin zu einem Europäischen Urheberrecht und freien europäischen Binnenmarkt aufgenommen werden.

1457 Dazu Hinweise bei *v. Wolkenstein/Müller*, in Hülsmann/Grapp (Hrsg.), Strategisches Management für Film- und Fernsehproduktionen, S.241 (256).

Literaturverzeichnis

Acker, Ludwig / Thum, Kai, Zulässigkeit der Vereinbarung der freien Weiterübertragbarkeit von urheberrechtlichen Nutzungsrechten durch AGB, GRUR 2008, 671.

Albers, Sönke / Clement, Michael / Peters, Kay / Skiera, Bernd (Hrsg.), Marketing mit Interaktiven Medien, Strategien zum Markterfolg, 3. Auflage, Frankfurt am Main, 2001.

Anderson, Chris, The Long Tail, Nischenprodukte statt Massenmarkt, Das Geschäft der Zukunft, Aus dem Englischen von Michael Bayer und Heike Schlatterer, München, 2009.

Arlt, Christian, Datenschutzrechtliche Betrachtung von Onlineangeboten zum Erwerb digitaler Inhalte, MMR 2007, 683.

Auer-Reinsdorff, Astrid / Brandenburg, Andrea, Urheberrecht und Multimedia, Eine praxisorientierte Einführung, Berlin, 2003.

Bartmann, Jeaninne, Grenzen der Monopolisierung durch Urheberrechte am Beispiel von Datenbanken und Computerprogrammen, Eine rechtsvergleichende Studie des europäischen, deutschen und US-amerikanischen Rechts, Köln u.a., 2005.

Bechthold, Stefan, Zur rechtsökonomischen Analyse im Immaterialgüterrecht, GRUR Int.2008, 484.

Becker, Jürgen, Die Novelle zum Filmförderungsgesetz, ZUM 2008, 729.

Becker, Jürgen / Schwarz, Mathias (Hrsg.), Aktuelle Rechtsprobleme der Filmproduktion und Filmlizenz, Festschrift für Wolf Schwarz zu seinem 80. Geburtstag, Baden-Baden, 1999.

Beier, Friedrich-Karl (Hrsg.), Urhebervertragsrecht, Festgabe für Gerhard Schricker zum 60. Geburtstag, München, 1996.

Bender, Dieter (u.a.), Vahlens Kompendium der Wirtschaftstheorie und Wirtschaftspolitik, Band 2, 8.Auflage, München, 2003, zitiert *Bearbeiter,* in Vahlens Kompendium der Wirtschaftstheorie und Wirtschaftspolitik, 8.Aufl., S.

Benecke, Martina, Was ist „wesentlich" beim Schutz von Datenbanken?, Antworten zu einer ungeklärten Frage im Urheberrechtsgesetz, CR 2004, 608.

Bensinger, Viola, Sui-generis Schutz für Datenbanken, Die EG-Datenbankrichtlinie vor dem Hintergrund des nordischen Rechts, München, 1999.

Berauer, Wilfried, Filmstatistisches Jahrbuch 2009, Spitzenorganisation der Filmwirtschaft e.V., Baden-Baden, 2010, zitiert *Berauer*, Filmstatistisches Jahrbuch 2009, S.

Ders., Filmstatistisches Jahrbuch 2010, Spitzenorganisation der Filmwirtschaft e.V., Baden-Baden, 2011, zitiert *Berauer*, Filmstatistisches Jahrbuch 2010, S.

Berger, Christian, Der Schutz elektronischer Datenbanken nach der EG-Richtlinie vom 11.3.1996, GRUR 1997, 169.

Berger, Christian, Verträge über unbekannte Nutzungsarten nach dem „Zweiten Korb“, GRUR 2005, 907.

Berger, Christian / Wündisch, Sebastian (Hrsg.), Urhebervertragsrecht, Baden-Baden, 2008.

Berka, Walter / Grabenwarter, Christoph / Holoubek, Michael (Hrsg.), Medien im Web, Wien, 2009, zitiert *Bearbeiter,* in Berka/Grabenwarter/Holoubek (Hrsg.), Medien im Web, S.

Beucher, Klaus / Leyendecker, Ludwig / v. Rosenberg, Oliver, Mediengesetze, Rundfunk, Mediendienste, Teledienste; Kommentar zum Rundfunkstaatsvertrag, Mediendienste-Staatsvertrag, Teledienstegesetz und Teledienstedatenschutzgesetz, München, 1999.

Bogendorfer, René J. / Ciresa, Meinhard (Hrsg.), Urheberrecht, Werbung – Telekommunikation – Internet, Wien, 2009.

Braml, Birgit / Hopf, Kristina, Der neue Jugendmedienschutz-Staatsvertrag, ZUM 2010, 645.

Brauneck, Anja / Brauner, Frank, Optionsverträge über künftige Werke im Filmbereich, ZUM 2006, 513.

Breinersdorfer, Fred, Thesen zum Problem der Behandlung unbekannter Nutzungsarten für urheberrechtlich geschützte Werke aus Sicht von Autoren und Produzenten, ZUM 2007, 700.

Breunig, Christian, IPTV und WEB-TV im digitalen Fernsehmarkt, MP 2007, 478.

Brockhaus, Enzyklopädie in 30 Bänden, Band 9 FASZ-FRIER, Leipzig Mannheim, 2006.

Brunner, Kathrin, Digitale Distribution von Filmen, in Hülsmann/Grapp (Hrsg.), S.53-72.

Büchner, Thomas, Die urheberrechtliche Schutzfähigkeit virtueller Güter, Anmerkung zum Urteil des LG Köln vom 21.04.2008 – 28 O 124/08, K&R 2008, 477 ff., K&R 2008, 425.

Bullinger, Winfried / Czychowski, Christian, Digitale Inhalte: Werk und/oder Software?, GRUR 2011, 19.

Büscher, Wolfgang / Dittmer, Stefan / Schiwy, Peter (Hrsg.), Gewerblicher Rechtsschutz Urheberrecht Medienrecht: Kommentar, 2.Auflage, Köln, 2011, zitiert *Bearbeiter,* in Büscher/Dittmer/Schiwy, GewRUrhRMedR, 2.Aufl., Kap. Rn.

Busch, Thomas, Zur urheberrechtlichen Einordnung der Nutzung von Streamingangeboten, GRUR 2011, 496.

Bullinger, Martin, Der Rundfunkbegriff in der Differenzierung kommunikativer Dienste, AfP 1996, 1.

Burgstaller, Peter, Datenbankrecht nach der Datenbank- und Urheberrechts-richtlinie, mit österreichischer, deutscher und internationaler Judikatur, Datenbank- und Urheberrechts-RL, Gesetzesmaterialien, Wien, 2003.

Ders., Die Richtlinie zur Durchsetzung der Rechte des geistigen Eigentums, in MR 2004, 405.

Ders., Sui-Generis-Schutz für Datenbanken, Eine Darstellung des Schutzrechts nach der OGH-Entscheidung „EDV-Firmenbuch III“ (MR 2007, 384), MR 2008, 15.

Büscher, Mareile / Müllller, Judith, Urheberrechtliche Fragestellungen des Audio-Video-Streamings, GRUR 2009, 558.

Castendyk, Oliver, Neue Ansätze zum Problem der unbekannten Nutzungsart in § 31 Abs.4 UrhG, ZUM 2002, 332.

Ciresa, Meinhard, Urheberrecht aktuell, Wegweiser durch das österreichische Urheber- und Leistungsschutzrecht für die Praxis, mit Urheberrechtsnovelle 1996, inkl. Kopiersteuer, Wien, 1996.

Coulanges, Rolf, Digitale Kinematographie: Erfahrungen mit der *Arriflex D-20,* in Kirchner/Prümm/Richling (Hrsg.), S.152-175.

Degenhart, Christoph, Programmauftrag Internet, Öffentlich-rechtliche Rundfunkanstalten und Online-Dienste, MMR 1998, 137.

Ders., Rundfunk und Internet, in ZUM 1998, 333.

Dicks, Hans-Günter, Der Kritiker im Pixelcircus-ratlos?, Reaktionen der Filmkritik aud die Digitalisierung des Kinos, in Kirchner/Prümm/Richling (Hrsg.), S.179-184.

Dietrich, Christian, Die neue Nutzungsart am Beispiel des Filmkomponisten, UFITA 2008/ II, 359.

Dillenz, Walter / Gutman, Daniel, Praxiskommentar zum Urheberrecht, Österreichisches Urheberrechtsgesetz und Verwertungsgesellschaftengesetz, 2.Auflage, Wien, 2004.

Dittrich, Robert, Einige Bemerkungen zum Schutz schlichter Datenbanken, in ÖBl 2002, 3.

Ders., Der Sui-generis-Schutz von Datenbanken nach der Rechtsprechung des EuGH, ÖJZ 2006, 713.

Ders., Österreichisches und internationales Urheberrecht, Mit Materialien, Erläuterungen, der gesamten österreichischen Judikatur und Literaturhinweisen, 5. Auflage, Wien, 2007.

Ditzen, Ulrich, Filmverwertungsverträge, Diss. iur. Berlin, 1965.

Dolzer, Rudolf / Kahl, Wolfgang / Waldhoff, Christian / Graßhof, Karin (Hrsg.), Bonner Kommentar zum Grundgesetz, Bd.2 Art.4-6 I, Losebl.-Ausgabe 150. Ergänzungslieferung (Stand: Februar 2011), zitiert *Bearbeiter,* in Bonner Kommentar GG, Art. Rn. (El.).

Dördrechter, Nikolai, Piraterie in der Filmindustrie: Eine Analyse der Gründe für Filmpiraterie und deren Auswirkungen auf das Konsumverhalten, Wiesbaden, 2006.

Dreier, Thomas / Schulze, Gernot, Urheberrechtsgesetz, Urheberrechtswahrnehmungsgesetz Kunsturhebergesetz, Kommentar, 3.Auflage, München, 2008. [zitiert: *Bearbeiter in* Dreier/Schulze, UrhG, §, Rn.]

Dreyer, Gunda / Kotthoff, Jost / Meckel, Astrid, Urheberrecht, Urheberrechtsgesetz, Urheberrechtswahrnehmungsgesetz, Kunsturhebergesetz, 2.Auflage, u.a. Heidelberg, 2009.

Dreiskämper, Thomas / Hoffjann, Olaf / Schicha, Christian (Hrsg.), Handbuch Medienmanagement, Berlin, 2009.

Dreiskämper, Thomas, Medienökonomie – Marktstrategien im TV-Business, in Dreiskämper/Hoffjann/Schicha (Hrsg.), S.115-138.

Ders., Medienökonomie – Analysen im normativen Umfeld, in Dreiskämper/Hoffjann/Schicha (Hrsg.), S.139-178.

Eberle, Carl-Eugen, Neue Verbreitungswege, neue Angebote – die Sicht des öffentlich-rechtlichen Rundfunks, ZUM 2007, 439.

Ehmann, Timo, Datenbankurheberrecht, Datenbankherstellerrecht und die Gemeinschaft der Rechtsinhaber, GRUR 2008, 474.

Ehrlichmann, Jessica, Die Verfassungsmäßigkeit der Kommission für Jugendmedienschutz (KJM) und ihrer Tätigkeit, Berlin, 2007.

Engels, Stefan / Jürgens, Uwe / Fritzsche, Saskia, Die Entwicklung des Telemedienrechts im Jahr 2006, in K&R 2007, 57.

Ensthaler, Jürgen, Gewerblicher Rechtsschutz und Urheberrecht, 3. Auflage, u.a. Berlin, 2009.

Ensthaler, Jürgen / Weidert, Stefan (Hrsg.), Handbuch Urheberrecht und Internet, 2.Auflage, Frankfurt am Main, 2010.

Ernst, Stefan / Vassilaki, Irini / Wiebe, Andreas, hyperlinks, rechtsschutz haftung gestaltung, Köln, 2002.

Europäische Audiovisuelle Informationsstelle (Hrsg.), Pressemitteilung vom 16.10.2009 zu Video-on-Demand-Diensten in Europa, abrufbar unter http://www.obs.coe.int/about/oea/pr/vod2009.html [Stand 26.04.2011].

Fangerow, Kathleen / Schulz, Daniela, Die Nutzung von Angeboten auf www.kino.to, Eine urheberrechtliche Analyse des Film-Streamings im Internet, GRUR 2010, 677.

Faulstich, Werner, Filmgeschichte, Paderborn, 2005.

Fechner, Frank, Medienrecht, 11. Auflage, Tübingen, 2010.

Federath, Hannes, Multimediale Inhalte und technischer Urheberrechtsschutz im Internet, ZUM 2000, 804.

Filmförderungsanstalt (Hrsg.), Der Kinobesucher 2009, Strukturen und Entwicklungen auf Basis des GfK Panels, April 2010, abrufbar unter http://www.ffa.de/downloads/publikationen/kinobesucher_2009.pdf [Stand: 26.04.2011].

Fitzek, Sebastian, Die unbekannte Nutzungsart, Berlin, 2000.

Flatau, Kai, Neue Verbreitungsformen für Fernsehen und Ihre rechtliche Einordnung: IPTV aus technischer Sicht, ZUM 2007, 1.

Flechsig, Norbert, EU-Harmonisierung des Urheberrechts und der verwandten Schutzrechte in der Informationsgesellschaft, ZUM 1998, 139.

Ders., Grundlagen des Europäischen Urheberrechts, Die Richtlinie zur Harmonisierung des Urheberrechtsschutzes in Europa und die Anforderungen an ihre Umsetzung in deutsches Recht, in ZUM 2002,1.

Fock, Soenke, Der unmittelbare wettbewerbsrechtliche Leistungsschutz, Eine Untersuchung deutschen und US-amerikanischen Case-Laws, Diss.iur., Marburg, 2007.

Fößel, Siegfried, Technisches Management des D-Cinema, in Hülsmann/Grapp (Hrsg.), S.73-88.

Frank, Björn, Zur Ökonomie der Filmindustrie, Hamburg, 1993.

v. Frentz, Wolfgang Frhr. Raitz / Becker, Thomas, Die nachträgliche Bestimmung der Leistungszeit bei Filmlizenzverträgen, Zum Umgang mit >>to be announced<<-Vorbehalten im Lizenzvertrag, ZUM 2001, 382.

Frey, Dieter / Rudolph, Matthias, Verfügungen über unbekannte Nutzungsarten: Anmerkungen zum Regierungsentwurf des Zweiten Korbs, ZUM 2007, 13.

Frick, Bernd / Daamen, Ulrich / Daamen, Silke, Produktspezifische Faktoren des wirtschaftlichen Erfolgs deutscher Kinofilme, in Hülsmann/Grapp, S.273-291.

Frohne, Ronald, Filmverwertung im Internet und deren vertragliche Gestaltung, ZUM 2000, 810.

Gabler, Wirtschaftslexikon, Band F-H, 17.Auflage, Wiesbaden, 2010.

Gaitanides, Michael, Schauspieler als Erfolgsfaktoren, in Hülsmann/Grapp (Hrsg.), S.291-306.

v. Gamm, Urheber- und urhebervertragsrechtliche Probleme des „digitalen Fernsehens“, ZUM 1994, 591.

Gaster, Jens-Lienhard, Der Rechtsschutz von Datenbanken: Kommentar zur Richtlinie 96/9/EG mit Erläuterungen zur Umsetzung in das deutsche und österreichische Recht, u.a. Köln, 1999.

Ders., Zur anstehenden Umsetzung der EG-Datenbankrichtlinie (I), CR 1997, 669.

Ders., Zur anstehenden Umsetzung der EG-Datenbankrichtlinie (II), CR 1997, 717.

Geier, Heike, Filmförderung und Europarecht, Der neue Filmförderfonds und die geplante Verschärfung der europäischen Beihilfenkontrolle, ZUM 2007, 178.

Gersdorf, Hubertus, Der Rundfunkbegriff, Vom technologieorientierten zum technologieneutralen Begriffsverständnis, Rechtsgutachten im Auftrag der Bayerischen Landeszentrale für neue Medien (BLM), der Medienanstalt Berlin-Brandenburg (mabb), der Hessischen Landesanstalt für privaten Rundfunk (LPR Hessen), der Landesanstalt für Medien Nordrhein-Westfalen (LfM) und der Sächsischen Landesanstalt für privaten Rundfunk und neue Medien (SLM), München, 2007.

GfK SE / Bundesverband Audiovisuelle Medien e.V. (Hrsg.), BVV Business Report, Video Market 2009, auf Basis des GfK Consumer Panel, 18.02.2010, abrufbar unter http://www.bvv-medien.de/index.php?content_id=19 [Stand: 26.04.2011].

GfK SE / Bundesverband Audiovisuelle Medien e.V. (Hrsg.), BVV-Business-Report, Video Market 2010, auf Basis des GfK Consumer Panel, 18.02.2011, abrufbar unter http://www.bvv-medien.de/index.php?content_id=19 [Stand: 26.04.2011].

Grabenwarter, Christoph / Griller, Stefan / Holoubek, Michael, Europäisches und öffentliches Wirtschaftsrecht II, 5.Auflage, Wien, 2010.

Grohmann, Arno, Die Übertragungsfiktion für unbekannte Nutzungsrechte nach dem Zweiten Korb am Beispiel des Musikverlagsvertrags, GRUR 2008,1056.

Gross, Guy, Die unbekannte Nutzungsart im Urhebervertragsrecht nach der Urheberrechtsreform, - Eine rechtstheoretische Analyse -, Diss.jur. Berlin, 2009.

Grützmacher, Malte, Urheber-, Leistungs- und Sui-generis-Schutz von Datenbanken, Eine Untersuchung des europäischen, deutschen und britischen Rechts, Baden-Baden, 1999.

Ders., Gebrauchtsoftware und Übertragbarkeit von Lizenzen, Zu den Rechtsfragen auch jenseits der Erschöpfungslehre, CR 2007, 549.

Haberstumpf, Helmut, Handbuch des Urheberrechts, Neuwied, Krieftel, 2000.

Ders. Der Schutz elektronischer Datenbanken nach dem Urheberrechtsgesetz, GRUR 2003, 14.

Hahn, Werner / Vesting, Thomas (Hrsg.), Beck´scher Kommentar zum Rundfunkrecht, 2.Auflage, München, 2008.

Hanisch, Michael, Auf den Spuren der Filmgeschichte, Berliner Schauplätze, Berlin 1991.

Harte-Bavendamm, Henning / Henning-Bodewig, Frauke, Gesetz gegen den unlauteren Wettbewerb (UWG), Mit Preisangabenverordnung, Kommentar, München, 2004. [zitiert: Harte/Henning/*Bearbeiter,* §, Rn.]

Hardege, Stefan, Informationstechnologische Entwicklungen und der Schutz von Verfügungsrechten für Informationsgüter, Eine ökonomische Analyse zur Ausgestaltung des Urheberrechts, Frankfurt am Main, 2006.

v. Hartlieb, Holger / Schwarz, Mathias, Handbuch des Film-, Fernseh-, und Videorechts, 4. Auflage, München, 2004.

Hartmann, Alexander, Unterlassungsansprüche im Internet, München, 2009.

Hass, Berthold H., Geschäftsmodelle von Filmproduktionsunternehmen, in Hülsmann/Grapp, S.355-376.

Haude, Rainer Herbert, Der urheberrechtliche Schutz von Datenbanken, insbesondere Richtlinienvorschlag der Europäischen Kommission über den Rechtsschutz von Datenbanken, Diss.iur., Wien, 1995.

Heinemann, Andreas, Immaterialgüterschutz in der Wettbewerbsordnung, Eine grundlagenorientierte Untersuchung zum Kartellrecht des geistigen Eigentums, Tübingen, 2002.

Hefermehl, Wolfgang / Köhler, Helmut / Bornkamm, Joachim, Wettbewerbsrecht, Gesetz gegen den unlauteren Wettbewerb Preisangabenverordnung Unterlassungsklagengesetz, 25.Auflage, München, 2007, [zitiert: *Bearbeiter in* Hefermehl, UWG, §, Rn.].

Held, Thorsten, Online-Angebote öffentlich-rechtlicher Rundfunkanstalten, Baden-Baden, 2008.

Herdzina, Klaus, Wettbewerbspolitik, 5.Auflage, Stuttgart, 1999.

Herrmann, Volker / Dehißelles, Sebastian, Das Schutzrecht sui generis an Datenbanken, in K&R 2009, 23.

Herzog, Roman / Scholz, Rupert / Herdegen, Matthias / Klein, Hans H. (Hrsg.), Grundgesetz, Kommentar, begründet von Theodor Maunz und Günter Dürig, Band I Texte, Art. 1-5, 60. Ergänzungslieferung (Stand: Oktober 2010), München, 2010, zitiert *Bearbeiter,* in Maunz/Dürig, Grundgesetz, Losebl. (Stand: Oktober 2010), Art. Rn. (El.).

Hesse, Albrecht, Rundfunkrecht, 3. Auflage, München, 2003.

Hirsch, Günter / Montag, Frank / Säcker, Franz Jürgen (Hrsg.), Münchener Kommentar zum Europäischen und Deutschen Wettbewerbsrecht (Kartellrecht), Band 2, München, 2008, zitiert *Bearbeiter,* in MünchKomm-GWB, § Rn.

Hoenike, Mark / Szodruch, Alexander, Interaktives Fernsehen – Vertragstypen und Rechtsprobleme, in K&R 2007, 628.

Hoffmann, Antje, Anbahnung und Abschluss von Verträgen im Internet, Hamburg, 2008.

Hoffmann, Helmut, Die Entwicklung des Internet-Rechts bis Mitte 2008, NJW 2008, 2624.

Hoffmann-Riem, Wolfgang, Der Rundfunkbegriff in der Differenzierung kommunikativer Dienste, AfP 1996, 9.

Hofmann, Ruben, Virtuelle Personal Video Recorder vor dem Aus?, Kritische Analyse der bisherigen Rechtsprechung zu virtuellen PVR, MMR 2006, 793.

Hoeren, Thomas / Queck, Robert (Hrsg.), Rechtsfragen der Informationsgesellschaft, Berlin, 1999.

Hoeren, Thomas, Multimedia als unbekannte Nutzungsart, CR 1995, 710.

Ders., Entwurf einer EU-Richtlinie zum Urheberrecht in der Informationsgesellschaft, Überlegungen zum Zwischenstand der Diskussion, in MMR 2000, 515.

Ders., Anmerkung zur Entscheidung EuGH C-203/02 im Anschluss, MMR 2005, 34.

Ders., Der urheberrechtliche Erschöpfungsgrundsatz bei der Online-Übertragung von Computerprogrammen, CR 2006, 573.

Ders., Der Zweite-Korb- Eine Übersicht zu den geplanten Änderungen im Urheberrechtsgesetz, MMR 2007, 615.

Ders., Urheberrechtliche Fragen rund um IP-TV und Handy-TV, MMR 2008, 139.

Hoeren, Thomas / Sieber, Ulrich, Handbuch Multimedia-Recht, Rechtsfragen des elektronischen Geschäftsverkehrs, Losebl.-Ausgabe, 26. Ergänzungslieferung (Stand: August 2010), München, 2010, zitiert *Bearbeiter,* in Hoeren/Sieber, Hdb. MultimediaR, Teil Rn. (El.).

Holoubek, Michael / Potacs, Michael (Hrsg.), Handbuch des öffentlichen Wirtschaftsrechts, Band I, 2.Auflage, Wien, 2007, zitiert *Bearbeiter,* in Holoubek/Potacs (Hrsg.), Hdb. öffentlichen Wirtschaftsrechts I, S.

Homann, Hans-Jürgen, Praxishandbuch Filmrecht, 3.Auflage, Berlin, 2009, (zit. Homann, Filmrecht, S.).

Hornung, Oliver, Die EU-Datenbank-Richtlinie und ihre Umsetzung in das deutsche Recht, Baden-Baden, 1998.

Hübenett, Carolin, Zur Zulässigkeit der Vervielfältigung und Verbreitung von Datenbankausdrucken, GRUR 1992, 664.

Hülsmann, Michael / Grapp, Jörn (Hrsg.), Strategisches Management für Film- und Fernsehproduktionen, Herausforderungen, Optionen, Kompetenzen, München, 2009.

Dies., Strategischer Wandel in der Film- und Fernsehbranche – eine kurze Einführung, in Hülsmann/Grapp (Hrsg.), S. XI-XIV.

Hülsmann, Michael / Cordes, Philip / Bruchwitz, Kathrin, Innovative Ansätze zur Weiterentwicklung von Distributionsmodellen in der digitalen Welt – Überwindung der dominanten Management Logiken traditioneller Verwertungskonzepte, in Hülsmann/Grapp (Hrsg.), S.407- 425.

Jani, Ole, Alles eins? Das Verhältnis des Rechts der öffentlichen Zugänglichmachung zum Vervielfältigungsrecht, ZUM 2009, 722.

Jandt, Silke, Das neue TMG – Nachbesserung für den Datenschutz im Mehrpersonenverhältnis, in MMR 2006, 652.

Jarass, Hans D., Rundfunkbegriffe im Zeitalter des Internet. AfP 1998, 133.

Jarass, Hans D. / Pieroth, Bodo, Grundgesetz für die Bundesrepublik Deutschland, Kommentar, 10. Auflage, München, 2009.

Kappenberg, Carolin, Der Jugendmedienschutz-Staatsvertrag, Führt er zu einem effektiveren Jugendschutz in Rundfunk und Telemedien?, Münster, 2008.

Kellerhals, Miriam / Lehmkuhl, Carolina, Wer profitiert von der Übertragungsfiktion des § 137 l Abs.1 UrhG in der Lizenzkette, ZUM 2010, 677.

Kempler, Alfons / Eickler, André, Datenbanksysteme, 7.Auflage, München, 2009.

Kibele, Babette, Multimedia im Fernsehen, Die gesetzlichen Grundlagen audiovisueller Informations- und kommunikationsdienste auf der Basis des deutschen und europäischen Medienrechts, München, 2001.

Kilian, Wolfgang / Heussen, Benno (Hrsg.), Computerrechts-Handbuch, Computertechnologie in der Rechts- und Wirtschaftspraxis, 28. Ergänzungslieferung (Stand: April 2010), München, zitiert *Bearbeiter,* in Kilian/Heussen, CHB, Nr. Rn. (El.).

Kindler, Peter, Leistungsschutz für Datenbanken ohne Werkcharakter – Eine Zwischenbilanz, K&R 2000, 265-274.

Kirchner, Andreas / Prümm, Karl / Richling, Martin (Hrsg.), Abschied vom Zelluloid?, Beiträge zur Geschichte und Poetik des Videobildes, Marburg, 2008.

Kirchner, Hildebert / Pannier, Dietrich, Abkürzungsverzeichnis der Rechtssprache, 6.Auflage, Berlin, 2008.

Kitz, Volker, Die unbekannte Nutzungsart im Gesamtsystem des urheberrechtlichen Interessengefüges, GRUR 2006, 548.

Klickermann, Paul H., Urheberschutz bei zentralen Datenspeichern, MMR 2007,7.

Klingsporn, Johannes, Strategische Optionen für Filmverleihunternehmen– Zielgruppenfindung und -ansprache, in Hülsmann/Grapp, S.391-406.

Klöhn, Lars, Unbekannte Nutzungsarten nach dem „Zweiten Korb“ der Urheberrechtsreform, K&R 2008, 77.

Knauth, Michael, Medienökonomie – Marktstrukturen und Geschäftsmodelle im Medienbereich, in Dreiskämper/Hoffjann/Schicha (Hrsg.), S.107-114.

Koch, Frank, Internet-Recht: Praxishandbuch, mit dem neuen Medien- und Telediensterecht, Checklisten und Musterverträgen, München, 1998.

Ders., Handbuch Software- und Datenbank-Recht, Berlin, Heidelberg, 2003.

Ders., Zur Regelung der Online-Übermittlung von Datenbanken und Datenbankwerken im Diskussionsentwurf zum Fünften Urheberrechtsänderungsgesetz, ZUM 2001, 839.

Köhler, Helmut, Das Verhältnis des Wettbewerbsrechts zum Recht des geistigen Eigentums, GRUR 2007, 548.

Köhler, Markus R., Der Schutz von Websites gemäß §§ 87 a ff. UrhG, ZUM 1999, 548.

Köhler, Markus / Arndt, Hans-Wolfgang / Fezer, Thomas, Recht des Internet, 6.Auflage, Heidelberg, 2008.

Kreile, Johannes, Neue Nutzungsarten – Neue Organisation der Rechteverwaltung?, Zur Neuregelung des § 31 Abs.4 UrhG, ZUM 2007, 682.

Krüger, Wolfgang (Red.), Münchener Kommentar zum Bürgerlichen Gesetzbuch, Band 2, Schuldrecht Allgemeiner Teil, §§ 241-432, 5.Auflage, München, 2007, (zitiert Bearbeiter, in MüKo-BGB, § Rn.).

Kucsko,Guido (Hrsg.), urheber.recht, systematischer Kommentar zum urheberrechtsgesetz, Wien, 2008.

Lange, Andre, Die finanzielle Lage der Fernsehunternehmen in der Europäischen Union (1999-2004), Europäische Audiovisuelle Informationsstelle, Europarat, Straßburg, 2005, Online-Publikation, abrufbar unter http://www.obs.coe.int/online_publication/expert/tv_financial_situation_1999-2004.pdf. [Stand 27.03.2011].

Langhoff, Helge, Medienrechtliche Einordnung neuer Angebote über neue Übertragungswege (z.B. IP-TV, Mobil-TV etc.), ZUM 2007, 447.

Langhoff, Helge / Oberndörfer, Pascal / Jani, Ole, Der >> Zweite Korb<< der Urheberrechtsreform, Ein Überblick über die Änderungen des Urheberrechts nach der zweiten und dritten Lesung im Bundestag, ZUM 2007, 593.

Lehmann, Michael, Theorie der Property Rights und Schutz des geistigen und gewerblichen Eigentums – Wettbewerbsbeschränkungen zur Förderung des Wettbewerbs, in Neumann (Hrsg.), Ansprüche, Eigentums- und Verfügungsrechte, Arbeitstagung des Vereins für Socialpolitik, Gesellschaft für Wirtschafts- und Sozialwissenschaften in Basel 1983, 1984, S.519-535.

Ders., Anmerkung zur Entscheidung EuGH C-203/02 im Anschluss, CR 2005, 15.

Lehmann, Michael / v. Tucher, Tobias, Urheberrechtlicher Schutz von multimedialen Webseiten, CR 1999, 700.

Leistner, Matthias, Der neue Rechtsschutz des Datenbankherstellers, GRUR Int. 1999, 819.

Ders., Der Rechtsschutz von Datenbanken im deutschen und europäischen Recht, Eine Untersuchung zur Richtlinie 96/9/EG und ihrer Umsetzung in das deutsche Urheberrechtsgesetz, München, 2000.

Ders., Anmerkung zu EuGH, Urteil v. 9.11.2004 – Rs. C-203/02 The British Horseracing Board ./. William Hill Organization, JZ 2005, 408.

Ders., „Last exit" withdrawal?, Die Zukunft des Europäischen Datenbankschutzes nach der EuGH-Entscheidung in Sachen BHB v. Hill und dem Evaluierungsbericht der Kommission, K&R 2007, 457.

Ders., Anmerkung zu EuGH, Urteil v. 9.10.2008 – Rs. C-304/07 Directmedia Publishing GmbH ./. Albert-Ludwigs-Universität Freiburg, JZ 2009, 101.

Leistner, Matthias / Hansen, Gerd, Die Begründung des Urheberrechts im digitalen Zeitalter, Versuch einer Zusammenführung von individualistischen und utilitaristischen Rechtfertigungsbemühungen, GRUR 2008, 479.

Lent, Wolfgang, Rundfunk-, Medien-, Teledienste, Eine verfassungsrechtliche Untersuchung des Rundfunkbegriffs und der Gewährleistungsbereiche öffentlich-rechtlicher Rundfunkanstalten unter Berücksichtigung einfachrechtlicher Abgrenzungsfragen zwischen Rundfunkstaatsvertrag, Mediendienstestaatsvertrag und Teledienstegesetz, u.a. Frankfurt am Main, 2001.

Leupold, Andreas, >>Push<< und >>Narrowcasting<< im Lichte des Medien- und Urheberrechts, ZUM 1998, 99.

Ders., Was bedeuten die EuGH-Urteile „Fixtures Marketing" und „William Hill" für den Datenbankschutz?, in MR-Int.2004, 45.

Link, Anne, Video on Demand als Distributionskanal in der Spielfilmauswertung, Hamburg, 2007.

Loewenheim, Ulrich / Meessen, Karl M. / Riesenkampff, Alexander (Hrsg.), Kartellrecht, 2. Auflage, München, 2009.

Loewenheim, Ulrich, (Hrsg.), Urheberrecht, Kommentar, 4.Auflage, München, 2010.

Ders., (Hrsg.), Handbuch des Urheberrechts, 2.Aufl., München, 2010.

Lütje, Stefan, Die unbekannte Nutzungsart im Bereich der Filmwerke- alles Klimbim?, S.115-147, in Becker, Jürgen / Schwarz, Mathias (Hrsg.), Aktuelle Rechtsprobleme der Filmproduktion und Filmlizenz, Festschrift für Wolf Schwarz zu seinem 80. Geburtstag, Baden-Baden, 1999.

Mand, Elmar, Die Kabelweitersendung als urheberrechtlicher Verwertungstatbestand, GRUR 2004, 395.

Maus, Joachim, Die digitale Kopie von Audio- und Videoproduktionen, Die Nutzung von Film und Musik im privaten Bereich und deren Behandlung im deutschen und im internationalen Urheberrecht, Baden-Baden, 1991.

Missomelius, Petra, Fenster, Gitter und Geflechte: Digitale Technik in der Postproduktion, in Kirchner/Prümm/Richling (Hrsg.), 2008, S.185-192.

Nägele, Thomas / Jacobs, Sven, Rechtsfragen des Cloud Computing, ZUM 2010, 281.

Negele, Thomas, Das neue Filmförderungsgesetz und die Digitalisierung, ZUM 2008, 748.

Neumann, Manfred (Hrsg.), Ansprüche, Eigentums- und Verfügungsrechte, Arbeitstagung des Vereins für Socialpolitik, Gesellschaft für Wirtschafts- und Sozialwissenschaften in Basel 1983, Berlin, 1984, zitiert *Bearbeiter* in Neumann (Hrsg.), Ansprüche, Eigentums- und Verfügungsrechte, 1984, S.

Nicolini, Käte / Ahlberg, Hartwig (Hrsg.), Urheberrechtsgesetz Kommentar, 2.Auflage, München, 2000, zitiert Bearbeiter, in Möhring / Nicolini, UrhG 2.Aufl., § Rn.

Nippe, Wolfgang, Urheber und Datenbank, Schutz des Urhebers bei der Verwendung seiner Werke in elektronischen Datenbanken, München, 2000.

Nörenberg, Britta, Filmgenres 2007-2009, Eine Auswertung zum Genreangebot in deutschen Kinos und zur Genrevielfalt deutscher Filme, im Auftrag der FFA, Berlin, November 2010, abrufbar unter http://www.ffa.de/downloads/publikationen/Filmgenres_2007-2009.pdf [Stand: 26.04.2011].

Nordemann, Wilhelm / Nordemann, Axel / Nordemann, Jan Bernd, (Hrsg.), Urheberrecht, Kommentar zum Urheberrechtsgesetz Verlagsgesetz Urheberrechtswahrnehmungsgesetz, begründet von Friedrich Karl Fromm und Wilhelm Nordemann, 10.Auflage, Stuttgart, 2008, zitiert Bearbeiter, in Fromm/Nordemann, UrhG 10.Aufl. § Rn.

Nordemann, Wilhelm / Vinck, Kai / Hertin, Paul W. (Hrsg.), Urheberrecht, Kommentar zum Urheberrechtsgesetz und zum Urheberrechtswahrnehmungsgesetz; mit den Texten der Urheberrechtsgesetze Österreichs und der Schweiz, 9.Auflage, Stuttgart, Berlin, Köln, 1998, zitiert *Bearbeiter,* in Fromm/Nordemann, 9.Aufl., § Rn.

Nordemann, Jan Bernd, Urhebervertragsrecht und neues Kartellrecht gem. Art.81 EG und § 1 GWB, GRUR 2007, 203.

Oberender, Peter (Hrsg.), Wettbewerb und geistiges Eigentum, Berlin, 2007, zitiert *Bearbeiter,* in Oberender, S.

Obergfell, Eva Inés, Deutscher Urheberschutz auf internationalem Kollisionskurs, Zur zwingenden Geltung der §§ 32, 32a UrhG im Internationalen Vertragsrecht, K&R 2003, 118.

Österreichisches Filminstitut (Hrsg.), Filmwirtschaftsbericht Österreich 2009, facts + figures 2008, abrufbar unter http://www.filminstitut.at/de/filmwirtschaftsberichte/ [Stand: 26.04.2011].

Österreichisches Filminstitut (Hrsg.), Filmwirtschaftsbericht Österreich 2010, facts + figures 2009, abrufbar unter http://www.filminstitut.at/de/filmwirtschaftsberichte/ [Stand: 26.04.2011].

Ory, Stephan, Rechtliche Überlegungen aus Anlass des >Handy-TV< nach dem DMB-Standard, ZUM 2007, 7.

Ott, Stephan, Haftung für Embedded Videos von YouTube und anderen Videoplattformen im Internet, ZUM 2008, 556.

Paschke, Mariam, Medienrecht, 3. Auflage, u.a. Berlin Heidelberg, 2009.

Peters, Butz, Fernseh- und Filmproduktion, Rechtshandbuch, Baden-Baden, 2003.

Ders., Der „Drei-Stufen-Test“: Die Zukunft der öffentlich-rechtlichen Onlineangebote, K&R 2009, 26.

Petersdorff-Campen, Thomas, Videozweitauswertung, ZUM 1996, 1037.

Ders., Persönlichkeitsrecht und digitale Archive, ZUM 2008, 102.

Petersen, Jens, Medienrecht, 4.Auflage, München, 2008.

Pfeiffer, Gerd / Kummer, Joachim / Scheuch, Silke (Hrsg.), Festschrift für Hans Erich Brandner zum 70. Geburtstag, Köln, 1996.

Pfennig, Gerhard, Neue Nutzungsarten – Neue Organisation der Rechteverwaltung?, Die Sicht der Verwertungsgesellschaften, ZUM 2007, 694.

Pintzke, Thomas / Ludolf Koch, Kim, Kinostudie, Kinostandort Deutschland: Strukturwandel und Perspektiven der Filmtheaterbranche am Beispiel von Nordrhein-Westfalen und Hamburg, Wuppertal, 1998.

Poll, Günter, Urheberschaft und Verwertungsrechte am Filmwerk, ZUM 1999,30.

Ders., Die Harmonisierung des europäischen Filmurheberrechts aus deutscher Sicht, GRUR Int.2003, 290.

Ders., Neue internetbasierte Nutzungsformen, Das Recht der Zugänglichmachung auf Abruf (§ 19a UrhG) und seine Abgrenzung zum Senderecht (§§ 20, 20b UrhG), GRUR 2007, 476.

Porter, Michael E., The Five Competitive Forces That Shape Strategy, Harvard Business Review, Vol. 86, No.1., S.79.

Potthast, Klaus Peter, Medienrechtliche Einordnung neuer Angebote über neue Übertragungswege (z.B. IP-TV, Mobil-TV etc.), ZUM 2007, 443.

Radmann, Friedrich, Kino.ko – Filmegucken kann Sünde sein, ZUM 2010, 387.

Raue, Peter / Bensinger, Viola, Umsetzung des sui-generis-Rechts an Datenbanken in den §§ 87 a ff. UrhG, MMR 1998, 507

Reber, Nikolaus, Digitale Verwertungstechniken-neue Nutzungsarten: Hält das Urheberrecht der technischen Entwicklung noch Stand?, GRUR 1998, 792.

Reinemann, Susanne, DVB-H, DMB und interaktive Fernbedienung – Ist der Rundfunk-(begriff) den neuesten technischen Entwicklungen gewachsen?, ZUM 2006, 523.

Rehbinder, Manfred, Urheberrecht, 16.Auflage, München, 2010.

Ring, Wolf-Dieter / Gummert, Andreas, Medienrechtliche Einordnung neuer Angebote über neue Übertragungswege (z.B. IP-TV, Mobil-TV etc.), ZUM 2007, 433.

Roßnagel, Alexander (Hrsg.), Recht der Multimediadienste, Losebl.-Ausgabe 6.Ergänzungslieferung (Stand: Juni 2004), München, zitiert *Bearbeiter,* in Roßnagel (Hrsg.), Teil § Rn. (El.).

Rüthers, Bernd / Birk, Axel (Mitarbeit), Rechtstheorie, Begriff, Geltung und Anwendung des Rechts, 5. Auflage, München, 2010.

Sadoul, Georges, Geschichte der Filmkunst, Wien, 1957.

Schack, Haimo,, Urheber- und Urhebervertragsrecht, 5. Auflage, Tübingen, 2010.

Ders., Urheberrechtliche Gestaltung von Webseiten unter Einsatz von Links und Frames, MMR 2001, 9.

Ders., Rechtsproblem der Online-Übermittlung, in GRUR 2007, 639.

Schellhaaß, Horst M., Die Konsequenzen des Rechtsstreits mit der Europäischen Kommission aus wirtschaftswissenschaftlicher Sicht, Arbeitspapiere des Instituts für Rundfunkökonomie, Heft 242, März 2008, Online-Publikation, abrufbar unter http://www.rundfunk-institut.uni-koeln.de/institut/pdfs/24208.pdf. [Stand 27.03.2011].

Scheuermann, Andreas, Urheber- und vertragsrechtliche Probleme der Videoauswertung von Filmen, München, 1990.

Schmid, Matthias / Wirth, Thomas / Seifert, Fedor, Urheberrechtsgesetz mit Urheberrechtswahrnehmungsgesetz, Handkommentar, 2. Auflage, Baden-Baden, 2009. [zitiert: *Bearbeiter in* Schmid/Wirth/Seifert, § Rn.]

Schmidt, Ingo, Wettbewerbspolitik und Kartellrecht: eine interdisziplinäre Einführung, 8. Auflage, Stuttgart, 2005.

Schmitz, Peter, Übersicht über die Neuregelung des TMG und des RStV, in K&R 2007, 135.

Schreier, Torsten, Anmerkung zu EuGH, Urteil vom 02.Juni 2005, C-89/04, in MMR 2005, 519.

Schrey, Joachim / Frevert, Tobias, Muss die Bundesnetzagentur die Netzneutralität verteidigen?, Eine Standortbestimmung zur Zulässigkeit des Bandbreitenmanagements, MMR 2010, 596.

Schricker, Gerhard (Hrsg.), Urheberrech Kommentar, 3.Auflage, München, 2006.

Schulze, Gernot, Die Einräumung unbekannter Nutzungsrechte nach neuem Urheberrecht, UFITA 2007/III, S.641-714.

Schutt, Timo, Filesharing, Urheberrecht und die Verfolgung von Rechtsverletzungen, in Hülsmann/Grapp (Hrsg.), S.213-240.

Schwarz, Mathias, Der Entwurf für ein neues Filmförderungsgesetz 2009, Eine Beurteilung aus Sicht der Produktionswirtschaft, ZUM 2008, 730.

Ders., Klassische Nutzungsrechte und Lizenzvergabe bzw. Rückbehalt von „Internet-Rechten“, ZUM 2000, 816.

Schwarz, Wolf / Schwarz, Mathias, Die Bedeutung des Filmherstellungsrechtes für die Auswertung des fertiggestellten Filmes, ZUM 1988, 429.

Schwarze, Jürgen (Hrsg.), EU-Kommentar, 2.Auflage, Baden-Baden, 2009.

Schütze, Rolf A. / Weipert, Lutz (Hrsg.), Münchener Vertragshandbuch, Band 3. Wirtschaftsrecht II, 6.Auflage, München, 2009.

Sendrowski, Heiko, ZUM Schutzrecht „sui generis“ an Datenbanken, GRUR 2005, 369.

Sommer, Christian, Veränderungen in der Kinowertschöpfungskette durch das digitale Kino, in Hülsmann/Grapp (Hrsg.), S.39-52.

Spindler, Gerald, Europäisches Urheberrecht in der Informationsgesellschaft, GRUR 2002, 105.

Ders., Die Entwicklung des EDV-Rechts 2006/2007, K&R 2007, 345.

Ders., Der Handel mit Gebrauchtsoftware – Erschöpfungsgrundsatz quo vadis?, CR 2008, 69.

Spindler, Gerald / Schuster, Fabian, Recht der elektronischen Medien, Kommentar, München, 2008, zitiert *Bearbeiter,* in Spindler/Schuster, § Rn.

Dies., Recht der elektronischen Medien, Kommentar, 2.Auflage, 2011, zitiert *Bearbeiter,* in Spindler/Schuster, 2.Aufl., § Rn.

Spindler, Gerald / Heckmann, Jörn, Der rückwirkende Entfall unbekannter Nutzungsrechte (§ 137 l UrhG-E) Schließt die Archive?, ZUM 2006, 620.

Stimmel, Ulrike, Die Beurteilung von Lizenzverträgen unter der Rom I-Verordnung, GRUR Int. 2010, 783.

Strasser, Robert, Gestaltung internationaler Film-/Fernsehlizenzverträge, ZUM 1999,928.

Strasser, Robert / Stumpf, Christoph, Neue Nutzungsarten in Filmverwertungsverträgen nach deutschem und US-amerikanischem Urheberrecht, GRUR 1997, 801.

Trappel, Josef, Verwertungsperspektiven der Filmindustrie, Filmwirtschaftliche Markt und Konkurrenzanalyse in Österreich und Deutschland, Basel, 1997.

Ullmann, Eike, Die Einbindung der elektronischen Datenbanken in den Immaterialgüterschutz, in Pfeiffer/Kummer/Scheuch (Hrsg.), Festschrift für Hans Erich Brandner zum 70. Geburtstag, 1996, S.507-524.

Ullrich, Hanns, Lizenzkartellrecht auf dem Weg zur Mitte, GRUR Int.1996, 555.

Ullrich, Jan Nicolaus, Alles in einem – Die Einräumung eines Nutzungsrechts i.S.d. § 31 Abs.1 UrhG für einen On-Demand-Dienst im Internet, ZUM 2010, 311.

Ungerböck, Andreas, Zur Situation des österreichischen Film auf einem veränderten Kinomarkt, Studie im Auftrag des österreichischen Filminstituts, Wien, 1999.

v. Ungern-Sternberg, Joachim, Die Rechtsprechung des Bundesgerichtshofs zum Urheberrecht und zu den verwandten Schutzrechten in den Jahren 2006 und 2007 (Teil I), GRUR 2008, 193.

Ders., Die Rechtsprechung des Bundesgerichtshofes zum Urheberrecht und zu den verwandten Schutzrechten in den Jahren 2006 und 2007 (Teil II), GRUR 2008, 291.

Veit, Lars, Filmrechtliche Fragestellungen im digitalen Zeitalter, Zugleich ein Beitrag zur Dogmatik der Verwertungsrechte, Baden-Baden, 2003.

Verweyen, Urs, Pacta sunt servanda? Anmerkungen zu § 31 a UrhG n.F., ZUM 2008, 217.

Vogel, Martin, Die Umsetzung der Richtlinie 96/9/EG über den rechtlichen Schutz von Datenbanken in Art.7 des Regierungsentwurfs eines Informations- und Kommunikationsdienstegesetzes, ZUM 1997, 592.

Walter, Michel M. (Hrsg.), Europäisches Urheberrecht, Kommentar, Wien, 2001.

Ders., Zu den Rechten der Filmurheber und Filmdarsteller (I), in MR 2001, 293.

Ders., Zu den Rechten der Filmurheber und Filmdarsteller (II), in MR 2001, 379.

Ders., Österreichisches Urheberrecht, Materielles Urheberrecht, Leistungsschutzrecht, Urhebervertragsrecht, Handbuch I. Teil, Wien, 2008.

Wandtke , Artur-Axel / Bullinger, Winfried, Praxiskommentar zum Urheberrecht, 3.Auflage, München, 2009.

Wandtke, Artur-Axel / Holzapfel, Henrik, Ist § 31 IV UrhG noch zeitgemäß?, GRUR 2004, 284.

Wenzl, Frauke, Musiktauschbörsen im Internet, Haftung und Rechtsschutz nach deutschem und amerikanischem Urheberrecht, Baden-Baden, 2005.

Wenzel, Karl Egbert / Burkhardt, Emanuel H., Urheberrecht für die Praxis, 5. Auflage, Köln, 2009, zitiert *Wenzel/Burkhardt,* UrhR, 5.Aufl., Kap. Rn.

Wermke, Matthias / Kunzel-Razum, Kathrin / Scholze-Stubenrecht, Werner, Wissenschaftlicher Rat der Dudenredaktion (Hrsg.), Duden, Das Herkunftswörterbuch, Etymologie der deutschen Sprache, Band 7, Der Duden in zwölf Bänden, Das Standardwerk zur deutschen Sprache, 4. Auflage, u.a. Mannheim, Leipzig, 2007.

Dies., Duden, Das Bedeutungswörterbuch, Band 10, 3. Auflage, u.a. Mannheim, Leipzig, 2002.

Wiebe, Andreas / Leupold, Andreas (Hrsg.), Recht der elektronischen Datenbanken, Loseblatt-Ausgabe 2. Ergänzungslieferung (Stand Mai 2004), Heidelberg, 2004.

Wiebe, Andreas / Funkat, Dörte, Multimedia-Anwendungen als urheberrechtlicher Schutzgegenstand, MMR 1998, 69.

Wiebe, Andreas, Information als Naturkraft, Immaterialgüterrecht in der Informationsgesellschaft, GRUR 1994, 233.

Ders., Rechtsschutz von Datenbanken und europäische Harmonisierung, CR 1996, 198.

Ders., Anmerkung zu BGH, Urteil v. 6.5.1999, I ZR 199/96 – Tele-Info-CD, MMR 1999, 474.

Ders., Die elektronische Willenserklärung, Kommunikationstheoretische und rechtsdogmatische Grundlagen des elektronischen Geschäftsverkehrs, Tübingen, 2002.

Ders., Das neue „digitale“ Urheberrecht – Eine erste Bewertung, in MR 2003, 309.

Ders., Europäischer Datenbankschutz nach „William Hill“ – Kehrtwende zur Informationsfreiheit?, in CR 2005, 169.

Ders., Der „virtuelle Videorecorder“, Neue Dienste zwischen Privatkopie und Öffentlicher Zugänglichmachung (§ 19a UrhG), CR 2007, 28.

Wille, Stefan, Verträge über unbekannte Nutzungsarten aus Sicht der Zweckübertragungslehre, UFITA 2008/II, 337.

Wirtz, Bernd W. / Kerner, Johannes C. / Ullrich, Sebastian, Wertschöpfungsaktivitäten in Filmproduktionsunternehmen, in Hülsmann/Grapp (Hrsg.), S.377-390.

Wirtz, Bernd W., Medien- und Internetmanagement, 6. Auflage, Wiesbaden, 2009.

v. Wolkenstein, Michael / Müller, Werner, Aktuelle Branchenveränderungen aus der Sicht österreichischer/deutscher Film-/TV-Produzenten, in Hülsmann/Grapp (Hrsg.), S.241-265.

Yarayan, Ali, Der Schutz von Datenbanken im deutschen und türkischen Recht, Baden-Baden, 2005.

Anhang Entscheidungsübersicht

Gericht	E-form	Datum	Aktenzeichen	Fundstelle	Bezeichnung / Bemerkungen
A. Gerichtshof der Europäischen Union					
EuGH	Urteil	18.03. 1980	RS-62/79	GRUR Int. 1980, 602 = NJW 1980, 2011	Le Boucher I
EuGH	Urteil	06.10. 1982	RS-262/81	GRUR Int. 1983, 175	Le Boucher II
EuGH	Urteil	09.11. 2004	C-203/02	GRUR 2005, 244 = NJW 2005, 1263= MMR 2005, 29 mit Anm. Hoeren, S.35	The British Horseracing Board Ltd. u.a. v. William Hill Organization Ltd.
EuGH	Urteil	09.11. 2004	C-46/02	GRUR Int.2005, 244	Fixtures Marketing ./. Oy Veikkaus Ab [Fixtures Marketing III]
EuGH	Urteil	09.11. 2004	C-338/02	GRUR 2005, 252	Fixtures Marketing I *(Fixtures Marketing Ltd/Svenska Spel AB)*
EuGH	Urteil	09.11. 2004	C-444/02	GRUR 2005, 254 = CR 2005, 412	*FIXTURES Marketing II (Fixtures Marketing Ltd. ./. Organismos prognostikon agonon podosfairou AE [OPAP])*
EuGH	Urteil	02.06. 2005	C-89/04	MMR 2005, 517 = NJW 2005, 3056	Mediakabel BV ./. Commisariatt voor de Media (Near-Video-on-Demand als Fernsehen)
EuGH	Urteil	04.07. 2006	C-212/04	JZ 2007, 187 = NJW 2006, 2465 = NZA 2006, 909	Auslegung der Rahmenvereinbarung über befristete Arbeitsverträge bei aufeinander folgenden Verträgen (A-deneler u.a.)
EuGH	Urteil	29.01. 2008	C-275/06	GRUR 2008, 241 = MMR 2008, 227 = NJW 2008, 743	Poductores de Música de España [Promusicae]/ Telefónica de España SAU, Promusicae/Telefónica
EuGH	Urteil	09.10. 2008	C-304/07	GRUR 2008, 1077 = K&R 2008, 673 = ZUM 2009, 54 = MMR 2008, 807 = JZ 2009, 98	Directmedia Publishing-GmbH/Albert-Ludwigs-Universität Freiburg = Gedichttitelliste (zum Entnahmebegriff iSd Art.7 Abs.2 lit a. RL 96/9/EG)

EuGH	Urteil	05.03.2009	C-545/07	GRUR Int. 2009, 501 = GRUR 2009, 572 mit Anm. Eickemeier	Apis-Hristovich EOOD/Lakorda AD (Relevanter Zeitpunkt und Umfang einer Datenentnahme)
EuGH	Urteil	23.04.2009	C-533/07	GRUR 2009, 753 = GRUR Int.2009, 848	Falco Privatstiftung u. Thomas Rabitsch /Gisela Weller-Lindhorst

B. Bundesverfassungsgericht

BVerfG	Urteil	04.11.1986	1 BvF 1/84	BVerfGE 73, 118	Niedersächsisches Landesrundfunkgesetz
BVerfG	Beschl.	24.03.1987	1 BvR 147/86; 487/86	NJW 1987, 2987 = BVerfGE 74, 297	Landesmediengesetz Baden-Württemberg
BVerfG	Beschl.	12.10.1988	1 BvR 818/88	NJW 1989, 519 = BVerfGE 79, 51	Voraussetzungen für einen Adoptionspfleger
BVerfG	Beschl.	27.11.1990	1 BvR 402/87	NJW 1991, 1471 = BVerfGE 83, 130	Josefine Mutzenbacher
BVerfG	Urteil	05.02.1991	1 BvF 1/85; 1/88	NJW 1991, 899 = BVerfGE 83, 238	Verfassungsmäßigkeit des nordrheinwestfälischen Rundfunkrechts (WDR)
BVerfG	Urteil	22.02.1994	1 BvL 30/88	NJW 1994, 1942 = BVerfGE 90, 60	Grundsatz der Staatsfreiheit des Rundfunks und Festsetzung der Rundfunkgebühr
BVerfG	Beschl.	26.10.2005	1 BvR 396/98	BVerfGE 114, 371	Landesmediengesetz Bayern
BVerfG	Urteil	02.03.2006	2 BvR 2099/04	MMR 2006, 217	Recht auf informationelle Selbstbestimmung schützt gespeicherte TK-Verbindungsdaten beim Teilnehmer
BVerfG	Urteil	28.03.2006	1 BvR 1054/01	GRUR 2006, 688 = MMR 2006, 298	Sportwetten
BVerfG	Urteil	11.09.2007	1 BvR 2270/05	BVerfGE 119, 181	Gebührenurteil II
BVerfG	Beschl.	03.01.2007	1 BvR 1936/05	GRUR 2007, 1064	Kopierschutzumgehung

C. Bundesgerichtshof

BGH	Urteil	21.04. 1953	I ZR 110/52	GRUR 1953, 299 = NJW 1953, 1258	Lied der Wildbahn (Umfang des ausschließlichen Vorführungsrechts am Filmwerk)
BGH	Urteil	25.09. 1953	I ZR 104/52	GRUR 1954, 129	Besitz der Erde
BGH	Urteil	16.10. 1959	I ZR 10/58	GRUR 1960, 197	Keine Ferien für den lieben Gott
BGH	Urteil	26.04. 1974	I ZR 137/72	GRUR 1974, 786	Kassettenfilm
BGH	Urteil	30.06. 1976	I ZR 63/75	GRUR 1977, 42 m. Anm. D. Reimer = NJW 1976, 2164	Schmalfilmrechte
BGH	Urteil	13.05. 1982	I ZR 103/80	GRUR 1982, 727	Altverträge
BGH	Urteil	05.06. 1985	I ZR 53/83	GRUR 1986, 62 = NJW 1986, 1244	GEMA-Vermutung I
BGH	Urteil	20.11. 1986	I ZR 188/84	GRUR 1987, 814	Die Zauberflöte (Wiedergabe einer Live-Aufführung ohne Erlaubnis des Künstlers)
BGH	Urteil	08.11. 1989	I ZR 14/88	GRUR 1990, 669 = NJW-RR 1990, 1061	Bibelreproduktion
BGH	Urteil	18.10. 1989	VIII ZR 325/88	CR 1990, 24	Softwarekauf mit Teilzahlungsabrede
BGH	Urteil	11.10. 1990	I ZR 59/89	GRUR 1991, 133	Videozweitauswertung
BGH	Urteil	12.12. 1991	I ZR 165/89	NJW 1992, 1320	Ausschließliches Nutzungsrecht für Taschenbuchausgabe – Taschenbuch-Lizenz
BGH	Urteil	22.10. 1992	I ZR 300/90	GRUR 1993, 472	Filmhersteller

BGH	Urteil	18.02. 1993	I ZR 71/91	GRUR 1993, 550	The Doors
BGH	Urteil	08.07. 1993	I ZR 124/91	GRUR 1994, 45	Verteileranlagen
BGH	Urteil	26.01. 1995	I ZR 63/93	ZUM 1995, 713 = GRUR 1995, 212 = NJW 1995, 1496	Videozweitauswertung III
BGH	Urteil	27.09. 1995	I ZR 215/93	GRUR 1996, 121 = NJW-RR, 163	Pauschale Rechtseinräumung
BGH	Urteil	04.07. 1996	I ZR 101/94	GRUR 1997, 215 m. Anm. = NJW 1997, 320	Klimbim
BGH	Urteil	16.01. 1997	I ZR 9/95	GRUR 1997, 459 = NJW 1997, 1363	CB-infobank I
BGH	Urteil	10.12. 1998	I ZR 100/96	GRUR 1999, 325 = NJW 1999, 1964 = CR 1999, 213 = ZUM 1999, 240	Elektronische Pressearchive (Serviceangebot zum Aufbau eines elektronischen Pressearchivs)
BGH	Urteil	25.02. 1999	I ZR 118/96	GRUR 1999, 707 = NJW 1999, 1953 = MMR 1999, 665 mit Anm. Hoeren = CR 1999, 614	Kopienversanddienst
BGH	Urteil	06.05. 1999	I ZR 199/96	MMR 1999, 470 (Volltext) mit Anm. Wiebe S.447 = GRUR 1999, 923 = NJW 1999, 2898	Tele-Info-CD (zu sklavischen Nachahmungen bei technischen Vervielfältigungsmaßnahmen)
BGH	Urteil	17.02. 2000	I ZR 194/97	GRUR 2000, 699 = NJW-RR 2001, 38 = ZUM 2000, 749	Kabelweitersendung
BGH	Urteil	06.07. 2000	I ZR 244/97	GRUR 2001,153; MMR 2000, 749; NJW 2000, 3571	OEM-Version (Erschöpfung des Verbreitungsrechts bei beschränkter Nutzungsrechtseinräumung; Vertrieb von OEM-Software und Erschöpfung des Verbreitungsrechts)
BGH	Urteil	29.01. 2001	II ZR 331/00	NJW 2001, 1056	Rechtsfähigkeit der (Außen-)GbR

BGH	Urteil	11.07. 2002	I ZR 255/00	GRUR 2002, 963 = NJW 2002, 3393 = MMR 2002, 739 = ZUM 2002, 740 = BGHZ 151, 300	Elektronischer Pressespiegel
BGH	Urteil	10.10. 2002	I ZR 193/00	GRUR 2003, 173 = NJW 2003, 664 = ZUM 2003, 135 = WRP 2003, 83	Filmauswertungspflicht (eines Filmverleihs)
BGH	Urteil	17.07. 2003	I ZR 259/00	ZUM 2003, 855 (mit Anm. Ernst S.860) = CR 2003, 920 = GRUR 2003, 958	Paperboy
BGH	Urteil	21.04. 2005	I ZR 1/02	ZUM 2005, 888 = WRP 2005, 1538; MDR 2006, 104; KuR 2005, 515; CR 2006,51 = GRUR 2004, 940	Marktstudien; darauf beziehen sich: BGH GRUR 2009, 852
BGH	Urteil	19.05. 2005	I ZR 285/02	GRUR 2005, 937 = NJW 2005, 3354	Der Zauberberg
BGH	Urteil	21.07. 2005	I ZR 290/02	GRUR 2005, 857 = ZUM 2005, 731	HIT BILANZ
BGH	Urteil	03.11. 2005	I ZR 29/03	GRUR 2006, 329 = NJW-RR 2006, 691 = WRP 2006, 470	Gewinnfahrzeug mit Fremdemblem
BGH	Urteil	03.11. 2005	I ZR 311/02	GRUR 2006, 493= NJW-RR 2006, 1132= ZUM 2006, 562 = WRP 2006, 765	Michel-Nummern (Briefmarkenkatalog auf CD-ROM)
BGH	Beschl.	28.09. 2006	I ZR 261/03	GRUR Int. 2007, 532 = GRUR 2007, 500 = MMR 2007, 374	EuGH-Vorlage zum rechtlichen Schutz amtlicher Datenbanken; Sächsischer Ausschreibungsdienst, zurückgezogen, siehe GRUR Int. 2008, 1072, 1073
BGH	Urteil	11.01. 2007	I ZR 198/04	GRUR 2007, 795 = NJW-RR 2008, 124; WRP 2007, 1076; JuS 2008, 472 mit Anm. Emmerich	Handtaschen
BGH	Teil-urteil	24.05. 2007	I ZR 130/04	GRUR 2007, 685 = NJW 2008, 755	Gedichttitelliste I

BGH	Beschl.	24.05.2007	I ZR 130/04	GRUR 2007, 688	Gedichttitelliste II
BGH	Urteil	26.06.2008	I ZR 170/05	GRUR 2008, 1115 = NJW-RR 2008, 1726	ICON
BGH	Urteil	22.04.2009	I ZR 216/06	MMR 2009, 620 = GRUR 2009, 845	Internet-Videorecorder
BGH	Urteil	30.04.2009	I ZR 191/05	GRUR 2009, 852 = MMR 2009, 615 mit Anm. Rössel	Verletzung des Datenbankrechts durch aktualisierenden Datenabgleich mit einer Datenbank – Elektronischer Zolltarif
BGH	Urteil	29.04.2010	I ZR 69/08	GRUR 2010, 628 = CR 2010, 463 = MMR 2010, 475	Abbildung von Kunstwerken als Thumbnails in Suchmaschinen (Vorschaubilder)

D. Bundesverwaltungsgericht

BVerwG	Urteil	20.02.2002	6 C 13/01	BVerwGE 116, 5	Rundfunkrechtliche Beanstandung pornografischer Fernsehfilme

E. Bundeskartellamt

BKartA	Beschl.	17.03.2011	B6-94/10	BeckRS 2012, 01190	ProSiebenSat.1 Media AG, RTL interactive GmbH

F. Reichsgericht

RG	Urteil	02.10.1906	II 559/06	RGSt 39, 183	k.A.
RG	Urteil	12.05.1926	I 287/25	RGZ 113, 413	k.A.

G. Oberlandesgerichte

OLG Düsseldorf	Urteil	29.06.1999	20 U 85/98	CR 2000, 184 mit Anm. Leistner, S.187 = MMR 1999, 729 mit Anm. Gaster, S.733	Zum Urheberrechtsschutz von ins Internet gestellten Websites – Zulässigkeit von Framing
OLG Düsseldorf	Urteil	29.06.2009	20 U 247/08	GRUR-RR 2010, 4	Vorinstallierte Software (Zweck des Erschöpfungsgrundsatzes)

OLG Düsseldorf	Urteil	27.04. 2010	I-20 U 166/09	MMR 2010, 483	Rapidshare
OLG Frankfurt a.M.	Urteil	29.10. 1996	11 U 44/95	CR 1997, 275-283 mit Anm. Kerckhoff, S.283-285 = WRP 1996, 1175	D-Info 2.0 / Sittenverstoß; Telefoneintrag; CD-ROM; Wettbewerbsabsicht
OLG Frankfurt a.M.	Urteil	01.04. 2003	11 U 47/02	ZUM-RD 2003,532 = OLGReport Frankfurt 2003, 353	Aktuelle Meldungen in Form von Kurzreferaten (sog. abstracts) in einem Internet-Informationsdienst für Juristen
OLG Frankfurt a.M.	Beschl.	12.05. 2009	11 W 15/09	MMR 2009, 544	Rechtswidrigkeit des Handels mit "gebrauchten" Software_Echtheitszertifikaten (rechtskräftig)
OLG München	Urteil	19.03. 1998	29 U 2643/97	ZUM 1998, 413 = NJW-RR 1999, 988 = CR 1998, 559 = K&R 1998, 503 = MMR 1998, 365	Übertragung der Video-on-demand-Rechte; Vervielfältigung; VoD
OLG München	Urteil	22.05. 2003	29 U 5051/02	ZUM-RD 2003, 581	Nutzung von urheberrechtlich geschützten Werken vor 1995 im Internet als nicht bekannte Nutzungsart (Pumuckel)
OLG München	Urteil	10.05. 2007	29 U 1638/06	ZUM-RD 2007, 347; K&R 2007, 418	Subito (nicht rechtskräftig); Zulässigkeit eines Kopienversanddienstes
OLG München	Urteil	03.07. 2008	6 U 2759/07	MMR 2008, 601 mit Anm. Moritz	(nicht rechtskräftig)
OLG Stuttgart	Beschl.	21.01. 2008	2 Ws 328/07	MMR 2008, 474	Music-on-Demand-Dienst
OLG Köln	Urteil	28.10. 2005	6 U 172/03	GRUR-RR 2006, 78 = ZUM 2006, 234 = CR 2006, 368	Datenbankschutz für elektronischen Zolltarif
OLG Köln	Urteil	15.12. 2006	6 U 229/05	ZUM 2007, 548 = MMR 2007, 443	Wetterdaten für Luftfahrzeugführer (nicht rechtskräftig)
OLG Köln	Urteil	14.11. 2008	6 U 57/08	K&R 2009, 52 = MMR 2009, 191 = GRUR-RR 2009, 298	Unwesentliche Datenbank-Entnahme nicht urheberechtswidrig; Urheberrechtsschutz von Internet-Bewertungsdatenbank; Nichtzulassungsbeschwerde unter Az.: I ZR 196/08

OLG Köln	Urteil	09.01. 2009	6 U 86/08	ZUM 2009, 237 = MMR 2009, 337	Einräumung eines Nutzungsrechts für eine noch unbekannte Nutzungsart vor 1966 / Videozweitverwertung von Filmen bei Altverträgen vor 1966 (nicht rechtskräftig)
Hans. OLG Hamburg	Urteil	15.5. 1997	3 U 33/97	GRUR 1997, 850	Digitales Fernsehen
Hans. OLG Hamburg	Urteil	06.05. 1999	3 U 246/98	GRUR 2000, 319 = ZUM 1999, 849 = NJWE-WettbR 2000, 81	Börsendaten
Hans. OLG Hamburg	Urteil	22.02. 2001	3 U 247/00	GRUR 2001, 831= ZUM 2001, 512 = NJW-RR 2001, 1198 = MMR 2001, 533	Roche Lexikon Medizin (Verlinkung eines Internet-Lexikons mit fremden Inhalten)
Hans. OLG Hamburg	Urteil	29.11. 2001	3 U 288/00	GRUR-RR 2002, 217 = ZUM 2002, 558 = CR 2002, 485	CT-Klassenbibliothek
Hans. OLG Hamburg	Urteil	24.02. 2005	5 U 62/04	ZUM 2005, 833	Yacht-Archiv
Hans. OLG Hamburg	Urteil	07.07. 2005	5 U 176/04	ZUM 2005, 749	Übermittlung von Tonaufnahmen im sog. Streamingverfahren
Hans. OLG Hamburg	Beschl.	04.10. 2005	3 U 195/04	MMR 2006, 238	filmundo II (rechtskräftig)
Hans. OLG Hamburg	Urteil	11.02. 2009	5 U 154/07	ZUM 2009, 414	StayTuned III
OLG Nürnberg	Urteil	29.05. 2001	3 U 337/01	GRUR 2002, 607 = NJW-RR 2002, 771 = ZUM-RD 2002, 293	Stufenaufklärung nach Weissauer
KG Berlin	Urteil	09.06. 2000	5 U 2172/00	GRUR 2001, 155 = CR 2000, 812 = ZUM 2001, 70= NJW-RR 2000, 1495 = MMR 2001, 171	Datenübernahme aus Netz eines Betriebs eines EDV-geteuerten Ticketverkaufs; Unwesentlicher Teil einer Datenbank; Veranstalterdatenbank; Schutz einer Datenbank
OLG Hamm	Urteil	24.08. 2004	4 U 51/04	GRUR-RR 2005, 73	Web-Grafiken (nichts rechtskräftig)
OLG Dresden	Urteil	18.07. 2000	14 U 1153/00	ZUM 2001, 595	Printmedium als Datenbank (Vorinstanz zu Sächsischer Ausschreibungsdienst)

OLG Dresden	Urteil	12.07. 2011	14 U 801/07	Bisher nicht veröffentlicht	RTL ./. Save.tv

H. Landgerichte

LG München I	Urteil	10.03. 1999	21 O 15039/98	ZUM-RD 2000, 77 = NJW-RR 2000, 1148	Urheberrecht; Nutzungsrecht; Umfang; Zweck; Internet-TV Kein Recht zur Nutzung einer Fernsehproduktion im Internet ohne ausdrückliche Vereinbarung Internet-TV als neue Nutzungsart - Focus TV
LG München I	Urteil	09.11. 2005	21 O 7402/02	GRUR 2006, 225 = ZUM-RD 2006, 28	Topografische Kartenblätter
LG München I	Urteil	24.11. 2006	21 O 380/06	ZUM-RD 2007, 257	Auslegung eines Lizenzvertrages
LG München I	Urteil	25.06. 2009	7 O 4139/08	ZUM 2009, 788	Mechanische Rechte im Onlinebereich (myvideo; nicht rechtskräftig)
LG München I	Urteil	18.02. 2010	7 O 11840/09	ZUM-RD 2010, 371	Schadensersatz mangels Belegs der Rechtekette (Film „Marlene"; nicht rechtskräftig)
LG Düsseldorf	Urteil	07.02. 2001	12 O 492/00	ZUM 2002, 65	Übernahme einer Datensammlung (Zu den Anforderungen an das Vorliegen einer Datenbank gemäß § 87a UrhG).
LG Köln	Urteil	02.12. 1998	28 O 431/98	CR 1999, 593 = ZUM-RD 2000, 155	Datenbankschutz für Online-Anzeigen
LG Köln	Urteil	25.08. 1999	28 O 527/98	CR 2000, 400 = ZUM-RD 2000, 304	Linksammlung als Datenbank (rechtskräftig)
LG Köln	Urteil	08.05. 2002	28 O 180/02	MMR 2002, 689	Online-Fahrplanauskunft
LG Köln	Urteil	27.04. 2005	28 O 149/05	ZUM 2005, 574	Unzulässiges Weitersenden eines Fernsehprogramms (nicht rechtskräftig)
LG Köln	Urteil	15.06. 2005	28 O 744/04	ZUM 2005, 910 = MMR 2006, 52	Kein Urheberrechtsschutz für eine Multimediapräsentation / Schutzfähigkeit multimedialer Werke (rechtskräftig)

LG Saarbrücken	Urteil	26.07. 2005	7 II O 49/05	MMR 2006, 250	Wettbewerbswidriges Anbieten pornografischer Inhalte im Internet (rechtskräftig)
LG Hamburg	Urteil	29.06. 2006	315 O 343/06	CR 2006, 812	Rechtmäßiger Handel mit Gebrauchtsoftware (nicht rechtskräftig)
LG Hamburg	Urteil	07.08. 2009	324 O 650/08	CR 2010, 53	
LG Berlin	Urteil	08.10. 1998	16 O 448/98	ZUM 1999, 420 = CR 1999, 388 = MMR 2000, 120 = NJW-RR 1999, 1273	Online-Kleinanzeigenmarkt als Datenbank; Verletzung der Rechte eines Datenbankherstellers; Datenbanken; Online-Angebot
LG Berlin	Urteil	14.07. 2009	16 O 67/08	GRUR-RR 2009, 329	Musikdownloadportal (Zulässigkeit der Nutzungsbeschränkungen in den AGB von Internet-Musikdiensten; nicht rechtskräftig)

I. Amtsgerichte

AG Rostock	Urteil	20.02. 2001	49 C 429/99	CR 2001, 786 = MMR 2001, 631 = ZUM-RD 2002, 31	Datenbanken; Linksammlung
AG Frank-furt a.M.	Urteil	17.09. 2009	31 C 975/08	GRUR-RR 2010, 171	Filesharing durch Minderjährige

J. Bayerische Verwaltungsgerichtshof

BayVGH	Urteil	19.09. 2002	M 17 K 99.3449	AfP 2003, 88	Zum Verbot der Ausstrahlung pornografischer Filme im Near-video-on-demand-Verfahren (nicht rechtskräftig)

K. Verfassungsgerichtshof Österreich

VfGH	Er-kennt-nis	27.09. 1995	G 1256-1264/95	Slg.Nr.14258	Rundfunk, Meinungsäußerungsfreiheit, Rechtsstaats-prinzip. Rundfunkfreiheit, Kabelrundfunk

L. Oberster Gerichtshof Österreich

OGH	Urteil	12.10. 1955	3 Ob 500/55	ÖBl 1956, 10 = SZ 28,224	Filmalmanach

OGH	Urteil	29.01.1974	4 Ob 344/73	GRUR Int. 1974, 383	Kurheim
OGH	Urteil	28.11.1978	4 Ob 390/78	GRUR Int. 1979, 360	Betriebsmusik
OGH	Urteil	27.01.1987	4 Ob 393/86	GRUR Int.1987, 609	Videokabinen
OGH	Beschl.	08.03.1994	4 Ob 165/93	MR 1994, 117	Österreichisches Recht
OGH	Beschl.	11.02.1997	4 Ob 17/97	MR 1997, 98 = ÖBl 1997, 301	Wiener Aktionismus
OGH	Urteil	26.01.1999	4 Ob 345/98h	MMR 1999, 352	Radio Melody III
OGH	Beschl.	03.10.2000	4 Ob 224/00w	MR 2000, 373 = ÖBl 2001, 181	Schüssels Dornenkrone (mit Anm. Walter, MR 2000, 377-379)
OGH	Beschl.	28.11.2000	4 Ob 273/00a	MR 2001, 168 = ÖBl 2001, 279 = GRURInt. 2001, 775 = ZUM-RD 2001, 544	C-Compass (mit Anm. Walter, MR 2001, 170-171)
OGH	Urteil	13.02.2001	4 Ob 307/00a	MR 2001, 298	VDFS II
OGH	Urteil	12.06.2001	4 Ob 127/01g	GRUR Int.2002, 341	Medienprofessor
OGH	Beschl.	10.07.2001	4 Ob 155/01z	MR 2001, 311 = ZUM-RD 2002, 135, 137 = GRUR Int. 2002, 452	C-Villas
OGH	Urteil	27.11.2001	4 Ob 252/01i	MR 2002, 101 = ÖBl 2002, 15 = MMR 2002, 376 = GRUR Int. 2002, 940	baukompass.at (mit Anm. I, Burgstaller, MR 2002, 104-105, mit Anm.II, Walter, MR 2002, 105; auch bezeichnet als Gelbe Seiten)

OGH	Beschl.	09.04. 2002	4 Ob 17/02g	MR 2002, 298 = GRUR Int. 2004,66	EDV-Firmenbuch I, mit Anm. Walter, MR 2002, S.302-305
OGH	Beschl.	28.05. 2002	4 Ob 30/02v	MR 2002, 306	EDV-Firmenbuch II
OGH	Urteil	10.02. 2004	4 Ob 249/03	GRUR Int. 2005, 730	Radiogerät
OGH	Urteil	25.05. 2004	4 Ob 58/04i	MR 2004, 331 = ZUM-RD 2005, 14 = MMR 2004, 808	Fragespiel (mit Anm. Walter, Michel M., MR 2004, 337-338)
OGH	Beschl.	23.02. 2010	4 Ob 208/09f	ZUM 2010, 629 = MR 2010, 2006 = GRUR Int. 2011, 77	Mozart-Symphonie No.41 (Gemälde im Hintergrund von Hotelräumlichkeiten auf Fotografien)

Anhang Verordnung und Richtlinien

A. Verordnung

Verordnung (EG) Nr. 593/2008 des Europäischen Parlaments und des Rates vom 17. Juni 2008 über das auf vertragliche Schuldverhältnisse anzuwendende Recht (Rom I), ABl. L 177 vom 4.7.2008, S. 6.

B. Richtlinien

1. Richtlinien über audiovisuelle Mediendienste

Richtlinie 2010/13/EU des Europäischen Parlaments und des Rates vom 10. März 2010 zur Koordinierung bestimmter Rechts- und Verwaltungsvorschriften der Mitgliedstaaten über die Bereitstellung audiovisueller Mediendienste, ABl. Nr. L 95 v. 15.04.2010, S.1.

Richtlinie 2007/65/EG des Europäischen Parlaments und des Rates vom 11.Dezember 2007 zur Änderung der Richtlinie 89/552/EWG des Rates vom 3.Oktober 1989 zur Koordinierung bestimmter Rechts- und Verwaltungsvorschriften der Mitgliedstaaten über die Ausübung der Fernsehtätigkeit, ABl. Nr. L 332 v. 18.12.2007, S.27.

Aufgehoben ist die Richtlinie 89/552/EWG des Rates vom 3.Oktober 1989 zur Koordinierung bestimmter Rechts- und Verwaltungsvorschriften der Mitgliedstaaten über die Ausübung der Fernsehtätigkeit, ABl. Nr. L 298 vom 17.10.1989, S.23; geändert durch Richtlinie 97/36/EG vom 30. Juli 1997, ABl. Nr. L 202 vom 30.07.1997, S.60.

2. Richtlinie zur Harmonisierung bestimmter Aspekte des Urheberrechts und der verwandten Schutzrechte in der Informationsgesellschaft

Richtlinie 2001/29/EG des Europäischen Parlaments und des Rates vom 22. Mai 2001 zur Harmonisierung bestimmter Aspekte des Urheberrechts und der verwandten Schutzrechte in der Informationsgesellschaft, ABl. Nr. L 167 vom 22.6.2001, S.10[1].

---

1 Abgedruckt in GRUR Int. 2001, 745.

Die Informationsgesellschafts-RL, vereinzelt auch Multimedia-Richtlinie, Urheberrechtsrichtlinie oder InfoSoc-Richtlinie genannt, ist in Deutschland durch das Gesetz zur Regelung des Urheberrechts in der Informationsgesellschaft vom 03.07.2003, BT-Drucks. 15/1353, und in Österreich durch die Urheberrechtsgesetz-Novelle 2003, BGBl. I Nr.32/2003, umgesetzt worden.

3. Richtlinie über den elektronischen Geschäftsverkehr (auch sog. E-Commerce-Richtlinie)

Richtlinie 2000/31/EG des Europäischen Parlaments und des Rates vom 8.6.2000 über bestimmte rechtliche Aspekte der Dienste der Informationsgesellschaft, insbesondere des elektronischen Geschäftsverkehrs im Binnenmarkt, ABl. EG Nr. L 178 v. 17.7.2000, S. 1.

Zweck der Richtlinie ist es, rechtliche Hindernisse im Bereich des elektronischen Geschäftsverkehrs innerhalb des Binnenmarktes abzubauen, indem beispielsweise der Grundsatz der Zulassungsfreiheit von Diensten der Informationsgesellschaft in Art.4 Abs.1 zur Umsetzung in nationales Recht vorgegeben wird, Art.1 Abs.1. Als Dienste der Informationsgesellschaft gelten unter Bezugnahme auf Art.1 Abs.2 der Richtlinie 98/34/EG in der Fassung der Richtlinie 98/48/EG jede in der Regel gegen Entgelt elektronisch im Fernabsatz und auf individuellen Abruf eines Empfängers erbrachte Dienstleistung. Die Richtlinie gilt nicht für Fernsehdienste gemäß der Fernseh-Richtlinie 89/552/EWG, zu denen nach Anhang V Nr.3 vor allem Dienste mit einer Punkt-zu-Mehrpunkt-Übertragung gehören. Inzwischen ist die Fernseh-Richtlinie durch die Richtlinie 2010/13/EU über audiovisuelle Mediendienste geändert worden.

4. Satelliten- und Kabel-Richtlinie

Richtlinie 93/83/EWG des Rates vom 27.September 1993 zur Koordinierung bestimmter urheber- und leistungsschutzrechtlicher Vorschriften betreffend Satellittenrundfunk und Kabelweiterverbreitung, ABl. Nr. L 248 vom 06.10.1993, S.15[2].

5. Datenbank-Richtlinie

Richtlinie 96/9/EG des Europäischen Parlaments und des Rates vom 11.März 1996 über den rechtlichen Schutz von Datenbanken, ABl. Nr. L 77 v.

---

2 Abgedruckt in GRUR Int. 1993, 936.

27.03.1996, S.20[3]. In Österreich umgesetzt in der Urheberrechtsgesetz-Novelle 1997, BGBl. I 25/1998.

6. Durchsetzungs-Richtlinie (Enforcement-Richtlinie)

Richtlinie 2004/48/EG des Europäischen Parlaments und des Rates vom 29. April 2004 zur Durchsetzung der Rechte des geistigen Eigentums, ABl. Nr. L 157 v. 30.04.2004, S.45, umgesetzt in Deutschland durch das Gesetz zur Verbesserung der Durchsetzung von Rechten des Geistigen Eigentums vom 11.04.2008, BT-Drucks. 279/08, und in Österreich durch die Urheberrechtsgesetz-Novelle 2006, BGBl. I Nr.81/2006.

7. Dienstleistungs-Richtlinie

Richtlinie 2006/123/EG der Europäischen Parlaments und des Rates vom 12.Dezember 2006 über Dienstleistungen im Binnenmarkt, ABl. Nr. L 376 vom 27.12.2006, S.36.

8. Folgerechts-Richtlinie

Richtlinie 2001/84/EG des Europäischen Parlamentes und des Rates vom 27. September 2001 über das Folgerecht des Urhebers des Originals eines Kunstwerks, ABl. Nr. L 272 v. 13.10.2001, S.32.

Umgesetzt in Österreich durch die Urheberrechtsgesetz-Novelle 2005; BGBl. I Nr.22/2006.

9. Datenschutzrichtlinien für elektronische Kommunikation

Richtlinie 2002/58/EG des Europäischen Parlaments und des Rates vom 12. Juli 2002 über die Verarbeitung personenbezogener Daten und den Schutz der Privatsphäre in der elektronischen Kommunikation, ABl. Nr. L 201 v. 31.07.2002, S.37.

Richtlinie 2006/24/EG des Europäischen Parlaments und des Rates vom 15. März 2006 über die Vorratsspeicherung von Daten, die bei der Bereitstellung öffentlich zugänglicher elektronischer Kommunikationsdienste oder öffentlicher

---

3 Abgedruckt in GRUR Int. 1996, 811.

Kommunikationsnetze erzeugt oder verarbeitet werden, und zur Änderung der Richtlinie 2002/58/EG, ABl. Nr. L 105 v. 13.04.2006, S.54.

Richtlinie 2009/136/EG des Europäischen Parlaments und des Rates vom 25. November 2009 zur Änderung der Richtlinie 2002/22/EG über den Universaldienst und Nutzerrechte bei elektronischen Kommunikationsnetzen und -diensten, der Richtlinie 2002/58/EG über die Verarbeitung personenbezogener Daten und den Schutz der Privatsphäre in der elektronischen Kommunikation und der Verordnung (EG) Nr. 2006/2004 über die Zusammenarbeit im Verbraucherschutz, ABl. Nr. L 337 v. 18.12.2009, S.11.

10. Rahmenrichtlinie und Änderungsverordnung

Richtlinie 2002/21/EG des Europäischen Parlaments und des Rates vom 7. März 2002 über einen gemeinsamen Rechtsrahmen für elektronische Kommunikationsnetze und -dienste (Rahmenrichtlinie), ABl. Nr. L 108 v. 24.04.2002, S. 33.

Die Verordnung (EG) Nr. 717/2007 des Europäischen Parlaments und desRates vom 27. Juni 2007 über das Roaming in öffentlichen Mobilfunknetzen in der Gemeinschaft und zur Änderung der Richtlinie 2002/21/EG, ABl. Nr. L 171 v. 32 29.6.2007, S.32, ist nach Art.13 am 30. Juni 2010 außer Kraft getreten.

11. Software-Richtlinie

Richtlinie 91/250/EWG des Rates vom 14. Mai 1991 über den Rechtsschutz von Computerprogrammen, ABl. Nr. L 122 v.17.05.1991, S.42-46, geändert durch Richtlinie 2009/24/EG des Europäischen Parlaments und des Rates vom 23.April 2009 über den Rechtsschutz von Computerprogrammen, ABl. EU Nr. L 111, S.16-22.

12. Schutzdauer-Richtlinie

Richtlinie 93/98/EWG des Rates vom 29. Oktober 1993 zur Harmonisierung der Schutzdauer des Urheberrechts und bestimmter verwandter Schutzrechte, ABl. L 290 v. 24.11.1993, S. 9- 13, aufgehoben durch Richtlinie 2006/116/EG des Europäisches Parlaments und des Rates vom 12. Dezember 2006 über die Schutzdauer des Urheberrechts und bestimmter verwandter Schutzrechte, ABl. L 372 v. 27.12.2006, S. 12-18.

13. Vermiet- und Verleih-Richtlinie

Richtlinie 2006/115/EG der Europäischen Parlaments und des Rates vom 12.Dezember 2006 zum Vermietrecht und Verleihrecht sowie zu bestimmten dem Urheberrecht verwandten Schutzrechten im Bereich des geistigen Eigentums, ABl. Nr.L 376, S.28. (In Nachfolge der RL 1992/100/EWG des Rates vom 19.November 1992, sog. Vermiet- und Verleihrichtlinie)

14. Richtlinie über unlautere Geschäftspraktiken

Richtlinie 2005/29/EG des Europäischen Parlaments und des Rates v.11.5.2005 über unlautere Geschäftspraktiken im binnenmarktinternen Geschäftsverkehr zwischen Unternehmen und Verbrauchern, ABl. EU Nr. L 149 v.11.6.2005, S.22-39

Anhang Technik

A. Schmalbandverbindungen

Schmalband-Verbindungen über den internationalen Telekommunikationsnetz-Standard ISDN[1] oder über ein analoges 56-kbit/s-Modem[2] reichen für die Übertragung von Bildsequenzen nicht aus, da für die zeitgleiche Videoverbreitung mehr als 2,5 Mbit/s benötigt werden[3]. Es bleibt für Schmalbandverbindungen damit nur die Möglichkeit, unlineare Angebote mit erheblichen Zeitdefiziten zu nutzen.

B. Technik der Breitbandverbindungen

Digital Subscriber Line (DSL)

Die größte Verbreitung bei einem Breitband-Internetzugang besitzt der DSL[4]-Übertragungsstandard. DSL ist die Abkürzung für *Digital Subscriber Line*, und steht für eine Reihe von Übertragungsstandards bei der Datenübermittlung. Die Bezeichnung DSL ist nicht allein auf einen Breitband-Internetzugang über eine Telefonleitung zu reduzieren. DSL kommt auch bei Verbindungen über Kabel oder Satellit zum Einsatz. Im Vergleich zu Internetverbindungen über analoge Telefonanschlüsse (POTS) oder ISDN nutzt DSL für die Datenübertragung einen wesentlich größeren Frequenzbereich bei der Kommunikation zwischen DSL-Modem und DSL-Vermittlungsstellen[5]. Die DSL-Technik erreicht dadurch eine Datenübertragungsrate[6] über einfache Kupferleitungen von theoretisch bis zu 210 Mbit/s. Zum Einsatz kommt meist ADSL oder VDSL.

1 Siehe unter http://de.wikipedia.org/wiki/Integrated_Services_Digital_Network [Stand 10.08.2011].

2 Siehe unter http://de.wikipedia.org/wiki/Modem [Stand 10.08.2011].

3 Vgl. Flatau, ZUM 2007, 1, 3.

4 Siehe unter http://de.wikipedia.org/wiki/Digital_Subscriber_Line [Stand 10.08.2011].

5 Siehe unter http://de.wikipedia.org/wiki/DSLAM [Stand 10.08.2011].

6 Siehe unter http://de.wikipedia.org/wiki/Datenübertragungsrate [Stand 10.08.2011].

ADSL

Die gegenwärtig häufigste DSL-Anschlusstechnik für Breitbandzugänge im Bereich des Privatkundengeschäfts in Deutschland wird als *Asymmetric Digital Subscriber Line*[7] bezeichnet. Aufbauend auf DSL wird bei ADSL in technischer Hinsicht auf die Bedürfnisse der Privatkunden eingegangen, die für ihre Internetverbindungen höhere Empfangsraten als Senderaten wünschen. Durch die ungleiche Struktur der Datenübertragungsraten beim Empfang und Sendung wird dieser DSL-Standard asymmetrisch gekennzeichnet. Über die vorhandene Telefonanschlussleitung wird eine Internetverbindung mit hoher Datenübertragungsrate hergestellt, ohne jedoch das Telefonieren über den Festnetzanschluss zu beeinträchtigen. ADSL nutzt die Frequenzbereiche aus, die für die Telefonie nicht benutzt werden und somit nutzlos in der Anschlussleitung ruhen. Die Frequenzbereiche werden durch einen Splitter als Frequenzweiche getrennt.

Eine Weiterentwicklung des ADSL sind die von der ITU normierten Übertragungsstandards bei der Anschlusstechnik ADSL2 und ADSL2+. Mit der Weiterentwicklung des ADSL sind die Datenübertragungsrate und die Reichweite der Verbindung verbessert worden. Der Standard ADSL2 erreicht eine Datenübertragungsrate beim Empfang von bis zu 12 Mbit/Sek; ADSL2+ hat sogar eine Datenübertragungsrate beim Empfang von bis zu 25 Mbit/s.

VDSL

VDSL (*Very High Speed Digital Subscriber Line* oder ursprünglich *Very High Bit Rate Digital Subscriber Line*) ist eine weitere auf DSL aufbauende Übertragungstechnik, die für die Übertragung der Signale bis zu den Verteilern auf Glasfaserkabel zurückgreift[8]. Dadurch wird in Empfangsrichtung eine Datenübertragungsrate von bis zu 100 Mbit/s (VDSL1: 52 Mbit/Sek; VDSL2: 100 Mbit/s) erreicht. Alleiniger Wehrmutstropfen ist die Tatsache, dass VDSL das letzte Teilstück des Übertragungsweges ab den Verteilern immer noch auf Kupferleitungen zurücklegt, und die Übertragungsrate von VDSL damit von der jeweiligen Länge der Anschlussleitung abhängt. Dennoch ist die Technik durch Kombination von Kupferleitung und Glasfaserleitung derzeit theoretisch die Internetverbindung mit der höchsten Datenübertragungsrate. Von der ITU sind derzeit VDSL1 und VDSL2 als Standard zertifiziert. Der Standard VDSL1 hat sich wegen technischer Nachteile nicht durchgesetzt[9]. Als Synonym für VDSL

---

7 Siehe unter http://de.wikipedia.org/wiki/Asymmetric_Digital_Subscriber_Line [Stand 10.08.2011].

8 Vertiefend u.a. Gersdorf, Der Rundfunkbegriff, S.14ff.

9 Vgl. http://de.wikipedia.org/wiki/VDSL_1 [Stand 10.08.2011].

wird daher meist die Bezeichnung VDSL2 gebraucht. VDSL2 baut auf ADSL2+ auf, und ist mit einer Datenübertragungsrate von bis zu 100 Mbit/s für Triple-Play-Angebote entwickelt worden.

C. Digitale Funkverbindungsstandards

I. Mobilfunkverbindungsstandards

GSM

Für die Übertragung von Datenpaketen mit schwankender Datenrate ist der erste Mobilfunkstandard der zweiten Generation *Global System for Mobile Communications* (GSM)[10] ursprünglich nicht vorgesehen. Daher ist eine Weiterentwicklung des weltweit noch am meisten verbreiteten Mobilfunkstandard GSM erforderlich gewesen.

GPRS

Eine Weiterentwicklung des GSM ist durch den *General Packet Radio Service* (GPRS)[11] geschehen, mit dem durch eine Kanalbündelung eine theoretische Datenübertragungsrate von bis zu 171,2 kbit/s ermöglicht werden kann. Nach dem gegenwärtigen Stand der Technik und variierenden Faktoren der Funkübertragung ist eine Datenübertragungsrate in Empfangsrichtung von bis zu 55,6 kbit/s zu erreichen, die jedoch für breitbandige Anwendungen nicht ausreichend ist.

EDGE

Eine Weiterentwicklung des auf GSM basierenden Paketdatendienstes GPRS, die eine weitere Steigerung der Datenübertragungsrate ermöglichte, konnte mit EGPRS geschaffen werden, welches durch EDGE[12] angeboten wird. *Enhanced Data Rates for GSM Evolution* (EDGE) setzt eine Technik zur Erhöhung der Datenübertragungsrate durch Einführung eines zusätzlichen Modulationsverfahrens bei GSM ein. Inzwischen ist EDGE durch EDGE-Evolution wiederum verbes-

---

10 Siehe unter http://de.wikipedia.org/wiki/Global_System_for_Mobile _Communication, [Stand 10.08.2011].

11 Siehe unter http://de.wikipedia.org/wiki/General_Packet_Radio_Service, [Stand 10.08.2011].

12 Siehe unter http://de.wikipedia.org/wiki/Enhanced_Data_Rates_ for_GSM_Evolution, [Stand 10.08.2011].

sert worden, so dass eine Datenübertragungsrate von bis zu 1 Mbit/s unterstützt wird. Letztlich wird EDGE aber nur als Zwischenschritt auf dem Weg zu UMTS, *Universal Mobile Telecommunications System*[13], angesehen.

UMTS

UMTS, bezeichnet einen Mobilfunkstandard der dritten Generation. Es wurde ursprünglich vom ETSI standardisiert. Die ITU hat UMTS für IMT-2000 als einen der Mobilfunkstandards der dritten Generation ausgewählt. UMTS kombiniert die paketorientierte Datenübertragung via GPRS mit der Technik von GSM und besitzt darüber hinaus die Unterstützung für den Datentransport per Internet-Protokoll. Mit UMTS werden Datenübertragungsraten von bis zu 7,2 Mbit/s erreicht. Ebenso ist ein Rückkanal eingerichtet, der interaktives Fernsehen und weitere Angebote ermöglicht. Aufgrund der kleinzellularen Netzstruktur und der vergleichsweise geringen Datenübertragungsrate kann mit UMTS nur eine kleine Anzahl an Nutzern erreicht werden[14].

HSDPA

High Speed Downlink Packet Access (HSDPA)[15] ist ein Übertragungsverfahren des Mobilfunkstandards UMTS und wird auch vermarktet als 3G+ bzw. UMTS-Broadband. Das Verfahren HSDPA erlaubt Datenübertragungsraten in Empfangsrichtung von 3,6 Mbit/s bis zu 13,98 Mbit/s, abhängig jeweils von der Kanalkodierung, dem Modulationsverfahren und der Funkbedingung. Durch dieses Verfahren wird der Empfang von großen Datenmengen, beispielsweise Filmen, möglich.

---

13 Siehe unter http://de.wikipedia.org/wiki/UMTS, [Stand 10.08.2011].

14 Gersdorf, Der Rundfunkbegriff, S.17 m.w.N..

15 Siehe unter http://de.wikipedia.org/wiki/High_Speed_Downlink_Packet_Access, [Stand 10.08.2011].

II. Digitale Verteilsysteme des DVB

DVB

Die Abkürzung DVB steht für *Digital Video Broadcasting* und ist der technische Oberbegriff für die digitale Verbreitung von Videoinhalten[16].

DVB-T

Ein Unterfall des DVB ist das DVB-T (*Digital Video Broadcasting Terrestrial*). Im November 2002 begann die schrittweise Umstellung des terrestrischen Rundfunkempfangs auf das digitale Antennenfernsehen DVB-T. Im Jahr 2010 soll die Umstellung spätestens abgeschlossen sein. Bereits jetzt sind für über neunzig Prozent der Bevölkerung Angebote mittels DVB-T erreichbar.

DVB-C

Als Kabelsendung neben DVB-T stellt das *Digital Video Broadcasting-Cabel*, kurz DVB-C, in technischer Hinsicht eine bloße Variante dar. Alleiniger Unterschied zu DVB-T ist hierbei, dass die digitale Übertragung oder Weiterübertragung leitergebunden erfolgt.

DVB-S

Eine leiterunabhängige Alternative ist das DVB-S, *Digital Video Broadcasting Satellite,* als satellitengestütze Übertragung von Film- und Videoinhalten.

DVB-H

Eine weitere Unterart des DVB ist das *Digital Video Broadcasting Handheld.* Es ist gerichtet auf die Programmübertragung auf portable Empfangsgeräte wie Handheld- und Pocket-PC. Es soll insbesondere geeignet sein für Ballungsgebiete[17]. Mit dem DVB-H-Standard lassen sich bis zu vierzehn Videosignale übertragen. Basis dieses ETSI-Standards ist das Internet Protokoll. Letztlich gab es noch das Digital Video Broadcasting Mobile, bezogen auf mobile Endgeräte wie Handy. Zu Recht ist die Unterscheidung zwischen DVB-H und DVB-M kriti-

16 Siehe unter http://de.wikipedia.org/wiki/Digital_Video_Broadcasting [Stand 10.08.2011].

17 Langhoff, ZUM 2007, 447.

siert und aufgehoben worden, da für die technische Einordnung nicht maßgeblich ist, welches portable Endgerät vorliegt. Über die Entwicklungs- und Erprobungsphase hinaus ist die Bezeichnung DVB-M damit aufgehoben worden. Die Inhalte werden ebenfalls terrestrisch ausgesendet, wie beim DVB-T.

DVB-SH

Inzwischen gibt es seit dem Jahr 2008 den Standard *Digital Video Broadcasting - Satellite Handheld*, abgekürzt DVB-SH.

DMB

Eine Weiterentwicklung des *Digital Audio Broadcasting*-Standards auf Video-Inhalte ist das *Digital Multimedia Broadcasting* (DMB), für die terrestrische Programmübertragung auf portable Endgeräte besonders im ländlichen Bereich DMB geeignet[18]. Gleichwohl sind die ersten Angebote in Großstädten zu empfangen. Die Übertragung kann terrestrisch über DMB-T oder über DMB-S satellitengestützt erfolgen.

D. Datenübertragung per Stromkabel

Eine einfache Technik und gleichzeitig sehr faszinierende Technik existiert seit wenigen Jahren, die Datenübertragung über das Stromkabel. Die Technologie wird meist mit dem Namen Powerline oder Powerline-Carrier-Technologie (PLC) bezeichnet[19]. Die großen Stromanbieter hatten sich kurzfristig auf den Markt getraut, um z.B. das Monopol der Deutschen Telekom AG für die so genannte „letzte Meile“ zu durchbrechen, sich aber inzwischen wieder vollständig aus diesem Markt zurückgezogen. Bislang hat sich die Technologie über intelligente Stromnetze (Smart Grids) trotz der hohen Erwartungen und geäußerten Prognosen in Österreich und Deutschland landesweit nicht durchsetzen können. Nur einige wenige regionale Projekte konnten sich auf dem Markt etablieren und erreichen ca. 300.000 Haushalte[20]. Die EU hatte Anfang 2004 mit dem Förderprojekt Open PLC European Research Alliance (opera)[21] für zunächst vier Jahre eine Initiative gestartet, um mehr Wettbewerb zwischen den Breitband-

18 Langhoff, ZUM 2007, 447.
19 Siehe unter http://de.wikipedia.org/wiki/Powerline [Stand 10.08.2011].
20 Angaben von http://www.ppc-ag.de/4-0-Smart+Grids.html [Stand 10.08.2011].
21 Siehe unter http://www.ist-opera.org/, [Stand 10.08.2011].

Technologien zu fördern. Nachteil der Technologie ist, dass die Stromkabel nicht abgeschirmt sind und es daher zu Störfunkbereichen kommt.

Innerhalb eines Hauses bietet diese Technologie aber eine sinnvolle Alternative bei der Vernetzung von Geräten[22]. Unter der Bezeichnung Inhouse-Powerline oder HomePlug-Geräte werden inzwischen Geräte vertrieben, die eine Vernetzung ohne Verlegung von Kabeln ermöglicht.

22 So der Spiegel, abrufbar unter http://www.spiegel.de/netzwelt/tech/0,1518,598113,00.html, [Stand 10.08.2011].

Anhang Anbieterübersicht

Anbietername	Portalseite	Unternehmen	Technik	Typ-Modell	Bemerkungen
	I. Video-on-Demand				
Anixe	vod.anixehd.tv/ anixe/	ANIXE HD TELEVISION GmbH & Co. KG Film- & Fernsehproduktion Betastraße 10 E 85774 Unterföhring	Stream/ Download	Offen	Leihen /Kaufen und Brennen; HD-Qualität verfügbar; Nutzungsrecht für 24 Stunden ab Filmstart;
ARD Mediathek	ardmediathek.de	Gemeinschaftsangebot der ARD und der Deutschen Welle	Live-Stream/ Stream	Offen/ Kostenlos	Programmbezogene Inhalte und Informationen; Eigenproduktionen
Bild Kino	Film.Bild.de	NOWTILUS Onlinevertriebsgesellschaft mbH, Mitteldeutsches Multimediazentrum Mansfelder Str. 56 06108 Halle/Saale	Stream	Offen/ Kostenlos/ Hybrid	Überschaubares Angebot an einfachen bis durchschnittlichen Unterhaltungsfilmen, vereinzelte gute Filme als Lockmittel
Filmladen	download. filmladen.at/	FILMLADEN FILMVERLEIH GmbH Mariahilferstr. 58/7 A-1070 Wien	Download	Offen	Download-Portal eines Filmverleihers
Flimmit	flimmit.com/	Flimmit GmbH Dreihausgasse 9/4.1 A-1150 Wien	Stream/ Download	Offen	Filmportal
Hulu	hulu.com/	Hulu, LLC, 12312 W. Olympic Blvd. Los Angeles, CA 90064 USA	Stream	Offen	Video-on-Demand-Portal

i-tunes Store	apple.com/de/ itunes/	iTunes Store, iTunes S.A.R.L. 8 Rue Heinrich Heine L-1720 Luxembourg	Stream	Geschlossen	Online-Plattform für u.a. Filme zum kaufen und leihen
maxdome	maxdome.de	maxdome GmbH & Co. KG Medienallee 7 85774 Unterföhring	Stream	Offen	Online-Videothek
msn video	videos.de.msn.com	Microsoft Deutschland GmbH Konrad-Zuse-Straße 1 85716 Unterschleißheim	Stream	Offen	Kostenloses Video-on-Demand-Portal
Mubi	mubi.com	MUBI London 1 Newburgh St GB - London W1F 7RB	Stream	Offen	Cineasten Plattform (online movie Theater) zum Leihen
MyVideo	myvideo.de/Filme	MyVideo Broadband S.R.L. Calea Victoriei nr. 54 et. 1, ap. 6 RO-1010082 Bukarest	Stream	Offen	Kostenloses Video-on-Demand-Portal
Qriocity	qriocity.com/de/de/	Sony Network Entertainment International, LLC, PlayStation®Network Europe Limited 10 Great Marlborough Street GB - London W1F 7LP	Stream	Offen (PC) / Geschlossen (Sony-Geräte)	Online-Plattform
Sky Select Internet TV	select.sky.de/oxid/ select.sky.at/oxid/	Sky Deutschland Fernsehen GmbH & Co. KG Medienallee 4 85774 Unterföhring	Stream	Geschlossen	Pay-per-View; Nutzung 24 Stunden ab erstem Filmstart oder Downloadende; Angebot begrenzt auf IP-Adressen aus GER und AUT
RTL now	rtl-now.rtl.de	RTL interactive GmbH Am Coloneum 1 50829 Köln	Stream	Offen	Eigenproduktionen; Nutzung 28 Stunden bis unbegrenzt; DRM

Video Buster	videobuster.de	NETLEIH GmbH & Co. KG Johann-Zincken-Str. 6 38717 Seesen	Stream/ Down- load	Offen	Leihangebot (ab Aktivierung der Lizenz 24 Stunden gültig); Angebot für VoD bei ca. 910 Filmen (Stand 21.03.2009)
Videoload	videoload.de	Deutsche Telekom AG, Videoload T-Online-Allee 1 64295 Darmstadt	Stream/ Down- load	Offen	Leihen (Streaming /Download in SD/HD-Qualität); Kauf (Download u. 1xBrennen); Paketlösung „Movie-Selection“, Angebot auf 250 Filme begrenzt; Filmqualität abhängig vom DSL-Anschluss
Vodafone Video-thek	Videothek. vodafone.de/Movie	Vodafone D2 GmbH Am Seestern 1 40547 Düsseldorf	Stream/ Down- load	Offen	Online-Videothek
ZDF Mediathek	zdf.de/ZDFmedia thek/startseite	Zweites Deutsches Fernsehen Anstalt des öffentl. Rechts ZDF-Straße 1 55127 Mainz	Live- Stream	Offen/ Kostenlos/ Hybrid	PC; TV; Mobil; Programmbezogene Inhalte und Informationen; gelegentlich vollständige Spielfilme begrenzt verfügbar

II. Tripple-Play Angebote

Alice Videothek	alice-dsl.de/vod	HanseNet Telekommunikation GmbH Überseering 33 a 22297 Hamburg	Triple- Play	Konsole	Set-Top-Box (Miete)
aonTV	telekom.at	A1 Telekom Austria AG Lassallestraße 9 A-1020 Wien	Stream/ Down- load	Konsole	Auswahl von 1000 Filmen in der aonTV videothek
Kabel Deutsch-land Select Kino	kabeldeutschland. de/selectkino	Kabel Deutschland Vertrieb & Service GmbH & Co. KG Betastraße 6-8 85774 Unterföhring	Near- VoD	Konsole	Begrenztes Programmangebot; Digital-Receiver und Smartcart erforderlich; Sonderaktionen pro Woche: 1 Film für 1 Cent

Telekom Entertain	ebs03.telekom.de/t-lpg/	Telekom Deutschland GmbH Landgrabenweg 151 53227 Bonn	Triple-Play	Konsole	Telefon, Internet, Fernsehen, VoD; Zusatzfunktionen: EPG, Digitaler Videorecorder, Zeitversetztes Fernsehen
UPC Digital TV	upc.at/tv/vorteile/ondemand/	UPC Telekabel Wien GmbH Wolfganggasse 58-60 A-1120 Wien	Triple-Play	Konsole	Tägliche Auswahl von 400 Filmen

III. Sonstige Unternehmen

DCPGermany	dcp-germany.de	DCPG Digital Content Portal Germany GmbH Brienner Straße 54b 80333 München		Service	IT-Dienstleister für digitales Kino
GRID-TV	artvoice.de	GRID-TV Deutschland GmbH Höllriegelskreuther Weg 3 82065 Buchenhain		Service	High Definition Film- und Videoproduktion
Nowtilus.tv	nowtilus.tv	NOWTILUS Onlinevertriebsgesellschaft mbH, Mitteldeutsches Multimediazentrum Mansfelder Str. 56 06108 Halle/Saale		Service	IT-Dienstleister für Video-on-Demand-Portale
Zattoo	zattoo.com	Zattoo Europa AG Elias-Canetti-Strasse 7 CH-8050 Zürich, Schweiz	IPTV	Offen	Auswahl an IPTV-Programmen